Matthias Brüll, Marion von zur Gathen, Éva Hédervári-Heller, Astrid Kerl-Wienecke, Martin Künstler, Inge Michels, Maria-Theresia Münch, Martin Peters, Brigitte Schnock, Gabriel Schoyerer, Cornelia Spohn, Norbert Struck

Herausgeberinnen: Marion von zur Gathen, Astrid Kerl-Wienecke, Inge Michels

Lehrbuch Kindertagespflege

1. Auflage

Bestellnummer 40524

Bildungsverlag EINS

Haben Sie Anregungen oder Kritikpunkte zu diesem Produkt?
Dann senden Sie eine E-Mail an 40524_001@bv-1.de
Autoren und Verlag freuen sich auf Ihre Rückmeldung.

www.bildungsverlag1.de

Bildungsverlag EINS GmbH
Hansestraße 115, 51149 Köln

ISBN 978-3-427-**40524**-5

Inhaltsverzeichnis

Grußwort 7

Vorwort 8

A Kindertagespflege als Beruf

1 Tagespflegeperson: kein Beruf für Jeden 12
1.1 Die historische Entwicklung der Kinderbetreuung 12
1.2 Das Profil von Kindertagespflege 18
1.3 Motivation und Erwartungshaltung 21
1.4 Persönliche und fachliche Voraussetzungen 25
1.5 Wie Kinder heute aufwachsen 30
1.5.1 Familie 31
1.5.2 Erwerbstätigkeit von Mutter und Vater 34
1.5.3 Das Kind als Mittelpunkt der Kleinfamilie 37
1.6 Was Eltern brauchen 39
1.7 Was Kinder brauchen 41

2 Die Tagesmutter als Unternehmerin 48
2.1 Der Businessplan: Regiebuch für die Selbstständigkeit 48
2.2 Formen der Kindertagespflege 54
2.3 Verträge 57
2.4 Rahmenbedingungen 59
2.4.1 Einkommensteuer 59
2.4.2 Sozialversicherungspflicht 60
2.5 Wichtige Versicherungen 65
2.6 Pflegeerlaubnis 66
2.7 Fördermöglichkeiten 67
2.8 Selbstorganisation und Umgang mit Zeit 70
2.8.1 Planungshilfen für den Alltag 70
2.8.2 Wie gehen Sie mit Zeit um? 72
2.8.3 Durch Ordnung Zeit gewinnen 76
2.8.4 Pausen festlegen, Spielräume einplanen 78

B Das Kind in der Kindertagespflege

1 Entwicklungspsychologische Aspekte von Kindern zwischen 0 und 4 Jahren 81
1.1 Gehirnentwicklung 82
1.1.1 Auf- und Abbau von Nervenverbindungen sowie Myelinisierung der Nervenzellen 83

1.1.2 Entwicklung verschiedener Hirnareale 84
1.2 Körperliche und motorische Entwicklung 87
1.2.1 Körperwachstum und Ernährung 88
1.2.2 Motorische Entwicklung 89
1.3 Kognitive Entwicklung 93
1.3.1 Piagets Theorie der kognitiven Entwicklung 93
1.3.2 Kritik an Piagets Theorie: die kognitiven Fähigkeiten des Säuglings und Kleinkinds 98
1.4 Emotionale Entwicklung 100
1.5 Soziale Entwicklung 110
1.5.1 Gemeinsame Aufmerksamkeitsregulation 110
1.5.2 Perspektivenübernahme 111
1.6 Das Spiel 112
1.7 Sprachentwicklung und -förderung 117
1.7.1 Der Sprachbaum 121
1.7.2 Sprach(förder)gelegenheiten im Alltag erkennen und nutzen 127

Märchen: Wo Werte lebendig bleiben. Gespräch mit Susanne Stöcklin-Meier, Spielpädagogin 134

2 Die Bedeutung von Bindung in der Kindertagespflege 138
2.1 Die Entstehung und Organisation von frühen Bindungsbeziehungen 139
2.2 Die Qualität von frühen Bindungsbeziehungen 142

Ein Baby orientiert sich an seinen Körpererfahrungen. Gespräch mit Dr. Sabine Trautmann-Voigt, Körpertherapeutin 144

3 Bildung und Erziehung in den ersten vier Lebensjahren 147
3.1 Das „kompetente Kind" als selbsttätiger und sozialer Lerner 148
3.2 Bildung: Tradition – Anspruch – Herausforderung 149
3.2.1 Bildung als Konstruktionsleistung des Menschen 150
3.2.2 Selbstreflexion als Voraussetzung für Bildung 152
3.2.3 Bildung als Selbstbildung mit dem Ziel der Handlungsfähigkeit 153
3.3 Orientierungspunkte frühkindlicher Bildung in der Kindertagespflege 154
3.3.1 Das Konzept der Ko-Konstruktion 157
3.3.2 Spielen als Arbeit des Kindes 162
3.4 Erziehung: Begleitung und Unterstützung 169
3.4.1 Perspektiven frühkindlicher Erziehung 170
3.4.2 Die Gestaltung der Interaktion: Erziehung als Beziehung 172
3.4.3 Die Gestaltung der Umwelt: Lernanregende Umgebung 176

Das emotionale Klima prägt die Entwicklung des Gehirns. Gespräch mit Prof. Dr. Gerald Hüther, Neurobiologe 181

3.5 Erziehung als Herausforderungen für die Tagespflegeperson: eine Haltung entwickeln 183

4 Der Bildungsauftrag 188

5 Beobachten und Dokumentieren 195
5.1 Beobachtungsverfahren und Dokumentation: auf den Blickwinkel kommt es an 198
5.2 Bildungsbücher, Portfolios & Co. 200

C Qualität in der Kindertagespflege

1 Qualifizierung, Qualitätssicherung und Professionalisierung 206
1.1 Das DJI-Curriculum als Mindeststandard in der Qualifizierung 207
1.2 Qualität in der Qualifizierung 210

2 Dimensionen von Qualität und ihre Instrumente 212
2.1 Das bekannteste Instrument: die Tagespflege-Skala 213
2.2 Qualitätsempfehlungen: ein Beispiel aus Hamburg 215

3 Supervision – ein Instrument zur Professionalisierung in der Kindertagespflege 218
3.1 Supervision als persönlicher Reflexionsraum 219
3.2 Coaching: eine Klärungshilfe bei persönlichen Veränderungen 220

4 Exkurs: Wegweiser bei Krisen 222

D Alltag in der Kindertagespflege

1 Tagespflege und Eltern: So entsteht ein gutes Team 229
1.1 Vertrauen entwickeln 229
1.2 Tagespflegeperson und Eltern: Experten für das Kind 231
1.3 Mutter und Tagesmutter: zwei Mütter und ein Kind 235

2 Aufnahme und Eingewöhnung des Kindes 239

3 Gespräche mit Eltern führen 251
3.1 Die Balance zwischen Nähe und Distanz 254
3.2 Abschied vom Tageskind 255

... bekannt wie ein bunter Hund. Gespräch mit Herbert Renz-Polster, Kinderarzt 257

4 Alltag in der Kindertagespflege: strukturiert und lebendig 259
4.1 Rituale und Regelmäßigkeit – unsere Orientierung in der Welt 259
4.2 Strukturierung des Tagesablaufs in der Tagespflegestelle 260
4.2.1 Ankommen 260
4.2.2 Mahlzeiten 262
4.2.3 Abwechslung: Ruhe und Spiel 263
4.2.4 Der Tag klingt aus 265
4.3 Feiern muss sein – Geburtstage und andere Anlässe 266
4.4 Raum und Umgebung: vorbereiten und entdecken 271
4.5 So viel Spielzeug braucht das Kind 278
4.6 Bücher: eintauchen in eine andere Welt 282
4.7 Der richtige Umgang mit Medien 284
4.8 Bastelstunde 285

Singen: Man sollte es einfach wagen! Gespräch mit Reinhard Horn, Kinderliedermacher 287

5 Gesundheit: mehr als die Abwesenheit von Krankheit 289
5.1 Gesundheitsbezogene Prävention 290
5.2 Aktive Gesundheitsförderung 291
5.3 Prävention und Gesundheitsförderung in der Kindertagespflege 295
5.3.1 Arbeitsplatz Kindertagespflege 295
5.3.2 Vorsorge für den Notfall 299
5.4 Wenn die Kindertagespflegeperson krank wird 299
5.5 Wenn ein Kind krank wird 300
5.6 Gefahrenquellen für Kinder erkennen und beheben 302
5.7 Essen und Trinken 304
5.8 Bewegung kommt gut an 308
5.9 Stress im Alltag 313

6 Besondere Lebensthemen 315
6.1 Wenn Eltern sich trennen 315
6.2 Verdacht auf Kindeswohlgefährdung 318
6.3 Auffälliges Verhalten 321

Literaturverzeichnis 325

Bildquellenverzeichnis 341

Sachwortverzeichnis 342

Grußwort

Die Kindertagespflege befindet sich zurzeit in einer erfreulichen Entwicklung. Noch nie wurden innerhalb der letzten 30 Jahre so viele Anstöße zur Weiterentwicklung gegeben, wurde Qualität so groß geschrieben. Dies ist im Interesse jedes einzelnen Kindes und seiner Entwicklung und im Sinne einer positiven Sozialisation der kommenden Generationen außerordentlich begrüßenswert.

Kinder bringen ein großes Potential an Fähigkeiten und Fertigkeiten mit in die Welt. Das ist ein wertvolles Gut, das jede Möglichkeit der Entfaltung haben sollte. Alle Erwachsenen, die die Kinder auf ihrem Weg begleiten, tragen hierzu bei. Sie bereiten den Boden in Form verlässlicher Bindungen und stellen den Kindern Angebote zur Förderung durch Material und Initiative zur Verfügung. Sie brauchen dafür Kenntnisse über die kindliche Entwicklung und über die Möglichkeiten, sich in ihrer Rolle einzubringen.

Das vorliegende Buch leistet hierzu einen wesentlichen Beitrag. Es bietet Tagespflegepersonen wichtige Basisinformationen für die Erziehung, Bildung und Betreuung von Kindern. Dies sind die Hauptaufgaben der Kindertagespflege nach dem Kinder- und Jugendhilfegesetz (SGB VIII). Dazu gehören sowohl pädagogische wie auch psychologische Themen und selbstverständlich eine konstruktive Kommunikation und erfolgreiche Zusammenarbeit mit den Eltern. Die einzelnen Kapitel vermitteln denjenigen, die intuitiv richtig handeln, wesentliche Grundlagen, um ihr Handeln zu fundieren. Andere erhalten wichtige Denkanstöße, die individuell weiterentwickelt werden können.

Der Bundesverband für Kindertagespflege e. V. wünscht allen Tagespflegepersonen eine anregende und aufschlussreiche Lektüre und denjenigen, die sich zurzeit noch mit dem Gedanken tragen, einmal Kinder in Tagespflege zu betreuen, Informationen und Impulse zur Gründung ihrer neuen beruflichen Tätigkeit.

Hedi Wegener
Bundesverband für Kindertagespflege e. V.

Vorwort

Liebe Leserinnen, liebe Leser,

mit den gesetzlichen Neuregelungen der vergangenen Jahre haben in der Kindertagespflege neben der Betreuung auch Bildung und Erziehung von Kleinstkindern ihren festen Platz gefunden. Grundsätzlich werden nunmehr an Tagesmütter[1] und Tagesväter die gleichen Anforderungen an die Erziehung, Bildung und Betreuung gestellt wie an ihre Kolleginnen in den Kindertageseinrichtungen. Für die Kindertagespflege verbindet sich damit die große Chance, ihren Anspruch an ein qualitativ hochwertiges Angebot der Kindertagesbetreuung einzulösen.

Dazu ist sie aufgrund ihrer Struktur sehr gut in der Lage: Kleine Kinder brauchen in den ersten Lebensjahren die unmittelbare Verfügbarkeit einer Bezugsperson, eine kleine Gruppe von anderen Kindern sowie überschaubare Strukturen. Innerhalb derer haben sie die Möglichkeit, eigene Erfahrungen zu machen und – mal behutsam, mal stürmisch – Schritt für Schritt die Welt zu erkunden und zu verstehen. Die Betreuungsform Kindertagespflege, die im Zuge des Rechtsanspruches auf einen Betreuungsplatz für unter Dreijährige ab 2013 deutlich ausgebaut wird, bietet diese Strukturen im Besonderen an. Ungeachtet des gesetzlich verankerten Förderauftrages wird in der Fachöffentlichkeit jedoch eine kontroverse Diskussion um eine Verberuflichung sowie um die Professionalisierung der Kindertagespflege geführt.

Dieses Lehrbuch setzt mit seinen Ansprüchen einen eigenen Akzent in einer Debatte, an deren Ende nach unserem Verständnis ein staatlich anerkanntes Berufsbild mit einer entsprechenden Ausbildung stehen muss. Ein wichtiger Schritt in Richtung zu mehr Professionalität in der Kindertagespflege wurde bereits mit dem Curriculum des Deutschen Jugendinstitutes (DJI) getan. Auf das Curriculum nehmen wir häufig und ausführlich Bezug, da es sich mit seinen 160 Unterrichtsstunden als Mindeststandard in der Qualifizierung der Kindertagespflegepersonen etabliert hat. Allerdings ist dieser Stundenumfang bundesweit noch keine Pflicht, auch wenn dieses von fachlicher Seite – etwa vom Bundesverband für Kindertagespflege – immer wieder eingefordert wird.

Wir beginnen dieses Lehrbuch mit einem Blick in die Geschichte der Kinderbetreuung, denn manche typisch deutschen Entwicklungen werden erst vor einem solchen Hintergrund verständlich. In diesem einleitenden Kapitel werden die Basisbegriffe Bindung, Bildung, Erziehung und Betreuung bereits eingeführt, bevor sie später ausführlich betrachtet und erläutert werden. Auch der berufliche Status der Kindertagespflegeperson wird kurz angerissen, bevor er im zweiten Kapitel seinen eigenen Schwerpunkt bekommt.

Das Kind als Dreh- und Angelpunkt der Tätigkeit in der Kindertagespflege bekommt selbstredend auch bei uns die umfassendste und intensivste Aufmerksamkeit. Entwicklungspsychologie, Bindung, Bildung und Erziehung heißen hier die großen Themenfelder, die wir für die Kindertagespflege aufbereitet haben. Insbesondere dem Thema Bindung werden Sie wegen seiner grundsätzlichen und herausragenden Bedeutung für die

---

[1] Entsprechend der gesellschaftlichen Realität und zwecks besserer Lesbarkeit werden in diesem Lehrbuch überwiegend weibliche Anreden und Berufsbezeichnungen verwendet. Männliche Tagespflegepersonen sind selbstverständlich ebenfalls angesprochen.

Beziehung zu Kindern und deren Entwicklung immer wieder begegnen. Einen eigenen Schwerpunkt widmen wir der Qualität in der Kindertagespflege. Im Zuge der anhaltenden Qualitäts- und Bildungsdiskussion und der daraus erwachsenden Ansprüche der Eltern muss sich unserer Überzeugung nach jede Kindertagespflegeperson mit den Qualitätskriterien befassen, die ihrer Arbeit zugrunde gelegt werden.

Stichwort Eltern: Mit dem Kapitel „Tagespflege und Eltern: So entsteht ein gutes Team" leiten wir das übergeordnete Kapitel „Alltag in der Kindertagespflege" ein. Neben der Zusammenarbeit mit den Erziehungsberechtigten und der Vorstellung des Berliner Modells zur Eingewöhnung stehen hier Fragen und Anregungen im Fokus, die sich auf Struktur und Angebote im alltäglichen Ablauf der Kindertagespflege beziehen. Gesundheit und andere Lebensthemen beschließen das Lehrbuch.

Es ist das Anliegen aller Autorinnen und Autoren, Ihnen neben fachlichen Kenntnissen insbesondere eine wertschätzende und achtsame Haltung zum Kind ans Herz zu legen. „Feinfühligkeit" heißt das Schlüsselwort im Umgang mit den Ihnen anvertrauten Kindern. Feinfühlige Erwachsene ermöglichen Kindern von Anfang an, sich voller Neugierde, Lust und Zutrauen in die eigenen Stärken ein Bild von der Welt zu machen. Die Autorinnen und Autoren machen dies durch ihren jeweils eigenen Zugang zur Kindertagespflege deutlich.

In diesem Zusammenhang möchten wir auf fünf Gesprächspartner/-innen aufmerksam machen, die es uns ermöglicht haben, Ihnen „Appetithappen zu servieren", die außerhalb der sonst üblichen Charakteristik eines Lehrbuches liegen: Wir sprachen mit der Schweizer Spielpädagogin Susanne Stöcklin-Meier über Märchenerzählen und Wertebildung, mit dem Liedersänger Reinhard Horn über Singen und Summen von Anfang an, mit der Köpertherapeutin Sabine Trautmann-Voigt über (Körper-)Haltung und Körpersprache, mit dem Hirnforscher Gerald Hüther über die Bedeutung des emotionalen Klimas für die Entwicklung des Gehirns und mit dem Kinderarzt Herbert Renz-Polster über soziale Netzwerke. Ihnen gilt unser ganz besonderer Dank.

Als Zusatzmaterial zum Buch steht das Kindertagespflegelied von Reinhard Horn (Kontakte Musikverlag Lippstadt, www.kontakte-musikverlag.de) auf der Internetseite des Bildungsverlag Eins zum Download bereit. Zum Abruf benutzen Sie den vorn im Buch befindlichen Zugangscode.

Eine lehrreiche wie anregungsreiche Lektüre wünschen nun gemeinsam mit dem gesamten Team der Autorinnen und Autoren

Marion von zu Gathen | Astrid Kerl-Wienecke | Inge Michels

A Kindertagespflege als Beruf

1 Tagespflegeperson: kein Beruf für jeden

2 Die Tagesmutter als Unternehmerin

1 Tagespflegeperson: kein Beruf für jeden

Von Maria-Theresia Münch

Für wen sich der Beruf der Kindertagespflegeperson eignet, wer hier eine Erfüllung seiner beruflichen Ambitionen findet oder wer Tagespflege als berufliches „Intermezzo" sieht – dies alles hängt von verschiedenen Faktoren ab. Individuelle Kenntnisse und Interessen, die familiäre Situation und die beruflichen Perspektiven spielen ebenso eine Rolle wie die finanziellen Gegebenheiten oder sozialräumliche Strukturen. Wenn Sie selbst sich noch in einem Abwägungsprozess befinden, ist es hilfreich, vorab einiges über das Berufsfeld zu erfahren. Dazu soll zunächst die Entstehungsgeschichte der Kinderbetreuung kurz dargestellt und erläutert werden.

1.1 Die historische Entwicklung der Kinderbetreuung

Die familiennahe Kinderbetreuung – zu der die Kindertagespflege zählt – hat in Deutschland eine lange Tradition und ist historisch gesehen wesentlich älter als die institutionelle Kinderbetreuung. Die Wurzeln der Kinderbetreuung liegen im Ammenwesen. Bereits in der Antike gab es Ammen, die die Ernährung, Pflege und Erziehung fremder Kinder übernahmen. Das konnten Frauen sein, die selbst Mütter waren und mit dem Stillen fremder Kinder ein Einkommen erzielten, oder Frauen, die nicht stillten, aber in der Familie alle anderen Aufgaben der Betreuung und Erziehung der ihnen anvertrauten Kinder übernahmen.

Vom Mittelalter bis in die vorindustrielle Zeit hinein war die Sozialform des sogenannten „ganzen Hauses" weit verbreitet. Leben und Arbeiten fanden unter einem Dach statt. Die Familie war sowohl eine soziale Gemeinschaft als auch eine Wirtschafts- und Produktionsgemeinschaft. Oft lebten viele Personen im Sinne einer erweiterten Familie zusammen. Dazu konnten Blutsverwandte, angeheiratete Verwandte gehören, aber auch alle Personen, die für die Bewirtschaftung des Hof- und Handwerksverbundes zuständig waren, wie z. B. Knechte, Mägde und Lehrlinge.

Durch die enge Verknüpfung von Arbeits- und Lebenswelt und die vielfach vorherrschenden wirtschaftlichen Notlagen waren die Familien auf viele Hände angewiesen, um den Lebensunterhalt zu sichern. Daraus ergab sich die Notwendigkeit, Kinder schon sehr früh in die Arbeitsabläufe zu integrieren. Die Betreuung und Erziehung kleinerer Kinder wurde in der Regel nicht nur von einer bestimmten Person (der leiblichen Mutter) übernommen, sondern von denjenigen, die gerade Zeit hatten und am ehesten bei der Arbeit entbehrlich waren.

Mit der Industrialisierung im 18. und 19. Jahrhundert veränderte sich die Lebens- und Arbeitswelt der Menschen. Als ein zentrales Merkmal gilt die Trennung von Arbeiten und Wohnen. Die Produktion von Gütern verlagerte sich in Werkstätten und Fabriken. Die Männer verließen das Haus, um einer Erwerbsarbeit nachzugehen und damit den Lebensunterhalt der Familie abzusichern. Wenn es die ökonomische Lage der Familie zuließ, blieben die Frauen im Haus und kümmerten sich um die hauswirtschaftlichen Belange und, wenn Kinder vorhanden waren, um deren Erziehung. Dies traf mehrheitlich für die Familien aus dem Bürgertum zu.

Vor dem Hintergrund dieser Entwicklungen bildete sich zunehmend ein anderes Verständnis von Familie heraus – das der bürgerlichen Familie. Das Familienleben war in dieser Zeit durch eine stärkere Privatisierung, Intimisierung und Emotionalisierung gekennzeichnet.

Merksatz
Das bürgerliche Verständnis von Kindheit fand seinen Ausdruck in zwei Aspekten:
1. ***Kindheit und Muttersein war innerhalb des neuen privaten, familiären Raumes untrennbar miteinander verbunden.***
2. ***Kindheit entwickelte sich zu einer höchst sensiblen und lebensgeschichtlich bedeutungsvollen Phase.***

Der Familie als „pädagogischem Raum", zuständig für die Förderung und Entwicklung der Kinder, kam damit im Laufe der Jahrzehnte eine immer bedeutendere Rolle zu. Vor allem sollte Familie nun den Raum für Selbstentfaltung und positive Vorbilder bieten. Von zentralem Stellenwert war dabei die Mutter. Infolgedessen setzte sich die Vorstellung durch, dass eine gute Entwicklung der Kinder nur durch die leibliche Mutter in angemessener und dem Kind entsprechender Weise gewährleistet und sichergestellt werden kann.

„In Ablehnung der herkömmlichen bürgerlichen Praxis, Kinder durch Dienstboten oder Kinderwärterinnen erziehen zu lassen, wurden Vorstellungen der Familienerziehung entwickelt, in denen der Frau als Mutter eine zentrale Rolle im Beziehungsgeflecht der Familie zugesprochen wurde."
(Erning u. a., 1987, S. 17)

Gleichzeitig entwickelte sich hier der Leitgedanke einer sogenannten „geistigen Mütterlichkeit". Dabei wurde unterstellt, dass die Frau aufgrund ihrer biologischen Fähigkeit, Kinder zu gebären, grundsätzlich auch die Kompetenz zur Fürsorge für die Kinder besäße. Dieser sogenannte „mütterliche Impetus" ist stellenweise bis in die heutige Zeit wirksam, so auch in der Diskussion um das professionelle Selbstverständnis von Tagespflegepersonen.

Bedeutende Pädagoginnen und Pädagogen der damaligen Zeit – wie beispielsweise Johann Heinrich Pestalozzi (1746 bis 1827), Friedrich Fröbel (1782 bis 1852) und Henriette Schrader-Breymann (1827 bis 1899) – begannen jedoch, die Verknüpfung von leiblicher und geistiger Mutterschaft infrage zu stellen. Sie entwickelten eine „Mütterlichkeitspädagogik", die zwar dennoch Fürsorge und Erziehung vor allem als „natürliche" Fähigkeiten von Frauen ansah, aber unabhängig von der leiblichen

Friedrich Fröbel

Johann Heinrich Pestalozzi

Mutterschaft. Insbesondere Pestalozzi und Fröbel sahen es als notwendig an, diese Potenziale von Frauen weiter zu bilden und zu fördern. 1840 gründete Fröbel den ersten *Kindergarten* und gilt damit als Begründer der professionalisierten Kindertagesbetreuung im institutionellen Bereich.

Exkurs: Friedrich Fröbel (1782–1852)

Fröbel prägte nachhaltig die Pädagogik der frühkindlichen Entwicklung. Seine entwickelten Spiel- und Lernmaterialien sind auch heute noch anerkannt. Die dreidimensionalen Formen (Kugel, Zylinder und Würfel) sind nach wie vor beliebte Formen für Kleinkinder-Spielzeug.

Friedrich Fröbel hat sein Grundprinzip „Selbstbildung durch begleitende Anregung" in genialer Weise in seiner Spielpädagogik realisiert. Er entwickelte ein ganzes System von Beschäftigungsmaterialien, die er „Spielgaben" nannte. Diese sind auch unter dem Begriff „Fröbel-Gaben" bekannt: Ästhetisch in Material, Form und Farbe fördern sie Spielfreude, regen Kreativität an, vermitteln mathematische Grundkenntnisse, unterstützen Sprachpflege und Kommunikation, bahnen erstes Erfassen von Zusammenhängen an. Die sechs Spielgaben orientieren sich an den von Fröbel beobachteten Entwicklungsstufen der Kinder, setzen jedoch im Hinblick auf das Alter der Kinder keine Begrenzung nach oben.

Die erste Spielgabe: Stoffball

Die zweite Spielgabe: Kugel, Walze und Würfel aus Holz

Die dritte bis sechste Spielgabe: Würfel in verschiedenen Teilungen

Völlig anders stellte sich die Situation für die Arbeiterfamilien dar. Deren Lage war zumeist geprägt von langen Arbeitszeiten, niedrigen Löhnen, aber auch Arbeitslosigkeit und Armut sowie gesundheitsschädlichen Wohnverhältnissen. Eine geschlechtsspezifische Arbeitsteilung wie in der bürgerlichen Familie war hier nicht möglich. Frauen mussten ebenso wie Männer einer Erwerbsarbeit nachgehen. Damit stellte sich für diese Familien zwangsläufig die Frage der Kinderbetreuung. Konnte in der eigenen Familie – etwa durch ältere Geschwister oder Verwandte – keine Betreuung sichergestellt werden, blieben die Kinder oft sich selbst überlassen.

„Seit Beginn des 19. Jahrhunderts sind in der traditionellen Armenpflege Tendenzen erkennbar, die von der reaktiven Almosengewährung zu prophylaktischen Maßnahmen übergingen und insbesondere den Erhalt der Arbeitsfähigkeit der Armen zum Ziel hatten. Diese Prophylaxeabsicht ging mit zwei familienfürsorgerischen Bemühungen einher: Zum einen suchte man arme Familien von der Kinderbeaufsichtigung als hinderlichem Faktor bei der Erwerbsarbeit zu entlasten. Zum anderen sollte diese Entlastung zugleich auch der Verhütung von Unfällen nichtbeaufsichtigter Kinder dienen, die man zudem durch spezifische Erziehungsmaßnahmen auf ihre späteren ärmlichen Lebensmöglichkeiten vorzubereiten suchte."
(Erning u. a., 1987, S. 21)

Private Betreuungsarrangements etwa in Form von Nachbarschaftshilfe erfolgten jedoch oftmals unentgeltlich, da das Einkommen der Familien nur das eigene Leben einigermaßen sicherte. Die Arrangements der Nachbarschaftshilfe gibt es noch heute. Diese Form der nachbarschaftlichen Unterstützung ist eine der Wurzeln der Kindertagespflege von heute.

Im Nationalsozialismus fanden jedoch alle Bemühungen der öffentlichen, durch das Bildungsbürgertum geprägten Bildung, Erziehung und Betreuung von Kindern ein jähes Ende. Das nationalsozialistische Leitbild basierte auf einem rigiden geschlechtsspezifischen Verständnis der Frauen- und Männerrolle und damit auch der Erziehung der Kinder. Zwar wurden institutionelle Betreuungsmöglichkeiten geschaffen und ausgebaut, aber diese hatten der nationalsozialistischen Erziehungsideologie zu folgen und sollten vor allem den Arbeitseinsatz der Frauen in der Rüstungsindustrie sicherstellen.

In der Nachkriegszeit entwickelte sich die öffentliche Kinderbetreuung aufgrund der Staatenteilung und verschiedenen Gesellschaftssystemen völlig unterschiedlich. In der DDR sollte der Ausbau der Kinderbetreuung für Kinder von 0 bis 6 Jahren den Frauen durch Berufstätigkeit zur Gleichberechtigung verhelfen, den Kindern eine gesunde Entwicklung ermöglichen und zur Sozialisation der Kinder in der Gemeinschaft Gleichaltriger beitragen sowie die sozialistische Erziehung der Kinder von frühestem Alter sichern (vgl. Brunner, 2007, S. 121).

Durch diese starke Institutionalisierung der Kleinkindbetreuung in Krippen und Kindergärten war die Kindertagespflege in Ostdeutschland bis zur Wende wenig bekannt.

Dagegen herrschte in der BRD das bereits beschriebene bürgerliche Familien- und Mütterideal vor, welches die Kinderbetreuung in erster Linie als Aufgabe von Frauen ansah. Als Leitbild setzte sich neben dem Einverdiener-Modell die sogenannte Kernfamilie – bestehend aus Vater, Mutter und Kind(ern) – durch. Dabei war der Mann für die Sicherstellung des Familieneinkommens zuständig, die Frau für den Haushalt und die Erziehung der Kinder. Der in den 1950er und 1960er Jahren einsetzende wirtschaftliche Aufschwung bewirkte gleichwohl, dass immer mehr Frauen erwerbstätig sein wollten. Hinzu kamen die vielen durch den Krieg verwitweten Frauen, die als Alleinerziehende für ihren Lebensunterhalt sorgen mussten. In diesen Zeiten war der Kindergarten vor allem eine fürsorgerische Einrichtung für Notsituationen oder für sozial Benachteiligte. Bedingt durch das sich langsam verändernde Frauen- und Familienleitbild gewann die institutionelle Betreuung als familienergänzende Bildungs- und Erziehungseinrichtung zunehmend an Bedeutung. Allerdings entwickelte sich die Kindertagespflege nicht in gleichem Maße. Sie behielt das Image der Nachbarschaftshilfe bzw. einer „Hilfe im Notfall". Dies veränderte sich erst mit der Ende der 1960er Jahre einsetzenden Bildungsreform und der zeitgleich entstehenden Frauenbewegung, die zu einem familienpolitischen Umdenken führten.

1973 veröffentlichte die Zeitschrift *Brigitte* einen Artikel über schwedische „Dagmamas" (Tagesmütter) mit dem Titel „Wir fordern einen neuen Beruf: Tagesmutter". Dieser löste in Deutschland eine breite Diskussion um die Professionalisierung von Frauenarbeit und ihrer fiskalischen Anerkennung („Lohn für Hausarbeit") aus. Der Artikel gilt als Geburtsimpuls der öffentlich geförderten Kindertagespflege, die damit aus dem Schatten der institutionalisierten Kindertagesbetreuung heraustrat.

Die Entwicklungen und Diskussionen führten dazu, dass das damalige Bundesministerium für Jugend, Familie und Gesundheit (BMFG) ein Jahr später ein Modellprojekt „Tagesmutter" initiierte. Dieses Projekt lieferte wertvolle Erkenntnisse zum Beispiel darüber, dass die Betreuung von Kleinstkindern durch Dritte weit weniger schädlich für deren Entwicklung und die Mutter-Kind-Beziehung war als bislang angenommen. Während dieser Zeit und infolgedessen entstanden vielerorts Tagesmüttervereine.

Die Entwicklung gesetzlicher Rahmenbedingungen

Eine gesetzliche Regelung der Ausgestaltung der Kindertagespflege fand allerdings erst ca. 20 Jahre später statt. Dies geschah durch die Einführung des *Kinder- und Jugendhilfegesetzes (KJHG) 1991* im Zuge der Wiedervereinigung der beiden deutschen Staaten. Mit dem Inkrafttreten des KJHG wurde die Kindertagespflege erstmals neben der institutionellen Kindertagesbetreuung als ein gleichrangiges Betreuungsangebot von Kindern durch den Bundesgesetzgeber anerkannt. In der nachfolgenden Zeit erlebte diese familiennahe Betreuungsform vor allem in den alten Bundesländern – insbesondere wegen fehlender institutioneller Angebote – eine Aufwertung.

Allerdings mangelte es an wissenschaftlich fundierten Kenntnissen, um den Auf- und Ausbau eines qualifizierten Kindertagespflegesystems vorantreiben zu können. Erst 1998 konnten im Rahmen des Modellprojektes des Deutschen Jugendinstitutes (DJI) „Entwicklung und Evaluation curricularer Elemente zur Qualifizierung von Tagespflegepersonen" neue Erkenntnisse gewonnen werden. Aus heutiger Sicht ist dieses Projekt einer der Meilensteine für die Professionalisierung der Kindertagespflege. Denn mit dem als „DJI-Curriculum" bekannt gewordenem Lehrplan wurde erstmals in der Geschichte der Kindertagespflege ein standardisiertes Weiterbildungs- und Qualifizierungskonzept vorgelegt.

Anfang des neuen Jahrtausends – ausgelöst durch die *PISA-Studie* und die Umsetzung des *Bologna-Prozesses* – geriet die frühkindliche Bildung, Betreuung und Erziehung unerwartet und massiv in den Fokus der Öffentlichkeit.

Exkurs: PISA-Studie und Bologna-Prozess

Mit der PISA-Studie („Programme for International Student Assessment") untersucht die OECD (Organisation für wirtschaftliche Zusammenarbeit und Entwicklung), wie gut junge Menschen auf die Herausforderungen der Wissensgesellschaft vorbereitet sind. Im internationalen Vergleich werden die Kompetenzen von fünfzehnjährigen Schülerinnen und Schülern in den Bereichen Lesen, Mathematik und Naturwissenschaften untersucht. Um die Testergebnisse auf die jeweiligen Voraussetzungen in den Teilnehmerländern beziehen zu können, werden auch sogenannte Hintergrundmerkmale erhoben, z. B. Elternhaus, Unterricht und Schule. Die PISA-Studien werden seit 2000 in einem dreijährigen Turnus durchgeführt. Die erste PISA-Studie hatte den deutschen Schülern bescheinigt, im internationalen Vergleich nur unteres Mittelmaß zu sein. Beim Blick auf die Länder an der Spitze fiel auf, dass Finnland als sogenannter „PISA-Sieger" Kinder bereits sehr früh förderte. Dies gab bei uns den Startschuss für eine intensive Beschäftigung mit Förderung „von Anfang an".

Der Begriff „Bologna-Prozess" bezeichnet ein politisches Vorhaben zur Schaffung eines einheitlichen europäischen Hochschulwesens bis zum Jahr 2010. Er beruht auf der im Jahre 1999 von 29 europäischen Bildungsministern in der italienischen Stadt Bologna unterzeichneten, völkerrechtlich nicht bindenden Bologna-Erklärung. Der Bologna-Prozess verfolgt drei Hauptziele: die Förderung von Mobilität, von internationaler Wettbewerbsfähigkeit und von Beschäftigungsfähigkeit.

Neuere Erkenntnisse aus der Hirnforschung machten in dieser Zeit auf die besondere Bildungsfähigkeit kleiner Kinder aufmerksam. Gleichzeitig zeigten Ergebnisse der Bindungsforschung, dass insbesondere kleine Kinder feste und kontinuierliche Bezugspersonen brauchen. Im Zuge dieser neuen Bildungsdebatte machte sich der Gesetzgeber daran, die Rahmenbedingungen für die frühkindliche Bildung, Betreuung und Erziehung in den außerfamilialen Betreuungsangeboten Kindertageseinrichtungen und Kindertagespflege neu zu beschreiben und zu definieren. Dies führte zu einer weiteren Profilschärfung.

Einen erneuten Bedeutungszuwachs bekam die Kindertagespflege durch die Novellierungen des Sozialgesetzbuches VIII (KJHG) von 2005: TAG (Tagesbetreuungsausbaugesetz) und KICK (Kinder- und Jugendhilfeweiterentwicklungsgesetz). Im Jahr 2008 kam das KiföG (Kinderförderungsgesetz) hinzu. Diese durch den Bundesgesetzgeber geschaffenen gesetzlichen Rahmenbedingungen sorgen nun dafür, dass sich die Kindertagespflege zu einem gleichrangigen, verlässlichen und qualifizierten Angebot neben den Kindertageseinrichtungen entwickeln kann.

Flankiert wurde diese Entwicklung von der 2009 eingeführten Einkommensteuerpflicht für Tagespflegepersonen. Letztere entfachte einerseits die Diskussion um die Entwicklung eines Berufsbildes für die als Tätigkeitsfeld deklarierte Kindertagespflege. Andererseits führten die gesetzlichen Veränderungen wie auch die gesamten Entwicklungen im Feld der frühkindlichen Bildung, Betreuung und Erziehung zu einem erheblichen Professionalisierungsschub.

Inzwischen ist die Kindertagespflege deutlich aus dem Schatten der Kindertageseinrichtung herausgetreten; ein eigenes Profil beginnt sich herauszukristallisieren. Dieses soll in dem folgenden Kapitel kurz dargestellt werden. Allerdings ist zu beachten, dass auch das Angebot der Kindertagespflege immer wieder gesellschaftlichen, politischen und sozialen Entwicklungen unterworfen ist. Es lässt sich somit nicht sagen, ob die Merkmale, die heute das Profil von Kindertagespflege kennzeichnen, in Zukunft die gleiche Gültigkeit haben werden. Dennoch gibt es bestimmte Aspekte, die die Kindertagespflege von Kindertageseinrichtungen unterscheidet und ihr Profil konturieren. Für die Entscheidung, ob man als Tagespflegeperson arbeiten möchte und arbeiten kann, ist deshalb ein Blick auf diese prägenden Merkmale von Kindertagespflege notwendig.

1.2 Das Profil von Kindertagespflege

Ihren gesetzlichen Auftrag findet dieses Angebot im *Achten Sozialgesetzbuch (SGB VIII)*:

§

§ 1 Abs. 1 SGB VIII:
„Jeder junge Mensch hat ein Recht auf Förderung seiner Entwicklung und auf Erziehung zu einer eigenverantwortlichen Erziehung und gemeinschaftsfähigen Persönlichkeit."

Dieses im § 1 Abs. 1 SGB VIII verankerte Recht auf Förderung ist nach § 22 SGB VIII verknüpft mit dem Anspruch auf Bildung:

§

§ 22 Abs. 2 SGB VIII:
„Tageseinrichtungen für Kinder und Kindertagespflege sollen

1. die Entwicklung des Kindes zu einer eigenverantwortlichen und gemeinschaftsfähigen Persönlichkeit fördern,
2. die Erziehung und Bildung in der Familie unterstützen und ergänzen,
3. den Eltern dabei helfen, Erwerbstätigkeit und Kindererziehung besser miteinander vereinbaren zu können."

§ 22 Abs. 3 SGB VIII:
„Der Förderungsauftrag umfasst Erziehung, Bildung und Betreuung des Kindes und bezieht sich auf die soziale, emotionale, körperliche und geistige Entwicklung des

Kindes. Er schließt die Vermittlung orientierender Werte und Regeln ein. Die Förderung soll sich am Alter und Entwicklungsstand, den sprachlichen und sonstigen Fähigkeiten, der Lebenssituation sowie den Interessen und Bedürfnissen des einzelnen Kindes orientieren und seine ethnische Herkunft berücksichtigen.

"Die im Sozialgesetzbuch VIII definierte Trias von Erziehung, Bildung und Betreuung gilt als Grundpfeiler für eine gelingende Persönlichkeitsentwicklung. Die Umsetzung dieses Förderauftrages ist nach dem Gesetzgeber nicht nur Aufgabe von Kindertageseinrichtungen, sondern in gleichem Maße auch der Kindertagespflege. Kindertagespflege und Kindertageseinrichtungen ergänzen als Angebote des Staates die Erziehung, Bildung und Betreuung, welche in der Familie stattfindet. Eltern haben die Möglichkeit, zwischen verschiedenen Betreuungsformen diejenige auswählen, die ihren Bedürfnissen am besten entspricht.

Das Angebot der Kindertagespflege ist geeignet für Kinder von 0 bis 14 Jahren, insbesondere aber für Kinder unter drei Jahren. Kindertagespflege kann entweder im Haushalt des Kindes, der Tagespflegeperson oder in anderen geeigneten Räumlichkeiten stattfinden. Die Tagespflegeperson unterstützt und ergänzt die Familie bei der Bildung, Erziehung und Betreuung des Kindes (§ 22 Abs. 2 SGB VIII). Nach § 24 Abs. 3 SGB VIII haben Kinder unter drei Jahren einen Anspruch auf Betreuung, wenn der Bedarf nachgewiesen werden kann. Dieser resultiert üblicherweise aus der Erwerbstätigkeit beider Elternteile bzw. des alleinerziehenden Elternteils.

Der öffentliche Träger der Jugendhilfe (die Kommune) muss ein bedarfsgerechtes Angebot an Plätzen in der Kindertagespflege sicherstellen. Die Vermittlung von Tagespflegepersonen setzt die Erteilung der Erlaubnis voraus (§ 43 SGB VIII). Diese kann nur durch das Jugendamt erfolgen und ist an die Prüfung der Eignung der Tagespflegeperson gekoppelt. Die Vermittlung, Beratung und Fortbildung der Tagespflegeperson kann das Jugendamt an andere Träger delegieren.

Maximal fünf Kinder können gleichzeitig in einer Kindertagespflegestelle betreut werden. Eine Ausnahme bildet hier die sogenannte Großtagespflege, in der unter bestimmten Voraussetzungen auch mehr als fünf Kinder betreut werden können. Die Tagespflegeperson erhält bei einer öffentlichen Förderung nach § 23 Abs. 3 SGB VIII laufende Geldleistungen. Neben den gesetzlich formulierten Merkmalen, die die Kindertagespflege kennzeichnen, gibt es auch inhaltliche bzw. pädagogische Aspekte, die das Besondere an dem Angebot Kindertagespflege deutlich werden lassen. Dazu gehört insbesondere die einer Familie ähnelnde Betreuungsform.

Merksatz
Kindertagespflege ist in vier Formen möglich:

- ***Kindertagespflege im Haushalt der Tagespflegeperson,***
- ***Kindertagespflege in anderen geeigneten Räumen,***
- ***Kindertagespflege im Haushalt der Eltern,***
- ***Kindertagespflege als sogenannte „Großtagespflege".***

Ein wichtiger Grundstein für die gesunde Entwicklung des Kindes gerade in den ersten Lebensjahren ist eine verlässliche Bindung an Erwachsene (siehe Kap. B, 2). Im Regelfall werden dies die Eltern sein. Es können – diese ergänzend – aber auch Tagesmütter oder -väter sein, wenn sie eine emotionale Zuwendung zum Kind ausbilden und ein für die Bildung, Erziehung und Betreuung des Kindes geeignetes Umfeld schaffen.

Insbesondere in den ersten Lebensjahren eines Kindes kann Kindertagespflege diesem Anspruch dadurch gerecht werden, dass das Betreuungssetting aus der Perspektive des Kindes übersichtlicher ist als in vielen Kindertageseinrichtungen. Die Tagespflegeperson hat Raum und Zeit, sich in besonderem Maße einzelnen Kindern zuzuwenden. Trotzdem können in einer Tagespflegestelle auch altersgemäße Gruppenerfahrungen gemacht werden. Eine (begrenzte) Auswahl an Spielpartnerinnen und Spielpartnern bietet für Kinder einen kleinen, überschaubaren Rahmen, ermöglicht aber gleichwohl soziales Lernen.

Im Gegensatz zu Kindertageseinrichtungen müssen Kinder, die in der Kindertagespflege viele Stunden am Tag betreut werden, in der Regel keinen schichtdienstbedingten Wechsel der Bezugspersonen erleben, sondern werden immer von derselben Person betreut. Besonders für Kinder unter drei Jahren ist dies aus entwicklungspsychologischer Sicht ein wertvoller Aspekt.

In der Kindertagespflege befinden sich die Kinder in einer überwiegend familienähnlichen Struktur. Sie erleben den Alltag mit vielen Herausforderungen, die in einen natürlichen und begleitenden Alltagsprozess eingebettet sind. Eine professionelle Tagespflegeperson muss sich jedoch täglich neu darauf einstellen. In einem kleinen, durch Altersmischung gekennzeichneten Rahmen können Tagespflegepersonen individuell auf die Erfordernisse jedes einzelnen Kindes eingehen und auf dieses abgestimmt Bildungsprozesse anregen, ermöglichen, begleiten und fördern. Tagespflegepersonen können eine Vielzahl von Bildungsangeboten anderer Träger (z. B. Musikschulen, Sportvereine etc.) in der näheren Umgebung für ihre Tätigkeit nutzen. Auch kann eine enge Kooperation mit Kindertageseinrichtungen eingegangen werden, um z. B. die Infrastruktur der Einrichtung mit zu nutzen.

Exkurs: DJI-Projekt: Modellprojekt „Tagesmütter"
Laufzeit: 01.07.1974 – 01.07.1979

Das Modellprojekt „Tagesmütter" war das erste Forschungsprojekt des Deutschen Jugendinstitutes zur Betreuungsform Tagespflege in Deutschland. An elf Standorten in Westdeutschland wurde Kindertagespflege erstmals systematisch aufgebaut, durchgeführt, fachlich begleitet und evaluiert. Das Modellprojekt hat zentrale Impulse zur Verbreitung und fachlichen Ausgestaltung der Kindertagespflege in Deutschland gegeben und die Gründung des „Tagesmütter Bundesverbandes für Kinderbetreuung in Tagespflege e.V." mit befördert.

Da die Fremdbetreuung von Kindern unter drei Jahren damals höchst umstritten war, wurden im Projekt auch entwicklungspsychologische Untersuchungen der betreuten Kinder und in Vergleichsgruppen durchgeführt. Im Ergebnis konnte nachgewiesen werden, dass Kinder, die in qualifizierter Kindertagespflege betreut werden, keine entwicklungsbedingten Nachteile gegenüber Kindern aufwiesen, die von ihren Müttern betreut wurden. Sie waren sogar weniger sozial gehemmt und weniger ängstlich als die von den Müttern betreuten Kinder. Im damaligen Projekt wurden außerdem bereits wichtige Faktoren beschrieben, die die Strukturqualität der Betreuungsform positiv beeinflussen:

- *Eignungsüberprüfung*
- *Einführungskurs*
- *Praxisbegleitung*
- *Qualifizierungsseminare*
- *Fachberatung*
- *Vertretungssystem*
- *Übernahme von Versicherungsleistungen*
- *Vernetzung der Betreuungspersonen*

Zusammenfassung
§ 22 SGB VIII stellt hohe Qualitätsanforderungen an die Kindertagesbetreuung und etabliert die Kindertagespflege gleichrangig neben den Kindertageseinrichtungen als Teil eines qualifizierten, vielfältigen und integrierten Systems der Erziehung, Bildung und Betreuung von Kindern. Kindertagespflege ist ihrem Anspruch nach ein qualifiziertes, berufliches Angebot frühkindlicher Bildung, in dem sie die sprachlich-kognitive, körperliche und die sozial-emotionale Entwicklung von Kindern fördert. Sie geht daher sowohl über eine karitative, ehrenamtliche als auch eine rein pflegerisch-betreuende Leistung deutlich hinaus. Die folgenden Kapitel zeigen, warum die Arbeit einer Tagespflegeperson nicht ohne Qualifikation und adäquate Strukturbedingungen geleistet werden kann.

1.3 Motivation und Erwartungshaltung

Das „Personal" in der Kindertagespflege ist auffallend heterogen. Es sind ganz unterschiedliche Aspekte, Ausbildungen und Beweggründe, die Frauen und (seltener) Männer (ca. 3 %) motivieren, als Tagesmutter oder Tagesvater erwerbstätig zu sein.

In der Kindertagespflege arbeiten

- Frauen und Männer, die langfristig in diesem Feld arbeiten wollen und ihre Tätigkeit als Beruf verstehen,

- Frauen und Männer, die übergangsweise (z. B. während der Elternzeit) für zwei bis vier Jahre in der Kindertagespflege tätig sind,
- Frauen und Männer, die einen Quereinstieg in einem sozialen und/oder pädagogischen Beruf anstreben,
- ausgebildete Erzieherinnen (besonders in den neuen Bundesländern), die in der Kindertagespflege eine berufliche Alternative sehen,
- Mütter oder Väter, die sich für ihr Kind Spielgefährten wünschen und die sich deshalb als Tagespflegeperson qualifizieren.

Bevor Sie eine Tätigkeit als Tagespflegeperson aufnehmen, sollten Sie sich im Vorfeld über Ihre eigenen Motive und Erwartungen klar werden und sich mit Ihrer Familie beraten. Hilfreich ist es, wenn Sie sich mit anderen Tagespflegepersonen austauschen oder einige Zeit in einer Tagespflegestelle hospitieren. Im Bundesland Brandenburg, bisher jedoch nur dort (Stand: September 2010), sind dafür sogenannte Konsultationstagespflegestellen vorgesehen. Fragen Sie trotzdem bei Ihrem Jugendamt nach, ob es Tagespflegepersonen gibt, die sich für Hospitationen zur Verfügung stellen.

Im Fokus aller Überlegungen für die Tätigkeitsaufnahme sollte der Leitgedanke stehen, dass es sich bei der Kindertagespflege um eine Aufgabe handelt, die im Interesse der Kinder eine gewisse zeitliche Kontinuität erfordert und sich in erster Linie am Wohl der Tageskinder und ggf. der eigenen Kinder orientieren muss. Kindertagespflege ist zwar eine familiennahe Betreuungsform, im Unterschied zur Erziehung in der eigenen Familie findet die Kindertagespflege jedoch in einem Zwei-Familien-System statt. Als Tagespflegeperson sind Sie daher völlig anders gefordert als eine Mutter, die ihr eigenes Kind betreut, oder als eine Erzieherin, die in einer Kindertageseinrichtung gestützt durch ein Team arbeitet. Das bedeutet:

- Tagespflegepersonen müssen sich – im Interesse der Tageskinder – mit deren Erziehungs- und Sorgeberechtigten, also in der Regel den Eltern, in Fragen der Erziehung, Bildung und Betreuung abstimmen. Es muss ihnen klar sein, dass sie mit den Eltern eine Erziehungspartnerschaft eingehen. Das setzt Respekt, Zeit, Einfühlungsvermögen und Professionalität voraus.
- Kindertagespflege erfordert Betreuungsstabilität. Kinder brauchen in ihren frühen Bindungen zu ihren Bezugspersonen Verlässlichkeit. Einem Tageskind – insbesondere dann, wenn es noch ganz klein ist – dürfen deshalb häufige Betreuungswechsel nicht zugemutet werden.
- Plötzliche und unvorbereitete Kontaktabbrüche können Kinder verängstigen und verunsichern. Prüfen Sie deshalb sorgsam, wie viel zeitliche und emotionale Kontinuität Sie gewährleisten können – auch vor dem Hintergrund Ihrer eigenen beruflichen und familiären Lebensgestaltung und -planung.

Aufgabe

Überlegen Sie sehr genau, ob eine Betreuung von fremden Kindern das ist, was Sie sich tatsächlich für viele Stunden am Tag vorstellen können. Hilfreich ist es hier, Gelegenheiten zu suchen und zu nutzen, um Kinder zu beobachten oder einmal in einer Kindertagespflegestelle oder einer Krippe über einen längeren Zeitraum (z. B. ein oder zwei Wochen) zu hospitieren.

Die Entscheidung, als Tagespflegeperson zu arbeiten, hat ebenso Konsequenzen für die eigene Familie. Das gesamte familiäre Beziehungsgefüge wird beeinflusst. Dies gilt für die Konstellationen

- Tagespflegeperson – eigene(s) Kind(er),
- Tagespflegeperson – (Ehe-)Partner(in),
- Tageskind(er) – eigene(s) Kind(er),
- Tageskind(er) – (Ehe-)Partner(in).

Aufgabe

Nehmen Sie sich Zeit, um sich vorzustellen, in welcher Art und Weise die Arbeit als Tagespflegeperson Ihre eigenen familiären Beziehungen beeinflussen wird. Gehen Sie dazu die vier Konstellationen nacheinander durch und machen Sie sich Notizen. Schreiben Sie Ihre Bedenken ebenso auf wie Ihre Hoffnungen. Schreiben Sie sehr konkret, malen Sie sich etwa folgende Szene aus: Ihr eigenes Schulkind kommt müde nach Hause und trifft Sie mit einem Baby auf dem Arm an, welches dringend gewickelt werden muss.

Als Managerin von zwei Familien sollten Sie bedenken:

- Die Aufnahme fremder Tageskinder in die eigene Familie und die eigene Wohnung hat zur Folge, dass Sie möglicherweise weniger Zeit für die eigenen Kinder und den Partner haben und ihre Aufmerksamkeit teilen müssen. Dies gilt insbesondere, wenn Sie sich als Tagespflegeperson aus einer „Hausfrauentätigkeit“ heraus selbstständig machen wollen. Dies gilt weniger, wenn Sie erwerbstätig sind und als Tagespflegeperson den Beruf wechseln wollen. Dann gehört dieser Übergang zu den normalen Veränderungen, die bei jedem beruflichen Wechsel entstehen.

- Dadurch, dass Sie Kinder in Ihrer privaten Wohnung betreuen, vermischen sich leicht Kindertagespflegealltag und der eigene Familienalltag. Diese „Überlappung“ ist ein Konfliktthema in vielen Familien, in denen die Erwerbstätigkeit zuhause stattfindet. Man kennt dies von kleineren Handwerksbetrieben, aus der Gastronomie oder auch, wenn Beratungsräume unterschiedlicher Berufsrichtungen mit Publikumsverkehr (Anwältin, Therapeutin etc.) im privaten Wohnraum eingerichtet sind.

Diese Veränderungen müssen nicht zwangsläufig, können aber möglicherweise zu Konflikten führen, die sich auf das Zusammenleben Ihrer Familie auswirken. Je mehr und je besser Sie also im Vorfeld um mögliche kritische Punkte wissen und sich über die eigenen Motive und Erwartungen sowie die der anderen Familienangehörigen klar geworden sind, umso besser sind Sie in der Lage, geeignete vorbeugende Maßnahmen zu ergreifen.

Aufgabe

Sprechen Sie so konkret wie möglich mit Ihrer eigenen Familie über Ihren Plan, als Tagespflegeperson zu arbeiten, und beziehen Sie die Überlegungen der anderen Familienmitglieder in Ihre Entscheidung mit ein. Verabreden Sie miteinander, in welchem zeitlichen Rahmen Tagespflegekinder aufgenommen werden können. Informieren Sie sich auch über die rechtlichen und finanziellen Konditionen bei Ihrem zuständigen Jugendhilfeträger und prüfen Sie, ob die finanziellen Rahmenbedingungen für Sie passen.

Zur pädagogischen Verantwortung der Tagespflegeperson gehört, dass ausreichend Wohnraum für die Tageskinder zur Verfügung steht (mehr dazu in Kap. B, 3.4.3 und D, 4.4). Dies muss nicht unbedingt ein eigenes Zimmer sein. Die Räumlichkeiten sollten aber doch einen ausreichend großen Platz bieten, den die Tageskinder zur Verfügung haben. Sie müssen ihre persönlichen Sachen aufbewahren können und Raum haben, sich auch einmal zurückziehen, allein spielen zu können. Ein Schulkind beispielsweise benötigt einen ruhigen Ort, an dem es Hausaufgaben machen kann. Schließlich obliegt einer Tagespflegeperson auch die Aufsichtspflicht gegenüber dem Tageskind bzw. den Tageskindern. Das heißt, sie trägt Verantwortung hinsichtlich der sicherheitstechnischen Ausstattung der Kindertagespflegestelle (siehe Kap. D, 5.6).

Aufgabe

Prüfen Sie, ob die räumlichen Voraussetzungen gegeben sind, ob Ihre Wohnung kindersicher ist oder ob eventuelle Veränderungen vorgenommen werden müssen. Überlegen Sie auch, ob die Betreuung im Haushalt der Eltern des Tagespflegekindes stattfinden soll. Besprechen Sie gegebenenfalls mit dem Jugendhilfeträger, ob andere Räumlichkeiten genutzt oder angemietet werden können.

Tipp

Zur Überprüfung Ihrer Motivation und Erwartungen bietet das DJI-Curriculum einen empfehlenswerten Fragebogen zum „Anforderungsprofil" einer Tagespflegeperson.

1.4 Persönliche und fachliche Voraussetzungen

Um Kinder in der Kindertagespflege betreuen zu können, sollten Tagespflegepersonen bestimmte persönliche, fachliche und räumliche Voraussetzungen erfüllen. Tagespflegepersonen müssen sich insbesondere durch ihre Persönlichkeit auszeichnen. Darunter ist Folgendes zu verstehen:

Eine Qualifikation als Tagespflegeperson ist nicht nur über Fachkenntnisse zu erreichen. Die Tätigkeit als Tagespflegeperson beansprucht ihre ganze Persönlichkeit, denn eine Abgrenzung zwischen privatem und öffentlichem Raum ist oft nicht möglich. Das hat zur Folge, dass die Tagespflegeperson anders als die Erzieherin in der Einrichtung nicht zwischen Arbeit und Privatem trennen und sich jeweils anders verhalten kann. Der Freiraum „Privat" ist für sie nicht in gleichem Maße gegeben, wie es beispielsweise bei Erzieherinnen der Fall ist, die die Tür einer Einrichtung hinter sich schließen und nach Hause gehen können. Die Tagespflegeperson ist so gesehen auch privat „im Dienst". Aus diesem Grund ist die gesamte Persönlichkeit der Tagespflegeperson für diese Tätigkeit gefragt. Sie sollte sich durch Beziehungsfähigkeit, Verlässlichkeit, Einfühlungsvermögen und Geduld auszeichnen. Die Aufnahme der Arbeit als Tagespflegeperson setzt deshalb nicht nur den Erwerb fachlicher Kompetenzen voraus, sondern erfordert ebenso eine Auseinandersetzung mit der eigenen Persönlichkeit.

Hinweis: Eignungskriterien
Das Deutsche Jugendinstitut (DJI) hat über die Eignung von Tagespflegepersonen in der Kindertagestagespflege Praxismaterialien für Jugendämter herausgegeben (Nr. 2, Oktober 2009), die Sie unter folgender Adresse downloaden können: www.dji.de/aktionsprogramm-kindertagespflege/Handreichung_Eignung_Datenschutzzusatz_2_.pdf

Zu den persönlichen Voraussetzungen gehören aber auch eine glaubhafte Motivation zur Betreuung, Bildung und Erziehung von Kindern, Lebenserfahrung im Zusammenleben und Freude im Umgang mit Kindern. Tagespflegepersonen sollten über die Fähigkeit verfügen, flexibel auf unerwartete Situationen reagieren zu können, wie sie im Alltag mit Kindern an der Tagesordnung sind. Tagespflegepersonen müssen das Kind achten und ihnen wie auch den Eltern gegenüber ein respekt- und verständnisvolles Verhalten zeigen (mehr dazu in Kap. B, 3.1 und Kap. D, 1).Darüber hinaus sind physische und psychische Gesundheit und Belastbarkeit, Verantwortungsbewusstsein, Organisationsfähigkeit, Kooperationsfähigkeit und Ausgeglichenheit wichtige persönliche Voraussetzungen. Tagespflegepersonen sollten in der Lage sein, eine stabile Beziehung zu den Kindern aufbauen, eigenes Handeln begründen und reflektieren sowie schließlich mit Konflikten und Kritik konstruktiv umgehen zu können.

Checkliste

Wünschenswerte Eigenschaften und Fähigkeiten einer Tagespflegeperson

- ☑ Freude am Kind
- ☑ Achtung vor den Eltern
- ☑ Empathie
- ☑ Gesundheit und Belastbarkeit
- ☑ Verantwortungsbewusstsein und Verlässlichkeit
- ☑ Flexibilität
- ☑ Organisationsfähigkeit
- ☑ Kooperationsfähigkeit
- ☑ Ausgeglichenheit und Stressresistenz
- ☑ Geduld
- ☑ konstruktiver Umgang mit Krisen, Kritik und Konflikten
- ☑ Reflexionsfähigkeit
- ☑ Lebensfreude und Optimismus
- ☑ Offenheit
- ☑ Interesse an der fachlichen Weiterentwicklung

Hinsichtlich der Sach- und Fachkompetenz sollten Tagespflegepersonen folgende Voraussetzungen mitbringen:

- Tagespflegepersonen müssen die Rechte der Kinder kennen und anerkennen, insbesondere das Recht auf physische, psychische und seelische Unversehrtheit. Das heißt, Tagespflegepersonen müssen das Verbot körperlicher und seelischer Gewaltanwendung beachten und ihre Erziehung gewaltfrei gestalten. Körperliche Bestrafungen, seelische Verletzungen und andere entwürdigende Maßnahmen sind in jedem Fall unzulässig (§ 1631 Abs. 2 BGB).

- Tagespflegepersonen sollen darüber hinaus – auch mit Blick auf den Bildungsanspruch, der in Kindertagespflege besteht – über vertiefte Kenntnisse hinsichtlich dieser Angebotsform verfügen. Demnach sollten Tagespflegepersonen Fachwissen z. B. in den Bereichen Pädagogik, Psychologie, Gesundheit, Rechtsfragen der Kindertagespflege, Bildungs- und Entwicklungsdokumentation haben.

Die Entwicklung von Sachkompetenz setzt darüber hinaus die Bereitschaft zum Besuch von Qualifizierungs- und Fortbildungsveranstaltungen, zur aktiven Auseinandersetzung mit Fachfragen, zur Kooperation mit der Fachberatung oder Fachdiensten, mit anderen Fachprofessionen und anderen Tagespflegepersonen sowie die Bereitschaft zur Entwicklung eines professionellen Profils voraus.

Zur Umsetzung einer qualitativ guten Bildung, Betreuung und Erziehung in der Kindertagespflege gehören schließlich kindgerechte Räumlichkeiten, über die die Tagespflegeperson verfügen muss, wenn sie Kinder in ihrem eigenen Haushalt betreut (siehe Kap. B, 3.4.3).

Folgende Merkmale beschreiben, was als kindgerecht anzusehen ist:

- ausreichend Platz für Spiel- und Bewegungsmöglichkeiten,
- eine anregungsreiche Ausgestaltung,
- geeignete Spiel- und Beschäftigungsmaterialien,
- unfallverhütende und gute hygienische Verhältnisse,
- gut zu lüftende, beheizbare und durch Tageslicht belichtete Räume,
- insbesondere für Kleinkinder eine Schlafgelegenheit,
- eine angenehme Atmosphäre,
- Möglichkeit des Spielens und Erlebens in der Natur, in Wald- oder Parkanlagen.

Die Anforderungen an die Geeignetheit dieser Räumlichkeiten steigen zudem mit der Zahl der zu betreuenden Kinder.

Tipp

Eine Sicherheits-Checkliste für die notwendigen Räumlichkeiten und deren Ausstattung ist unter www.handbuch-kindertagespflege.de/files/pdf/application/pdf/1_3.pdf zu finden.

Wie bisher beschrieben, ist es wichtig, sich über die eigenen Motivationen für und die Erwartungen an die Tätigkeit der Kindertagespflege klar zu werden. Ebenso wichtig ist es, das eigene Verständnis von Erziehung zu hinterfragen und somit das persönliche Aufwachsen und die dabei gemachten Erfahrungen in den Blick zu nehmen. Einige unterstützende Impulse für eine solche Auseinandersetzung gibt das folgende Kapitel.

Ein Blick zurück: die eigene Erziehung

Die Pädagogik der Nachkriegsjahre war geprägt von Werten wie Disziplin, Sauberkeit, Pünktlichkeit, Fleiß, Ordnung, Leistung, Gehorsam, Sparsamkeit, Strebsamkeit, Kontrolle und Untadeligkeit des Rufes. Widerstand und Widerworte der Kinder waren in der Familie nicht erwünscht und wurden bestraft. Erzogen wurde im Allgemeinen mit Strenge, Autorität und Strafen. Trotzdem hatten die Kinder damals mehr Freiräume, in die sie sich zurückziehen konnten, und zwar in – und das ist das aus heutiger Sicht Entscheidende – „erwachsenenfreie Zonen". In Gruppen mit Gleichaltrigen (den sogenannten Peergroups), ungestört und der Kontrolle von Erwachsenen entzogen, konnten Kinder ihre Wohnumwelten erobern, abenteuerlich und freier als heute spielen. Sie hatten überdies weitaus mehr unverplante Zeit zur Verfügung als Kinder heute.

Welcher „Schatz" in dieser Freiheit liegt und welcher wichtigen Erfahrungen die Kinder des 21. Jahrhunderts beraubt werden, hat der Hirnforscher Gerald Hüther bei einem seiner Vorträge sehr schön am Beispiel von den südamerikanischen Hauseseln und den wilden Eseln beschrieben. Danach sind die Gehirne der wilden Esel, die beispielsweise durch unwegsames Gelände streifen und ihrer Natur gemäße Herausforderungen bewältigen müssen, größer und leistungsfähiger (komplexer vernetzt) als die der beschützten und behüteten Hausesel.

Aber zurück zur Entwicklung der Pädagogik: Der gesellschaftliche Umbruch in den 1960er und den frühen 1970er Jahren brachte einen neuen pädagogischen Impuls hervor, die sogenannte „antiautoritäre Erziehung". Erstmals wurde – bei aller Verantwortlichkeit der Erwachsenen – deren absolute Herrschaft über Kinder infrage gestellt und nach neuen Erziehungsmethoden gesucht. Der Grundgedanke der antiautoritären Pädagogik wird bis heute meist verkürzt als völliges Sich-selbst-Überlassen (Laisser-faire) der Kinder verstanden. Deshalb geriet diese Form der Erziehung schnell in die Kritik, die ihr bis heute anhaftet. Größter Vorwurf war und ist die vermeintlich fehlende Grenzsetzung für Kinder. Übersehen wird dabei, dass es den Befürwortern der antiautoritären Erziehung zum einen darum ging, dass Autorität nicht aufgrund einer gesellschaftlichen Position erworben sein kann, sondern dass authentisch handelnde Menschen eine natürliche Autorität besitzen. Zum anderen sollen solche Personen, z. B. Lehrerinnen und Lehrer, ihr Reden und Handeln danach ausrichten, dass sie bei Kindern Einsicht bewirken statt eines uneinsichtigen Befolgens von Regeln aus Angst vor Strafe.

Aus der veränderten Gesellschaft heraus (z. B. Individualisierung und Auflösung familiärer Bindungen, Kleinfamilie, steigende Scheidungsrate, Rückgang sozialer Bindungen, Mehrfachbelastung von Frauen, rapide ansteigender Leistungsdruck und Stress, sich veränderndes Rollenverständnis) hat sich im Laufe der Jahrzehnte auf breiter Basis ein grundsätzlicher Wandel in den Erziehungsvorstellungen vollzogen. Das im Kontext der „antiautoritären Erziehung" – ungeachtete aller Kritik – entstandene neue Verständnis von Kindheit und dem, was Kinder wollen und brauchen, ist sicherlich nicht hoch genug zu bewerten.

Heute wird es als unstrittiges Erziehungsleitbild angesehen, dass Kinder nicht unterworfen und diszipliniert werden müssen. Vielmehr sollten ihnen Bedingungen geboten werden, in denen sie Selbstständigkeit, Selbstvertrauen, Flexibilität und Verantwortungsbewusstsein entwickeln können. Ungeachtet dessen sind körperliche Strafen immer noch sehr weit verbreitet.

Tagespflegepersonen wollen das Beste für die ihnen anvertrauten Kinder, genau wie die Eltern. Dennoch sind auch Tagespflegepersonen nicht frei von Verhaltensmustern, deren Ursachen in der eigenen Kindheit liegen. Gerade mit Blick auf die notwendige Erziehungspartnerschaft mit den Eltern fremder Kinder ist es unentbehrlich, sich mit den eigenen Erziehungsvorstellungen und mit dem persönlichen Idealbild von Familie auseinanderzusetzen. Die Fähigkeit zur Selbstreflexion ist ein wesentliches Merkmal und Grundbaustein für die Entwicklung eines professionellen Selbstverständnisses als Tagespflegeperson.

Aufgaben

Nehmen Sie sich Zeit und beantworten Sie für sich folgende Fragen. Vielleicht können Sie sich hierzu mit anderen Tagespflegepersonen austauschen.

1. *Worin zeichnet sich Ihrer Meinung nach eine gute Tagespflegeperson aus?*
2. *Worin unterscheidet sich Ihr Bild von einer guten Tagespflegeperson als Erziehungsvorbild von den Erziehungsvorbildern, die Sie selbst in Ihrer Kindheit erlebt haben? Gibt es möglicherweise gemeinsame Merkmale?*
3. *Welchen Erziehungsstil haben Sie in Ihrer Kindheit kennengelernt? Welche Gemeinsamkeiten und welche Unterschiede gibt es zwischen damals und heute?*
4. *Als Tagespflegeperson werden Sie sicherlich auch Kinder begleiten, die Ihnen nicht so nah und lieb sein können wie andere Kinder. Sie werden mit Eltern eine Erziehungspartnerschaft eingehen, die Ihnen beispielsweise wegen ihrer anderen Erziehungsvorstellungen fremd sind. Welche Fähigkeiten und Kompetenzen würden Ihnen im Umgang mit diesen Kindern und Eltern helfen?*
5. *Welche Fähigkeiten und Kompetenzen schätzen Sie an sich selbst? Welche davon sind für die zukünftige Arbeit als Tagespflegeperson von großer Bedeutung? Welche möchten Sie verbessern?*
6. *Wer oder was könnte Sie auf diesem Weg unterstützen?*

Zusammenfassung

Das Selbstverständnis einer Tagespflegeperson entwickelt sich nicht allein durch Wissensanreicherung, sondern durch eine intensive Reflexion über die eigenen Erfahrungen und das eigene Handeln. Ein professionelles Selbstverständnis als Tagespflegeperson ergibt sich nicht einfach intuitiv. Es ist begründet, fachlich fundiert und reflektiert. Darin unterscheidet sich professionelles Handeln einer Tagespflegeperson von sogenanntem Laienhandeln. Wie eine Tagespflegeperson oder die Eltern sich in Bezug auf das Kind verhalten, kann möglicherweise identisch sein. Aber die Tagespflegeperson muss ihre Rolle reflektieren und eine Antwort darauf geben können, warum sie etwas so und nicht anders tut. So wird sie ihrer Verantwortung gegenüber dem Kind und den Eltern gerecht.

1.5 Wie Kinder heute aufwachsen

Die Lebenssituation von Kindern und die Lebensführung von Familien werden durch demografische, wirtschaftliche, rechtliche, politische und soziale Entwicklungen beeinflusst und sind einem permanenten Wandel unterworfen. Das heutige Kinderleben ist einerseits stark konkurrierenden Vorstellungen unterworfen, andererseits findet es unter zunehmend unsicheren und prekären Bedingungen statt. Inzwischen ist es gesellschafts- und familienpolitischer Konsens, dass Kindheit ein Schonraum, eine Phase eigenständiger Entwicklung ist, die des Schutzes und der Sicherheit bedarf. Niemand bestreitet, dass Kinder Zeit brauchen für ihre Entwicklung, für ihren jeweils individuellen Weg der Entdeckung von Welt. Die Entwicklung verläuft weder geradlinig noch vorhersehbar. Kinder sind keine Trichter, in die man oben etwas hineinwirft, und je nachdem, wie der Trichter am Ende ausgeformt ist, kommt unten ein vorbestimmtes Ergebnis heraus. Kinder sind nicht berechenbar. Sie haben ihr eigenes Zeiterleben.

Gleichzeitig gerät Kindheit als zweckfreie Zeit für Fantasie, Eigensinn, Unangepasstheit, Neugier und Spontaneität zunehmend unter Druck. Kinder werden vermehrt als Potenzial der gesellschaftlichen Reproduktion, als zukünftige Leistungsträger und als kompetente Akteure in einer globalisierten Welt angesehen. Verstärkt wird diese Sichtweise durch die Tatsache, dass Kinder in Deutschland aufgrund eines kontinuierlichen Rückgangs der Geburtenrate sowie einer gestiegenen Lebenserwartung eine abnehmende Bevölkerungsgruppe sind. Der Wert und die Bedeutung von Kindern steigen seit einigen Jahren. Kindheit gilt als zentrale Phase, in der möglichst früh möglichst viel positiv beeinflusst bzw. gebildet, betreut, erzogen und optimal gefördert werden soll. Somit wird Kindheit immer früher zur „Bildungskindheit“ – und das häufig bereits vor der Geburt.

Parallel zu dem sich in Deutschland abzeichnenden demografischen Wandel vollzieht sich noch eine andere deutlich sichtbare Entwicklung: die Zunahme der Familien- und damit der Kinderarmut. Es gibt also nicht nur immer weniger Kinder, sondern immer mehr von ihnen leben in Armut. Mangelhafte Rahmenbedingungen (z. B. Arbeitslosigkeit, geringes Einkommen der Eltern, Isolation und Ausgrenzung) bestimmen heute den Alltag einer größer werdenden Zahl von Kindern bzw. Familien in Deutschland. Zugleich verstärkt sich die Tendenz einer Polarisierung der Lebenschancen von armen Kindern im Vergleich zu nicht armen Kindern, insbesondere zu Kindern aus akademischen Herkunftsmilieus. Lebenswirklichkeit und Lebenswelten dieser unterschiedlichen Familien schotten sich zudem sozialräumlich immer mehr voneinander ab. Die soziale Stellung der Familie bestimmt aber im Wesentlichen den Bildungserfolg von Kindern.

Und schließlich sind Familien mit Arbeitsbedingungen konfrontiert, die ihnen eine hohe Mobilitätsbereitschaft – geografisch und zeitlich – abverlangen. Gleichzeitig stehen sie unter dem Druck, ihr Qualifikationsniveau auf aktuellem Stand zu halten, damit sie den steigenden Anforderungen in ihrem Berufsalltag gewachsen bleiben. Deshalb bedarf es ganz unterschiedlicher politisch zu verantwortender Rahmenbedingungen, um Familien zu unterstützen. Diese müssen dazu beitragen, die sozialen Ungleichheiten zu reduzieren und sollten Zeit- bzw. Freiräume für das Familienleben schaffen.

1.5.1 Familie

Am Anfang steht für beinahe jedes Kind die Familie. Sie ist das Betreuungszentrum, die basale Lernwelt, in der Kinder aufwachsen, in der sie jenes Urvertrauen entwickeln und jene elementaren Fähigkeiten und Fertigkeiten erlangen, die sie befähigen, sich zunehmend eigenständig in der Welt zu bewegen. Damit kommt der Familie mit Blick auf die Bildung, Betreuung und Erziehung der Kinder eine ebenso zentrale wie lebensbegleitende Schlüsselfunktion zu.

Es ist schwierig, eine einheitliche und verbindliche Definition von Familie zu geben und dabei gleichzeitig die historische Entwicklung und kulturelle Vielfalt der Familienformen zu berücksichtigen. Die Soziologin und Familienforscherin Rosemarie Nave-Herz (1989) definiert Familie als eine von mehreren Lebensformen, die Menschen in ihrem Zusammenleben bilden. Nave-Herz unterscheidet bei diesen Lebensformen die eheliche und nichteheliche Paarbeziehung, das Singlesein und kollektive Lebensformen, z. B. in Heimen, Wohngemeinschaften oder Familien, in denen mindestens zwei Generationen zusammenleben. Im Unterschied zu anderen Lebensformen ist ein wesentliches Merkmal von Familie das Vorhandensein von Kindern und damit die Eltern-Kind-Beziehung. Der Soziologe Johannes Huinink hat Familie folgendermaßen definiert:

> ***Definition***
> ***„Eine Familie ist also eine Beziehungsstruktur oder auch eine soziale Gruppe, deren Mitglieder durch eine Eltern-Kind-Beziehung oder durch eine der genannten, indirekt über Eltern-Kind-Beziehungen vermittelten Formen von Beziehungen (wie Beziehungen zwischen Elternteilen, Großeltern, Enkeln, Geschwisterbeziehungen) miteinander verbunden sind, unabhängig davon, ob sie in einem gemeinsamen Haushalt leben oder nicht." (Huinink, 2008, S. 24)***

In der Regel sind die Erwachsenen – also die ältere Generation – für die Erziehung, Versorgung und Unterstützung der Jüngeren verantwortlich. Hauptmerkmal der Familie ist nicht in erster Linie eine dauerhafte Partnerbeziehung, sondern die feste Beziehung zwischen mindestens einem Elternteil und mindestens einem Kind. Auch der 7. Familienbericht (Bundesministerium für Familie, Senioren, Frauen und Jugend, 2006) formuliert ein erweitertes Verständnis von Familie. Demnach ist sie eine Gemeinschaft mit festen Bindungen, in der mehrere Generationen füreinander sorgen. Diese Personen stehen in einem biologisch, rechtlich oder sozial begründeten Nachkommenschaftsverhältnis zueinander. Sofern sie unterstützungsbedürftig sind, können sie von anderen Familienmitgliedern Unterstützung erwarten. Das traditionelle Merkmal der Verwandtschaft ist nicht mehr einzig ausschlaggebend zur Beschreibung von Familie.

Merksatz
Der Artikel 6 des Grundgesetzes unterstreicht den Charakter des Definitionsmerkmals von Kindern für Familie, indem er zwischen Ehe und Familie zwar ausdrücklich unterscheidet, jedoch für beide eine Institutsgarantie vorsieht. Damit steht die Familie nach dem Grundgesetz (Art. 6 Abs. 1 GG) unter dem besonderen Schutz des Staates und seiner Organe.

Die Familie als Teilsystem einer Gesellschaft ist durch spezifische Merkmale gekennzeichnet:

- In einer Familie wachsen leibliche und/oder angenommene Kinder heran. Nach diesem Verständnis ist auch die „Tagespflegefamilie" eine Familie auf Zeit.
- Es leben mindestens zwei Generationen zusammen. In einer sogenannten Kernfamilie leben z. B. Eltern bzw. Mutter oder Vater mit einem oder mehreren Kindern. Eine Großfamilie kann darüber hinaus auch Großeltern, Urgroßeltern oder Onkel und Tanten umfassen.
- Es gibt spezifische Rollen, z. B. Vater, Mutter, Tochter, Sohn, Schwester, Bruder, Erstgeborene etc. Diese unterschiedlichen Rollen sind mit Erwartungen verknüpft, die durch die jeweilige Epoche, Kultur oder Schicht bestimmt werden. Unabhängig davon ist es jedoch für eine Familie kennzeichnend, dass sie auf engeren Beziehungen, Zusammenarbeit, Zuneigung beruht und Solidarität voraussetzt.
- Die Familie ist in der Regel die erste Bezugsgruppe, die ein Kind kennenlernt. Sie wird daher als Primärgruppe bezeichnet.
- Die Beziehungen in einer Familie sind in der Regel dauerhaft.

Heute wird Familie immer seltener über die Ehe definiert, sondern über das Vorhandensein von Kindern. Dieser pragmatische Familienbegriff („Familie ist da, wo Kinder sind") nimmt allein das Vorhandensein von Kindern zur Grundlage für die Bildung einer Familie. Bezüglich der Elternschaft und ihrer Strukturierung bleibt der Familienbegriff unverbindlicher.

Deshalb gibt es heute eine Vielzahl unterschiedlicher Lebensformen, die Familie annehmen kann:

- Alleinerziehende,
- nichteheliche Lebensgemeinschaften,
- Paare heterosexueller oder gleichgeschlechtlicher Orientierung,
- Patchwork-Familien,
- Stieffamilien,
- Adoptivfamilien.

Empirisch ist der Wandel der Familienstrukturen durch folgende Faktoren belegt:

- Verringerung der Haushaltsgröße (kinderlose oder Ein-Kind-Familie),
- Rückgang der Eheschließungen bzw. immer späterer Zeitpunkt der Eheschließung,
- immer später erfolgende Familiengründung im Lebenslauf,
- Zunahme der Scheidungen und der sogenannten Fernbeziehungen.

Weitere bedeutende Veränderungen im Rahmen des familialen Wandels betreffen die Binnenstrukturen der familiären Lebensformen. Die Beziehungsgestaltung in der Familie hat sich vom „Befehls- zum Verhandlungshaushalt" gewandelt. Das Verhältnis zwischen den Partnern hat sich dabei von einer aufgabenorientierten hin zu einer eher auf Beziehung gerichteten Partnerschaft entwickelt. Und schließlich ist seit Längerem zu beobachten, dass Kinder sich ihren Eltern gegenüber zunehmend emanzipiert verhalten.

Unabhängig von dem größeren Spektrum an Lebensformen erfüllt die Familie gleichwohl und nach wie vor wesentliche Grundfunktionen für die Gesellschaft: Sie ist Sozialisations-, Erziehungs- und Bildungsinstanz, sie legt die Grundlage für die Bildung des Humanvermögens und sichert die solidarischen Beziehungen und entsprechenden Leistungen zwischen den Generationen. In dem hier beschriebenen Zusammenhang wird Humanvermögen verstanden als Ressource einer Bevölkerung, die sich maßgeblich aus dem Bildungsniveau und dem Wissensstand der Menschen zusammensetzt und für das langfristige Wachstum einer Volkswirtschaft von Bedeutung ist.

In der Familie erlernt das Kind soziales Verhalten und damit die Grundlagen des Miteinanders in Gesellschaften. In diesen sozialen Lernprozessen werden Werte und Normen, Einstellungen und Konfliktlösungsverhalten vermittelt. Obwohl der gesamte Lebenslauf von Sozialisationsprozessen bestimmt wird, ist die Prägung in der frühen Kindheit besonders groß. Auf der Grundlage dessen, was in dieser Zeit erfahren, erlebt und gelernt wurde, bauen alle nachfolgenden Lernprozesse auf. Daher ist die Sozialisation in der Familie von besonderer Bedeutung.

Definition
Unter Sozialisation versteht man den Prozess der Persönlichkeitsentwicklung eines Menschen. Sie findet in einem komplexen Zusammenspiel zwischen gesellschaftlichen Einflüssen der jeweils spezifischen materiellen, kulturellen und sozialen Umwelt und der aktiven individuellen Aneignung auf der Basis individueller psychischer und genetischer Faktoren statt. Als Ergebnis erfolgreich verlaufender Sozialisationsprozesse gilt die Herausbildung gesellschaftlich handlungsfähiger Subjekte, die in der Lage sind, gesellschaftlich herrschende Normen, Werte und Verhaltensanforderungen zu übernehmen und gesellschaftliche Entwicklungen durch die Herausbildung entsprechender Handlungskompetenzen mitzugestalten. Sozialisation vollzieht sich in bestimmten Kontexten und Instanzen. Sie geschieht überwiegend ungeplant und unbeabsichtigt. Erziehung kann demgegenüber als absichtsvolle Sozialisation verstanden werden, die bewusst Einfluss nimmt auf das Heranwachsen eines Menschen.

Es werden vier *Sozialisationsstufen* unterschieden: primäre, sekundäre, tertiäre und quartäre Sozialisation. Relevant für die Kindertagespflege sind vor allem die ersten beiden Sozialisationsstufen:

- **Primäre Sozialisation:** Die erste Sozialisationsphase ist in der frühen Kindheit angesiedelt. Das Kind steht in einem wechselseitigen Austausch mit seiner Primärgruppe, zumeist der Familie, aber auch mit anderen engen Bezugspersonen, z. B. den Großeltern, der Tagespflegeperson oder der Krippenerzieherin.

- **Sekundäre Sozialisation:** Mit dem Übergang in die Sekundärgruppen wie beispielsweise Kindergarten, Schule oder Tagespflegestelle beginnt die zweite Sozialisationsphase. Die Beziehungskontexte, in denen das Kind aufwächst, erweitern und verändern sich. Das Kind ist jetzt Mitglied mehrerer Gruppen. Die Stärke ihres Einflusses verschiebt sich im Laufe dieser Phase. So verringert sich der Einfluss der Familie, während die Bedeutung der Kindergartengruppe, der Schulklasse oder auch des Freundeskreises, d. h. der Gleichaltrigengruppe (Peergroup), zunimmt.

1.5.2 Erwerbstätigkeit von Mutter und Vater

Wie bereits erwähnt, hat sich seit den 1960er Jahren in Deutschland ein gesellschaftlicher Wandel vollzogen, der die Lebens-, Arbeits- und Aufwachsensbedingungen von Familien und ihren Kindern nachhaltig verändert hat. Dies betrifft insbesondere folgende Bereiche:

- Veränderungen im Bildungsbereich,
- Veränderungen im Geschlechterverhältnis,
- Veränderungen in der Arbeitswelt.

Vor dem Hintergrund der in den 1950er Jahren begonnenen wirtschaftlichen Expansion und der damit einhergehenden steigenden Anforderungen in der Arbeitswelt kam es in den 1960er Jahren zu kontroversen Debatten über die Reformfähigkeit des deutschen Bildungswesens. Politisches Ziel war dabei, mehr Chancengerechtigkeit zwischen den sozialen Schichten sowie zwischen Männern und Frauen herzustellen. Einerseits sah man die Position der Bundesrepublik als Industriestaat durch das Fehlen hoch qualifizierter Arbeitskräfte in Gefahr. Andererseits wurde das „Bürgerrecht auf Bildung“ (Ralf Dahrendorf), also ein demokratisches Bildungssystem gefordert, das allen Kindern unabhängig von ihrer sozialen Herkunft gleiche Chancen bieten müsste. Experten wie Georg Picht prophezeiten eine „Bildungskatastrophe“, die einzutreten drohe, wenn nicht breitere Schichten den Zugang zu weiterführenden Schulen erhielten, und forderten eine „Mobilisierung der Begabungsreserven“. Folge dieser Diskussionen und Bestrebungen war die sogenannte „Bildungsexpansion“:

Durch den Ausbau der sekundären (Klassen 5 bis 13, Berufsschulen) und tertiären Bereiche (Hoch- und Fachschulen) erhöhte sich das Bildungsniveau der Bevölkerung in Deutschland deutlich. Bis 1990 verdreifachten Realschule und Gymnasium ihre Schülerzahlen zulasten der Hauptschule. Die Vollzeitschulpflicht wurde verlängert. Es gab längere Ausbildungszeiten durch höhere Abschlüsse. Die Bildungswege verlängerten sich weit über das Jugendalter hinaus. Immer mehr Menschen erwarben mittlere bzw. höhere Bildungsabschlüsse und verweilten länger im Bildungssystem. Geschlechtsspezifische Benachteiligungen im Bildungsbereich wurden weitestgehend abgebaut oder haben sich sogar umgekehrt. So belegen heutige Studien, dass Mädchen im Schnitt bessere Noten vorweisen als Jungen. Die Bildungsexpansion trug neben der zweiten Frauenbewegung Ende der 1960er Jahre aber auch dazu bei, dass sich das Selbstverständnis der Frau änderte. Höhere

Bildungswege und eine Berufsausbildung wurden für Frauen genauso selbstverständlich, wie es lange vorher schon für Männer war. Die Erwerbsbeteiligung von Frauen stieg. Heute ist es für viele Frauen selbstverständlich, sich nicht nur ihren Lebensunterhalt selbst zu verdienen, sondern Arbeit als ein sinnstiftendes Element der eigenen Lebensplanung und -gestaltung zu betrachten.

Die zunehmende Erwerbsarbeit der Frauen führt zu einer Vereinbarkeitsproblematik von Familie und Beruf. Diese stellt sich aber vor allem für Frauen, kaum für Männer. Aktuelle Untersuchungen zeigen, dass Männer sich heute zwar mehr an der Erziehungsarbeit beteiligen, haushaltsbezogene Aufgaben wie Waschen, Putzen etc. jedoch immer noch überwiegend den Frauen überlassen werden. Die Folge ist eine Doppelbelastung der Frau. Ebenso ist die Zahl der Männer, die sich bereits von Geburt an in gleicher Weise wie die Frauen an der Betreuung und Erziehung ihrer Kinder beteiligen, noch relativ gering. Dies wird deutlich, wenn wir uns die folgende Tabelle anschauen. Die hier angeführten Zahlen zeigen, dass der Umfang der Erwerbstätigkeit der Mütter vom Alter des Kindes abhängig ist.

Alter des jüngsten Kindes von ... bis ... Jahren	Mütter		Väter	
	Angaben in %			
	Erwerbsquote	Teilzeitquote	Erwerbsquote	Teilzeitquote
0 bis 3	30	70	85	7
3 bis 5	58	75	87	5
6 bis 9	65	75	88	5
10 bis 14	71	71	87	5

Erwerbstätigen- und Teilzeitquoten von Müttern und Vätern nach Alter des jüngsten Kindes, Deutschland 2007 (Statistisches Bundesamt, Mikrozensus, 2007)

Je jünger das Kind, desto weniger stehen Mütter im Berufsleben. Nur jede dritte Mutter mit Kindern im Krippenalter geht einer Arbeit nach. Bei Müttern mit Kindern im Kleinkindalter arbeitet mehr als jede zweite, am ehesten arbeiten Mütter mit älteren Kindern (71 Prozent), d. h. mit Kindern im Alter zwischen 10 und 14 Jahren.

Das Geschlecht der Eltern und das Alter der Kinder sind ebenfalls bestimmende Faktoren bei der Frage der Arbeitszeiten. Wenn Mütter erwerbstätig sind, schränken sie ihre Erwerbsarbeit je nach Alter des jüngsten Kindes zeitlich ein. So arbeiten sieben von zehn erwerbstätigen Müttern mit Kind im Krippenalter in Teilzeit. Sind die Kinder jedoch im Kleinkind- und Grundschulalter, sinkt auch der Anteil der Mütter, die in Teilzeit arbeiten. Hier sind es nur noch drei von vier Müttern, die in Teilzeit arbeiten. Blickt man allerdings auf die Väter, so wird deutlich, dass das Alter des Kindes nur einen sehr geringen Einfluss auf die Erwerbstätigkeit hat. Väter arbeiten weitgehend unabhängig vom Alter des Kindes zu weit über 80 Prozent und dies zumeist in Vollzeit. Väter, die einer Teilzeittätigkeit nachgehen, sind nach wie vor relativ selten anzutreffen.

Dass die Arbeitsbeteiligung von Müttern und Vätern immer noch so unterschiedlich ist, deutet darauf hin, dass bis heute eine geschlechtsspezifische Rollenverteilung in den Familien die Arbeitsteilung bestimmt. Väter übernehmen in der Familie – trotz aller Gleichberechtigungsbemühungen auf vielen Seiten – nach wie vor mehrheitlich die Rolle des Ernährers. Mütter dagegen übernehmen die Betreuung und Erziehung der Kinder. Im Zweifelsfall stocken sie durch Teilzeitarbeit das Familieneinkommen auf. Zudem verdienen Männer in Deutschland noch immer im Schnitt bis zu 22 Prozent mehr als ihre weiblichen Kolleginnen – bei gleicher Arbeit und Qualifikation. Allerdings ist das Modell des männlichen Ernährers in Ostdeutschland aufgrund der historisch gewachsenen anderen Bedeutung der Erwerbstätigkeit von Frauen nicht so ausgeprägt und verbreitet wie im Westen.

Alter des jüngsten Kindes von ... bis ... Jahren	Mütter			Väter		
	Angaben in %					
	Erwerbsquote	Vollzeitquote	Teilzeitquote	Erwerbsquote	Vollzeitquote	Teilzeitquote
	Deutschland					
Zusammen	**56**	**27**	**73**	**95**	**86**	**5**
unter 3	30	30	70	85	93	7
3 bis 5	58	25	75	87	95	5
6 bis 9	65	25	75	88	95	5
10 bis 14	71	29	71	87	95	5
	Westdeutschland					
Zusammen	56	22	78	88	95	5
unter 3	29	25	75	86	94	6
3 bis 5	57	18	82	88	95	5
6 bis 9	64	19	81	89	95	5
10 bis 14	71	25	76	87	96	4
	Ostdeutschland					
Zusammen	59	52	48	81	92	8
unter 3	34	48	51	79	90	10
3 bis 5	65	51	49	81	92	8
6 bis 9	69	52	49	83	94	7
10 bis 14	71	56	44	81	93	7

Erläuterung: Mütter/Väter = Elternteile im erwerbsfähigen Alter; Erwerbstätigenquote = Anteil der aktiv Erwerbstätigen (ohne vorübergehend Beurlaubte, z. B. wegen Mutterschutz, Elternzeit) an der Bevölkerung

Erwerbstätigenquoten von Müttern und Vätern nach Alter des jüngsten Kindes 2007 (Statistisches Bundesamt, Mikrozensus, 2007)

Die wachsende Ausdifferenzierung von Arbeitswelten und das Ansteigen der Anforderungen ziehen atypische Arbeitszeiten nach sich. Für eine wachsende Zahl von Müttern und Vätern ist demzufolge der Samstag kein Familientag mehr. So arbeiten gut 45 Prozent der Beschäftigten samstags zumindest hin und wieder wie an ganz normalen Arbeitstagen.

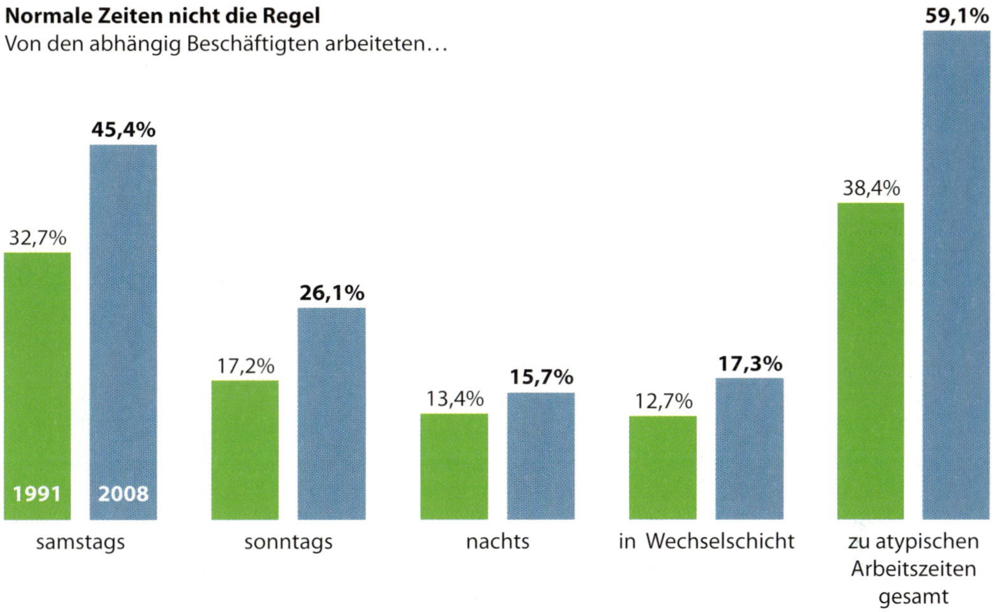

Vergleich der Arbeitszeiten von 1991 und 2008
(Böckler Impuls, 20/2009; Datenquelle: Statistisches Bundesamt, Berechnungen WSI 2009)

Zwar sind fünf Arbeitstage pro Woche heute immer noch die Regel, aber die freien Tage fallen nicht mehr unbedingt auf ein Wochenende. Ebenso ist es inzwischen bei vielen Arbeitgebern und Unternehmen üblich geworden, dass die Arbeitnehmerinnen und Arbeitnehmer Überstunden machen und somit Arbeit stärker als je zuvor in das Privatleben hineinwächst und dieses zeittaktisch bestimmt. Für Mütter und Väter ist es deshalb zunehmend schwerer geworden, Familienalltag und übriges Sozialleben zu organisieren, da die Grenzen zwischen beiden Lebensbereichen verschwimmen.

Unter diesen Bedingungen also wachsen Kinder heute in Deutschland auf. Um die Vereinbarkeit von Familie und Erwerbstätigkeit zu gewährleisten, sind demnach solche Angebote der Kindertagesbetreuung notwendig, die in besonderem Maße auf die unterschiedlichen Erwerbsbedingungen reagieren und die Familie bei der Erziehung, Bildung und Betreuung außerhalb der Erwerbszeiten unterstützen können. Das Wohl des Kindes darf dabei nicht den Erfordernissen des Berufslebens untergeordnet werden, sondern hat höchste Priorität.

1.5.3 Das Kind als Mittelpunkt der Kleinfamilie

Wie bereits beschrieben, leben Kinder heute in veränderten Familienformen. Eine weitere Veränderung zeigt sich, wenn man sich den Zeitpunkt anschaut, zu dem Frauen Kinder gebären. In den letzten Jahrzehnten hat sich das Alter immer weiter nach hinten verlagert. Heute sind Frauen, wenn sie ihr erstes Kind gebären, im Schnitt 30 Jahre alt. Zudem hat sich die Zahl der Kinder, die in einer Familie geboren werden, reduziert. Immer häufiger wachsen Kinder ohne Geschwister auf. In Ostdeutschland sind mit nur 15 Prozent zwei und mehr Geschwister relativ selten, während 41 Prozent ganz ohne Geschwister aufwachsen. In Westdeutschland haben Kinder demgegenüber 37 Prozent zwei und mehr Geschwister, der Anteil der Einzelkinder liegt bei 29 Prozent (vgl. Bundesministerium für Familien, Senioren, Frauen und Jugend, 2005, S. 60). Mit anderen Worten: Familien bekommen später und weniger Kinder.

Entscheiden sich Frauen und Männer für ein Kind, sind die Erwartungshaltungen an sich und das Kind oft sehr hoch. Das Kind steht im Mittelpunkt der Kleinfamilie, um es herum wird das Familienleben organisiert und strukturiert. In der Kombination von eigener und gesellschaftlicher Erwartung an Familie fühlen sich Eltern zunehmend unter Druck gesetzt. Die Reaktionen auf diesen Stress können ganz unterschiedlich ausfallen und sind abhängig von den individuell vorhandenen Ressourcen der Erwachsenen.

Ein weiterer Aspekt hat in den vergangenen Jahrzehnten dazu geführt, dass Kinder in den Mittelpunkt des gesellschaftlichen Interesses gerückt sind: der Rückgang der Geburtenrate und die damit verbundene Diskussion um die demografische Entwicklung. Immer häufiger wird deshalb in der Fachöffentlichkeit über die Leistungsfähigkeit der Familie diskutiert. Ungeachtet dessen sind die Lebensbedingungen, unter denen Kinder in Deutschland aufwachsen, von zunehmender Ungleichheit gekennzeichnet.

Leistungsdruck und Unsicherheit in der Kindererziehung

Kindererziehung ist kein Leistungssport, sondern bedeutet, die Persönlichkeitsentwicklung des Kindes gezielt zu fördern und zu begleiten. Dabei ist die Art und Weise, wie man in einer Familie miteinander umgeht und zusammenlebt, von großer Bedeutung. In den letzten Jahrzehnten hat sich im Hinblick auf das allgemeine Erziehungsverständnis viel verändert. Beispielhaft hierfür steht die gesetzliche Verankerung des Rechts des Kindes auf eine gewaltfreie Erziehung, das im November 2000 in Kraft getreten ist. Familien sind damit angehalten, für ihre Konflikte gewaltfreie Lösungen zu finden. Wenn nötig, werden sie hierbei durch Jugendhilfeangebote unterstützt.

Kinder werden zunehmend als eigenständige Persönlichkeiten gesehen, die es zu respektieren gilt. Sie gewinnen auf ganz unterschiedlichen Ebenen, d. h. gesellschaftlich, bevölkerungspolitisch, bildungspolitisch, familienpolitisch und wirtschaftspolitisch, an Bedeutung. Auch die Forschung (z. B. die Hirn- und die Bindungsforschung) befasst sich stärker und umfassender als früher mit Kindheit und dem Aufwachsen von Kindern. Inzwischen ist über die kindliche Entwicklung und das Kindsein sehr viel forschungsbasiertes und pädagogisches Wissen vorhanden.

Was jedoch fehlt, ist ein umfassendes Wissen darüber, was Elternschaft heute bedeutet, wie sie gelingen kann und auch, woran ihr Erfolg zu messen ist. Gerade der Erziehungserfolg – oft übersetzt in Bildungserfolg der Kinder – beschäftigt viele Eltern. Sie stellen sich unablässig die Frage: Was können wir tun, um unsere Kinder fit für das Leben zu machen? Wie können wir eine Welt erklären, die man selbst kaum noch versteht?

Die Antworten, die sich Eltern geben, sind so vielfältig wie die Familien selbst. Da können auf der einen Seite Eltern stehen, die mit einem ausgefeilten Lern- und Freizeitplan den Bildungserfolg ihrer Kinder sichern wollen und sich bestens mit den gängigen

Erziehungsratgebern auskennen. Diese Eltern versuchen, ihren Kindern alle Steine aus dem Weg zu räumen, und übersehen allzu oft, dass auch das Scheitern eine wichtige Erfahrung ist. Gleichzeitig geben sie stellenweise den selbst in beruflichen oder eigenen sozialen Kontexten erlebten Leistungsdruck mehr oder weniger unvermittelt an die Kinder weiter oder stellen hohe Ansprüche an außerfamiliäre Angebote der Kindertagesbetreuung. Auf der anderen Seite sehen wir Eltern, die sich von der Gesellschaft abgedrängt fühlen, deren ökonomische und soziale Lage alle Energien verschlingt und deren Kraft für eine liebevolle Ansprache ihrer Kinder oft kaum noch ausreicht.

Viele Eltern brauchen und suchen Unterstützung, gerade auch bei den Personen, denen sie ihre Kinder anvertrauen und von denen sie zu Recht erwarten dürfen, dass sie über ein besseres und umfassendes Wissen über Erziehung, Bildung und Betreuung verfügen. Eltern wissen heute in der Regel, wie prägend die frühen Kindheitsjahre sind. Eltern müssen jedoch keine Pädagogen sein. Sie lieben und erziehen ihre Kinder nach bestem Wissen und Gewissen. Dabei bemühen sie sich, sich von den Werten leiten zu lassen, die sie selbst erlernt oder durch Erfahrungen verinnerlicht haben und angemessen finden. Sie erleben jedoch, dass ihre Werte aufgrund der bis hierher beschriebenen gesellschaftlichen Veränderungen überdacht und reflektiert werden müssen. Sie beobachten in anderen Familien Wertemuster, die das eigene Verhalten infrage stellen. Dies verunsichert Eltern, und nicht wenige verzagen angesichts der Vielfalt der über sie hereinbrechenden Ansprüche.

1.6 Was Eltern brauchen

Eltern brauchen entsprechende gesellschaftliche Rahmenbedingungen, um die Vereinbarkeit von Familie und Erwerbstätigkeit herstellen und damit ihre individuellen Lebensentwürfe verwirklichen zu können. Sie brauchen finanzielle Unterstützung, um nicht durch die Geburt eines Kindes in Armut zu geraten, und sie brauchen Zeit, um Familie überhaupt leben zu können. Eltern brauchen außerdem Verlässlichkeit. Das bedeutet für den Bereich der Kindertagespflege, dass Eltern sich darauf verlassen können, dass ihr Kind gut aufgehoben ist, kompetent versorgt wird und das Betreuungsangebot zuverlässig zur Verfügung steht. Eltern brauchen die Gewissheit, dass sie respektiert werden, ganz unabhängig davon, welcher Nationalität sie angehören, welche religiöse oder kulturelle Orientierung sie haben oder in welcher Familienform sie leben.

Letztendlich wollen viele Eltern auch mitreden, wenn es darum geht, wie ihre Kinder in der Kindertagespflege versorgt und erzogen werden. Hier ist die Kompetenz der Tagespflegeperson gefordert, den Eltern ein Mitsprache- und Mitgestaltungsrecht einzuräumen und dennoch fachlich und sachlich gebotenes pädagogisches Handeln abzusichern. Dabei geht es nicht darum, den eigenen, vermeintlich pädagogisch richtigen „Willen“

durchzusetzen, sondern das fachliche Handeln zu erklären und zu begründen. Sollte es dabei zu einem gravierenden Konflikt kommen, empfiehlt es sich, die Unterstützung der Fachberatung oder durch das Jugendamt einzuholen.

Viele Eltern wünschen sich regelmäßige Information über den Entwicklungsstand ihrer Kinder, sie sind stolz über jede neu erlernte Fähigkeit. Aber nicht jedes Elternteil findet den Mut, die Tagespflegeperson selbst anzusprechen. Es ist Aufgabe der Tagespflegeperson, auf die Eltern freundlich zuzugehen, immer wieder das Gespräch zu suchen und sie als Eltern nicht infrage zu stellen.

Anerkennung und Unterstützung

Nur wenn die Haltung zwischen Eltern und Tagespflegeperson von gegenseitiger Achtung und Respekt geprägt ist, kann eine Beziehungsebene aufgebaut werden, in der Anerkennung und Unterstützung für die Leistung des jeweils anderen möglich sind. Es gibt wohl kaum ein schöneres Kompliment für Eltern, als die Bestätigung von Dritten zu erhalten, „ihre Sache richtig zu machen". Ungeachtet dessen ist es auch notwendig, schwierige Entwicklungen beim Kind oder Verhaltensauffälligkeiten anzusprechen und mit den Eltern gemeinsam mögliche Lösungsoptionen zu suchen. Wenn es zwischen den Tagespflegepersonen und den Eltern zu einer respektvollen und aktiven Zusammenarbeit kommt, werden sich Eltern auch mit Erziehungsfragen an sie wenden. Das ist ein Zeichen von großem Vertrauen in die Kompetenzen der Tagespflegepersonen. Es ist für Eltern nicht immer leicht, solche Fragen an „Fremde" zu richten, weil sie Unsicherheit und elterliches Versagen offenbaren könnten. Die Tagespflegeperson ist in der Situation, den Eltern diese Ängste zu nehmen und sie in ihrer Rolle zu stärken. Gelingt diese Interaktion, wirkt sich das auch positiv auf das Wohlbefinden der Kinder in der Tagespflegestelle aus (siehe Kap. D, 1.3 und 1.3.1).

Tagespflegepersonen brauchen ihrerseits Anerkennung und Unterstützung. Sie sollten in den Elterngesprächen die Eltern ruhig nach deren Sicht auf ihre Arbeit fragen und sich nicht davor scheuen, selbst wenn sich hier vielleicht unterschiedliche Ansichten erkennen lassen oder Eltern die eigene Arbeit kritisch sehen. Zum einen entwickelt sich durch solche Gespräche Vertrauen. Sie geben die Möglichkeit, Fehlentwicklungen früh zu erkennen und wenn nötig entgegenzuwirken. Zum anderen zeugen sie davon, dass die Tagespflegeperson die Eltern in ihrer Erziehungsarbeit und Verantwortung anerkennt, sie als Erziehungspartner ernst nimmt. Eine derartige Reflexionsfähigkeit setzt jedoch ein geklärtes Rollen- und Aufgabenverständnis aufseiten der Tagespflegeperson voraus.

Merksatz
Ziel muss es sein, im gemeinsamen Bemühen um eine gute und gelingende Bildung, Betreuung und Erziehung der Tageskinder eine Kommunikation auf Augenhöhe zu erreichen, die weder die Eltern noch die Tagespflegeperson in ihren Funktionen infrage stellt.

1.7 Was Kinder brauchen

Der amerikanische Kinderarzt Thomas Berry Brazelton und der Kinderpsychiater Stanley I. Greenspan haben 2002 die sieben Grundbedürfnisse von Kindern beschrieben. Ihre Darstellung hat in der Fachöffentlichkeit viel Beachtung gefunden. Als Grundbedürfnisse beschreiben sie:

- das Bedürfnis nach beständigen liebevollen Beziehungen,
- das Bedürfnis nach körperlicher Unversehrtheit und Sicherheit,
- das Bedürfnis nach individuellen Erfahrungen,
- das Bedürfnis nach entwicklungsgerechten Erfahrungen,
- das Bedürfnis nach Grenzen und Strukturen,
- das Bedürfnis nach stabilen und unterstützenden Gemeinschaften,
- das Bedürfnis nach einer sicheren Zukunft für die Menschheit.

Das Bedürfnis nach beständigen liebevollen Beziehungen

Kinder sollen Vertrauen und Mitgefühl entwickeln können. Hierfür brauchen sie die Erfahrung einer einfühlsamen und fürsorglichen Betreuung durch mindestens eine erwachsene Bezugsperson. Diese muss dem Kind das Gefühl der Zugehörigkeit und des Angenommenseins („ich bin gut so, wie ich bin") vermitteln können. In der Regel ist das Kind für die eigenen Eltern etwas ganz Besonderes und sie zeigen es dem Kind durch ihre liebevolle Zuwendung. Diese Zuwendung wiederum fördert Wohlbehagen und Warmherzigkeit bei dem Kind. Voraussetzung dafür, dass Kinder lernen, die eigenen Gefühle in Worte zu fassen, über die eigenen Wünsche nachzudenken und eigenständige Beziehungen zu Gleichaltrigen und zu Erwachsenen aufzubauen, ist das Erleben von sicheren und einfühlsamen Beziehungen. Dies gilt für die Eltern und für andere Bezugspersonen gleichermaßen. Grundlage für die Bildung intellektueller Fähigkeiten, Kreativität und der Fähigkeit zum abstrakten Denken ist der Austausch von Gefühlen. Ebenso bilden sich Wertvorstellungen, das moralische Gefühl für das, was richtig oder falsch ist, auf der Basis früher emotionaler Erfahrungen aus. Deshalb ist es ganz entscheidend, wie sich die frühen, emotionalen Bindungen zu den erwachsenen Bezugspersonen für ein Kind gestalten.

Das Bedürfnis nach körperlicher Unversehrtheit und Sicherheit

Gesunde Ernährung und eine angemessene Gesundheitsfürsorge brauchen Kinder von Geburt an. Hierzu zählen ein ausgewogenes Maß an Ruhe und Bewegung, die medizinische Vorsorge (z. B. Vorsorgeuntersuchungen, Impfungen, Zahnpflege) und eine fachgerechte Behandlung auftretender Krankheiten. Wie bereits beschrieben, ist die physische, psychische und seelische Gewaltausübung als Erziehungsmittel in jeder Form tabu.

Körperliche Bestrafungen, seelische Verletzungen und andere entwürdigende Behandlungen – zumal durch die Personen, die dem Kind besonders nahe stehen (doch das gilt gleichermaßen auch für andere Erwachsene, die mit dem Kind in Kontakt stehen) – sind mit nachhaltigen Schäden für den Körper und die Seele des Kindes verbunden. Störungen liebevoller Beziehungen und der körperlichen Unversehrtheit, die das Kind in den ersten Lebensjahren erfahren muss, wirken sich nachhaltig negativ auf die weitere Entwicklung des Kindes aus. Die ersten Jahre im Leben eines Kindes sind in jeder Hinsicht prägend.

Das Bedürfnis nach individuellen Erfahrungen

Jedes Kind ist von Geburt an einzigartig. In dieser Einzigartigkeit will es akzeptiert und wertgeschätzt werden. Dabei unterscheiden sich Kinder nicht nur hinsichtlich ihres Aussehens oder anderer körperlicher Merkmale, sie unterscheiden sich auch in ihrem Charakteren und ihrem Temperament. Manche Kinder sind neugieriger, schneller und tiefer zu beeindrucken als andere. Manche regen sich schneller auf, sind hoch aktiv und können sich nur schwer wieder beruhigen. Andere dagegen sind nur schwer aus der Ruhe zu bringen, reagieren gelassener oder haben weniger Lust, sich zu bewegen, aktiv zu sein, sind introvertierter, stiller und ziehen sich eher in sich zurück.

Doch alle Kinder wollen in ihren jeweils individuellen Gefühlen, in ihrem Bedürfnis nach Zuwendung und Liebe, nach Nähe oder auch Distanz bestätigt und respektiert werden. Sie wollen, dass ihre Talente und Fertigkeiten entdeckt, geschätzt und gefördert werden. Sie wollen nicht, dass diese Kompetenzen für zu hochgesteckte Entwicklungsziele missbraucht werden. Andererseits kann auch das Nichterkennen von Talenten, Begabungen, Fähigkeiten, Kompetenzen zu Entwicklungsbeeinträchtigungen führen. Deshalb gilt nach Auffassung von Brazelton und Greenspan (2002): Je besser es den Erwachsenen gelingt, Kindern diejenigen Erfahrungen zu vermitteln, die ihren individuellen Eigenschaften entgegenkommen, desto größer ist die Chance, dass die Kinder zu körperlich, seelisch und geistig gesunden Menschen heranwachsen.

Das Bedürfnis nach entwicklungsgerechten Erfahrungen

Wie bereits kurz dargestellt, durchlaufen Kinder eine Reihe von Entwicklungsstufen, die sie bewältigen müssen. Auf jeder dieser Stufen erwerben sie Grundbausteine dessen, was sie für ihr späteres Leben brauchen, z. B. die der Intelligenz, der Moral, der seelischen Gesundheit und der geistigen Leistungsfähigkeit. In einer Phase lernen sie beispielsweise, wie sie anteilnehmende und einfühlsame Beziehungen zu anderen Menschen knüpfen können. In einer anderen Entwicklungsstufe üben sie wiederum, wie sie soziale Hinweise interpretieren und verstehen können, im nächsten Stadium das kreative, logische und abstrahierende Denken (siehe Kap. B, 1).

Damit Kinder jede dieser Stufen erfolgreich bewältigen können, sind altersgerechte Erfahrungsmöglichkeiten und -räume notwendig. Gleichwohl meistern Kinder diese Entwicklungsaufgaben in ihrem jeweils individuellen und sehr unterschiedlichen Tempo. Versucht man hier, die Entwicklung inadäquat, d. h. dem individuellen und personenspezifischen Vermögen des jeweiligen Kindes nicht angemessen, zu forcieren und anzutreiben, kann dies die Entwicklung des Kindes insgesamt hemmen oder sogar nachhaltig stören. Wenn Kinder beispielsweise zu früh in erwachsene Verantwortlichkeiten gedrängt werden, kann das Kind dauerhaften Schaden nehmen. Deshalb sollen Kinder nicht zur verantwortlichen Erziehung von Geschwistern oder gar zur Versorgung von z. B. kranken (psychisch wie physisch) Erwachsenen herangezogen werden.

Andererseits kann ihnen die übermäßige, die Entwicklung des Kindes einengende Behütung und Verwöhnung ebenfalls schaden. Stolpersteine müssen von Kindern in beschützenden Rahmenbedingungen selbständig überwunden werden. Wenn wohlmeinende Erwachsene Hindernisse immer wieder aus dem Weg räumen, zeigt das nur, dass sie die Kinder nicht ernst nehmen und deren Fähigkeit unterschätzen, sich selbst einen Weg zu suchen und die Hindernisse zu überwinden. Ein solches Verhalten und Handeln seitens der Erwachsenen demütigt das Kind und führt dazu, dass es die eigenen Kompetenzen unterschätzt und sich seiner selbst und dem, was es kann, nicht bewusst wird.

Das Bedürfnis nach Grenzen und Strukturen

Kinder brauchen sinnvolle Begrenzungen und Regeln, damit sie sich Freiräume erobern und sich darin gefahrlos entwickeln können. Wertschätzende, respekt- und wohlwollende erzieherische Grenzsetzung fordert Kinder auf liebevolle Weise und fördert durch Konturierung der Erfahrungswelten die Entwicklung der inneren Strukturen. Eine in diesem Sinne verstandene Grenzsetzung baut nicht auf Angst und Strafe auf.

Erfährt das Kind von Beginn an eine liebevolle Beziehung seitens der es umgebenden Erwachsenen, so erwächst in ihm der Wunsch, den Menschen, die es liebt, Freude zu bereiten. Unter diesen Vorraussetzungen gelingt es dem Kind, Schritt für Schritt die gesetzten Grenzen zu verinnerlichen und sie als notwendig zu akzeptieren. Inakzeptabel und außerdem gesetzlich verboten sind Schläge und andere Arten von Gewalt oder Erniedrigung.

> ***Merksatz***
> ***Erziehung von Kindern bedeutet nicht, sie nach dem Bild des Erwachsenen zu formen, sondern ihnen die Anerkennung von Regeln und Grenzen zu erleichtern.***

Kinder leiden, wenn sie nur eine unzureichende Grenzsetzung erleben. Hier entstehen aufseiten des Kindes unrealistische Erwartungen, die Frustration und Enttäuschung hervorrufen und eine Selbstabwertung beim Kind nach sich ziehen. Eine liebevolle Grenzsetzung dagegen bietet dem Kind Schutz und Geborgenheit, weil es dadurch Halt und Sicherung erlebt. Gleichzeitig konturiert sie die Erfahrungs- und Erlebenswelt des Kindes, bietet Hindernis und Widerstand und kann so für das Kind zur Herausforderung werden.

Das Ringen um Grenzen, die dem Kind durch liebevolle und zugewandte Bezugspersonen gesetzt werden, führt zu einem Übungsfeld, das dem Kind wertvolle Fähigkeiten des

Argumentierens und gleichzeitig Durchsetzungskompetenzen vermittelt. Schrittweise kann das Kind lernen, sich gegenüber den Eltern und anderen vertrauten Bezugspersonen (wie z. B. der Tagesmutter oder dem Tagesvater) Spielräume und Grenzverschiebungen zu erarbeiten.

Merksatz
Ein durch klare und für das Kind akzeptierbare Grenzen abgesteckter Erfahrungsraum wird überblickbar, bietet Anregung und lässt der Neugier des Kindes gefahrlos freien Lauf.

Das Bedürfnis nach stabilen und unterstützenden Gemeinschaften

Je älter Kinder werden, desto bedeutsamer werden Gleichaltrige (Peergroups) für die Persönlichkeitsentwicklung, das Selbsterleben und den Selbstwert. Die Entwicklung von Freundschaften ist eine wichtige Basis für das soziale Lernen. Soziale Kontakte in Kindergarten und Tagespflegstelle, Schule und Nachbarschaft, Einladungen zu anderen Kindern, das gemeinsame Spielen und Erkunden, Übernachtungen außerhalb des Elternhauses sind wichtige Voraussetzungen für die Entwicklung sozialer Fertigkeiten von Kindern und Jugendlichen. Hierdurch lernen sie Selbsteinschätzung, Selbstbehauptung, Kompromissbereitschaft und Rücksichtnahme. Das Erleben und Gestalten von Kontakten zu anderen Kindern und Jugendlichen bereitet auf spätere Freundschaften und Partnerschaften vor. Es trägt zur Entwicklung sozialer Verantwortlichkeit bei. Diese wiederum ist Voraussetzung für eine eigene zukünftige Elternschaft.

Andererseits können negative Einflüsse oder häufige Wechsel von Bezugskontexten, wie beispielsweise Tagespflegestellen, Kindertageseinrichtungen und Schulen oder wiederholte Verluste von Freundschaften den Selbstwert und die Identitätsbildung eines Kindes nachhaltig negativ beeinflussen. Deshalb sollten Eltern und andere Bezugspersonen dafür sorgen, dass die ihnen anvertrauten Kinder in ihrem Umfeld auf verlässliche, sichere, faire, nachvollziehbare und überschaubare, von Respekt und Achtung gekennzeichnete Beziehungen und Verhältnisse treffen. Es ist die Aufgabe der Erwachsenen, darauf zu achten, dass Kinder unter angemessenen Rahmenbedingungen in Kontakt zueinander kommen, sich begegnen können, miteinander spielen, lernen, sich austesten und in der Auseinandersetzung mit anderen Menschen sich selbst kennenlernen können. Zusammengehörigkeit, Gerechtigkeit und Solidarität werden dadurch gefördert.

Das Bedürfnis nach einer sicheren Zukunft für die Menschheit

Eine sichere Zukunft zu haben bezeichnen Brazelton und Greenspan als das siebte Grundbedürfnis von Kindern. Nach ihrer Auffassung hängt das Wohl jedes einzelnen Kindes immer mit dem Wohl aller Kinder auf dieser Welt zusammen. Aufgabe der Erwachsenen ist es deshalb, die Rahmenbedingungen für die nächste Generation so zu gestalten, dass die nachwachsende Generation die Welt lebenswert erlebt. Eine nach wie vor noch nicht eingelöste Verantwortung tragen hier Politik, Wirtschaft, Kultur und Gesellschaft in allen Ländern dieser Erde. Und hier schließt sich der Kreis. Denn inwieweit Kinder und Jugendliche diese Welt als beeinflussbares Ordnungsgefüge oder unheimliches Chaos erleben, hängt von ihrer Persönlichkeit ab, die wiederum von Eltern und allen anderen Erwachsenen, denen die Kinder im Laufe ihres Lebens begegnet sind, mitgeprägt wurde.

Aufgabe

Nehmen Sie sich Zeit, die sieben Grundbedürfnisse auf sich wirken zu lassen. Überlegen Sie sich zu jedem dieser Bedürfnisse, was Sie selbst tun können. Fragen Sie sich zum Beispiel:

Wie zeige ich, dass ich das Kind gut finde, so wie es ist?

Wie reagiere ich, wenn ich mich ärgere?

Wie gehe ich damit um, wenn Kinder unbedingt etwas selber tun möchten?

Welche Möglichkeiten habe ich, liebevoll und konsequent Grenzen zu zeigen und auf deren Einhaltung zu achten?

Was trage ich zum Gruppengefühl unter den Kindern bei oder wie könnte ich es tun?

Was tue ich, um die Kinder die Welt als schön und schützenswert erleben zu lassen?

Trias: Bildung, Erziehung und Betreuung

Bereits zu Beginn haben Sie erfahren, dass die Kindertagespflege einen umfassenden Auftrag hat: die Bildung, Erziehung und Betreuung von Kindern. Die Umsetzung dieser wichtigen und komplexen Aufgabe erfordert allerdings, dass sich die Tagespflegeperson damit auseinandersetzt, was unter der Trias Bildung, Betreuung und Erziehung verstanden wird und weshalb Bindung eine Grundvoraussetzung für ein Gelingen dieses Förderauftrages ist (siehe Kap. D, 2 und 3).

Unter Bilden und Bildung ist der Entwicklungs- und Lernprozess des Kindes zu verstehen. Ebenso wenig wie der Lehrende dem Lernenden das Lernen abnehmen kann, kann der Erwachsene dem Kind das Bilden abnehmen, denn Bildung ist Lernen und das Kind bildet sich selbst. Nach Auffassung der heutigen Pädagogik ist es die Aufgabe der Erwachsenen, für die Selbstbildungsprozesse des Kindes geeignete Voraussetzungen und Rahmenbedingungen zu schaffen. Den Lernvorgang beginnen kann das Kind nur selbst. Die Erziehenden können seine Initiative, seine Lernlust und Anstrengungsbereitschaft unterstützen.

Definition
Unter Bildung ist die Aneignung von Kompetenzen, d. h. der Lernprozess des Menschen gemeint. Bildung ist der lebenslange Erwerb von geistigen, kulturellen, sozialen, emotionalen und lebenspraktischen Fähigkeiten. Der junge Mensch strebt durch seine Bildung Fähigkeiten an, die ihn zu einer selbstbestimmten und mündigen Persönlichkeit werden lassen (vgl. § 22 Abs. 3 SGB VIII).

Im Kleinkindalter werden die Grundsteine von Bildung gelegt. Die Kindertagespflege hat dabei eine wichtige Funktion, die nicht hoch genug zu bewerten ist. In Tagespflegestellen findet sich ein vielfältiges Bildungsangebot insbesondere für Kleinkinder. Das Erleben eines strukturierten Tagesablaufs mit Aktions- und Ruhephasen schafft für Kinder Orientierung, Sicherheit und damit Grundvoraussetzungen dafür, dass sie weitergehende Lernangebote wahrnehmen können.

Eine weitere wesentliche Voraussetzung für das Ausschöpfen der Bildungsmöglichkeiten in der Kindertagespflege ist – neben einer sicheren und kindgerechten Ausstattung – die Fähigkeit der Tagespflegeperson, bewusst das Entwickeln vielfältiger Lernprozesse zuzulassen. Sie sollte deshalb in der Lage sein, die jeweiligen Interessen der Kinder zu erkennen und zu fördern. Das bedeutet, dass Tagespflegepersonen dem Forscherdrang von Kindern Raum, Erfahrungsmöglichkeiten und zusätzliche Materialien zur Verfügung stellen können. Gleichwohl sollten geplante und vorbereitete Aktivitäten neben dem eigenständigen Experimentieren nicht zu kurz kommen.

Der Begriff Erziehung bezeichnet eine gezielte, d. h. beabsichtigte Entwicklungsförderung.

> ***Definition***
> ***Im Allgemeinen bedeutet Erziehung und Erziehen ein soziales Handeln, welches beabsichtigte Lernprozesse anregt und unterstützt. Erziehung vollzieht sich in der Regel von einem erwachsenen zu einem jungen Menschen und strebt eine dauerhafte Verhaltensänderung des jungen Menschen an (vgl. § 22 Abs. 3 SGB VIII).***

In diesem Sinne beinhaltet Erziehung eine Rangordnung zwischen dem Erziehenden und dem zu Erziehenden. Sie ist hierarchisch organisiert. Der Erziehende weiß oder nimmt an, zu wissen, welcher Entwicklungsweg für das Kind gut und sinnvoll ist. Darüber hinaus gibt es auch andere Formen von Erziehung, etwa die Selbsterziehung, Erziehung durch Gleichaltrige, erziehende Einflüsse durch Gemeinschaften (z. B. in Institutionen oder auch in der altersgemischten Tagespflegegruppe) und schließlich durch die Gesellschaft mit ihren Normen und Werten. Deshalb beinhaltet der Erziehungsbegriff nicht nur die absichtsvollen Lernprozesse zwischen Erwachsenem und Kind, sondern umfasst den gesamten von außen beeinflussten Entwicklungsprozess eines Kindes. Allerdings haben die Erziehenden das Lernen des Kindes selbst nicht in der Hand, denn Lernen ist ein Prozess des Lernenden, nicht des Lehrenden. Die Erziehenden können die Bedingungen für das Lernen gestalten, es vorbereiten, erleichtern, anregen, unterstützen und bestärken (siehe Kap. B, 3.1).

Der dritte Begriff in der Trias ist Betreuung. Zuweilen wird Betreuung in der Diskussion um eine bestmögliche Gestaltung der Bildung und Erziehung gerne unter den Tisch gekehrt. Oft heißt es: „Ach, das ist ja nur Betreuung! Ein bisschen aufpassen, das kann doch jeder." Diese Deutung verkennt jedoch die Bedeutung der Betreuung, gerade mit Blick auf die Altersgruppe, die in der Kindertagespflege am stärksten vorkommt: die Unter-Dreijährigen.

> ***Definition***
> ***Betreuung oder Betreuen umfasst vorrangig die Pflege und den Schutz des Heranwachsenden. Versorgende oder beaufsichtigende Tätigkeiten bis hin zu einer rechtlichen Vertretung unmündiger Personen fallen in den Bereich der Betreuung (vgl. § 22 Abs. 3 SGB VIII).***

Im Einzelnen umfasst Betreuung im hier dargestellten Sinn folgende Aspekte:

- die Sicherstellung von Ernährung, Bewegung und Ruhe,
- eine gesundheitsförderliche Versorgung und sichere Umgebung,
- die Schaffung von Tagesstrukturen.

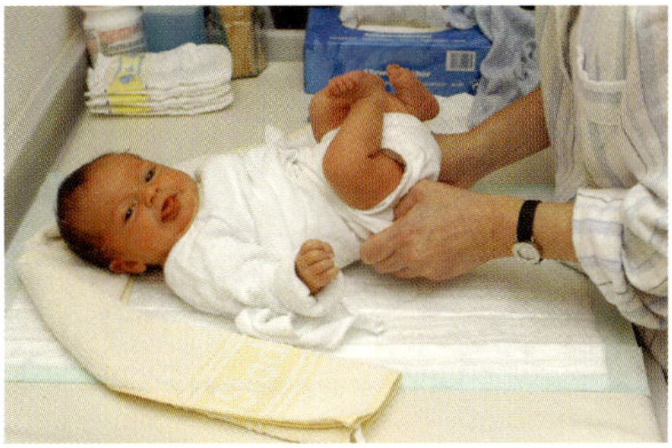

Allerdings – und hier wird deutlich, dass Betreuung weitaus mehr ist als „nur" Aufpassen – bedeuten diese Versorgungstätigkeiten mehr als reine Pflege. Bei der Wahrnehmung der Betreuungsaufgaben wird kommuniziert, Beziehungen werden aufgebaut und gepflegt. Das Kind erfährt Bindungen und fühlt sich sicher und geschützt. Es stellt durchaus auch das Handeln der Erwachsenen infrage, z. B. wenn das kleine Kind sich gegen die Schlafzeiten wehrt oder bestimmte Mahlzeiten nicht einnehmen will, weil ihm das Essen nicht schmeckt. Schon aus diesem Grund ist Betreuung aus der Trias der Bildung und Erziehung nicht wegzudenken. Betreuung schafft so gesehen erst den Rahmen, damit Erziehen und Bilden möglich wird.

Eine gute Betreuung – und demzufolge auch eine gute Erziehung und Bildung – ist jedoch ohne eine Bindung zwischen dem Kind und dem Erwachsenen nicht möglich. Das gilt in besonderem Maße für Kinder, die noch sehr klein sind. Erkenntnisse aus Forschung und Entwicklungspsychologie bestätigen, wie notwendig eine sichere Bindung für Kinder als Voraussetzung für Entwicklung und Grundlage für Lernprozesse ist (siehe Kap. D, 2 und 3).

Merksatz
Bindung ist Grundlage jeglichen Bildungs-, Erziehungs- und Betreuungshandelns.

In der Tagespflege wird das Kind in der Regel während des gesamten Aufenthalts von derselben Bezugsperson betreut. Die Tagespflegeperson begrüßt das Kind am Morgen und verabschiedet es am Nachmittag. Gerade für Kinder, deren Eltern ganztags oder unregelmäßig berufstätig sind, bietet Kindertagespflege den Vorteil einer konstanten Bezugsperson. Ergänzt wird diese Beziehungskontinuität eventuell durch weitere Mitglieder der Tagespflegefamilie (Partner der Tagespflegeperson, eigene Kinder), die den Kindern als zusätzliche Bezugspersonen weitere Anregungen geben. Auch die anderen Tagespflegekinder dürfen in ihrer Bedeutung für das Kind nicht unterschätzt werden. Der kleine, überschaubare Rahmen von üblicherweise bis zu fünf Kindern ermöglicht soziale Erfahrungen und gibt gleichzeitig Orientierung. Eine (begrenzte) Auswahl an Spielpartnern ist möglich, Beziehungen untereinander können aufgebaut werden.

Durch eine – nicht zu große – Altersmischung können sich geschwisterähnliche Konstellationen entwickeln. Dabei haben die Kinder die Möglichkeit, die Vorteile des Zusammenlebens mit Älteren bzw. Jüngeren zu genießen. In diesem Zusammenhang sei auf die Bedeutung und die umfassende Möglichkeit der emotionalen Bildung in der Kindertagespflege hingewiesen, die neben der Diskussion um die intellektuelle Bildung nicht vernachlässigt werden darf (siehe dazu auch das Gespräch mit dem Hirnforscher Gerald Hüther hinter Kap. D, 3.4.3).

Nach dieser Zusammenfassung der Geschichte der Kinderbetreuung, einem Blick auf die Situation von Kindern und ihren Familien im 21. Jahrhundert sowie einem ersten Eindruck davon, was eine gute Kindertagespflege berücksichtigt und gewährleistet, wenden wir uns nun der Tagespflegeperson und ihrem Status als Freiberuflerin zu.

2 Die Tagesmutter als Unternehmerin

Von Marion von zur Gathen und Inge Michels

Die Freude an einem Beruf, in dessen Mittelpunkt Kinder stehen, ist – ebenso wie die Eignung für diesen Beruf – die eine Seite der beruflichen Medaille. Für Tagespflegepersonen besteht die andere Seite darin, sich mit der beruflichen Situation der Freiberuflichkeit auseinanderzusetzen. Selbstständig zu arbeiten und damit seine eigene Chefin zu sein, ist für nicht wenige Menschen ein Glücksfall und Luxus zugleich. Andere scheuen die finanziellen Risiken, die ohne Zweifel damit verbunden sind, und auch die alleinige Verantwortung dafür, ob es im Beruf gut läuft.

Grundsätzlich sollte sich deshalb jeder, der sich für eine selbstständige Tätigkeit in einem bestimmten Arbeitsfeld entscheidet, ausführlich mit den hierfür erforderlichen Anforderungen befassen. Das betrifft sowohl die fachlichen Voraussetzungen als auch die rechtlichen und wirtschaftlichen Rahmenbedingungen. Um sich selbst Rechenschaft darüber abzulegen, mit welchen Ideen und Vorstellungen man in die Freiberuflichkeit startet, sollte ein gut durchdachtes und finanziell kalkuliertes Konzept nicht fehlen. Ein Businessplan verhilft zu einem solchen soliden Konzept. Deshalb wird er im Folgenden vorgestellt.

2.1 Der Businessplan: Regiebuch für die Selbstständigkeit

Sollten Sie sich – zusätzlich zu der obligatorischen Qualifizierung – im Rahmen eines Existenzgründungsseminars auf Ihre Selbstständigkeit als Tagespflegeperson vorbereiten wollen, dann ist die Erarbeitung eines Businessplans verpflichtend. Auch wenn Sie bei der Agentur für Arbeit einen Existenzgründungszuschuss beantragen oder wenn Sie im Rahmen Ihrer beginnenden Freiberuflichkeit einen Kredit aufnehmen möchten, wird erwartet, dass Sie einen Businessplan vorlegen.

Gertrud Hennen und Anita Halft, die für die Stadt Bonn und die Kreisverwaltung im Rhein-Sieg-Kreis Existenzgründerinnen beraten, raten Tagespflegepersonen zu einem Businessplan. Anita Halft erläutert die Gründe:

„Nach unserer Erfahrung lohnt sich ein Businessplan in jedem Fall, und zwar aus mehreren Gründen: Ein Businessplan ist wie ein Drehbuch für die eigene Selbstständigkeit. Tagespflegepersonen müssen bei der Erstellung reflektieren, wie solide ihr Vorhaben ist, und machen sich mit betriebswirtschaftlichen Kalkulationen vertraut. Der Plan hilft abzuschätzen, wie zukunftsträchtig und ausbaufähig die eigene Idee von der Kindertagespflege ist. So manche erlebt unter Umständen Widersprüche, wenn sie das, was ihr im Kopf ganz klar vorkommt, schwarz auf weiß liest. Ich habe es selbst erlebt, dass eine Tagesmutter, die sich eher widerwillig auf einen solchen Plan eingelassen hat, nachher froh war, dieses Regiebuch geschrieben zu haben. Ein Businessplan stößt in jedem Fall einen sinnvollen Reflexionsprozess an, auch darüber, ob jemand für das berufliche Leben als Selbstständige geeignet ist."

Gertrud Hennen ergänzt:

„Der Businessplan dient auch der Klärung zahlreicher Fragen, z. B.: ‚Muss ich mit der Selbstständigkeit den Lebensunterhalt für mich und meine Familie erwirtschaften oder mit einem festen Anteil zum Familieneinkommen beitragen?' Hieraus ergeben sich klare Konsequenzen für die notwendigen Rahmenbedingungen (Gruppengröße, Öffnungszeiten etc.), für die Zielgruppe (Jugendämter, selbstzahlende Eltern, Firmen). Dies führt dann zu Überlegungen zum geplanten Leistungsspektrum (besondere pädagogische Ausrichtung, Zusatzleistungen), zum Markt (‚Wo liegt der Bedarf im anvisierten Stadtteil?') und natürlich zur Konkurrenz (‚Wie hebe ich mich ab?')."

Auch der Bundesverband für Kindertagespflege führt als Bestandteil einer selbstständigen Tätigkeit als Kindertagespflegeperson den Businessplan auf (vgl. info Kindertagespflege, 2010). Generell gilt: Ein gut durchdachter Businessplan ist die Basis einer erfolgreichen Existenzgründung.

Tipp

Hilfreiche Websites, die von der Stiftung Warentest (test.de, 2009) empfohlen wurden:

www.existenzgruender.de (Bundesministerium für Wirtschaft und Technologie)

www.newcome.de (Wirtschaftsministerium Baden-Württemberg)

www.startup-in-bayern.de (Bayrisches Staatsministerium für Wirtschaft, Infrastruktur, Verkehr und Technologie)

Die Stiftung Warentest empfiehlt zudem, sich nicht nur in einem einzigen Portal zu informieren. Fast alle Bundesländer, die Industrie- und Handelskammern oder auch die kfw-Bankengruppe haben im Netz eigene Portale für Existenzgründer(innen).

Auf der Website der Arbeitsagentur wird beschrieben, was unbedingt in einen Businessplan gehört:

www.arbeitsagentur.de/nn_393876/Navigation/zentral/Veroeffentlichungen/Themenhefte-durchstarten/Existenzgruendung/Businessplan/Businessplan-Nav.html

Anders als in einer kapitalintensiven Branche soll der Businessplan für Tagespflegepersonen keinen potenziellen Investor von der Geschäftsidee überzeugen, sondern helfen, den Schritt in die Selbstständigkeit abzusichern und damit Risiken und Kosten sichtbar zu machen. Dazu sollten alle mit der Tätigkeit verbunden Aufwendungen (z. B. Arbeitszeit, Kosten für Sozialversicherung, Steuern etc.) aufgeführt und dem zu erwartenden Nettoeinkommen gegenübergestellt werden. Wie genau ein Businessplan aussehen muss, dafür gibt es keine allgemein verbindlichen Vorgaben. Wohl aber dafür, was unbedingt enthalten sein muss. Das sind die folgenden sieben Punkte:

1. **Zusammenfassung Ihres Geschäftskonzeptes**
Hier geben Sie einen kurzen allgemeinen Überblick über das, was Sie planen. 1/3 DIN-A4-Seite ist ausreichend.

2. **Ihr Gründungsprofil**
Nun beschreiben Sie so konkret wie möglich, unter welchen Voraussetzungen Sie starten, wie Sie Ihre Tagespflegestelle planen und ausgestalten, welche Bedingungen bereits erfüllt sind und welche Sie noch angehen wollen. Beschreiben Sie einen Zeitrahmen und listen Sie auf, was bis zum Start der Selbstständigkeit noch zu erledigen ist.

3. **Markt und Wettbewerb**
Jetzt geht es darum, einen Überblick darüber zu geben, wie es am „Betreuungsmarkt" in Ihrem lokalen Umfeld aussieht. Entscheidend ist, dass Sie den Bedarf für Ihre Dienstleistung erklären können. Dieser kann z. B. daraus resultieren, dass es kaum Tagespflegepersonen gibt und die institutionellen Einrichtungen Wartelisten führen müssen.

4. **Ihr Marketingkonzept**
Ein Marketingkonzept zu entwickeln ist für manche Tagespflegeperson ungewohnt. Den meisten macht es aber Spaß, wenn sie sich einmal damit befasst haben. Im Wesentlichen geht es darum, zu erläutern, wie Sie an Ihre Kunden (in der Regel Eltern) gelangen können und was Sie Ihnen Besonderes bieten (Alleinstellungsmerkmal). Arbeiten Sie etwa mit einem musischen oder naturpädagogischen Schwerpunkt? Liegt Ihre Tagespflegestelle idyllisch in Waldnähe oder in unmittelbarere Nähe eines Industriegebietes (sehr praktisch für die dort arbeitenden Eltern)? Seien Sie kreativ, entwerfen Sie beispielsweise Flyer oder eine eigene Website (siehe Beispiel unten).

5. **Unternehmensorganisation und Personal**
Dieser Punkt ist meistens schnell erledigt, schließlich arbeiten Sie vermutlich als „Ein-Frau-Betrieb", es sei denn, Sie planen mit anderen eine Großtagespflegestelle. Beschreiben Sie die gesetzlichen Rahmenbedingungen, die Vorgaben durch das Jugendamt sowie Ihre räumlichen und zeitlichen Kapazitäten. Wenn Sie erwägen, sich durch Personal zu entlasten, dann beschreiben Sie den zeitlichen Aufwand und die Tätigkeit der Person(en).

6. Finanzplan

Nun geht es um Ihre Umsatzplanung (detaillierte Berechnungen für mindestens drei Jahre), die Gegenüberstellungen aller Einnahmen und Ausgaben sowie die Personalplanung. Kommunale Existenzgründungsberatungsstellen, oftmals angesiedelt bei der IHK, können Ihnen bei der Erstellung des Finanzplanes helfen.

7. Anhang

In den Anhang legen Sie Ihre beruflichen Qualifizierungen, wenn gewünscht Ihren Lebenslauf, Grafiken (z. B. über die Bevölkerungsentwicklung in Ihrem Stadtteil, Excel-Tabellen zur Berechnung Ihrer Einkommenssituation etc.) oder auch geeignete Auszüge aus den Gesetzen, die die Kindertagespflege betreffen. Sie können auch einen Zeitungsartikel oder Ähnliches beifügen, in welchem etwa die unzureichende Betreuungssituation für Kinder unter drei Jahren beschrieben wird.

***Beispiel:* Sechs Frauen ziehen an einem Strang**

Sechs Tagesmütter, die sich im Qualifizierungskurs für Tagespflegekräfte der katholischen Familienbildungsstätte Wuppertal kennen gelernt haben, arbeiten zwar unabhängig voneinander und in eigenen Räumen, stellen sich jedoch auf einer Website gemeinsam vor (www.tagesmuetter-im-tal.de). Das ist aus mehreren Gründen eine gute Idee: Zum einen können sich diese Tagesmütter zu allen pädagogischen und unternehmerischen Fragen austauschen, ergänzen und sich gegebenenfalls vertreten. Zum anderen bieten sie eine breite Werbeplattform für ihre Arbeit. Rahmenbedingungen, Angebote, Qualifikationen und Betreuungszeiten der sechs Tagespflegepersonen sind transparent aufbereitet und geben Eltern die Möglichkeit, sich mit den verschiedenen Profilen zu befassen.

Die folgenden Leitfragen sind hilfreich bei der Erstellung Ihres Businessplans. Beachten Sie dabei, dass Ihnen bei Rechts- und Steuerfragen entsprechende Fachleute oder auch die Fachberatung bzw. das Jugendamt weiterhelfen können.

1. Zu welchen Zeiten und in welchem Umfang möchten Sie arbeiten?
2. Wollen Sie die Tagespflege allein oder gemeinsam mit einer oder mehreren Tagespflegepersonen ausüben? (Denken Sie bei gemeinsamer Tagespflege an die Rechtsform, unter der Sie arbeiten wollen, und erkundigen Sie sich über die Regelungen Ihres Bundeslandes bzw. Ihrer Kommune.)
3. Welcher Betreuungsbedarf besteht in Ihrem angestrebten Tätigkeitsumfeld? (Auskünfte können Sie bei Ihrem zuständigen Jugendamt erhalten, aber auch bei Vereinen oder Tagespflegebüros.)
4. Wie viele Kinder wollen und können Sie betreuen? (Maßgeblich sollten Ihre Qualifikation und die vorhandenen Raumkapazitäten sein.)

5. Müssen im Zusammenhang mit der Kindertagespflege Investitionen vorgenommen werden, z. B. für einen Um- und Ausbau oder für die Ausstattung? Können diese Aufwendungen steuerlich geltend gemacht werden? Brauchen Sie dafür einen Kredit? (Bedenken Sie: Um- und Ausbauten können sich nicht amortisieren, wenn die Tagespflege nur für einen kurzen Zeitraum ausgeübt werden soll.)
6. Welche laufenden Ausgaben kommen auf Sie zu? (Listen Sie alle notwendigen Ausgaben auf.)
7. Welche dieser Ausgaben können den Sachkosten oder Verbrauchsausgaben (Miete, Strom, Material, Heizung etc.) zugeordnet werden?
8. Welche Aufwendungen fallen für Ihre notwendige Sozialversicherung (Kranken-, Pflege- und Rentenversicherungspflicht) an?
9. Welche Aufwendungen entstehen Ihnen durch den Abschluss der notwendigen oder empfohlenen Versicherungen (Unfall- und Haftpflichtversicherung)?
10. Fallen Personalkosten an (etwa für eine Putzhilfe oder eine Aushilfskraft)?
11. Wie hoch schätzen Sie den Ersatzbedarf für z. B. defektes Spielzeug, Geschirr, Teppiche etc.?
12. Wie hoch ist die Einnahmeseite – oder welche Geldleistungen erhalten Sie?
13. Wie hoch ist der Anteil der Sachkosten an den Geldleistungen? (Setzen Sie die steuermindernden Betriebsausgaben bzw. Betriebsausgabenpauschale beispielhaft dagegen.)
14. Wie hoch ist der Anteil der Förderleistung (Anerkennungsbeitrag für Ihre geleistete Arbeit) an den gesamten Geldleistungen?
15. Welche Steuern kommen auf Sie zu (Einkommensteuer, Umsatzsteuer)?
16. Über welches Nettoeinkommen müssen Sie verfügen, um Ihre notwendigen Ausgaben decken zu können?
17. Welche Urlaubs- und Krankheitszeiten sowie Ausfallzeiten der Kinder müssen Sie berücksichtigen?
18. Welche Belegungsschwankungen, wie sie etwa bei Abmeldung oder dem Übergang in eine Kindertageseinrichtung sowie in eine Grundschule entstehen können, müssen kalkuliert werden? (Über entsprechende Erfahrungswerte dürften Tagespflegepersonen verfügen, die bereits länger im Tätigkeitsfeld arbeiten.)
19. Welche Fort- und Weiterbildungsangebote wollen Sie nutzen? (Rechnen Sie Zeit und Kosten entsprechend ein.)
20. In welchem Markt bewegen Sie sich? Wo sind Ihre Kunden? Was unterscheidet Ihre Tagespflegestelle von anderen?

Am Ende der Rechnung sollte ein Gewinn bzw. Nettoeinkommen für Sie übrig bleiben, mit dem Sie Ihre notwendigen Ausgaben decken können und womit Sie zumindest vorübergehend zufrieden sind. Erst wenn Sie feststellen, dass die Bedingungen für Sie zufriedenstellend sind, sollten Sie Ihre Planung in die Tat umsetzen.

Um inhaltlich zu überzeugen, sollten Sie bei der Erstellung Ihres Businessplans auf folgende typische Fehlerquellen achten (auf einige wurde bereits oben hingewiesen):

- Der Aufwand für die Erstellung des Plans wird unterschätzt: Kalkulieren Sie durchaus mehrere Wochen ein. Die Erfahrung zeigt, dass ein Businessplan sich Stück für Stück entwickelt. Manches wird Ihnen leicht von der Hand gehen, anderes braucht Zeit und für einiges (z. B. Kalkulationen, Marketing) benötigen Sie möglicherweise externen Sachverstand.
- Verzichten Sie auf Allgemeinplätze. Formulieren Sie konkret und fachlich.
- Vergessen Sie beim Marketingkonzept nicht die Sicht Ihrer Kunden. Beschreiben Sie, was Eltern suchen und was Sie bei Ihnen bekommen.
- Machen Sie sich die Mühe und erarbeiten Sie sich ein sogenanntes Alleinstellungsmerkmal. Beantworten Sie dafür die Frage: Was unterscheidet mich von anderen Kindertagespflegepersonen?
- Informieren Sie sich so genau wie möglich über die Konkurrenzsituation (Marktanalyse): Wie viele Kindertagespflegestellen gibt es in Ihrem Umkreis? Wie viele junge Familien mit kleinen Kindern gibt es? Entsteht z. B. gerade ein Neubaugebiet in Ihrer Nähe?
- Unterschätzen Sie nicht den Finanzbedarf. Kalkulieren Sie eher vorsichtig.

Tipp

Es gibt im Internet verschiedene Seiten, auf denen Sie Businesspläne herunterladen können, z. B. auf der Seite www.muenchen.ihk.de.

Unter www.laufstall.de finden Sie einen Pauschalrechner zur Ermittlung der monatlichen Betreuungskosten. Geben Sie dazu bei „Suche" den Begriff „Businessplan" ein.

Im Bonner Verlag Interna ist eine Arbeitsmappe mit dem Titel „Businessplan: So erstellen Tageseltern einen Businessplan" erschienen. Der Autor ist Jörg Mielczarek, der auch das Portal www.laufstall.de betreibt, über welches die Mappe bestellt werden kann.

Einen guten Überblick über Gesetzestexte und Rechtsgrundlagen gibt das Hessische Kindertagespflegebüro (www.hessisches-kindertagespflegebuero.de).

Beim Bundesministerium für Wirtschaft und Technologie können Sie kostenlos eine Publikation zur Existenzgründung im sozialen Bereich bestellen: www.bmwi.de/BMWI/Naviagtion/Service/publikationen,did=265728.html

2.2 Formen der Kindertagespflege

Die Kindertagespflege kann in verschiedenen Formen, zu unterschiedlichen Zeiten und in unterschiedlicher Gruppengröße stattfinden. In der häufigsten Form findet sie in den eigenen Räumen statt. Darüber hinaus kann sie auch im Haus oder in der Wohnung der Eltern des Kindes sowie in anderen geeigneten Räumen stattfinden. Auch hinsichtlich der zeitlichen Dauer gibt es unterschiedliche Formen. So kann Kindertagespflege stundenweise in der Woche stattfinden, über den gesamten Tag, an Wochenenden oder in den sogenannten „Randzeiten" wie etwa am Abend oder frühen Morgen.

> ***Beispiel:*** *In Karlsruhe hat sich Dora E. mit 58 Jahren entschlossen, sich aus der Tagespflege zurückzuziehen. Zumindest fast, denn ein besonderes Angebot macht sie immer noch: Sie bleibt Tagesmutter für die Nacht. Die Geschwister Hanna (8) und Lea (6) zum Beispiel kommen immer dann zum Übernachten, wenn die Schichtdienste ihrer Eltern – der Vater ist Pfleger, die Mutter Krankenschwester – so unglücklich liegen, dass die Kinder zuhause einige Stunden in der Nacht alleine wären.*

Zudem ist die Anzahl der Kinder, die bei einer Tagespflegeperson betreut werden, höchst unterschiedlich. Gegenwärtig kommen im Schnitt 2,6 Kinder auf eine Tagespflegeperson (vgl. Erster Zwischenbericht der Bundesregierung zur Evaluation des Kinderförderungsgesetzes 2010).

Tagespflegepersonen können beim Jugendamt oder einem kommunalen oder freien Träger angestellt sein, oder sie sind als Selbstständige tätig. Letzteres trifft für den Großteil der Tagespflegepersonen zu. Hierbei muss noch einmal in die privat organisierte und die vom Jugendamt vermittelte und finanzierte Kindertagespflege unterschieden werden. Nicht selten werden von einer Tagespflegeperson sowohl private als auch über das Jugendamt geförderte Kinder betreut.

Immer häufiger schließen sich Tagespflegepersonen zusammen, um in eigenen oder angemieteten Räumen gemeinsam ihrer Tätigkeit nachzugehen. Die niedersächsische Landeshauptstadt Hannover hat beispielsweise eine eigene Stelle eingerichtet, die für den Ausbau der Tagespflege und die Betreuung der Tagespflege in angemieteten Räumen bzw. die Großtagespflege zuständig ist (mehr dazu unter www.familien-mit-zukunft.de).

Tipp

Zum Weiterlesen:
Rhein, Isgard: Wie Sie als Tagesmutter in einer Großtagespflegestelle tätig sind. Bonn, Verlag interna, 2010.

Für Tagespflegepersonen, die diese Arbeit und Verantwortung teilen möchten, ist die Zusammenarbeit mit anderen eine Alternative zum täglichen Alleingang. Dieser Ratgeber hilft bei der Vorbereitung einer Großtagespflegestelle.

Damit stellt sich nun die Frage der Rechtsform, unter der die gemeinsame Kindertagespflege erbracht wird.

Die Wahl der passenden Rechtsform

Solange Tagespflegepersonen selbstständig tätig sind und allein arbeiten, unterliegen sie als Privatpersonen mit diesem Einkommen der Einkommensteuer. Aber bereits wenn zwei Tagespflegepersonen zusammenarbeiten, stellt sich die Frage der Rechtsform, unter der diese Tätigkeit erfolgt. Immer dann, wenn mindestens zwei Tagespflegepersonen einen gemeinsamen Zweck verfolgen, handelt es sich um eine Gesellschaft bürgerlichen Rechts (GbR). Es können jedoch auch andere Rechtsformen gewählt werden.

In jedem Fall sind an die Wahl der Rechtsform bestimmte Folgen – rechtlicher und steuerlicher Art – geknüpft. Mit der folgenden Tabelle erhalten Sie einen Überblick über die verschiedenen Rechtsformen sowie den damit verbundenen Folgen.

Eine Besonderheit weist die Gesellschaft bürgerlichen Rechts (GbR) auf. Da es sich nicht um eine juristische Person des privaten Rechts handelt, treffen die Rechte und Pflichten die natürlichen Personen (Tagespflegepersonen), die die GbR bilden, unmittelbar: Die Gesellschafter haften unbeschränkt mit ihrem Privatvermögen und jeder Gesellschafter muss seinen Anteil an den erzielten Einnahmen selbst versteuern. Zudem kann die GbR keinen Gemeinnützigkeitsstatus erlangen und nicht von der Gewerbe- und Körperschaftssteuer befreit werden.

	Gesellschaft mit beschränkter Haftung (GmbH)	eingetragener Verein (e.V.)	eingetragene Genossenschaft (e. G.)	Gesellschaft bürgerlichen Rechts (GbR bzw. BGB-Gesellschaft)
Rechtsgrundlage	GmbH-Gesetz (GmbHG)	§§ 21 ff. Bürgerliches Gesetzbuch (BGB)	Genossenschaftsgesetz (GenG)	§§ 705 ff. BGB
Anzahl der Gründungsmitglieder	1 Person (§ 1 GmbHG)	7 Personen (§ 56 BGB)	3 Personen (§ 4 GenG)	2 Personen

	Gesellschaft mit beschränkter Haftung (GmbH)	eingetragener Verein (e.V.)	eingetragene Genossenschaft (e. G.)	Gesellschaft bürgerlichen Rechts (GbR bzw. BGB-Gesellschaft)
Zweck	jeder gesetzlich zulässige Zweck (§ 1 GmbHG)	nicht auf einen wirtschaftlichen Geschäftsbetrieb gerichtet (§ 21 BGB)	• Förderung des Erwerbs oder der Wirtschaft der Mitglieder (§ 1 GenG) • Soziale und kulturelle Belange (§ 8 a GenG)	gemeinsamer Zweck (§ 705 BGB)
Mindestkapital	25.000 Euro (§ 5 GmbHG) Ausnahme: 1 Euro-GmbH (§ 5a GmbHG)	nicht erforderlich	nicht erforderlich, kann jedoch in der Satzung festgelegt werden (§ 8a GenG)	nicht erforderlich
Haftung für Verbindlichkeiten	Haftung beschränkt auf das Vermögen der Gesellschaft (§ 13 Abs. 2 GmbHG)	Haftung beschränkt auf das Vermögen des Vereins	Haftung beschränkt auf das Vermögen der Genossenschaft (§ 2 GenG)	persönliche und gemeinsame Haftung aller Gesellschafter
Gemeinnützigkeitsstatus (Befreiung von Körperschaftssteuer [KSt] und Gewerbesteuer [GewSt])	Befreiung gem. § 5 Abs. 1 Nr. 9 KSt-Gesetz (KStG), § 3 Nr. 6 GewSt-Gesetz (GewStG)	Befreiung gem. § 5 Abs. 1 Nr. 9 KStG, § 3 Nr. 6 GewSt-Gesetz (GewStG)	Befreiung gem. § 5 Abs. 1 Nr. 9 KStG, § 3 Nr. 6 GewSt-Gesetz (GewStG)	keine Befreiung
Organe	Geschäftsführer (§ 35 GmbHG) Gesellschafterversammlung (§ 48 GmbHG)	Vorstand (§ 26 BGB) Mitgliederversammlung (§ 32 BGB)	Vorstand (§ 9 GenG) Aufsichtsrat (§ 9 GenG) Generalversammlung (§ 43 GenG)	Gesellschafter Geschäftsführer
Eintragung	Handelsregister (§ 10 GmbHG)	Vereinsregister (§ 21 BGB)	Genossenschaftsregister (§ 10 GenG)	nicht erforderlich

Vergleich der Rechtsformen (vgl. Engler/Hesse, 2010)

2.3 Verträge

Arbeitsgrundlage für die Kindertagespflege ist entweder ein zivilrechtlicher oder privater Betreuungsvertrag zwischen Tagespflegeperson und Eltern oder ein Vertrag, der zwischen Jugendamt, Tagespflegeperson und Eltern geschlossen wird.

Bei einem privaten Betreuungsvertrag ist die Höhe der Zahlungen durch die Eltern alleinige Angelegenheit der Vertragspartner. Anders verhält sich die Sachlage bei Tagespflegepersonen, die ein Kind betreuen, das über den Träger der öffentlichen Jugendhilfe und somit über das zuständige Jugendamt finanziert wird. Über entsprechende landesrechtliche Regelungen kann vorgeschrieben sein, wie das Vertragsverhältnis zu gestalten ist. Damit kann auch festgelegt werden, dass Tagespflegepersonen nur die vom Jugendamt festgesetzten Entgelte (Bezahlung) für ihre Leistung erhalten und weitere Absprachen über Geldzahlungen mit den Eltern nicht zulässig sind. Auskünfte hierzu erhalten Sie über das zuständige Jugendamt.

Tipp

Sowohl der Bundesverband für Kindertagespflege (www.bundesverband-kindertagespflege.de) als auch das Portal www.laufstall.de bieten (kostenpflichtige) Vertragsvordrucke bzw. Betreuungsvereinbarungen an.

Das Jugendamt der Stadt Göttingen hat seine Tagespflegerichtlinien ins Netz gestellt. Daraus folgender Auszug als Beispiel für entsprechende Vergütungsregelungen:

„8. Vergütung der Tagespflege

Die Förderung für eine erforderliche Kindertagespflege umfasst nach § 23 Abs. 1 SGB VIII die Gewährung einer laufenden Geldleistung. Diese schließt nach § 23 Abs. 2 SGB VIII folgende Faktoren ein:

- die Erstattung angemessener Kosten, die der Tagespflegeperson für den Sachaufwand entstehen,
- einen Betrag zur Anerkennung ihrer Förderungsleistungen und
- die Erstattung nachgewiesener Aufwendungen für Beiträge zu einer Unfallversicherung sowie die hälftige Erstattung nachgewiesener Aufwendungen zu einer angemessenen Alterssicherung, Kranken- und Pflegeversicherung.

Laufende Geldleistungen werden erst nach erfolgter Vermittlung infolge eines durch die Stadt Göttingen erteilten Vermittlungsauftrags an die Tagespflegebörse und nach Erfüllung aller Mitwirkungspflichten durch die Erziehungsberechtigten und die Tagespflegeperson gewährt. Für eine selbst gesuchte Tagespflegeperson kommt eine laufende Geldleistung erst nach Bedarfs- und Eignungsfeststellung in Betracht. Anspruch auf Vergütung besteht nur für tatsächliche Betreuungstage. Für unvermeidbare Ausfallzeiten (insbesondere bei Krankheit des zu betreuenden Kindes, Krankheit oder Fortbildung der Tagespflegeperson) erfolgt auf Nachweis eine Fortzahlung der Vergütung für maximal 4 Betreuungswochen pro Jahr. Der Begriff „Betreuungswoche" ist definiert als Zeitwoche, in der Betreuung stattfindet. Hierbei ist es unerheblich, ob die Betreuung an einem oder an fünf Wochentagen stattfindet. Die Vergütung wird grundsätzlich an die Tagespflegeperson auf der Grundlage eines Bescheides an den/die Personensorge-/Erziehungsberechtigten geleistet.

8.1 Sachaufwand und Anerkennung der Förderungsleistung

Für Sachaufwand und Anerkennung der Förderungsleistung erfolgt die Vergütung nach Stundensätzen (s. **Anlage 1**). Der Stundensatz kann bei Vorliegen eines besonderen Förderbedarfs im Einzelfall abweichend festgesetzt werden. Für Tagespflegepersonen, die ihrer Weiterbildungsverpflichtung nach Punkt 4 nicht nachkommen, verringert sich der Stundensatz bis zur Nachholung der Weiterbildung um 25 %. Für die Bereitstellung einer Hauptmahlzeit (Frühstück, Mittagessen, Abendessen) in der Tagespflegestelle außerhalb des Elternhauses kann je Mahlzeit eine Verpflegungspauschale gewährt werden. Die Höhe der Verpflegungspauschalen ist in der **Anlage 2** dargelegt.

Sofern die Betreuungszeit in der Zeit zwischen 19:00 und 22:00 Uhr und zwischen 5:00 und 8:00 Uhr zu leisten ist, erhöht sich die Vergütung um 25 %. Das gleiche gilt für erforderliche Betreuung an Samstagen, Sonntagen und gesetzlichen Feiertagen. Bei Über-Nacht-Betreuung wird in der Zeit von 22:00 Uhr bis 05:00 Uhr eine Vergütung in Höhe von 50 % der Sätze nach Anlage 1 gezahlt.

Eine Anpassung der Stundensätze erfolgt dynamisch zum 01.08. des Jahres anhand der jahresdurchschnittlichen Preissteigerungsrate des Bundes (Verbraucherpreisindex für Deutschland) des Vorjahres. Die Vergütungssätze werden dabei kaufmännisch auf volle 10-Cent-Beträge gerundet. Die Anpassung der Verpflegungspauschalen erfolgt anhand der jahresdurchschnittlichen Preissteigerungsrate für Nahrungsmittel.

Auszug aus Anlage 1

Tagespflegepersonen mit Qualifikation in einem erzieherischen Beruf oder Nachweis einer Qualifikation, die dem Curriculum des DJI entspricht, erhalten 4 € pro Stunde. Tagespflegepersonen, die sich in Ausbildung nach dem DJI-Curriculum befinden bzw. bereit sind, sich entsprechend zu qualifizieren und sich bereits zu einem entsprechenden Qualifizierungskurs angemeldet haben erhalten 3 € pro Stunde.

Zusammensetzung der Vergütung:

Sachaufwand: 65 %

Anerkennung der Förderungsleistung: 35 %

In der oben genannten **Anlage 2** zur Richtlinie Kindertagespflege der Stadt Göttingen werden folgende Verpflegungskostenpauschalen festgelegt:

Frühstück 1,27 €

Mittagessen 2,27 €

Abendessen 2,27 €
(Stadt Göttingen, abgrufen unter: www.tagesmutter-goe.de, 2011)

2.4 Rahmenbedingungen

Obwohl Tagespflegepersonen überwiegend selbstständig tätig sind, gibt es für die Berufsgruppe zahlreiche Sonderreglungen und damit Abweichungen, die beachtet werden müssen. Zudem unterscheidet sich die Kindertagespflege nicht nur darin, ob sie privat organisiert oder über das Jugendamt vermittelt und finanziert wird, sondern häufig auch im Hinblick auf die Geldleistungen, die über den Träger der öffentlichen Jugendhilfe gezahlt werden. Auch bei den Qualifikationsforderungen gibt es zum Teil erhebliche Unterschiede zwischen den Bundesländern, aber auch zwischen einzelnen Kommunen. Welche Leistungen Sie erhalten können und welche Qualifikationsanforderungen in Ihrem Land bzw. Ihrer Kommune bestehen, erfahren Sie über Ihr zuständiges Jugendamt.

Tipp

Zum Weiterlesen:
Für die Darstellung der allgemeinen Rahmenbedingungen wurde auf die Broschüre „Was bleibt?!" des Paritätischen Wohlfahrtsverbandes zurückgegriffen. Zu den Ausführungen finden Sie in der Broschüre verschiedene Rechenbeispiele.

Handreichung Paritätischer Gesamtverband, Deutscher Verein: Was bleibt?! Tipps und Informationen zur Besteuerung des Einkommens für Tagespflegepersonen und die sozialversicherungsrechtlichen Auswirkungen ab 2009, 2. Auflage, Berlin, 2009

Lode, Maren: Die soziale Absicherung von Tagespflegepersonen, Berlin, Eigenverlag des Deutschen Vereins für öffentliche und private Fürsorge e. V., 2009

2.4.1 Einkommensteuer

Wer als Selbstständiger arbeitet, muss sein Einkommen versteuern. Für die privat organisierte Kindertagespflege galt das schon immer. Eine Ausnahme bildeten bis 2009 diejenigen Tagespflegepersonen, die Kinder betreuen, für deren Kosten das Jugendamt oder die Gemeinde aufkommt. Seit 2009 gelten auch die laufenden Geldleistungen für öffentlich geförderte Tagespflegepersonen – die sich aus der Erstattung des Sachaufwandes und der Förderleistung für die Betreuung eines Kindes zusammensetzen – als steuerpflichtige Einnahmen aus freiberuflicher Tätigkeit im Sinne des § 18 Abs. 1 Nr. 1 Einkommensteuergesetz (EStG).

Bis zu einem Gesamteinkommen von 8.004 Euro im Jahr für Ledige und 16.009 Euro für Ehepaare fällt in der Regel keine Einkommensteuer an (Stand 2011). Erst wenn diese Beträge überschritten werden, muss Einkommensteuer entrichtet werden. Dabei ist zu beachten, dass zum Gesamteinkommen alle Einkünfte (Mieteinnahmen, Renten etc.), die Sie erzielen, gerechnet werden.

Tagespflegepersonen, die als Selbstständige neu anfangen, müssen beachten, dass sie das Finanzamt über die Aufnahme der Tätigkeit informieren müssen. Hierzu sind sie verpflichtet. Das Finanzamt wird dann seinerseits auf die Tagespflegeperson zukommen und sie um weitere Auskünfte bitten. Erst im Nachgang hierzu wird festgelegt, ob gegebenenfalls Voraussteuerzahlungen anfallen. Das heißt: Das Finanzamt prüft auf der Grundlage Ihrer Angaben, ob Sie voraussichtlich Einkommensteuer entrichten müssen. Falls dem so ist, werden vierteljährliche Vorauszahlungen berechnet, die Sie jeweils zum 10. März, 10. Juni, 10. September sowie 10. Dezember zu leisten haben. Mit dem Einkommensteuerjahresausgleich erfolgt dann eine Endabrechnung. Selbstständig Tätige sind zur Abgabe einer Einkommensteuererklärung verpflichtet.

Für alle Tagespflegepersonen besteht zudem die Möglichkeit, ihre Betriebsausgaben – beispielsweise für Strom, Anschaffungen, Miete etc. – vom zu versteuernden Gewinn abzusetzen. Dabei kommen grundsätzlich zwei Möglichkeiten in Betracht:

- Alle belegbaren Ausgaben können monatlich einzeln aufgelistet und entsprechend geltend gemacht werden.
- Oder Sie nutzen die sogenannte Betriebsausgabenpauschale. Diese beträgt gegenwärtig für ein vollzeitbereutes Kind (8 Stunden am Tag und 5 Tage die Woche) 300 Euro pro Monat. Das heißt: Tagespflegepersonen können diese Pauschale ohne Nachweise von ihrem steuerpflichtigen Einkommen absetzen. Wird ein Kind kürzere Zeit betreut, beispielsweise nur 6 Stunden am Tag und 5 Tage die Woche, reduziert sich die Pauschale um 2/8.

Betreuungszeit	anteilige Pauschale
7 Std./Tag, 5-Tage-Woche	262,50 Euro
6 Std./Tag, 5-Tage-Woche	225,00 Euro
5 Std./Tag, 5-Tage-Woche	187,50 Euro
4 Std./Tag, 5-Tage-Woche	150,00 Euro
4 Std./Tag, 4-Tage-Woche	120,00 Euro

Es gilt allerdings zu beachten, dass Sie sich bei der Art der Abrechnung der Betriebsausgaben für ein Jahr festlegen. Haben Sie sich für die Pauschale entschieden, ist ein Wechsel auf Einzelnachweise im laufenden Jahr nicht möglich. Es empfiehlt sich, vorab die anfallenden Ausgaben zu überschlagen und hier auch geplante Anschaffungen – etwa für einen neuen Fußbodenbelag – zu berücksichtigen und sich dann festzulegen.

2.4.2 Sozialversicherungspflicht

Krankenversicherung

Seit 1. Januar 2009 besteht für jeden Bürger und jede Bürgerin in Deutschland die Pflicht, Mitglied einer privaten oder gesetzlichen Krankenversicherung zu sein. Ehepartner oder eingetragene Lebenspartner eines gesetzlich Krankenversicherten können unter bestimmten Voraussetzungen über die Familienversicherung beitragsfrei mitversichert werden. Wer nicht über die Familienversicherung abgesichert werden kann, muss sich freiwillig gesetzlich oder privat versichern.

Familienversicherung

Verheiratete Tagespflegepersonen und Lebenspartner haben grundsätzlich die Möglichkeit, über ihren gesetzlich versicherten Ehepartner beitragsfrei familienversichert zu werden – vorausgesetzt, sie erzielen kein durchschnittliches Gesamteinkommen über 365 Euro/Monat bzw. 4.380 Euro/Jahr (Stand 2011) und gehen keiner hauptberuflich selbstständigen Tätigkeit nach.

Wer nach Abzug der Betriebsausgabenpauschale über mehr als durchschnittlich 365 Euro (Stand 2011) im Monat Gesamteinkommen erzielt und bisher familienversichert war, kann nicht weiter beitragsfrei bei seinem Ehepartner bzw. Lebenspartner mitversichert werden. Diese Tagespflegepersonen müssen sich freiwillig in einer gesetzlichen oder privaten Krankenkasse versichern (vgl. Sozialgesetzbuch, 2011).

Freiwillig gesetzlich krankenversichert

Für freiwillig versicherte Tagespflegepersonen in einer gesetzlichen Krankenversicherung sind der Beitragssatz und die Mindesteinkommensgrenze für die Bemessung des Versicherungsbeitrages ausschlaggebend. Während der Beitragssatz ab 2009 für alle gesetzlich Versicherten einheitlich festgelegt wird, ist bei der Mindesteinkommensgrenze – die für die Berechnung des Beitrages zugrunde gelegt wird – die Einordnung der selbstständigen Tätigkeit von Bedeutung.

Hier gibt es grundsätzlich zwei Möglichkeiten:

- Sie können als nebenberuflich selbstständig Tätige oder
- als hauptberuflich selbstständig Tätige betrachtet werden.

Zur Einordnung der Tätigkeit werden die Höhe der Einkünfte, die Arbeitstundenzahl und die wirtschaftliche Leistungsfähigkeit des freiwillig Versicherten geprüft. Je nach Einordnung der Tätigkeit gelten zur Berechnung des Versicherungsbeitrages andere Mindesteinkommensgrenzen.

Für nebenberuflich Selbstständige liegen sie bei 851,67 Euro im Monat (Stand 2011) und für hauptberuflich Selbstständige bei Nachweis geringer Einkünfte 1.916,25 Euro (Stand 2011) im Monat (vgl. Sozialgesetzbuch, 2011).

Nebenberuflich oder hauptberuflich? – Vereinfachte Prüfung

Ein Rechtsanspruch auf die „vereinfachte Prüfung" besteht seit 1. Januar 2009. Bei dieser Form der Prüfung wird lediglich die Anzahl der betreuten Kinder berücksichtigt. Danach gilt für Tagespflegepersonen, die bis zu fünf gleichzeitig anwesende fremde Kinder betreuen, dass sie als nebenberuflich selbstständig Tätige eingeordnet werden.

Der Rechtsanspruch auf die vereinfachte Prüfung nach § 10 und § 240 Sozialgesetzbuch V ist bis zum 21.12.2013 befristet.

Hinweis: Krankengeldanspruch
Seit 1. Januar 2009 haben freiwillig gesetzlich versicherte Selbstständige keinen Krankengeldanspruch mehr. Hierzu benötigen sie einen Wahltarif Krankengeld bei der Krankenkasse oder eine private Zusatzversicherung.

Die Mindesteinkommensgrenzen werden auch dann zugrunde gelegt, wenn weniger Einkommen erzielt wird. In den Fällen, in denen die Mindesteinkommensgrenzen überschritten werden, wird zur Festlegung des Versicherungsbeitrages das tatsächliche Einkommen herangezogen.

Private Krankenversicherung

Tagespflegepersonen können auch eine private Krankenversicherung abschließen. Anders als bei der gesetzlichen Krankenkasse ist das Einkommen für die Höhe der Versicherungsprämie, die vom Versicherten zu zahlen ist, nicht ausschlaggebend. Sie hängt vom abgesicherten Risiko (Basis-, Standard- oder Volltarif), vom Eintrittsalter und vom Gesundheitszustand des Versicherten ab. Ein Wechsel von der privaten in die gesetzliche Krankenversicherung ist nur unter bestimmten Voraussetzungen möglich.

Härtefallregelung

Im Einzelfall kann die Einordnung als hauptberuflich selbstständig Tätige(r) und damit eine Bemessung des Krankenkassenbeitrages an der Mindesteinkommensgrenze von 1.916,25 Euro zu einer besonderen Härte führen. Für diese Fälle verfügen die Krankenkassen über sogenannte Härtefallregelungen. Danach kann der Krankenversicherungsbeitrag auf Antrag reduziert werden.

Hinweis: Antrag auf Härtefallregelung
Ein Antrag auf Härtefallregelung muss bei der zuständigen Krankenkasse gestellt werden. Dabei erfolgt eine Überprüfung des Einkommens und Vermögens aller im Haushalt lebenden Personen, vergleichbar mit den Regelungen zur Bedarfsgemeinschaft im Sozialgesetzbuch II (Hartz IV). Es gilt derzeit eine Mindesteinkommensgrenze von 1.277,50 Euro im Monat (Stand 2011).

Merksatz
Versäumen Sie nicht, Ihren Krankenversicherungsstatus zu klären. Sie dürfen nicht ohne Versicherungsschutz sein. In der Regel dürfte die Anwendung der vereinfach-

ten Prüfung zu einer finanziellen Entlastung für Tagespflegepersonen führen. Prüfen Sie deshalb Ihre persönlichen Voraussetzungen, insbesondere

- ***den bisherigen Versicherungsschutz,***
- ***das Gesamteinkommen,***
- ***die Anzahl der vollzeitbetreuten Kinder.***

Wenden Sie sich an Ihre zuständige Krankenkasse und weisen Sie gegebenenfalls auf die Möglichkeit der vereinfachten Prüfung hin.

Pflegeversicherung

Die Pflicht, Beiträge in die gesetzliche Pflegeversicherung zu zahlen, ist abhängig vom Bestehen einer Krankenversicherung – unabhängig davon, ob der Versicherte privat oder gesetzlich versichert ist. Nur Tagespflegepersonen, die über ihren Ehepartner in der Familienversicherung beitragsfrei mitversichert sind, müssen keine Pflegeversicherungsbeiträge leisten.

Als Bemessungsgrundlage für den Beitrag zur gesetzlichen Pflegeversicherung gilt auch hier das Gesamteinkommen. Zur Berechnung wird bei nebenberuflich selbstständig Tätigen – wie bei der gesetzlichen Krankenversicherung – grundsätzlich von einem Mindesteinkommen von 851,76 Euro im Monat ausgegangen.

Kinderlose müssen einen Beitrag von 2,2 Prozent und Eltern (auch von verstorbenen Kindern) von 1,95 Prozent ihres Gesamteinkommens in die gesetzliche Pflegeversicherung einzahlen. Wird diese Mindesteinkommensgrenze bei der Berechnung zugrunde gelegt, ergibt sich ein Beitrag zur Pflegeversicherung für Kinderlose von ca. 19 Euro und für Eltern von ca.17 Euro im Monat. Kinder werden auch dann noch bei der Festsetzung der Beiträge für die gesetzliche Pflegeversicherung berücksichtigt, wenn sie nicht mehr im Haushalt der Eltern leben.

Hinweis: Erstattungen

Mit der Umsetzung des Kinderförderungsgesetzes zum 1. Januar 2009 werden den Tagespflegepersonen, die durch das Jugendamt gefördert werden, die hälftigen Beiträge zur Kranken- und Pflegeversicherung erstattet. Beiträge für Zusatzversicherungen werden jedoch nicht erstattet. Die Erstattung der hälftigen Beiträge wird nach Vorlage eines entsprechenden Nachweises (Schreiben der Krankenkasse) vom zuständigen Träger der öffentlichen Jugendhilfe in der Regel gemeinsam mit den laufenden Geldleistungen gezahlt.

Rentenversicherung

Grundsätzlich müssen Selbständige keine Beiträge in die gesetzliche Rentenversicherung zahlen. Allerdings gibt es hierbei Ausnahmen für bestimmte Berufsgruppen, zu denen selbstständig tätige Tagespflegepersonen zählen.

Tagespflegepersonen unterliegen der gesetzlichen Rentenversicherungspflicht, wenn sie nach Abzug der Betriebsausgabenpauschale durchschnittlich mehr als 400 Euro im Monat an steuerlichem Gewinn erzielen und selbst keinen versicherungspflichtigen Arbeitnehmer im Zusammenhang mit Tätigkeiten der Tagespflege beschäftigen. Tagespflegepersonen, die nach diesen Vorgaben rentenversicherungspflichtig sind, müssen sich innerhalb einer Frist von drei Monaten bei der Deutschen Rentenversicherung melden.

Hinweis: formloses Schreiben
Tagespflegepersonen, die der Rentenversicherungspflicht unterliegen, sollten sich bei der Deutschen Rentenversicherung mit einem formlosen Schreiben melden oder über deren Website ein entsprechendes Formular (V020) herunterladen und ausfüllen (www.deutsche-rentenversicherung.de).

Für Tagespflegepersonen, die rentenversicherungspflichtig sind, gibt es drei Möglichkeiten für die Festlegung des Rentenversicherungsbeitrages:

Einkommensabhängiger Beitrag

Soll ein einkommensbezogener Rentenversicherungsbeitrag gezahlt werden, muss eine Schätzung der Einkünfte für das Jahr 2009 erfolgen. Die Schätzung kann die Tagespflegeperson selbst oder ein Steuerberater vornehmen. Anhand der Schätzung wird der monatliche Versicherungsbeitrag festgelegt. Bei vorliegender Versicherungspflicht werden Beiträge in Höhe von 19,9 Prozent (Stand 2011) des steuerlichen Gewinns fällig.

Anders als bei abhängig Beschäftigten wird der Beitrag nicht vom Arbeitnehmer und Arbeitgeber je zur Hälfte getragen, sondern Tagespflegepersonen müssen den gesamten Pflichtbeitrag leisten. Für die folgenden Jahre werden die Rentenversicherungsbeiträge anhand des Einkommensteuerbescheides des Vorjahres ermittelt.

Einkommensunabhängiger Beitrag – sogenannter Regelbeitrag

Entscheidet sich die Tagespflegeperson für die Zahlung des pauschalen Regelbeitrages, muss keine einkommensgerechte Schätzung der Einkünfte erfolgen. Der Regelbeitrag ist für neue und alte Bundesländer unterschiedlich. Für das Jahr 2010 liegt er in den neuen Bundesländern bei 445,76 Euro und in den alten Bundesländern bei 508,45 Euro im Monat.

Einkommensunabhängiger hälftiger Beitrag – hälftiger Regelbeitrag

Die dritte Möglichkeit kann grundsätzlich nur von Tagespflegepersonen genutzt werden, bei denen es sich um eine erste Aufnahme einer selbstständigen Tätigkeit (Existenzgründung) handelt. Sie können für die Dauer von drei Jahren nach dem Jahr der Aufnahme der Tätigkeit den hälftigen Regelbeitrag zahlen. Somit reduziert sich der Pflichtbeitrag auf 222,88 Euro (Ost) und auf 254,22 Euro (West) im Monat.

Besonderheit: Sozialklausel

Unter Anwendung der sogenannten Sozialklausel (§ 165 Abs. 1a SGB VI) kann zur Bemessung der Rentenversicherungsbeiträge – abweichend vom bisher berücksichtigten Arbeitseinkommen (aus dem letzten Einkommensteuerbescheid) – vom laufenden Arbeitseinkommen ausgegangen werden. Die Sozialklausel findet nicht nur Anwendung, wenn einkommensgerechte Beiträge gezahlt werden, sondern auch dann, wenn bisher der halbe oder vollständige Regelbeitrag geleistet wurde. Die Versicherten können auf Antrag von der Regelbeitragszahlung zur einkommensgerechten Beitragszahlung wechseln. Bedingung ist, dass das laufende Arbeitseinkommen im Durchschnitt voraussichtlich um wenigstens 30 Prozent geringer ausfällt, als nach dem letzten Einkommensteuerbescheid angenommen. Das geringere Arbeitseinkommen muss vom Versicherten nachgewiesen und ein Antrag auf Minderung der Beitragshöhe gestellt werden.

Sofern bereits Pflichtbeiträge in Höhe des Mindestbeitrages gezahlt werden, findet die Sozialklausel keine Anwendung, da eine weitere Minderung der Pflichtbeitragshöhe ausgeschlossen ist. Ggf. ist in diesen Fällen der Eintritt von Versicherungsfreiheit wegen Geringfügigkeit zu prüfen.

> ***Merksatz***
> ***Erstattungen: Öffentlich geförderte Tagespflegepersonen können ihre Aufwendungen für eine angemessene Altersvorsorge geltend machen. Sie bekommen den hälftigen Beitrag erstattet. Der Erstattungsbetrag ist steuerfrei.***

Die Rentenversicherungspflicht führt dazu, dass Tagespflegepersonen, die der gesetzlichen Rentenversicherungspflicht unterliegen, in der Wahl ihrer Altersvorsorge faktisch eingeschränkt sind. Besteht neben der gesetzlichen Rentenversicherung eine weitere Versicherung, so gehen die Beiträge hierfür allein zulasten der Tagespflegeperson. Eine hälftige Erstattung dieser Beiträge über den Träger der öffentlichen Jugendhilfe findet nicht statt.

2.5 Wichtige Versicherungen

Unfallversicherung

Tagespflegepersonen, die regelmäßig fremde Kinder betreuen, gelten unabhängig vom Umfang der ausgeübten Tätigkeit als in der Wohlfahrtspflege selbstständig Tätige. Sie unterliegen der gesetzlichen Unfallversicherungspflicht (§ 2 Abs. 1 Nr. 9 SGB VII). Zuständig ist die BGW Berufsgenossenschaft für Gesundheitsdienst und Wohlfahrtspflege (www.bgw-online.de).

Die Höhe des Beitrags beläuft sich in den alten Bundesländern auf ca. 79 Euro jährlich, in den neuen Bundesländern auf ca. 70 Euro jährlich.

> ***Merksatz***
> ***Erstattungen: Nach § 23 Abs. 2 Nr. 3 SGB VIII umfassen die laufenden Geldleistungen zur Förderung in Kindertagespflege auch die nachgewiesenen Aufwendungen für die Beiträge zur Unfallversicherung. Tagespflegepersonen, die vom Jugendamt bezahlt werden, erhalten ihre nachgewiesenen Aufwendungen für die Unfallversicherung üblicherweise erstattet. Auch diese Erstattungen sind steuerfrei.***

Haftpflichtversicherung

Unabhängig davon, ob die Tagespflege privat oder als Leistung der Jugendhilfe erbracht wird, ist es für Tagespflegepersonen ratsam, eine Haftpflichtversicherung abzuschließen, um das eigene Haftungsrisiko zu minimieren. So kommt die Tagespflegeperson zum Beispiel für den zerrissenen Kinderanorak auf, wenn der Schaden während der Betreuungszeit entstanden ist.

Die gesetzliche Unfallversicherung nach § 2 Abs. 1 Nr. 8a SGB VII gilt nur für Kinder, die Kindertagespflege nach § 24 SGB VIII in Anspruch nehmen und damit eine Betreuung durch eine geeignete Tagespflegeperson im Sinne des § 23 SGV III erhalten. Bei nicht gesetzlich unfallversicherten Kindern haftet die Tagespflegeperson bereits bei leichtester Fahrlässigkeit. Die Haftung gegenüber dem privat betreuten Kind kann mit erheblichen finanziellen Risiken für die Tagespflegeperson verbunden sein.

2.6 Pflegeerlaubnis

Eine Erlaubnis des Jugendamtes, um Kindertagespflege durchführen zu können, benötigen Sie nur für eine ganz bestimmte Form, wenn

1. die Kindertagespflege nicht im Elternhaus des zu betreuenden Kindes stattfindet,
2. Sie das Kind/die Kinder mehr als 15 Stunden pro Woche (pro Kind) und länger als drei Monate betreuen und
3. für die Betreuung ein Entgelt gezahlt wird.

Findet die Betreuung im Haushalt der Eltern des Kindes bzw. der Kinder statt, so benötigen Sie keine Erlaubnis. Dasselbe gilt für Betreuungsverhältnisse, die zeitlich auf weniger als 15 Stunden pro Woche angelegt sind. Dies ist in der Regel bei Babysitting und Nachbarschaftshilfe der Fall, kann aber auch z. B. auf Kindertagespflege zutreffen, die zu ungewöhnlichen Zeiten wie am Wochenende oder in den Abendstunden stattfindet.

Mit der Erlaubnis dürfen bis zu fünf Kinder gleichzeitig betreut werden. Darüber hinaus kann der Landesgesetzgeber festlegen, dass weniger, aber auch mehr als fünf Kinder gleichzeitig betreut werden dürfen und dass die Tagespflege in anderen Räumen stattfinden kann. Sie sollten sich daher auch über die landesgesetzlichen Regelungen informieren.

Mit dem Kinderförderungsgesetz wurde festgelegt, dass eine Tagespflegeperson, die mehr als fünf Kinder betreut, über eine pädagogische Qualifikation verfügen muss. Auch darf die Anzahl der Kinder in einer solchen Tagespflegestelle insgesamt nicht höher sein als die Anzahl in einer vergleichbaren Gruppe einer Kindertageseinrichtung. Eine Tagespflegeperson muss danach folgende Voraussetzungen erfüllen. Sie muss

- sich durch ihre Persönlichkeit, Sachkompetenz und Kooperationsbereitschaft mit den Erziehungsberechtigten und anderen Tagespflegepersonen auszeichnen,
- über kindgerechte Räume verfügen,
- vertiefte Kenntnisse hinsichtlich der Anforderungen der Kindertagespflege besitzen.

Die notwendige Qualifikation muss die Tagespflegeperson in qualifizierten Lehrgängen (z. B. des Deutschen Jugendinstitutes) erworben haben oder in anderer Weise nachweisen können. Die Erlaubnis ist auf fünf Jahre befristet. Ein halbes Jahr vor Ablauf der Frist sollten Sie einen erneuten Antrag stellen und diesem ein aktuelles ärztliches Attest sowie ein polizeiliches Führungszeugnis beilegen.

2.7 Fördermöglichkeiten

Personen, die sich für die Tätigkeit der Kindertagespflege interessieren, haben unter bestimmten Voraussetzungen die Möglichkeit, eine Förderung zu erhalten. Einige der Förderungsmöglichkeiten sollen im Weiteren kurz beschrieben werden (Stand 01.01.2011). Da sich Regelungen und Vorschriften auch innerhalb eines Jahres ändern können, empfiehlt sich aber auf jeden Fall, sich beim zuständigen Träger der öffentlichen Jugendhilfe oder beim Arbeitsamt gezielt und ausführlich nach Fördermöglichkeiten zu erkundigen bzw. sich beraten zu lassen.

Gründungszuschuss nach § 57 SGB III (Stand 01.01.2011)

Den Gründungszuschuss erhalten Arbeitnehmer, die arbeitslos gemeldet sind und einen Anspruch auf Arbeitslosengeld I haben. Der Anspruch auf Arbeitslosengeld muss bei Aufnahme der Tätigkeit noch mindestens für drei Monate bestehen. Zudem muss nachgewiesen werden, dass das Konzept für die Existenzgründung tragfähig ist und den Kenntnissen und Fähigkeiten des Existenzgründers entspricht (siehe auch Businessplan). Sind alle Bedingungen gegeben, wird ein Gründungszuschuss in Höhe des Leistungsanspruchs für das Arbeitslosengeld I, zuzüglich 300 Euro im Monat, für insgesamt neun Monate gewährt.

Nach Ablauf der neun Monate besteht die Möglichkeit, bei schriftlichem Nachweis der Geschäftstätigkeit für weitere sechs Monate eine Unterstützung von 300 Euro monatlich zu erhalten.

Anrechnung der Geldleistungen auf den SGB-II-Leistungsanspruch

Für Tagespflegepersonen, die einen Anspruch auf Leistungen nach Sozialgesetzbuch II (Hartz IV) haben, gibt es bis zum 31.12.2011 eine besondere Regelung für die Anrechnung der Geldleistungen, die aus der Tätigkeit der Tagespflege erzielt werden. Weitere Informationen erhalten Sie bei der Agentur für Arbeit.

Investitionsprogramm Kinderbetreuungsfinanzierung 2008 bis 2013

Grundlage des Investitionsprogramms ist die Verständigung zwischen Bund, Ländern und Kommunen, die Kindertagesbetreuung bis 2013 so auszubauen, dass etwa jedes dritte Kind unter drei Jahren einen Betreuungsplatz zur Verfügung hat. Für die damit verbundenen Investitionskosten hat der Bund ein Sondervermögen eingerichtet, das den Ländern Mittel für den Ausbau zur Verfügung stellt. Die Länder haben ihrerseits die Mittelvergabe in Richtlinien oder Verwaltungsvorschriften geregelt. In einigen Bundesländern ist es nach diesen Vorschriften möglich, eine Förderung für (neue) Plätze in der Kindertagespflege zu bekommen. Über entsprechende Möglichkeiten in Ihrem Bundesland informiert Sie das zuständige Jugendamt.

Einige Bundesländer haben zudem spezielle Förderprogramme für den Ausbau von Betreuungsplätzen für Kinder unter drei Jahren aufgelegt. So existiert beispielsweise in Hessen das Programm „Betreuungsplätze ausbauen, Mittel bereitstellen, in Nachwuchs investieren", kurz: BAMBINI. Es fördert unter anderem den Ausbau von Plätzen in der Kindertagespflege. Weitere Informationen hierzu erhalten Sie unter www.hessen.de.

Sie haben erfahren: Als Tagespflegeperson müssen Sie sich also nicht nur als pädagogische Fachkraft beweisen, sondern auch als Unternehmerin. Dies liegt nicht jeder Frau, aber immer mehr Frauen kommen „auf den Geschmack". Wie aus dem Gründungsmonitor der Kreditanstalt für Wiederaufbau (KfW) hervorgeht, waren 41 Prozent aller Gründer(innen) im Jahr 2008 Frauen. Selbstbestimmung, Kontrolle über die eigene Zeit, finanzielle Selbstständigkeit und nicht zuletzt das Bedürfnis nach einer sinnvollen beruflichen Betätigung gehören zu den stärksten Motiven, den Sprung in die Freiberuflichkeit zu wagen.

Zur Unternehmerin müssen Sie nicht geboren sein, auch wenn es hilfreich ist, wenn Sie in Ihrem familiären Umfeld auf Erfahrungen in diesem Gebiet zurückgreifen können. Gemeinhin gilt ein ausgeprägtes Persönlichkeitsprofil jedoch als hilfreich:

Checkliste

Anforderungen an das Persönlichkeitsprofil einer Unternehmerin

- ☑ selbstständig
- ☑ organisationsfreudig
- ☑ belastbar
- ☑ kreativ
- ☑ zielorientiert
- ☑ handlungsorientiert
- ☑ kommunikationsfähig
- ☑ fähig, eigene Grenzen zu akzeptieren
- ☑ fähig und bereit, Netzwerke zu nutzen
- ☑ fähig und bereit, zu delegieren

Aufgabe

Hilfreiche Überlegungen einer Unternehmerin. Fragen Sie sich:

Welche Werte und Glaubenssätze bringe ich mit? Hindern oder fördern sie mich?

Was bedeutet für mich Erfolg? Wie messe ich meinen Erfolg?

Wo möchte ich in zwei Jahren stehen, in fünf Jahren, in zehn?

Woher bekomme ich Informationen und Unterstützung, wie bilde ich mich weiter?

Wer freiberuflich sein „täglich Brot" verdient, hat keine Chefin, keinen Vorgesetzten, der sagt, was zu tun ist oder bis wann eine Arbeit erledigt sein sollte. Es gibt wenig Kontrollen, keine vorgeschriebenen Arbeitszeiten, keine Gleitzeit, keine fest gesetzte Mittagspause etc. Als Freiberuflerin müssen Sie Ihre Arbeit und die Zeit, in der Sie diese erledigen, eigenverantwortlich planen und kontrollieren. Deshalb lernen Sie im folgenden Kapitel einige Planungshilfen kennen und beschäftigen sich damit, was für ein „Zeit-Typ" Sie eigentlich sind.

2.8 Selbstorganisation und Umgang mit Zeit

Selbstorganisation und Umgang mit Zeit bedeutet eine ständige Herausforderung, die Sie – wenn es Ihnen wichtig ist – während Ihrer gesamten Berufstätigkeit begleiten wird. Sie ist gleichzeitig eine Lebenseinstellung und immer auch ein Hinweis darauf, wie Sie sich selbst wahrnehmen. Dabei passen die gängigen Vorschläge der Ratgeberliteratur zur Vereinbarkeit von Familie und Beruf, zum Zeitmanagement im beruflichen Alltag oder ganz allgemein zum Selbstmanagement für Existenzgründer(innen) nur am Rande zu Ihrem Beruf als Tagespflegeperson. Als Tagesmutter oder Tagesvater bleibt Ihnen deshalb nicht viel anderes übrig, als Strukturen und Empfehlungen auszuprobieren und zu beobachten, wie Sie, die Kinder, Eltern und die eigene Familie damit zurechtkommen. Und es geht darum, die richtigen Fragen zu stellen und die für Sie passenden Ziele zu formulieren.

2.8.1 Planungshilfen für den Alltag

Legen Sie sich ein schönes Heft, eine attraktive Kladde oder einen schicken Ordner zu; also etwas, was Sie gerne anschauen und in die Hand nehmen. Hier halten Sie alle Antworten, Fragen und Ideen fest, die Ihnen von nun an zum Thema Organisation und Umgang mit Zeit durch den Kopf gehen.

Besorgen Sie sich außerdem einen großen Jahresplaner für die Wand. Hier blocken Sie die Zeiten für Ihren Urlaub, Ausflüge, Feste (die Sie mit Kindern besuchen möchten), Elternabende, Seminare, Tagungen, Austausch mit Kolleginnen, Aktionen zu den Jahresfesten (Ostern, Erntedank, Nikolaus, Weihnachten, Zuckerfest etc.), die Geburtstage der Kinder und so weiter. Die privaten Termine Ihrer Familie tragen Sie dort ebenfalls ein. Wählen Sie für die beruflichen und die privaten Termine unterschiedliche Farben. Trennen Sie farblich davon noch einmal Ihre ganz persönlichen Termine ab (Hobby, Entspannung, Freundeskreis, Kultur, Sport etc.).

In einem Planer für den täglichen Gebrauch notieren Sie zusätzlich bzw. ergänzend die aktuellen Tagestermine.

Tipp

Ihr Planer für den täglichen Gebrauch kann, wenn er groß genug ist (z. B. DIN A5), identisch sein mit der Kladde, die wir eingangs empfohlen haben. Im gut sortierten Fachhandel (Papeterie) können Sie zwischen einer großen Auswahl von schön gestalteten farbigen Timern oder Planern wählen, die sich gleichzeitig als Notizbuch eignen.

Dann brauchen Sie noch einen Zeichenblock im DIN-A3-Format. Die großen Blätter bieten Platz, um die Tagesstruktur gut sichtbar für alle, insbesondere für die Eltern und für Sie, aufzuhängen. Natürlich können Sie statt der empfohlenen Materialien auch Dateien im Computer anlegen. Das kommt ganz darauf an, was Ihnen eher liegt.

Ihr Vorteil: Die Übersicht zu bewahren über das Jahr, die Monate, Wochen und den einzelnen Tag, gibt ein sicheres und gutes Gefühl. Sie erkennen beizeiten, wo sich Termine drängen, und können entscheiden, ob Sie frühzeitig einen Termin absagen, keine neuen mehr annehmen oder hinter eine stressige Zeit gezielt eine ruhige Phase planen. Sie werden ebenso leicht feststellen können, ob Sie für ein Vorhaben zu viel oder zu wenig Zeit kalkuliert haben, und dies verändern. Planungshoheit zu behalten macht selbstbewusst und kompetent.

Tipp

Beginnen oder beenden Sie Ihren Tag, in dem Sie Ihren Kalender kontrollieren und ergänzen bzw. aktualisieren.

Wenn Sie eine Person sind, die gerne mit Plänen arbeitet, bereitet es Ihnen sicher Freude, Ihrem Tag mit den Tageskindern eine Struktur zu geben. Entsprechend detailliert werden Sie planen. Bereitet Ihnen die Vorstellung, sich anhand eines Planes durch den Tag zu bewegen, eher Unbehagen, dann halten Sie nur die nötigsten Strukturelemente fest. Dazu gehören Abhol- und Bringzeiten, Mahlzeiten, Ruhephasen, Aufräumen, die eigenen Pausen.

Ihren Tagesablauf hat Tagesmutter Claudia Dilly auf ihre Website gestellt. Sie schreibt:

„Mein Tagesablauf richtet sich individuell nach den Bedürfnissen der Kinder. Für die Kinder, die früh gebracht werden oder noch sehr klein sind, soll z. B. die Möglichkeit bestehen, noch ein Kurzschläfchen zu halten. Ein geregelter Tagesablauf und wöchentliche Rituale helfen den Kindern sich leichter zu orientieren und wohl zufühlen.

Den Tag beginnen wir nach der Begrüßung mit einem Lied.

8:00 Uhr
gemeinsames Frühstück, die kleinen Kinder werden gefüttert während die größeren selbstständig essen um auch hier die Motorik zu fördern.

9:00 Uhr
Diese Stunde wird genutzt um die Kinder gezielt, altersgerecht und individuell durch Bildung und Erziehung zu fördern.

10:00 Uhr
Die tägliche Bewegung an der frischen Luft ist ebenso wichtig wie eine gesunde Ernährung. Bei schönem Wetter sind wir in unserem Garten, wo uns auch Tagesmütter mit ihren Kindern besuchen. Bei schlechtem Wetter bieten sich unsere Spiele und Bastelräume in unserem ausgebauten

Souterrain an, wo gelesen, gespielt, gematscht und Musik gehört wird. Tägliche Fingerspiele und puzzeln gehören ebenfalls dazu.

11:45 Uhr
Vorbereitung zum Mittagessen, umziehen waschen.... Das Mittagessen wird gemeinsam eingenommen, anschließend Zähne putzen und wickeln.

12:30 Uhr
Die Kinder halten nun ihren wohlverdienten Mittagsschlaf. In dieser Zeit räume ich auf und mache eine Pause.

14:00 - 14:30 Uhr
Die Kinder wachen auf oder werden geweckt. Dann fertig machen zum Abholen oder freies spielen. Je nach vereinbarter Abholzeit gibt es noch eine Vesper/Obst

Die Betreuungszeiten richten sich nach dem Bedarf der einzelnen Familien."
(Claudia Dilly, abgerufen unter: www.tagesmutter-duesseldorf.com, 2011)

2.8.2 Wie gehen Sie mit Zeit um?

„Es ist nicht zu wenig Zeit, die wir haben, sondern zu viel Zeit, die wir nicht nützen", ließ bereits der römische Philosoph Seneca seine Zeitgenossen wissen. Wir sollten ergänzen: Aber jeder Mensch hat gute Gründe dafür, warum er Zeit ungenutzt verstreichen lässt. Manch ein Mensch erholt sich nun einmal beim Trödeln besser als ein anderer, der nach einer ressourcensparenden Zeiteinteilung seiner Arbeit zwar eine halbe Stunde Freizeit herausgeholt hat, aber in diesen kostbaren 30 Minuten nicht so schnell von Power auf Pause umschalten kann. Was würden Sie bevorzugen?

Aufgabe

Nehmen Sie sich Zeit, auch mehrere Tage, und fragen Sie sich: Welcher Typ bin ich?

Sind Sie der Last-Minute-Typ, der gerne alles auf den letzten Drücker macht und sich freut, es doch noch geschafft zu haben?

Oder sind Sie der Managerinnen-Typ, der alles im Griff hat und auch gerne von anderen gebeten wird, etwas zu organisieren?

Fühlen Sie sich in der Rolle des „Kümmerers" wohl, der vieles an sich zieht, sich für alles verantwortlich zeigt und den man auch nach 22 Uhr gerne noch anrufen darf?

Schwimmen Sie gerne gemütlich im Fahrwasser von anderen mit oder lassen sich durch den Tag treiben?

Oder gehören Sie zu den „Ich-kann-nicht-nein-sagen-Typen", die sich einfach schlecht fühlen, wenn sie jemandem eine Bitte abschlagen?

Ungeliebtes Verhalten hat auch Vorteile

Ganz gleich, wie Ihre Antwort ausgefallen ist oder noch ausfallen wird, wichtig ist: Sind Sie mit Ihrem „Typ“ zufrieden oder möchten Sie etwas ändern? Trauen Sie sich, mit sich und Ihrer eigenen Art zufrieden zu sein! Zeitmanagement ist keine Therapie. Wenn es Ihr innerstes Bedürfnis ist, sich um alles zu kümmern, wenn Sie schlecht gelaunt sind, sobald man Sie aus Ihrer Gemütlichkeit vertreiben will oder wenn Sie nach jedem „Nein“ schlaflose Nächte verbringen, dann klären Sie in Ruhe ab, ob es sich für Sie lohnt, einem vermeintlich effektiven Zeitoptimierungsideal nachzueifern. Bedenken Sie: Ein Verhalten zu ändern, ist kontinuierliche Arbeit an sich selbst und kostet Kraft – und Zeit.

Werden Sie sich darüber klar, dass Ihr Umgang mit Zeit, welchen Sie ändern möchten, bisher seine Vorteile gehabt hat. Möglicherweise waren Ihnen diese bisher nicht bewusst. Ein ewig zu spät kommender Zeitgenosse hat zum Beispiel Macht, denn andere müssen auf ihn warten. Die leicht chaotische Tagesmutter im Seminar bekommt vielleicht freundliche Zuwendung, wenn sie zum wiederholten Male berichtet, dass ihr alles über den Kopf wächst. Und wer lieber gemütlich durch den Tag schlendert, hat zwar am Abend nicht alles geschafft, was er sich vorgenommen hat, aber dafür mit fast allen Eltern einen Plausch gehalten. Also: Je besser Sie sich kennen, umso selbstbewusster können Sie das eine oder andere tatsächlich verändern und anderes so lassen, wie es ist.

Merksatz
Viele gute Vorsätze stehen einander eher im Weg. Konzentrieren Sie sich lieber auf eine konkrete Sache und verfolgen Sie diese dafür konsequent.

Planen Sie schriftlich

Wenn Sie etwas ändern wollen, dann überlegen Sie: Verspüren Sie einen starken Leidensdruck, etwa weil Sie sich ausgelaugt und müde fühlen und schlecht schlafen können? Dann stellt sich die Frage, ob Ihnen Selbstmanagement-Methoden helfen können. Möglicherweise sind Sie zunächst bei einer Ärztin bzw. einem Arzt, einem Coach oder einer Therapeutin bzw. einem Therapeuten besser aufgehoben.

Oder möchten Sie ein bestimmtes Verhalten optimieren, zum Beispiel den Tag entspannter beginnen? Machen Sie sich Notizen:

Aufgabe

Notieren Sie ganz unten auf einer neuen Seite Ihr Wunschziel. Markieren Sie dies zum Beispiel mit einem Textmarker.

Darüber formulieren Sie die Teilziele, die Sie Ihrem Wunsch Stück für Stück näher bringen.

Ganz oben zu Beginn der Seite formulieren Sie Ihren ersten Schritt.

Geben Sie sich selbst für jedes Teilziel einen bestimmten Zeitrahmen vor und überprüfen Sie im Alltag, ob Sie mit dem Ergebnis des Zwischenschritts zufrieden sind, bevor Sie das nächste Teilziel angehen. Wenn Sie nicht zufrieden sind, dann verlängern Sie die Zeit für Ihr Teilziel.

Ihr Vorteil einer schriftlichen Planung: Was schwarz auf weiß vor Ihnen liegt, ist überschaubar. Gute Ideen im Kopf können verwirren, wenn Sie sowieso schon viel zu tun haben. Eine schriftliche Ausarbeitung ist zudem für Sie selbst ein gutes Indiz für die Ernsthaftigkeit Ihres Vorhabens. Vorsätze im Kopf können flüchtig bleiben. Und nicht zuletzt: Aufgeschriebenes motiviert, die Dinge, die Sie sich vorgenommen haben, auf den Weg zu bringen.

Merksatz

Beachten Sie, wenn Sie Ihre Wünsche zur Organisations- und Zeitplanung formulieren, folgende Regeln:

1. ***Schreiben Sie positiv und aktiv.***
2. ***Formulieren Sie konkrete Situationen.***
3. ***Planen Sie Teilziele.***
4. ***Belohnen Sie sich, wenn Sie ein Teilziel erreicht haben.***
5. ***Planen Sie ausreichend Zeit für die Umsetzung ein. Beachten Sie, dass es mehrere Wochen dauern kann, bis sich ein gewohntes und vertrautes Verhalten durch ein erwünschtes, aber noch ungewohntes ersetzen lässt.***

Widerstehen Sie der Versuchung, ins Grundsätzliche zu verfallen. Nehmen Sie sich nicht vor „Ich muss unbedingt gelassener werden" oder „Ich sollte geduldiger mit den Eltern sein". Schauen Sie genau hin: Wann sind Sie nicht gelassen, welche Situationen sind das? Wie genau verhalten Sie sich, wenn Sie nicht gelassen sind? Oder: Sind Sie mit allen Eltern ungeduldig? Bei allen Fragen? In jeder Situation?

Eine weitere Frage: Können Sie das, was Sie verändern wollen, selbst in die Hand nehmen, oder brauchen Sie Unterstützung?

Aufgabe

Notieren Sie, was Sie selbst konkret verändern können und wie Sie dies umsetzen wollen. Schreiben Sie zum Beispiel: Am Wochenende entwerfe ich einen Speiseplan für die Woche, damit ich nicht jeden Abend noch schnell überlege, was ich am nächsten Tag koche. Vorher kaufe ich mir ein Kochbuch für Kindermahlzeiten, entwerfe die Einkaufsliste und lege einen Einkaufstag fest.

Schreiben Sie ebenso konkret wie möglich auf, wobei Sie von wem unterstützt werden möchten. Formulieren Sie zum Beispiel: Ich brauche Hilfe im Haushalt. Mit meiner Familie bespreche ich, ob wir uns eine Putzhilfe leisten möchten. Oder: Am Wochenende möchte ich nicht für alle Mahlzeiten zuständig sein. Ich frage meinen Mann und meine Kinder, wie wir uns bei Planung und Zubereitung der Mahlzeiten abwechseln können. Oder auch: Für die ganze Kocherei belohne ich mich am Wochenende und lasse eine Pizza kommen oder gehe gemütlich essen.

Sich selbst ernst nehmen: jonglieren statt zu jammern

Organisations- und Zeitmanagement sind beeindruckende Begriffe. Sie klingen nach großen Unternehmen, komplexen Projekten, Zeiterfassungsbögen, To-do-Listen und muten sehr bedeutend an. Hängen wir das Thema für uns ein paar Stufen niedriger, dahin, wo es hingehört, in den ganz normalen Alltag der Tagespflege. Und hier hat Organisations- und Zeitmanagement vor allem etwas damit zu tun, die Bedürfnisse der Kinder, die Erwartungen der Eltern, der eigenen Familie und die persönlichen Wünsche „unter einen Hut" zu bekommen. Um die Bedürfnisse der anderen in den Blick nehmen zu können, ohne sich irgendwann darüber zu beklagen, müssen Sie Ihre eigenen Bedürfnisse kennen, ihre Bedeutung abschätzen, Prioritäten setzen und sich für sich selbst einsetzen.

Ordnung zum Beispiel ist ein Parade-Thema. Die einen stört herumliegendes Spielzeug nicht. Ganz im Gegenteil, das sei lebendig und bunt und mache einen Raum erst wohnlich und sympathisch. Andere können es nicht ertragen, wenn die schöne Vase auf der Kommode mit der einzelnen Orchidee nicht mehr zur Geltung kommt, weil sich drum herum Mützen, Schals und Handschuhe stapeln. Beide Haltungen sind okay. Es kommt drauf an, dass Sie Ihre Haltung kennen, bewusst wahrnehmen und konkretisieren, etwa so: Chaos auf dem Boden macht mir nichts, aber die Kommode im Flur und der Tisch in der Küche müssen frei bleiben. Probieren Sie aus, welche Kompromisse möglich sind. Jonglieren statt zu jammern heißt die Devise für alle Veränderungen, es sei denn, das Jammern erfüllt einen bestimmten Zweck.

> ***Beispiel:*** *Tagesmutter Marie war Chefsekretärin in einem pharmazeutischen Unternehmen in Süddeutschland, bevor sie ein Jahr nach der Geburt ihrer Zwillinge ihren Beruf aufgab und sich zur Kindertagespflegeperson qualifizierte. Bei einem Coaching-Termin berichtet sie, dass sie ihr neuer Beruf sehr glücklich mache. Dass sie sich und ihr Leben lebendiger finde, Freude am Umgang mit Kindern und Eltern habe und ihre Entscheidung, Tagesmutter zu werden, nicht bereue. Aber – und dabei druckst sie etwas herum: Sie fühle sich als Frau nicht mehr so attraktiv wie früher. Ihr Mann und ihre Freundinnen reagierten bereits genervt auf ihr Gejammer darüber. Im Laufe des Gespräches schildert Marie, dass sie in ihrem ersten Beruf großen Wert auf Kleidung, Schminke und ihr Aussehen gelegt habe. Inzwischen hätte sie die Termine bei der Kosmetikerin aufgegeben, morgens springe sie schnell in Jeans und T-Shirt oder andere praktische Kleidung und zum regelmäßigen Sport sei sie viel zu müde.*
>
> *Nach dem Coaching-Gespräch machte sich Marie auf die Suche nach einem Kompromiss: Sie nahm ihren Wunsch, gut auszusehen, ernst und überlegte, wie sie dieses Bedürfnis mit ihrem neuen Beruf vereinbaren könnte. Auf Anregung ihrer Coaching-Trainerin erstellte sie eine Prioritätenliste. Marie entschied sich so: 1. Schminken, 2. Kleidung, 3. Sport, 4. Kosmetikerin. Während sie auf die Besuche bei der teuren Kosmetikerin lieber verzichten wollte, begann sie zunächst aufzuschreiben, wo sich Zeitfenster fürs Schminken und für die Auswahl der Kleidung finden lassen könnten. Das Thema Sport, entschied sie, wollte sie erst in einem halben Jahr angehen.*
>
> *In den kommenden Tagen stellte Marie fest, dass ihre erste Lösung, morgens etwas früher aufzustehen, um sich in Ruhe zu schminken, nicht passte. Schon früh morgens „wie aus dem Ei gepellt zu sein" fand sie schon als Sekretärin stressig. Ihre Lösung nach einigen anderen Versuchen: Bevor sie morgens gegen 9.30 Uhr mit den Kindern raus ging, plante sie für sich 10 Minuten Pause ein, in der sie mit einem Becher heißen Tees im Bad „verschwand". Die Tür blieb offen, zunächst bestaunten die Kinder ihre Tagesmutter vor dem Spiegel, nach wenigen Tagen war das Ritual Routine und nur noch mäßig spannend.*

Vielleicht haben Sie beim Lesen des Beispiels von Marie gedacht: „Oh nein! Was für ein Frauenbild wird denn da gezeigt? Das ist ja gar nichts für mich.“ Aber möglicherweise haben Sie innerlich geseufzt und überlegt: „Kann ich nachvollziehen. Wenn man ständig mit kleinen Kindern zu tun hat, kommt man kaum noch dazu, auf sich zu achten. Das stört mich auch schon lange.“ Wie auch immer: Entscheidend ist, dass Sie sich auch Wünsche in Ihrer Tätigkeit als Tagesmutter erlauben und umsetzen, die von anderen belächelt werden könnten.

Tipp

Zum Weiterlesen:

Sprenger, Reinhard K.: Die Entscheidung liegt bei dir: Wege aus der alltäglichen Unzufriedenheit. – Frankfurt a. M., Campus, 2004.

Der Autor zeigt, wie man eine aktive Rolle übernimmt, so der alltäglichen Unzufriedenheit entkommt und wieder Kontrolle über sein Leben gewinnt.

2.8.3 Durch Ordnung Zeit gewinnen

Jedes Ding hat seinen Platz. Jede Aufgabe hat ihre Zeit. Erheben Sie diese beiden Sätze zu Glaubenssätzen Ihres Alltags in der Tagespflege. Das klingt für Sie zu einfach? Tatsächlich ist es so, dass Sie mit dem konsequenten Befolgen dieser schlichten Volksweisheiten jeden Alltag gut in den Griff bekommen. Sie können auch andere Weisheiten zitieren, zum Beispiel „Ordnung ist das halbe Leben“. Schöner hat dies natürlich Johann Wolfgang von Goethe gesagt:

„Gebraucht der Zeit, sie geht so schnell von hinnen,
doch Ordnung lehrt Euch Zeit gewinnen.“

Auch den Alltag zu organisieren bedeutet nichts anderes, als Ordnung zu schaffen. Ordnung bezieht sich nicht nur auf Dinge, sondern auch auf Zeit. Zeitliche Ordnung wiederum hilft Ihnen, Zeitfresser ausfindig zu machen.

Die größten Zeitfresser im Alltag sind unklare Vereinbarungen und nicht getroffene Entscheidungen. Dies liegt daran, dass Sie sich immer wieder mit Themen beschäftigen (müssen), die nicht zu Ende gebracht oder gedacht worden sind. Zu Zeitfressern gehören aber auch Eltern, die sich nicht entscheiden können, oder Ämter, die schwer zu erreichen sind oder die keine eindeutige Auskunft geben können. Alle Zeitfresser können sie nicht ausmerzen, aber Sie können einiges dafür tun, dass sich deren Anzahl in Grenzen hält: Seien Sie selber klar in Ihren Entscheidungen und Vereinbarungen.

Zeitfallen können Sie mit Checklisten begegnen. Unter Zeitfallen werden Zeiträume verstanden, die nicht produktiv sind. Zeitfalle klingt negativ; sie ist es auch, wenn sie uns davon abhält, etwas Wichtiges zu erledigen und wenn wir dadurch in Stress geraten oder unzufrieden sind. Nicht selten sind es aber gerade die nicht effektiv verbrachten Minuten, die dazu führen, dass wir uns entspannen. Bleiben Sie kritisch gegenüber der zunehmenden Ökonomisierung des Alltags. Sie entspricht weder dem Leben mit Kindern und deren Bedürfnissen, noch tut sie jedem gut.

Das heißt natürlich nicht, dass Sie sich nicht ein gewisses Handwerkszeug zulegen sollen, um im Alltag das zu erledigen, was ansteht, und den Überblick zu behalten. Leicht anzulegen und einzusetzen sind die bereits erwähnten Checklisten. Legen Sie solche Listen per Hand oder am PC an und orientieren Sie sich dabei an folgenden Fragen:

- Was muss ich heute erledigen?
- Woran muss ich denken?
- Auf welche Rückmeldung warte ich?
- Was kann ich delegieren (wen kann ich um etwas bitten)?

In Management-Seminaren empfiehlt man Ihnen, Ihre Checkliste nach Prioritäten zu sortieren. Dass weniger Wichtiges an den Schluss der Liste gehört, versteht sich von selbst. Schwieriger ist es, zwischen wichtig und dringend zu unterscheiden. Dringend bedeutet, etwas muss sofort oder kann nur in einer bestimmten Zeit erledigt werden, es ist zeitlich gebunden. Wichtiges verträgt ebenfalls keinen oder nur einen begrenzten Aufschub, kann aber im Laufe des Tages erledigt werden, weil es zeitlich nicht so eng gebunden ist.

> ***Beispiel:*** *Den Handwerker, der die Toilette repariert, müssen Sie morgens erwischen, bevor er zu Kunden aufbricht, damit er hoffentlich noch im Laufe des Tages vorbeikommen kann. Sich für die Fortbildung anzumelden muss ebenfalls heute erledigt werden, weil der Anmeldeschluss ausläuft, kann aber auch abends mit einer Mail geschehen, wenn Ihnen tagsüber keine Zeit geblieben ist.*

Kontrollieren Sie die Checkliste abends oder am nächsten Morgen (abhaken oder durchstreichen) und übertragen Sie offen Gebliebenes auf den kommenden Tag oder einen passenden Zeitpunkt. Achten Sie darauf, ob Sie bestimmte unangenehme Aufgaben gerne verschieben oder lieber als Erstes erledigen. Überlegen Sie, welcher Zeitpunkt dann der Richtige ist, um dieses Stichwort auf Ihrer Checkliste abzuarbeiten.

Tipp

Legen Sie für wichtige Telefonate, Gespräche mit Ämtern, Ärzten oder (neuen) Eltern ebenfalls kleine Checklisten an. Nichts ist lästiger, als wegen einer vergessenen Frage oder eines unverständlichen Zusammenhanges noch einmal neu das Gespräch suchen zu müssen. Deponieren Sie Schreibblock (oder Zettelkasten) und mehrere funktionstüchtige Schreibgeräte (regelmäßig austauschen) an einer festen Stelle in der Nähe des Telefonanschlusses oder des Aufladegerätes. So können Sie sich während eines Gespräches Notizen machen.

Zwei Glaubenssätze haben Sie bereits kennengelernt, zwei weitere kommen nun hinzu: Legen Sie Pausen fest. Planen Sie Spielräume ein.

2.8.4 Pausen festlegen, Spielräume einplanen

Genießen Sie es auch, wenn in gut geplanten Seminaren spätestens alle 90 Minuten eine Pause angesetzt wird? Regelmäßige Pausen halten uns leistungsfähig und motivieren uns, auch anstrengende oder weniger geliebte Aufgaben auszuführen. Gut, das wissen Sie natürlich. Aber wie können Sie Pausen in den Tagesablauf integrieren und was sind Pausen eigentlich?

Pausen sind Zeiteinheiten, in denen Sie entspannen. Und davon können Sie mehr genießen, als Sie möglicherweise denken. Häufig haben wir ein zu enges Verständnis von Pausen und stellen uns vor, in diesen Zeiteinheiten nichts zu tun. Um zu wissen, wo Sie entspannen, müssen Sie sich gut kennen.

Es gibt Tagesmütter, die entspannen

1. beim Kochen, weil es ihnen Spaß macht,
2. beim Vorlesen, weil sie gerne lesen und sie die Atmosphäre entspannend finden,
3. beim Basteln, weil Basteln einfach „ihr Ding" ist und sie in kreativen Arbeiten aufgehen,
4. beim Spazierengehen, weil sie in an der frischen Luft am besten auftanken können,
5. beim Einkaufen, weil ihnen jeder Schwatz mit Bekannten auf der Straße gut tut,
6. bei einer Tasse Kaffee oder Tee, wenn die Kinder alleine spielen oder schlafen etc.

Aufgabe

Durchforsten Sie Ihren Tagesablauf nach solchen Zeiteinheiten, die Ihnen gut tun, die Sie aber vielleicht bisher nicht als Pausen wahrgenommen haben. Notieren Sie diese und überlegen Sie, wie viel Zeit Sie mit diesen Tätigkeiten verbringen. Beachten Sie dabei: Die subjektive Wahrnehmung und Bewertung von Geschehnissen beeinflusst immer unser Zeitgefühl. Was uns missfällt, zieht sich wie Kaugummi, was wir gerne tun, vergeht wie im Flug.

Wenn Sie Pausen brauchen, in denen Sie nicht angesprochen werden möchten oder in denen Sie einfach einmal wenige Minuten Ruhe brauchen, dann gewöhnen Sie die Kinder an eine (möglichst witzig gestaltete) Eieruhr. Fangen Sie mit ganz kurzen Zeiteinheiten von zwei oder drei Minuten an. Das ist für kleine Kinder schon lang. Länger als zehn Minuten sollte keine Pause dauern.

Wenn Sie am Ende eines Tages häufig das Gefühl haben, durch den Tag gehetzt zu sein, dann kann dies daran liegen, dass es Ihnen schwerfällt, ausreichend große Spielräume einzuplanen für das, was alles getan werden muss. Solche Spielräume sind keine Pausen, sondern legen einen Zeitrahmen fest, in dem eine bestimmte Aufgabe oder Tätigkeit abgeschlossen sein muss.

Aufgaben oder Arbeiten, die wir als unwichtig oder minderwertig ansehen, unterschätzen wir häufig in ihrem Zeitbedarf. Deshalb kommt es oft vor, dass wir für Routinetätigkeiten wie „die Kinder anziehen" oder „Zimmer aufräumen" nicht genug Zeit einplanen und in Bedrängnis kommen. Halten Sie sich an die Faustformel: Für alles, was ich mit Kindern mache, plane ich doppelt bis dreifach so viel Zeit ein, als wenn ich die gleiche Sache alleine erledigen würde. Sie brauchen für den Gang zum Supermarkt zehn Minuten? Planen Sie eine halbe Stunde ein, wenn Sie mit einer kleinen Rasselbande losziehen. Den Tisch zu decken geht alleine ruckzuck? Rechnen Sie damit, dass Tischdecken für kleine Hände ein Abenteuer ist, welches gerne ausgedehnt wird. Da „Tischdecken" zudem ein Lernprozess ist, sollte er von Ihnen angemessen gewürdigt und beachtet werden. Und schon sind 15 Minuten vergangen.

Eines möchten wir Ihnen noch ans Herz legen: Drängen und hetzen Sie Kinder so selten wie möglich. Sich beeilen und Termine beachten müssen Kindern noch früh genug. Lassen Sie lieber das eine oder andere, was Sie sich im Stillen vorgenommen haben, ausfallen. Gerade wenn Sie am Beginn Ihrer Tätigkeit als Tagesmutter stehen und Ihnen die Tagesroutine noch fehlt, sollte Ihre Zeitplanung sehr großzügig ausfallen. Jeder Käfer, der über den Weg krabbelt, sollte ausgiebig bestaunt werden dürfen, auch wenn in dieser Zeit der Bus vor der Nase wegfährt. Als umsichtige Tagesmutter hatten Sie sowieso für den Rückweg die dreifache Zeit eingeplant …

Ihre Merksätze

1. ***Jedes Ding hat seinen Platz.***
2. ***Jede Aufgabe hat ihre Zeit.***
3. ***Legen Sie Pausen fest.***
4. ***Planen Sie Spielräume ein.***

Tipp

Zum Weiterlesen:

Watzke-Otte, Susanne: Selbstmanagement. Erfolgsfaktoren beachten und systematisch nutzen. 3. Auflage, Berlin, Cornelsen Verlag Scriptor, 2008

Die Leserinnen erfahren in diesem Büchlein, wie sich gutes Selbstmanagement durch bewussten und zielstrebigen Einsatz persönlicher Fähigkeiten entwickeln lässt. Wichtige Bausteine sind Motivation, Reflexion eines Selbstkonzepts, Flexibilität, Kreativität, Organisation und Ordnung, Lernen, Stressbewältigung und auch bewusst auf Entspannung und Freude zu achten.

Geisselhart, R./Hofmann-Burkart, C.: Stress ade. Die besten Entspannungstechniken. München, Haufe, 2009

Hier erfahren Sie, wo Ihre Stressoren liegen, welcher Art sie sind und wie Sie sie in den Griff bekommen.

B Das Kind in der Kindertagespflege

1 Entwicklungspsychologische Aspekte von Kindern zwischen 0 und 4 Jahren

2 Die Bedeutung von Bindung in der Kindertagespflege

3 Bildung und Erziehung in den ersten vier Lebensjahren

4 Der Bildungsauftrag

5 Beobachten und Dokumentieren

Nachdem Sie sich bisher umfassend mit den Wurzeln der Kindertagespflege, den Arbeitsbedingungen und mit Ihren persönlichen Voraussetzungen für diesen Beruf befasst haben, wenden wir uns nun dem Mittelpunkt Ihrer Berufstätigkeit zu: dem Kind. Auf den folgenden Seiten führen wir Sie in die Entwicklung des Kindes ein, betrachten seine Reifungsprozesse und stellen wichtige Theorien und wissenschaftliche Betrachtungen vor.

1 Entwicklungspsychologische Aspekte von Kindern zwischen 0 und 4 Jahren

Von Matthias Brüll

In diesem Kapitel werden einige wichtige entwicklungspsychologische Aspekte im Aufwachsen von Säuglingen und Kleinkindern besprochen. Die Darstellung erfolgt getrennt für verschiedene Entwicklungsbereiche. Dabei sollte man sich jedoch darüber bewusst sein, dass eine solche Trennung in einzelne „Bereiche" immer etwas Künstliches hat und vorrangig der besseren Wissensvermittlung dient. Entwicklungsfortschritte bedingen sich gegenseitig und lassen sich oft nur schwer einem bestimmten „Bereich" eindeutig zuordnen, da die Übergänge meist fließend sind. Die einzelnen Entwicklungsbereiche sind also eng miteinander verwoben und verknüpft.

Relativ einfach nachzuvollziehen ist beispielsweise die Tatsache, dass das Lernen der Muttersprache ganz entscheidend von der Entwicklung des Hörsinnes abhängt. Nicht ganz so offensichtlich ist dagegen, dass die Entwicklung der Bewegungsfähigkeit und des Denkens stark von einem normalen Sehsinn abhängen. So zeigen Kinder mit starken Sehstörungen im Vergleich zu Altersgenossen mit weniger schweren Sehschäden in allen Aspekten der Entwicklung Verzögerungen, insbesondere auch bei Funktionen, die die Bewegung und das Denken betreffen (vgl. Hatton u. a., 1997, S. 788 ff.).

> **Beispiel:** *Früh wurde erkannt, dass Sophia eine schwere Sehstörung aufwies. Trotz Frühförderung konnte sie mit 21 Monaten noch immer nicht laufen. Auch zu krabbeln hatte sie erst mit 14 Monaten begonnen. Mit einer professionellen Begleitung der Eltern durch das aus Ärzten, Psychologen, Logopäden, Physio- und Ergotherapeuten bestehende Frühförderteam und insbesondere durch die vielen sprachlichen Anregungen sowie die emotionale Wärme, die Sophia durch ihre Eltern erfuhr, gelang es ihr aber nach und nach, ihre Sehstörung zu kompensieren. Sophia ist mittlerweile 20 Jahre alt und führt ein selbstständiges Leben.*

Zusätzlich sei noch ein Hinweis zu den Altersangaben gegeben, die man auf den folgenden Seiten dieses Kapitels finden wird. Da es zwischen Kindern zum Teil zu großen Unterschieden nicht nur in der Geschwindigkeit, sondern auch in der Abfolge von Entwicklungen kommt, sind alle Altersangaben lediglich als grobe Richtwerte zu interpretieren. Weichen Kinder *erheblich* von diesen Richtwerten ab, sollte man vorsichtshalber einen Fachmann oder eine Fachfrau zurate ziehen. Des Weiteren möchten wir darauf hinweisen, dass im Rahmen unseres Lehrbuches nur ein Ausschnitt des mittlerweile umfassenden Wissens über die kindliche Entwicklung bis zum Alter von vier Jahren vermittelt werden kann.

Tipp

Zum Weiterlesen:
Berk, Laura E.: Entwicklungspsychologie, 3., aktualisierte Auflage, übersetzt von Eva Aralikatti, München, Pearson Studium, 2005.

Dieses über 1000 Seiten starke Lehrbuch deckt den Bereich der gesamten Lebensspanne ab, behandelt jedoch auf 200 bis 300 Seiten speziell entwicklungspsychologische Erkenntnisse im Altersbereich von 0 bis 4 Jahren. Auch die anderen Kapitel des Buchs sind mit Gewinn zu lesen, da man dabei viel über sich selbst und seine eigene Entwicklung erfahren kann. Das Lehrbuch ist insgesamt so verständlich geschrieben, dass es auch von interessierten Laien leicht gelesen werden kann. Fachwörter werden stets eingeführt und die Inhalte werden durch viele Beispiele und Fallgeschichten lebhaft und anschaulich dargestellt, sodass eine Übertragung des Gelesenen in den praktischen (Kindertagespflege-)Alltag leicht gemacht wird.

1.1 Gehirnentwicklung

Man sagt oft, das Gehirn sei die komplexeste Struktur im ganzen Universum. Egal, ob das nun stimmt oder nicht, so ist es auf alle Fälle ein höchst interessanter Teil von uns. Das Gehirn besteht unter anderem aus einer unvorstellbar großen Zahl von 100 bis 200 Billionen Nervenzellen (Neuronen), die dafür zuständig sind, dass wir Informationen übermitteln und abspeichern können. All diese Nervenzellen sind zusätzlich auf sehr komplexe Weise miteinander verbunden, sodass tatsächlich ein äußerst kompliziertes Organ entsteht, dessen Störungen schwerwiegende Konsequenzen haben können (vgl. Exkurs „Hirnfunktionsstörung als ein Erklärungsfaktor für ein trauriges Phänomen").

Exkurs: Hirnfunktionsstörung als ein Erklärungsfaktor für ein trauriges Phänomen

Die wenigsten Tagesmütter werden Säuglinge auch nachts betreuen und damit eher selten persönlich mit dem nachfolgend beschriebenen Phänomen zu tun haben. Das Phänomen ist der sogenannte plötzliche Kindstod. Er trifft etwa eines von 1.000 Babys in Deutschland und gehört hierzulande damit zu den häufigsten Todesursachen im Säuglingsalter überhaupt. Auch wenn Sie als Tagespflegeperson nicht unbedingt damit rechnen müssen, jemals mit diesem Thema direkt konfrontiert zu sein, so ist der plötzliche Säuglingstod doch bei den meisten Eltern einmal ein Thema und es ist daher günstig, auch als Tagespflegeperson etwas Wissen darüber zu besitzen.

Kinder, die davon betroffen sind, werden plötzlich morgens tot in ihrem Bettchen aufgefunden, ohne ernstlich krank gewesen zu sein. Die Todesursache bleibt meist unerklärlich. Die Mehrzahl dieser tragischen Todesfälle (95 %) tritt im Alter zwischen zwei und fünf Monaten in den frühen Morgenstunden während des Schlafs der Kinder auf. Als Ursachen werden heute neben einer gestörten Hirnfunktion und einer besonderen Schwäche bei Risikokindern (z. B. Frühgeborenen) auch Umweltbedingungen angenommen. Beispielsweise stellen das Rauchen während und nach der Schwangerschaft von Mutter und Betreuungspersonen, das Liegen der Kinder in Bauchlage, leichter Schnupfen (wegen der dadurch erschwerten Atmung) oder eine zu warme Umgebungstemperatur Faktoren dar, die die Wahrscheinlichkeit für einen plötzlichen Kindstod erhöhen.

Dementsprechend sollte man darauf achten, dass im Beisein von Schwangeren und Kindern sowie in deren Schlafräumen nicht geraucht wird (dies ist natürlich auch losgelöst vom Phänomen des plötzlichen Kindstodes aus vielfältigen Gründen höchst sinnvoll). Geschätzte 30 % von Todesfällen könnten verhindert werden, wenn Frauen während der Schwangerschaft das Rauchen aufgeben würden. Das Schlafzimmer des Kindes sollte des Weiteren nachts nicht zu warm gehalten werden und die Kinder sollten nicht in zu warme Kleidung oder Decken einpackt werden. Außerdem kann man auf eine Rückenlage bei schlafenden Kindern im Risikoalter achten und auch darauf, dass sie genügend frische Luft während der Nacht bekommen. Hier ist ebenfalls daran zu denken, dass auch ein zu weiches Bettzeug dazu führen kann, dass Kinder nicht mehr richtig Luft bekommen und ihre eigene ausgestoßene (sauerstoffarme) Luft einatmen (vgl. Berk, 2005; Rauh, 2008).

Als „3-R-Faustregel" zusammengefasst lassen sich die drei wichtigsten Regeln zur Vorbeugung des plötzlichen Säuglingstodes wie folgt merken: Rückenlage – rauchfrei – richtig gebettet (vgl. BZgA, 2010).

1.1.1 Auf- und Abbau von Nervenverbindungen sowie Myelinisierung der Nervenzellen

Um die *komplexe Verschaltung* des Erwachsenengehirns aufzubauen, sind zwei Vorgänge sehr wichtig. Zum einen gehen Nervenzellen während der Hirnentwicklung Verbindungen (Synapsen) mit anderen Nervenzellen ein, wobei es nach und nach zu einem ausgedehnten Verbindungssystem kommt. Zum anderen verlieren sich viele Verbindungen auch wieder.

Man kann sich das ganze Gehirn als ein komplexes Netzwerk vorstellen. Für die Ausbildung der Verbindungen zwischen den Nervenzellen ist eine Stimulierung dieser Zellen ganz zentral. Das heißt: Kinder brauchen Anregungen aus der Umwelt, damit sich das Gehirn gut entwickeln kann. Anfangs führt diese Stimulierung zu einem regelrechten Überfluss an Verbindungen zwischen den Zellen. Viele dieser Verbindungen erfüllen die gleiche Funktion und stellen sicher, dass das Kind bestimmte Fähigkeiten erlernt.

Ein zweiter Prozess wirkt dem entgegen. Denn Nervenzellen verlieren auch wieder Verbindungen zueinander, wenn sie selten erregt („benutzt") werden. Durch dieses „Zurechtstutzen" oder „Eindämmen" des Nervensystems werden Zellen, die gerade nicht benötigt werden, in eine Art Ruhezustand versetzt, um in Zukunft für andere Funktionen zur Verfügung zu stehen (vgl. Berk, 2005). Andere Nervenzellen sterben sogar wieder ganz ab.

***Beispiel:** Sie können sich beide beschriebenen Prozesse gut anhand des Bildes eines Straßennetzwerkes verdeutlichen. Im Laufe der Jahre werden nicht nur immer weitere Straßen gebaut und somit die Verbindungen zwischen Orten verbessert, sondern das Straßennetz selbst verändert sich auch: Viel befahrene Straßen werden im Laufe der Zeit ausgebaut, wenig befahrene werden zurückgebaut. So werden aus Landstraßen mit hohem Verkehrsaufkommen mehrspurige Bundesstraßen oder sogar Autobahnen. Straßen, die kaum benutzt werden, werden nach und nach holpriger, bis sie zum Beispiel wieder ganz der Natur überlassen werden und unter einer Grasdecke verschwinden. Beide Prozesse führen zu einem effizienten und gut ausgebauten Straßennetz. Ersetzt man nun „Straßen" mit „Nervenbahnen" und „Straßennetz" mit neuronalem Netzwerk, gewinnt man eine recht gute Vorstellung von den beiden beschriebenen Prozessen des Verschaltungsaufbaus und des Zurechtstutzens von Verschaltungen.*

Neben der Überproduktion und anschließenden Reduktion von Verbindungen ist auch die *Myelinisierung* („Ummantelung") der Nervenfasern für das Ausreifen der Hirnfunktionen sehr bedeutsam. Stellen Sie sich diese „Ummantelung" als Isolierung wie bei einem Stromkabel vor. Ohne die Isolierungsschicht würde es bei benachbarten Kabeln in einem Stromnetz schnell zu Kurzschlüssen und Fehlern im Stromfluss kommen. Die Ausbildung dieser Nervenummantelung ermöglicht nicht nur eine fehlerfreie, sondern vor allen Dingen eine deutlich schnellere Weiterleitung von Informationen, als dies ohne die Isolierschicht möglich wäre. Ohne diese Myelinisierung im Gehirn würden Informationsverarbeitungsprozesse also sehr viel langsamer ablaufen, insbesondere würde dies die Großhirnrinde mit ihren vielen Verbindungen betreffen und viele komplexe Denkleistungen unmöglich machen. Auf den Begriff der Großhirnrinde wird nun im Folgenden eingegangen.

1.1.2 Entwicklung verschiedener Hirnareale

Das Gehirn lässt sich anhand bestimmter Kriterien in abgrenzbare Teile bzw. Areale unterteilen. Ein sehr wichtiger Teil des Gehirns ist die *Großhirnrinde* (zerebraler Kortex), die für viele Funktionen verantwortlich ist, welche man gemeinhin als typisch menschlich betrachtet (z. B. moralisches Urteilen, vorausschauendes Planen und Handeln, Sprache und einiges mehr).

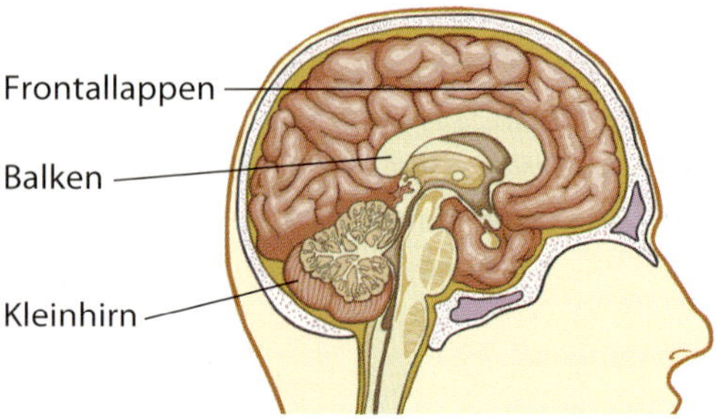

Sie umgibt das übrige Gehirn und sorgt für sein typisches Aussehen, welches einer halb geschälten Walnuss ähnelt. Bei der Großhirnrinde handelt es sich um die größte und kompliziertesten Hirnstruktur. Sie macht 85 % des gesamten Hirngewichts aus und enthält die größte Anzahl von Nervenzellen und Verbindungen. Ihre Entwicklung dauert am längsten, deshalb wird angenommen, dass dieser Bereich für Umwelteinflüsse wesentlich länger empfänglich bleibt als jeder andere (vgl. Berk, 2005). Im Folgenden werden wir uns diesem Bereich daher näher widmen.

Die Großhirnrinde lässt sich in einige kleinere Bereiche gliedern. Die Abfolge, in der sich diese Bereiche entwickeln, hängt mit der Reihenfolge zusammen, mit der bestimmte Fähigkeiten im Laufe des Heranwachsens des Kindes entwickelt werden. Im ersten Lebensjahr lässt sich beispielsweise ein rascher Wachstumsschub an Nervenzellverbindungen in den Bereichen feststellen, die für das Hören und Sehen verantwortlich sind; ebenso nehmen in dieser Zeit die Hör- und Sehfähigkeiten des Kleinkindes zu. Hirnareale, die mit der Sprache zu tun haben, weisen beim Säugling und Kleinkind ebenfalls ein rasantes Wachstum auf; dies ist die Zeit, in der die Sprachentwicklung am schnellsten voranschreitet (vgl. Berk, 2005).

Ein Bereich, der sich spät entwickelt, ist der sogenannte *Frontallappen.* Seine Entwicklung dauert bis ins Jugendalter an. Da der Frontallappen wesentlich für das Denken ist – insbesondere für das Bewusstsein (z. B. um sich selbst in einem Spiegel zu erkennen), die Impulshemmung (z. B. um ruhig an einem Tisch sitzen zu bleiben, obwohl man gerne aufspringen möchte) sowie für die Verhaltensregulation durch bewusstes Planen (z. B. wenn man nach einem bestimmten Plan auf Ostereiersuche gehen will) – überrascht es nicht, dass viele Dinge Kindern noch große Probleme bereiten, die für uns Erwachsene eine Selbstverständlichkeit sind. Ein Grund hierfür liegt in den noch nicht ausgereiften Großhirnbereichen.

Ein anderer wichtiger Bereich des Gehirns ist das *Kleinhirn* (Cerebellum), welches sich an der Rückseite und Basis von ihm befindet und entscheidend für das Gleichgewicht und die Kontrolle von Körperbewegungen ist. Im Kleinhirn beginnt die Ummantelung (Myelinisierung) der Nervenzellen zwar mit der Geburt, dauert dort aber bis ins vierte Lebensjahr an (vgl. Berk, 2005). Das ist ein wesentlicher Grund, warum sich bis zum Alter von vier Jahren dramatische Zuwächse in der Bewegungskontrolle ergeben. Kinder können dann beispielsweise auf einem Bein hüpfen, springen, schaukeln oder einen Ball werfen. Für all diese Fähigkeiten ist die Myelinisierung des Kleinhirns mit verantwortlich.

Der sogenannte *Balken* ist eine weitere bedeutsame Hirnstruktur. Er ist ein großes Bündel von Nervenfasern, welches die beiden

Hirnhälften (siehe Exkurs „Kreatives rechtes Hirn und logisches linkes Hirn?") miteinander verbindet. Die Ummantelung der Nervenzellen des Balkens beginnt nicht vor Ende des ersten Lebensjahres (vgl. Berk, 2005). Zwischen drei und sechs Jahren kommt es zu einem starken Wachstum des Balkens, welches in einem langsameren Tempo bis ins Jugendalter fortgesetzt wird (vgl. Thompson u.a., 2000). Je schwieriger die Aufgaben sind, die ein Kind bewältigen muss, desto wichtiger ist es, dass beide Hirnhälften bei der Bewältigung zusammenarbeiten und desto mehr ist das Kind auf einen gut funktionierenden Balken angewiesen. Schwierige Aufgaben verlangen meist ein schnelles und wirkungsvolles Zusammenspiel von ganz verschiedenen Aspekten wie Sprache, Gedächtnis, Aufmerksamkeit, Wahrnehmung oder Problemlösen (vgl. Banich, 1998, S. 32 ff.).

Beispiel: *Beim Memo-Spiel spielen gleichzeitig Wahrnehmungs- (ein Kind muss die Bilder erst einmal erkennen) und Gedächtnisprozesse (es muss sich merken, wo die entsprechenden Memo-Karten liegen) eine zentrale Rolle. Wenn Manuel (4) mit seinem großen Bruder Memo spielt, dann fällt seiner Tagesmutter auf, dass er dabei mit seiner Aufmerksamkeit beim Spiel bleiben muss, denn wenn er zum Fenster hinausschaut, bekommt er nicht mit, welche Karte sein Bruder in der Zwischenzeit aufdeckt. Aber Manuel hat offensichtlich noch genügend Aufmerksamkeitsressourcen, um sich mit seinen Bruder Geschichten zu den Bildern auf den Memo-Karten auszudenken.*

Exkurs: Kreatives rechtes Hirn und logisches linkes Hirn?

Wie eine Walnusshälfte besteht die Großhirnrinde aus zwei Hälften. Diese beiden Hälften – eine linke und eine rechte – werden auch Hemisphären genannt. Das menschliche Gehirn hat im Laufe seiner Entstehungsgeschichte eine gewisse „Arbeitsteilung" herausgebildet. Das heißt, manche Aufgaben werden vorwiegend von der einen Hirnhälfte übernommen, andere von der zweiten. Diese Spezialisierung nennt man Lateralisierung. Bei den meisten Menschen sind beispielsweise viele wichtige sprachliche Fähigkeiten (jedoch längst nicht alle) wie auch positive Emotionen in der linken Hemisphäre verankert. Die rechte Hirnhälfte ist zumeist verantwortlich für räumliche Fähigkeiten (z. B. das Abschätzen von Entfernungen, das Lesen von Landkarten oder das Erkennen von geometrischen Formen) sowie für negative Emotionen wie etwa Ärger. Forschungsergebnisse deuten außerdem darauf hin, dass die linke Hirnhälfte Informationen eher auf eine sequenzielle, analytische Art und Weise verarbeitet – das heißt also Stück für Stück. Das ist zum Beispiel bei der Sprachverarbeitung sehr hilfreich. Die rechte Hemisphäre ist dagegen auf eine ganzheitliche integrative Informationsverarbeitung spezialisiert. Dies ist beispielsweise für das Zuordnen räumlicher Informationen ideal (vgl. Banich/Heller, 1998; Demaree u. a., 2005). Obwohl das Gehirn sich also durchaus in verschiedenen Bereichen spezialisiert hat, sind doch zu vereinfachende Bezeichnungen wie das „kreative" rechte Hirn und das „logische" linke Hirn im Grunde falsch. Sie sind zwar eingängige Slogans, werden der Komplexität des Gehirns aber bei Weitem nicht gerecht und sollten daher mit großer Vorsicht gebraucht werden.

1.2 Körperliche und motorische Entwicklung

Schon bevor die werdende Mutter davon Notiz nehmen kann, ist ein ungeborenes Kind sehr aktiv. Zunächst sind es Zuckungen und Massenbewegungen, bald aber auch selbständige Arm- und Beinbewegungen oder sogar Purzelbäume. Ab der 10. Schwangerschaftswoche werden Atembewegungen und Berührungen des Gesichts mit der Hand beobachtet, ab der 12. Woche Saugen und Schlucken. In der 12. bis 16. Woche tauchen Räkeln, Strecken und Gähnen in der gleichen Art und Weise auf, wie auch Erwachsene sie zeigen (vgl. Rauh, 2008).

Kommt das Kind schließlich zur Welt, wird sein körperlicher Reifezustand meist mithilfe des sogenannten *Apgar-Werts* anhand verschiedener Kriterien beurteilt. Um sich die relevanten Kriterien des Apgar-Werts zu merken, hat sich im Deutschen der Merkspruch **A**tmung, **P**uls, **G**rundtonus (Muskelspannung), **A**ussehen und **R**eflexe herausgebildet. Die Merkmale werden jeweils eine, fünf und zehn Minuten nach der Geburt mit 0, 1 oder 2 Punkten bewertet und daraus wird eine Summe gebildet. Je höher dieser Summenwert, desto „reifer" bzw. „gesünder" ist das Kind.

Reflexe

Reflexe – also angeborene automatische Reaktionen auf eine bestimmte Art von Stimulation – bilden demnach eine wichtige Fähigkeit des Neugeborenen. Die folgende Tabelle gibt einige Reflexe bei Neugeborenen und deren Funktionen wieder. Manche Reflexe sichern das Überleben des Säuglings; zu ihnen gehört etwa der Suchreflex, der dem Kind hilft, die mütterliche Brustwarze zu finden. Andere Reflexe bilden die Grundlage für sich später entwickelnde komplexe motorische Fähigkeiten (Motorik = Bewegungsvorgänge). Schwache oder fehlende, zu heftige und übertriebene Reflexe sowie solche, die über einen bestimmten Entwicklungszeitpunkt hinweg fortbestehen und nicht verschwinden, können einen Hirnschaden signalisieren und sind deswegen als Warnhinweis zu verstehen (vgl. Flehming, 2007).

Reflex	Stimulation	Reaktion	Auftreten im Alter von	Funktion
Augenblinzeln	helles Licht den Augen nähern oder nahe am Kopf in die Hände klatschen	schließt sehr schnell die Augen	permanent	schützt vor starker Reizung
Wegziehen	Fußsohlen mit Nadel spürbar berühren	zieht Fuß zurück mit Beugung von Knie und Hüfte	schwächt sich nach etwa 10 Tagen ab	schützt vor unangenehmen Berührungen
Suchen	Wange nahe am Mundwinkel streichen	Kopf dreht sich zur Quelle der Stimulation (z. B. dem Finger)	etwa 3 Wochen	hilft dem Säugling, die Brustwarze zu finden
Saugen	Finger in den Mund des Säuglings stecken	saugt rhythmisch am Finger	wird nach ca. 4 Wochen durch freies Saugen ersetzt	nutzt dem Füttern

Reflex	Stimulation	Reaktion	Auftreten im Alter von	Funktion
Schwimmen	Baby mit dem Gesicht nach unten in ein Wasserbecken legen	paddelt und macht Schwimmbewegungen	4–6 Monaten	hilft dem Säugling zu überleben, wenn er ins Wasser fällt
Greifen	Finger in die Hand des Säuglings legen und den Handballen pressen	spontanes Greifen der Finger	3–4 Monaten	bereitet auf eigenhändiges Greifen vor
Schreiten	Halten des Säuglings unter den Armen und ihn dann mit den nackten Füßen eine flache Oberfläche berühren lassen	hebt einen Fuß nach dem anderen und „läuft"	2 Monaten bei Kindern, die schnell zunehmen; besteht bei leichten Säuglingen länger fort	bereitet auf das Laufen vor
Babinski[1]	Streichen der Fußsohle vom Zeh bis zur Ferse	Zehen fächern sich auf und krümmen sich, während sich der Fuß dreht	8–12 Monaten	unbekannt

[1]benannt nach dem polnisch-französischen Neurologen Joseph Jules François Félix Babinski (1857–1932)

Reflexe bei Neugeborenen und ihre Funktionen (Berk, 2005, S. 136)

1.2.1 Körperwachstum und Ernährung

Such- und Saugreflex helfen dem Baby, schnell an Größe und Gewicht zuzunehmen. Dabei geht die Größen- und Gewichtszunahme jedoch nicht gleichmäßig vor sich, sondern schubweise (vgl. Thalange u. a., 1996); Eltern beschreiben ihre Kinder am Tag vor einem solchen Schub meist als sehr unruhig und besonders hungrig (vgl. Berk, 2005). Außerdem unterscheiden sich Kinder relativ stark im Wachstumstempo. Das heißt, manche Kinder entwickeln sich hinsichtlich ihrer Körpergröße und ihrer Proportionen schneller als andere. Das Wachstum ist neben Vererbungsfaktoren natürlich auch maßgeblich durch die Ernährung der Kinder beeinflusst. Diese ist zwar zu jedem Zeitpunkt der Entwicklung wichtig, ganz besonders gilt dies jedoch für die ersten beiden Lebensjahre. Dabei beschränkt sich der Einfluss der Ernährung keineswegs nur auf das körperliche Wachstum, sondern ist auch für viele andere Entwicklungsbereiche sehr wichtig. So ist zum Beispiel klar belegt, dass sich lang anhaltende Mangelernährung negativ auf die Intelligenzentwicklung auswirkt (vgl. Preckel/Brüll, 2008). Darüber hinaus benötigen Babys nicht nur ausreichende Nahrung, vielmehr muss es auch die richtige sein.

Muttermilch ist in ihrer Zusammensetzung zumeist besonders gut geeignet, im frühen Säuglingsalter eine optimale Ernährung zu bieten. Sie hat ein ausgeglichenes Verhältnis von Fetten und Proteinen, welches in idealer Weise die Entwicklung des Nervenwachstums unterstützt. Daneben versorgt sie den Säugling mit allen notwendigen Nährstoffen, sodass ein Kind, das gestillt wird, im Normalfall bis zum sechsten Monat keine ergänzende Nahrung benötigt. Außerdem bietet die Muttermilch Schutz gegen Krankheitserreger, stützt das kindliche Immunsystem und beugt durch ihre gute Verdaulichkeit Verstopfungen und Durchfällen vor. Im Gegensatz zu Kindern, die keine Muttermilch erhalten, erleichtert das Stillen schließlich auch den Übergang zu fester Nahrung (vgl. Berk, 2005). Beim Thema Ernährung stellt sich oft die Frage, ob Kinder, die schnell an Gewicht zunehmen, im späteren Alter eher Gefahr laufen, an Übergewicht zu leiden. Tatsächlich lässt sich ein solcher Zusammenhang feststellen (vgl. Stettler u. a., 2002); er ist jedoch gering. Bei den meisten Kindern wächst sich der Babyspeck im Krabbel- und Kleinkindalter aus.

Mit dem Übergang zur frühen Kindheit (ab ca. 2 Jahren) werden manche Kinder unberechenbare und mäkelige Esser. Diese Abnahme des Appetits ist aber meistens normal und lässt sich durch das nun langsamer werdende Wachstum der Kinder erklären. Machen Sie sich deshalb als Tagesmutter nicht allzu große Sorgen, wenn die gegessenen Portionen von Mahlzeit zu Mahlzeit variieren, und beruhigen Sie auch die Eltern. Vorschulkinder gleichen eine Mahlzeit, bei der sie weniger essen, in der Regel mit einer späteren aus, bei der sie mehr essen (siehe Kap. D, 5.7).

Was die Essensvorlieben von Kindern betrifft, so haben Bezugspersonen einen nicht unerheblichen Einfluss. Kinder neigen dazu, die Wahl von Nahrungsmitteln von Menschen nachzuahmen, die sie bewundern – seien es andere Kinder oder Erwachsene. Außerdem erhöht ein wiederholtes Anbieten von Nahrungsmitteln (ohne direkten Druck, sie essen zu müssen) deren Akzeptanz bei den Kindern (vgl. Koivisto Hursti, 1999).

Hinweis
Manche Erwachsene neigen dazu, Kinder zu bestimmten Nahrungsmitteln ermutigen zu wollen, indem sie ihnen beispielsweise sagen: „Iss dein Gemüse auf, dann bekommst du einen Nachtisch." Diese Praxis führt häufig jedoch lediglich dazu, dass Kinder das gesunde Gemüse noch weniger mögen und den Nachtisch dafür umso mehr.

1.2.2 Motorische Entwicklung

Genauso, wie es große Unterschiede im körperlichen Wachstumstempo gibt, unterscheiden sich Kinder auch stark in der Geschwindigkeit, in der ihre motorische Entwicklung fortschreitet. Die Entwicklung der Motorik lässt sich in grobmotorische und feinmotorische Anteile gliedern. Erstere beziehen sich auf das Beherrschen von Handlungen, die dem Kind helfen, sich fortzubewegen, wie beispielsweise Krabbeln, aufrechtes Stehen oder Laufen. Aber auch das Werfen und Fangen von Bällen zählen zur Grobmotorik. Im Gegensatz dazu bezieht sich die Feinmotorik auf die feineren Bewegungen, wie das Greifen oder Zupacken. Einen Überblick über die Entwicklung der Grob- und Feinmotorik gibt die nachfolgende Tabelle.

Alterspanne, in der Kinder üblicherweise über die Fähigkeit verfügen	Motorische Fähigkeit
3 Wochen – 4 Monate	kann den Kopf ohne fremde Hilfe aufrecht halten, wenn man den Säugling aufrichtet
3 Wochen – 4 Monate	kann sich in der Bauchlage selbst mit dem Arm abstützen
3 Wochen – 5 Monate	kann sich aus der Seitenlage auf den Rücken drehen
2–7 Monate	greift nach einem Bauklotz
2–7 Monate	kann sich von der Rückenlage auf die Seite drehen
5–9 Monate	sitzt allein
5–11 Monate	kann krabbeln
5–12 Monate	richtet sich zum Stehen auf
7–15 Monate	spielt „Backe, backe Kuchen"
9–16 Monate	kann alleine stehen
9–17 Monate	läuft ohne Hilfe
10–19 Monate	kann einen Turm aus zwei Bauklötzen bauen
10–21 Monate	kritzelt viel
12–23 Monate	kann ohne Hilfe eine Treppe hinaufklettern
17–30 Monate	kann auf der Stelle hüpfen
16–30 Monate	kann auf Zehenspitzen laufen
2–3 Jahre	Gangart wird rhythmisch; schnelles Gehen wird von Laufen abgelöst; springt, hüpft, wirft und fängt mit steifem Oberkörper; stößt Fahrzeuge (z. B. Dreirad) mit Füßen ab; kann diese ein wenig lenken zieht einfache Kleidungsstücke an und aus; macht lange Reißverschlüsse auf und zu; benutzt erfolgreich einen Löffel
3–4 Jahre	geht Treppen hoch mit wechselnden Füßen und hinunter mit einem führenden Fuß; springt und hüpft mit biegsamem Oberkörper; wirft und fängt mit leichter Beteiligung des Oberkörpers; fängt noch, indem es den Ball gegen den Brustkorb klemmt; tritt und steuert ein Dreirad kann große Knöpfe auf und zu machen; kann ohne Hilfe essen; benutzt eine Schere; kopiert gerade Linien und Kreise; zeichnet erste Bilder von Menschen; malt „Kopffüßler" (Personendarstellungen, bei denen Arme und Beine direkt am Kopf befestigt zu sein scheinen)

Überblick über die Entwicklung der Grob- und Feinmotorik (vgl. Berk, 2005, S. 175/291)

Obwohl es also Unterschiede in der Geschwindigkeit gibt, ist die Abfolge der motorischen Entwicklung doch bei allen Kindern ziemlich gleichförmig. Trotz dieser Gleichförmigkeit darf man jedoch nicht davon ausgehen, dass die Entwicklung motorischer Fähigkeiten einem festgelegten Reifezeitplan folgt. Jede einzelne Fähigkeit ist vielmehr ein Ergebnis von zuvor stattgefundenen motorischen Entwicklungen und trägt zum Fortschritt der darauf folgenden Entwicklungsschritte bei. Nach der sogenannten *dynamischen Systemtheorie* (vgl. Thelen/Bates, 2003) ist jede neue Fertigkeit das Ergebnis folgender Faktoren (vgl. Smith, 2006):

1. fortschreitende Entwicklung des zentralen Nervensystems,
2. Fähigkeiten des Körpers, sich zu bewegen,
3. Ziele, die das Kind verfolgt,
4. Unterstützung, die ein Kind durch seine Umwelt erfährt.

Die Möglichkeit zur Bewegung und eine anregende Umgebung beeinflussen die motorische Entwicklung nachhaltig. Für Kindertagespflegepersonen heißt das: Ein Ausflug auf einen guten Spielplatz, in einen Wald mit vielen Wurzeln und umgefallenen Bäumen oder an einen Bach ist nicht nur wegen der Frischluft förderlich für die kindliche Entwicklung. Dort ergeben sich auch viele interessante und neue Gelegenheiten, die motorischen Fähigkeiten zu trainieren und zu erweitern. In diesem Zusammenhang ist z. B. das Stolpern über eine Baumwurzel kein kleiner „Unfall", sondern eine wichtige Erfahrung.

Mit solchen Ausflügen unterstützen Sie nicht nur die Bewegungsfähigkeit Ihrer Tageskinder, sondern diese wirkt sich auch positiv auf die Entwicklung des Denkens aus. Denn motorische und geistige Entwicklung bedingen sich zu einem bestimmten Grad gegenseitig. Dabei spielt das Greifen für die geistige Entwicklung des Kleinkinds die größte Rolle. Wenn ein Kind nach einem Gegenstand greift, ihn dreht und beobachtet, was geschieht, wenn es ihn wieder loslässt, lernt es dabei ganz unterschiedliche Dinge: wie er aussieht, sich anfühlt, wie er klingt, wenn er zu Boden fällt, wie schnell er das tut und dass er es überhaupt tut. Man kann auch sagen: Das Kind versteht die Welt beim Greifen, es begreift.

Greifentwicklung

Das Greifen und Zupacken beginnt, wie viele andere motorische Fähigkeiten auch, als eine ungerichtete, diffuse Aktivität und entwickelt sich schließlich zu einem Beherrschen feinster Bewegungsabläufe. Nach und nach verflüchtigt sich die schlecht koordinierte Vorform des Greifens des Neugeborenen, der jedoch schon eine biologisch bedingte Auge-Hand-Koordination zugrunde liegt (vgl. Thelen, 2001). Sobald das Kind die nötige Kontrolle über seine Nacken- und Schultermuskulatur besitzt, kann es mit etwa drei Monaten damit beginnen, zielstrebig nach Objekten zu greifen. Dies gelingt ihm bald immer besser. Im siebten Lebensmonat kann das Kind zunehmend beide Arme unabhängig voneinander bewegen. Deshalb kann es nun auch nur einen Arm nach einem Gegenstand ausstrecken, nicht mehr beide Arme (vgl. Fagard/Peze, 1997). Weitere Schritte der Greifentwicklung sind die Fähigkeit, nach bewegten Dingen greifen zu können oder nach Dingen, die die Richtung ändern. Das eigenständige Greifen wird also nach und nach genauer und flexibler. Damit verändert sich auch die Art des Zupackens. Der Greifreflex weicht dem Greifen, dessen Bewegung vom Ellenbogen ausgeht. Zum Ende des ersten Lebensjahrs benutzt das Kind dann den Daumen als Gegenüber der Finger – dies wird auch als „Pinzettengriff" bezeichnet. Das ermöglicht dem Kind nun, Blumen zu pflücken, an Knöpfen zu drehen – oder ein anderes Kind gezielt am Ohr zu ziehen.

Zwischen dem achten und elften Monat werden Greifen und Zupacken gut beherrscht. Die Aufmerksamkeit wendet sich nun von der motorischen Fertigkeit ab. Das Kind kann sich jetzt auf Ereignisse konzentrieren, die zwar mit dem Greifen zu tun haben, aber bei denen Greifen nur noch Mittel zum Zweck und nicht mehr Mittelpunkt der motorischen Anstrengung ist: beispielsweise das Suchen und Finden eines versteckten Spielzeugs (vgl. Berk, 2005). Auch an dieser Stelle wird wieder das Zusammenspiel verschiedener Entwicklungsbereiche deutlich.

> ***Beispiel:*** *Lena (10 Monate) hat ein neues Lieblingsspiel: Tagesmutter Leonie hält einen roten Baustein hoch, legt ihn dann auf den Boden und deckt ein kleines Handtuch darüber. „Nanu, der Baustein ist versteckt. Wo kann er denn nur sein, Lena?" Lena strahlt, krabbelt zum Tuch, zieht es weg und greift nach dem Baustein. Stolz hält sie ihn hoch.*

Zeichnungen als Beleg für Fortschritte in der Feinmotorik

Neben dem verbesserten Greifen werden für Eltern und Tagespflegepersonen Fortschritte in der Feinmotorik vorrangig in zwei Bereichen offensichtlich: erstens in der Pflege des eigenen Körpers und zweitens in den Zeichnungen und Bildern, die das Kind anfertigt. Die künstlerischen Darstellungen von Kindern werden neben dem Ausmaß der feinmotorischen Fähigkeiten wiederum von einer Vielfalt von anderen Faktoren beeinflusst. Unter anderem von den Fortschritten in der Erkenntnis, dass Bilder als Symbole dienen können (welche auch stark mit der Entwicklung von Sprache zu tun haben), und der Zunahme an Planungsfertigkeit und räumlichem Verständnis. Dabei ist interessant, dass sich das Zeichnen typischerweise in einem dreischrittigen Ablauf entwickelt (vgl. Berk 2005).

- Als Erstes fangen die Kinder in unserem Kulturkreis im zweiten Lebensjahr zu kritzeln an. In diesem Entwicklungsschritt nimmt ein 18 Monate altes Mädchen beispielsweise ihre Kreidestifte, springt damit über ein Blatt Papier und erklärt, während sie Punkte macht: „Hase macht hopp-hopp".
- Ab drei Jahren weichen die Kritzeleien ersten Bildern – Formen, die etwas darstellen sollen. Oft passiert das, indem Kinder eine Bewegung mit dem Stift machen und im Anschluss bemerken, dass sie eine erkennbare Form gezeichnet haben. Diese benennen sie dann. Dabei ist ein wichtiger Meilenstein erreicht, wenn Kinder Linien benutzen, die Gegenstände begrenzen. Das macht es Drei- und Vierjährigen möglich, ihre ersten Bilder von Personen zu malen.
- Kleine Kinder haben noch nicht den Anspruch, wirklichkeitsgetreue Darstellungen anzufertigen. Das ändert sich, wenn sich die geistigen und feinmotorischen Fähigkeiten des Kindes weiter ausdifferenzieren. Dann muss ein gemaltes Haus auch wie ein echtes Haus mit Dach, Fenstern und Türen aussehen.

1.3 Kognitive Entwicklung

Unter „kognitiver Entwicklung" versteht man meist die Entwicklung des Denkens in einem umfassenden Sinn. Umfassend heißt, dass darunter so verschiedene Begriffe wie Aufmerksamkeit, Lernen, Gedächtnis, Intelligenz, Einstellungen, Wünsche und vieles andere mehr zusammengefasst werden. Denken in diesem Sinne kann sowohl bewusst als auch unbewusst ablaufen. Im Folgenden beschränken wir uns auf eine sehr gestraffte Darstellung einer der einflussreichsten Theorien, die versuchen, die kindlichen Fortschritte im Denken zu erklären: Piagets Theorie der kognitiven Entwicklung.

1.3.1 Piagets Theorie der kognitiven Entwicklung

Nach dem Schweizer Jean Piaget (1896–1980) gibt es vier Faktoren, die gemeinsam die Entwicklung unseres Denkens beeinflussen (vgl. Woolfolk, 2008, S. 39). Zum einen ist dies die biologische Reifung, also das Entfalten eines genetischen Programms und die damit verbundenen biologischen Veränderungen. Zum anderen ist es die „Aktivität" des Kindes, also sein Ausprobieren, Testen, Beobachten und Erkunden. Drittens spielen soziale Erfahrungen eine wichtige Rolle. Veränderungen im Denken erklärt Piaget in seiner Theorie aber vor allen Dingen durch eine Suche nach einem inneren Gleichgewicht (Äquilibrium), das unter anderem durch das Zusammenwirken der drei erstgenannten Faktoren immer wieder aus dem Gleichgewicht gebracht wird. Bevor dargestellt werden soll, was Piaget genau unter diesem inneren Gleichgewicht versteht, müssen noch zwei seiner Vorannahmen erklärt werden.

Organisation und Anpassung

Piaget ging von zwei Grundtendenzen des Denkens aus: Organisation und Anpassung (Adaptation). Unter dem Begriff der *Organisation* fasst er die angeborene menschliche Tendenz zusammen, Denkprozesse, Erfahrungen und Informationen in psychologische Strukturen zu ordnen. Diese Strukturen dienen dem Verständnis und Wechselspiel zwischen uns und unserer Umwelt. Einfache Strukturen werden neu kombiniert und zusammengestellt, um so ausgefeilte und bessere übergeordnete Strukturen zu bilden. Piaget bezeichnete diese psychologischen Strukturen als *Schemata*.

> **Beispiel:** *In ein Greifschema muss ein Kind all sein Wissen, Verständnis und Können packen, um etwa einen Stoffhasen greifen zu können. Schauen wir uns an, was dabei passiert: Als Erstes muss es ihn erkennen können, dann die Entfernung zwischen sich selbst und dem Hasen einschätzen und schließlich die komplizierte Greifbewegung in all ihren Einzelschritten durchführen. Diese einzelnen Prozesse werden nun sozusagen in einer „Schublade" abgelegt. Wenn das Kind nach einiger Zeit wieder etwas greifen will, muss es nur die eine „Schublade" aufziehen und schon hat es alles zum Greifen notwendige beisammen. Es kann jetzt schnell, zielsicher und ohne groß darüber nachzudenken nach dem Hasen greifen. Solch eine „Schublade" nannte Piaget Schema. Dabei unterschied er zwischen „kleinen" Schubladen für einfache Schemata und „großen" Schubladen, in die der Inhalt vieler kleiner Schubladen zu einer übergeordneten Struktur zusammengepackt wird. In einer dem Greifschema „übergeordneten" Struktur sind zum Beispiel die Schemata für Greifen und Werfen*

zusammengefasst. Das Kind bedient sich dieser „Schublade", wenn es nicht nur nach einem Ball greifen, sondern diesen danach auch werfen möchte.

Unter dem Begriff der *Anpassung* oder Adaptation versteht Piaget die Tendenz, sich an die Umwelt anzupassen. Dabei spielen zwei sich gegenseitig abwechselnde und ergänzende Prozesse eine Rolle: die sogenannte *Assimilation* und die *Akkommodation*.

Assimilation findet statt, wenn Kinder bereits vorhandene Schemata („Schubladen") benutzen, um Neues zu verstehen und in die vorhandene Wissensstruktur (also in den gesamten „Schubladenschrank") einzuordnen. Wenn kein passendes Schema vorliegt, wird bei der Assimilation nach dem Motto verfahren „was nicht passt, wird passend gemacht". Wenn ein Kind beispielsweise schon einen Hund kennt, aber noch nie ein Schaf gesehen hat, ist es nicht selten, dass es angesichts des ungewohnten Vierbeiners voller Begeisterung „Wauwau" sagt. Um die neue Erfahrung „Schaf" verarbeiten zu können, ordnen Kinder sie dem bestehenden Schema „Hund" zu. Und ganz so falsch liegt das Schaf in dieser Schublade ja nicht. Immerhin ist es auch ein Tier mit vier Beinen, einem Schwanz und einem Fell.

Akkommodation findet dagegen statt, wenn ein Kind ein bereits bestehendes Schema anpassen muss, um in einer neuen Situation reagieren zu können. Das Kind würde in diesem Fall also nicht das Schaf dem Hundeschema anpassen, sondern vielmehr ein neues Schema für Schaf bilden und damit den „Schubladenschrank" um eine Schublade erweitern. Wir passen bei der Akkommodation also unser Denken der Umwelt an und bilden neue, angemessene Strukturen, wenn die Informationen nicht einem bestehenden Schema entsprechen.

Zusammenfassung

Kinder – und auch Erwachsene – passen sich ihrer Umwelt an, indem sie entweder vorhandene Schemata zur Hilfe nehmen, wann immer die Schemata zumindest annähernd passen (Assimilation), oder durch Verändern und Neuschaffen von Schemata (Akkommodation). Meistens sind beide Prozesse gefordert, denn selbst bei einem vermeintlich so einfachen und vertrauten Schema wie dem Greifschema ist auch für Erwachsene manchmal noch Akkommodation notwendig: Versuchen Sie einmal, nach einem Gegenstand zu greifen, den Sie nur über einen Spiegel sehen.

Schaffen eines Gleichgewichtszustandes: die Äquilibration

Nachdem nun die Begriffe der Organisation und Adaptation eingeführt wurden, soll nun erklärt werden, was Piaget unter *Äquilibration* verstand. Nach seiner Theorie versucht das kognitive System sowohl die Organisation als auch die Adaptation (mit Assimilation und Akkommodation) in einem komplexen *Gleichgewicht* zu halten. Eigentliche Veränderungen im Denken ergeben sich nach Piaget durch Ausgleichsprozesse bzw. durch die Suche nach einem inneren Gleichgewicht – der Äquilibration. Denn Menschen sind seiner Auffassung nach stets bestrebt, die Angemessenheit ihres Denkens zu überprüfen, um ein inneres Gleichgewicht zu erreichen oder aufrechtzuerhalten.

Ein Gleichgewicht bleibt dann erhalten, wenn wir Informationen aufnehmen und diese mithilfe vorhandener passender Schemata verarbeiten können. Falls uns jedoch kein passendes Schema zur Verfügung steht, gerät unser Gleichgewicht ins Wanken, was wir als unangenehm empfinden. Das motiviert uns, durch Assimilation oder Akkommodation das Ungleichgewicht zu beheben. Dabei spielt auch das Ausmaß des Ungleichgewichts eine Rolle: Ist es zu gering, haben wir kein Interesse, es zu beheben; ist es zu groß, vermeiden wir eine Änderung. Das Ungleichgewicht muss also genau das rechte Maß haben, um uns zu motivieren.

> **Beispiel:** *Stellen Sie sich vor, Sie unterhalten sich mit einer Gruppe anderer Tagespflegepersonen über die jeweiligen Erziehungsvorstellungen. Frau Gut vertritt dabei mehr oder weniger Ihre Meinung; es besteht somit für Sie kein Anreiz, Ihre „Denkschubladen" neu zu sortieren. Frau Keim hat dagegen in wichtigen Punkten ganz andere Vorstellungen von „guter" Erziehung als Sie. Ihre Meinungen gehen so weit auseinander, dass Sie die Einstellungen von Frau Keim überhaupt nicht nachvollziehen können. Deshalb positionieren Sie sich ganz klar dagegen und halten an Ihrer eigenen Sicht umso mehr fest. Frau Kühnel wiederum hat in der Diskussion im Großen und Ganzen ganz ähnliche Vorstellungen wie Sie, trotzdem weicht sie in einigen Punkten von Ihrer Meinung ab. Wahrscheinlich bringt Sie Frau Kühnel am ehesten dazu, über Ihre eigenen Erziehungsvorstellungen zu reflektieren und diese gegebenenfalls zu ändern.*

Durch dieses Gleichgewichtsstreben verändern sich unsere Erfahrungen und damit unser Denken. Wir machen Fortschritte, sodass wir neue Informationen aus der Umwelt immer besser erfahren und verarbeiten können.

In Piagets Theorie wird weiterhin angenommen, dass sich die kognitive Entwicklung aller Menschen in vier aufeinanderfolgenden Stufen vollzieht. Auf die ersten beiden Stufen wird im Folgenden etwas näher eingegangen, da sie den in unserem Lehrbuch relevanten Altersbereich von 0 bis 4 Jahren umfassen.

Die sensumotorische Stufe

Im Alter von etwa 0 bis 2 Jahren sammelt ein Kind Erfahrungen vor allen Dingen mit seinen Sinnesorganen (*senso* = sinnlich, die Sinne betreffend; also hörend, sehend, tastend, schmeckend und riechend) und mit seinen Bewegungen (*Motorik*). Sein Denken ist noch stark an diese Sinnes- und Bewegungswahrnehmungen gekoppelt, weshalb Piaget diese Entwicklungsphase sensumotorische Stufe nannte. In dieser Zeit entwickeln die Kinder die sogenannte *Objekt- und Personenpermanenz*, das heißt, sie verstehen, dass Dinge oder Personen weiterexistieren, obwohl sie diese nicht mehr wahrnehmen können (z. B. ein Gegenstand verschwindet nicht von dieser Welt, nur weil er unter einem Tuch versteckt wird). Vor diesem Entwicklungsschritt fällt es ziemlich leicht, Säuglinge von einem Gegenstand abzulenken: Man muss ihn nur aus dem Blickfeld der Kinder entfernen („Aus den Augen, aus dem Sinn"). Trotzdem: Säuglinge scheinen die Erkenntnis des Weiterexistierens bereits im Alter von drei bis vier Monaten erworben zu haben (manche Forscher gehen sogar von einem noch früheren Zeitpunkt aus). Das kann man aus ausgeklügelten experimentellen Anordnungen schließen. Es mangelt Säuglingen jedoch offensichtlich noch an der Möglichkeit, die Erkenntnis, wo sich ein verschwundener Gegenstand außerhalb des Blickfeldes aufhalten könnte, in ihrem Langzeitgedächtnis abzuspeichern; außerdem haben sie in diesem Alter noch nicht die Bewegungskoordination, um Suchverhalten zu zeigen (vgl. Woolfolk, 2008).

Ein weiterer wichtiger Entwicklungsschritt in dieser Phase ist der Beginn von zielgerichteten Handlungen mit einfachen logischen Überlegungen. Anita Woolfolk, amerikanische Professorin für pädagogische Psychologie, schreibt dazu:

> „Ein 6 Monate alter Säugling versucht vergeblich, an die sichtbaren Spielzeuge [es geht um einige bunte Spielzeuge, die sich in einem durchsichtigen Behälter mit Deckel befinden, Anmerkung des Autors] zu kommen und wird frustriert. Ein sensomotorisch etwas weiter entwickeltes Kind kann mit dieser Anforderungssituation schon besser umgehen; es hat ein ‚Spielzeugkisten-Schema' erworben mit folgenden Merkmalen: (1) Den Deckel kann man abnehmen, (2) den Behälter mit der offenen Seite nach unten drehen, (3) schütteln, wenn die Spielzeuge sich verhakt haben und nicht herausfallen und (4) beobachten, wie die Spielzeuge herausfallen. Verschiedene einfache Schemata werden zu einem Schema höherer Ordnung integriert, um ein Ziel zu erreichen."
> *(Woolfolk, 2008, S. 42)*

Das Kind entwickelt sich also in den ersten beiden Lebensjahren weg von einer „Reflexsteuerung" hin zu zielgerichteten Verhalten. Es beginnt zu imitieren, zu erinnern und zu denken.

Typisch für diese Entwicklungsstufe sind Verhaltensweisen des Kindes, die Piaget als *Kreisreaktionen* bezeichnete. Sie stellen ein spezielles Mittel dar, erste Schemata anzupassen. Sie schließen beispielsweise zufällige Entdeckungen einer neuen Erfahrung ein, die durch die eigenen Bewegungen verursacht werden. Die Reaktion ist kreisförmig, weil das kleine Kind versucht, das Ereignis wieder und wieder zu wiederholen. Das bewirkt, dass zunächst zufällige Reaktionen zu einem neuen Schema verfestigt werden können (vgl. Berk, 2005).

Beispiel: *Elisa machte im Alter von wenigen Monaten nach dem Essen ganz zufällig ein schnalzendes Geräusch. Dieses war für sie so neu und faszinierend, dass sie es so lange wiederholte, bis sie nach einigen Tagen eine wahre „Schnalz-Königin" wurde.*

Die voroperationale Stufe

Am Ende der sensumotorischen Stufe hat das Kind schon viele Handlungsschemata erworben. Solange diese Schemata aber mit körperlichen Aktionen verbunden bleiben, helfen sie ihm nicht, sich an Vergangenes zu erinnern, Informationen im Kopf zu behalten oder in Form von Planungsverhalten Zukünftiges zu berücksichtigen, da diese Dinge ohne körperliche Aktivität funktionieren. Vielmehr benötigen Kinder hierfür etwas, das Piaget als *Operationen* bezeichnete. Das sind Handlungen, die man durchdenkt, anstatt sie sichtbar und körperlich auszuführen. Im voroperationalen Stadium, welches sich über das Alter von 2 bis 7 Jahren erstreckt, hat das Kind diese geistigen Operationen noch nicht vollends gemeistert, nähert sich ihnen aber an.

Die Fähigkeit, Gesten, Zeichen, Worte, Sätze, Vorstellungsbilder etc. zu bilden, ist eine der wichtigsten Errungenschaften dieser Entwicklungsphase (vgl. Woolfolk, 2008). Diese neuen Fähigkeiten zeigen sich beispielsweise im „Als-ob-Spiel" (siehe Kap. B, 1.6) und werden dort weiter geübt. Das Denken bleibt jedoch noch eingeschränkt, da das Kind in der Regel nur eine Dimension oder Richtung in seine Überlegungen einfließen lässt.

Was ist damit genau gemeint? Für ein Kind dieses Alters ist es schwierig, sich Handlungsabfolgen oder Lösungsschritte rückwärts vorzustellen. Dieses sogenannte *reversible Denken* ist bei vielen Aufgaben wichtig, z. B. wenn es darum geht, verstehen zu können, dass eine Menge oder Anzahl von etwas gleich bleibt, auch wenn die Anordnung oder die Erscheinungsweise sich verändert hat. Ganz deutlich wird die Wichtigkeit dieser Fähigkeit bei einigen typischen Aufgaben, die Sie leicht auch einmal selbst mit Kindern verschiedenen Alters durchführen können.

> ***Beispiel:*** *Der vierjährigen Nora werden zwei gleiche Gläser gezeigt. Beide sind kurz und breit in der Form und beide haben genau die gleiche Menge Orangensaft zum Inhalt. Fragt man Nora, so stimmt sie zu, dass beide Gläser gleich viel Orangensaft beinhalten. Nun schüttet man den Saft eines Glases in ein drittes Glas, das höher und schmaler ist als die beiden ersten Gläser. Fragt man Nora nun: „In welchem Glas ist jetzt mehr Saft, oder ist in beiden Gläsern gleich viel Saft?", wird sie wahrscheinlich antworten, dass in dem dritten (höheren und schmaleren) Glas mehr Saft sei, da der Saft „höher hinaufreicht", und sie wird dabei auf den höheren „Saftstand" zeigen. Eine andere Antwort könnte auch lauten, dass in dem dritten Glas nun weniger Saft sei, da der Durchmesser des Glases und damit die Oberfläche des Saftspiegels kleiner geworden sind.*

Nach Piaget ist bei Nora Folgendes passiert: Sie konzentriert sich bzw. „zentriert" ihre Aufmerksamkeit auf die Dimension „Höhe". Mehr als nur eine Dimension in ihre Antwort einfließen zu lassen, also zu „dezentrieren", fällt ihr noch schwer. Kinder in einem voroperationalen Stadium können noch nicht begreifen, dass ein kleinerer Durchmesser die größere Höhe ausgleicht, denn dazu müssten sie in ihrem Nachdenken zwei Dimensionen (im Beispiel Durchmesser und Höhe des Glases) gleichzeitig berücksichtigen. Sie haben also noch Schwierigkeiten, von ihrer eigenen Wahrnehmung unabhängige Urteile zu fällen.

Dies führt zu einem weiteren Merkmal dieser Entwicklungsstufe, dem sogenannten *Egozentrismus*. Dieser Begriff ist nicht mit „Egoismus" zu verwechseln. Er bedeutet, dass Kinder dieses Stadiums noch stark davon ausgehen, dass alle anderen Menschen ihre Gefühle teilen und die gleichen Reaktionen und Wahrnehmungen haben. Wenn der dreijährige Anton beispielsweise Angst vor Hunden hat, wird er davon überzeugt sein, dass auch alle anderen Kinder Angst vor Hunden haben. Ein anderes Beispiel: Kindern fällt es lange Zeit schwer, beim Telefonieren zu berücksichtigen, dass der Gesprächspartner am anderen Ende der Leitung nicht sehen kann, was es selbst sieht. Jeder, der häufiger mit kleinen Kindern telefoniert, kennt sicher deren typischen Satz: „Schau' mal, was ich hier habe".

Junge Kinder sind allerdings – entgegen Piagets Überlegungen – nicht in allen Situationen völlig egozentristisch. So beschreiben Kinder ab zwei Jahren ihren Eltern mehr Einzelheiten über eine Situation, in der die Eltern nicht dabei waren, als über eine Situation, die sie mit den Eltern gemeinsam erlebt haben. Die Kinder scheinen also schon ein wenig in der Lage zu sein, unterschiedliche Bedürfnisse und Perspektiven anderer zu beachten, zumindest in einigen Situationen (vgl. Woolfolk, 2008).

Dies leitet direkt zum nächsten Abschnitt über, in dem Piagets Sichtweisen unter dem Licht neuer Forschungsergebnisse beleuchtet werden.

1.3.2 Kritik an Piagets Theorie: die kognitiven Fähigkeiten des Säuglings und Kleinkinds

Bei einer kritischen Bewertung der Theorie von Piaget ergaben sich im Laufe der Zeit drei Hauptschwächen (vgl. Sodian, 2008). Erstens zeigte sich, dass sich Kinder zu verschiedenen Zeitpunkten der Entwicklung weitaus stärker hinsichtlich ihrer Fähigkeiten unterscheiden, als Piaget es angenommen hat. Das heißt, die kindliche Entwicklung verläuft sehr viel individueller und gradueller, als es die Stufenabfolge von Piagets Theorie nahe legt. Zweitens ist seine Theorie in Hinblick auf vermutete Entwicklungsmechanismen zu vage. Schließlich unterschätzte Piaget die kognitiven Fähigkeiten junger Kinder und die von Säuglingen bei Weitem. Jedoch soll neben die heutige – auch richtige – Sicht vom „kompetenten Säugling" (vgl. Dornes, 1994) oder vom „Forschergeist in Windeln" (vgl. Gopnik u. a., 2007) auch eine kritische Anmerkung der bekannten Entwicklungspsychologin Liselotte Ahnert gestellt werden:

„Das heutige Bild vom Kind läuft Gefahr, viel früher als bisher, den Kindern eine Selbstbestimmung zuzusprechen, die zur Überforderung führen kann. Es ist zwar richtig, die Kinder mit ihren Aktivitäten anzuerkennen. Die Selbstbestimmung des Kindes darf jedoch nicht dem Selbstlauf überlassen, sondern muss auf der Grundlage wachsender Handlungsfähigkeit und Wissen begleitet werden."
(Ahnert, 2010, S. 242)

Trotz berechtigter Kritik war und ist Piagets Theorie auch heute noch hilfreich und wertvoll für das Verständnis von kindlicher Entwicklung. Andere Theorien über die geistige Entwicklung von Kindern greifen die genannten Kritikpunkte zum Teil auf bzw. machen sich ihre eigenen Gedanken über Entwicklungsmechanismen. So stimmen etwa die Theorien der Informationsverarbeitung mit Piaget darin überein, dass Kinder aktive, „forschende" Wesen sind. Diese Konzepte bieten jedoch keine einzelne umfassende Theorie der kognitiven Entwicklung an. Stattdessen konzentrieren sie sich auf einzelne Aspekte des Denkens (z. B. Aufmerksamkeit, Gedächtnis, Problemlösen etc.).

Eine andere sehr bedeutsame Theorie wurde von dem Psychologen Lew Semjonowitsch Wygotski (1896–1934) vorgeschlagen. Bekannt geworden ist sie als die *soziokulturelle Theorie*. Diese verbindet die kognitive Entwicklung von Kindern mit der kulturellen Umgebung, in der sie aufwachsen. Dies ist eine sehr richtige und wichtige Grundidee, denn die umgebende Kultur formt die kindliche Entwicklung entscheidend. So bestimmt sie beispielsweise mit, was und wie ein Kind von der Umwelt lernt. „Umwelt" oder „kulturelle Umgebung" bedeutet für ein Kind vor allen Dingen andere Menschen. Von diesen lernt es – in sozialen Interaktionen und durch emotionale Beziehungen. Wygotski argumentierte schon in den 1930er Jahren, dass das Handlungsmotiv eines Kindes nicht im Inhalt der Tätigkeit läge, zu der man das Kind auffordere, sondern in seiner Beziehung zu den Erwachsenen (vgl. Ahnert, 2010). Wygotski räumt Erwachsenen also eine sehr viel stärkere Rolle in der kindlichen Entwicklung ein als Piaget. Eine weitere zentrale Überlegung von Wygotski betrifft die sogenannte „Zone nächster Entwicklung".

Die Zone nächster Entwicklung

Wygotski meinte mit diesem Begriff Folgendes: Kann ein Kind eine Aufgabe jetzt noch nicht bewältigen, wird es aber diese Aufgabe aller Voraussicht nach in einem nächsten Schritt seiner Entwicklung meistern bzw. kann es diese Aufgaben schon jetzt mithilfe Erwachsener oder in Zusammenarbeit mit älteren Kindern bewältigen, dann befindet sich die Aufgabe in der „Zone nächster Entwicklung". Dies soll an einem Beispiel illustriert werden.

> ***Beispiel:*** *Sascha versucht ein schwieriges Puzzle zusammenzuführen. Alleine ist dies noch zu schwer, seine Mutter hilft ihm dabei:*
>
> *Sascha:* *„Ich krieg das hier nicht rein." [versucht an der falschen Stelle, ein Teil einzufügen]*
>
> *Mutter:* *„Welches Teil könnte hier unten passen?" [weist auf den unteren Teil des Puzzles hin]*
>
> *Sascha:* *„Seine Schuhe." [schaut nach einem Teil, das den Schuhen des Clowns ähnelt, nimmt aber das falsche]*
>
> *Mutter:* *„Nun, welches Teil sieht aus wie diese Form?" [weist wieder auf den unteren Teil des Puzzles hin]*
>
> *Sascha:* *„Das braune." [versucht es, und es passt; probiert dann ein anderes Teil aus und sieht seine Mutter an]*
>
> *Mutter:* *„Versuch mal, es ein wenig zu drehen." [macht eine Gebärde, um es ihm zu zeigen]*
>
> *Sascha:* *„Da!" [fügt mehrere Teile ein; seine Mutter schaut zu]*
>
> *(Berk, 2005, S. 305)*

Die Mutter hält das Puzzlespiel also auf einem für Sascha handhabbaren Schwierigkeitsniveau. Sie passt dabei ihre Hilfe den Fähigkeiten des Kindes an. Sie hilft gerade so viel wie nötig und so wenig wie möglich. Entscheidend ist in dieser *Zone nächster Entwicklung*, Kindern Aufgaben zu stellen, denen sie gerade eben noch nicht gewachsen sind, die sie aber unter Anstrengung und mit leichter Unterstützung meistern können.

Tagespflegepersonen können Kinder beispielsweise unterstützen, indem sie Aufgaben so strukturieren und zerlegen, dass Kinder sie Schritt für Schritt bewältigen können. So können sie den Kindern die jeweilige Aufgabenbewältigung vormachen (also als Modell dienen), sie gezielt anleiten (sie also „coachen"), sie durch Nachfragen auf den richtigen Weg bringen oder durch Lob und Ermutigung die Motivation aufrechterhalten. Daneben können Tagespflegepersonen Kindern helfen, Unbekanntes mit Bekanntem in Beziehung zu setzen, Wichtiges von Unwichtigem zu trennen und Erklärungen zu finden (vgl. Ahnert, 2010).

Die große Kunst liegt darin, Kinder nicht zu überfordern, gleichzeitig jedoch so zu fordern, dass sie in ihre Zone nächster Entwicklung gelangen. Denn diese ist im besonderen Maße dazu geeignet, Kinder in ihrer Entwicklung zu unterstützen. Kindern etwas abzuverlangen, ist aus entwicklungspsychologischer Sicht also sehr günstig. Der englische Kinderarzt und Psychoanalytiker Donald Woods Winnicott (1896–1972) sprach in einem ähnlichen Zusammenhang von der „ausreichend guten Mutter".

Zusammenfassung

Wichtig für eine „ausreichend gute" Tagesmutter ist also, Kinder durchaus – zwar feinfühlig und sensibel – gelegentlich in Situationen zu bringen, in denen die momentanen Wünsche des Kindes nicht eins zu eins erfüllt werden, sondern ihnen in angemessener Art und Weise etwas „zugemutet" oder abverlangt wird. Hirnforscher verweisen in diesem Zusammenhang auf die Bedeutung von altersangemessenen Herausforderungen für die Entwicklung des Gehirns.

Tipp

Zum Weiterlesen:

Wenn Sie mehr wissen wollen über die Informationsverarbeitungsansätze und die soziokulturelle Theorie sei auf einen Artikel zu diesem Thema im „Online-Handbuch Kindergartenpädagogik" verwiesen:

Textor, Martin: Lew Wygotski – entdeckt für die Kindergartenpädagogik, 1999, abzurufen unter: www.kindergartenpaedagogik.de/19.html

Im nächsten Abschnitt geht es nun um einen im Vergleich zur kognitiven Entwicklung lange Zeit etwas stiefmütterlich behandelten, jedoch nicht minder wichtigen Bereich menschlichen Verhaltens und Erlebens: den Bereich der Emotionen.

1.4 Emotionale Entwicklung

Nach einer wichtigen entwicklungspsychologischen Theorie – der psychosozialen Theorie von Erik Homburger Erikson (1902–1994) – besteht eine wesentliche „Aufgabe" des Kleinkindes darin, ein sogenanntes *Urvertrauen* zu entwickeln. Nach dieser Theorie ist dies eine Hauptaufgabe im ersten Lebensjahr. Ein solches Urvertrauen kann sich entwickeln, wenn der Umgang mit dem Kind grundsätzlich einfühlsam und liebevoll ist (siehe Kap. B, 2). Die nächste Herausforderung stellt sich dem Kind, wenn es seinen Weg zwischen den Polen Autonomie (Selbstständigkeit) und Scham/Zweifel finden muss (bis etwa zum dritten Lebensjahr). Hierbei werden Eltern und Kindertagespflegepersonen das Kind besonders dann unterstützen, wenn sie sowohl angemessene Grenzen setzen als auch genügend Möglichkeiten zu eigenen Entscheidungen einräumen. Die Entwicklungspsychologin Laura E. Berk schreibt hierzu:

„Ein zweijähriges Kind, das selbstsicher und auch sicher in seinem Umgang mit anderen Menschen ist, ist von seinen Bezugspersonen nicht nur ermutigt worden, die Toilette zu benutzen, sondern auch mit dem Löffel zu essen und dabei zu helfen, sein Spielzeug aufzuräumen. Seine Eltern werden es nicht kritisieren oder gar angreifen, wenn diese neuen Fertigkeiten noch nicht recht gelingen wollen. Und wenn es Anstalten macht, sich seine neue Unabhängigkeit zu erobern, werden sie diesen Versuchen mit Toleranz und Verständnis begegnen. So werden sie beispielsweise dafür sorgen, dass zusätzliche fünf Minuten Zeit sind, damit das Kind sein Spiel beenden kann, bevor zum Einkaufen gefahren wird, und geduldig warten, während das Kind den Reißverschluss seiner Jacke hochzieht."
(Berk, 2005, S. 235 f.)

Wie in diesem Zitat deutlich wird, spielen in Eriksons Theorie soziale Beziehungen und das Erkunden der eigenen Umwelt eine wichtige Rolle. Wie noch gezeigt werden wird, ist dabei auch das Entdecken des eigenen Selbst von zentraler Bedeutung (siehe S. 104). Emotionen sind bei all diesen Fähigkeiten überaus bedeutsam.

Soziales Lächeln, Angst und soziale Bezugnahme

Um den zweiten Lebensmonat herum ruft ein freundlich blickendes menschliches Gesicht ein breites Lächeln aufseiten des Kindes hervor. Man nennt es das „soziale Lächeln" (vgl. Messinger/Fogel, 2007). Genau wie dieses Lächeln tritt auch das erste richtige Lachen des Kindes etwas später als Reaktion auf einen bestimmten aktivierenden Reiz hin auf – etwa wenn Eltern dem Kind spielerisch sagen „Jetzt fress ich dich aber!" und den Bauch des Babys mit Küssen bedecken. Mitte des ersten Lebensjahres lächeln und lachen Kinder mehr, wenn sie mit ihnen bekannten Menschen interagieren, das heißt, mit ihnen in eine wechselseitige Beziehung treten. Diese Vorliebe wirkt sich günstig auf eine gute Beziehung zwischen Kind und Bezugsperson aus und ist ein Beispiel dafür, dass auch schon kleine Kinder die Beziehungen zu anderen Menschen aktiv gestalten und nicht nur passiv umsorgt werden.

Eine andere wichtige Emotion im sozialen Kontext ist Angst oder Furcht. Diese beginnt sich – wie Ärger auch –, in der zweiten Hälfte des ersten Lebensjahres zu zeigen. Dabei ist die Angst vor unbekannten Erwachsenen ein häufig vorkommender Ausdruck von Furcht. Diese sogenannte „Fremdenangst" (siehe Kap. B, 2.1) zeigt sich typischerweise um den sechsten bis achten Lebensmonat. Sie tritt jedoch nicht immer gleich stark auf, da sie im hohen Maß vom Temperament des Kindes (manche Kinder sind grundsätzlich ängstlicher), vorangegangenen Erfahrungen mit Fremden und Faktoren der konkreten Situation abhängt (vgl. Thompson/Limber, 1990). Auch Trennungsangst tritt nun auf. Daran ist zu erkennen, dass das Kind eine Bindung zu bekannten und vertrauten Bezugspersonen aufgebaut hat. Diese Bezugspersonen werden nun als sichere Basis für Entdeckungstouren benutzt.

In diesem Zusammenhang ist die Fähigkeit der sogenannten sozialen Bezugnahme wichtig (vgl. Flavell, 1999). Das Kind hat mittlerweile verstanden, dass ein Gefühlsausdruck eines anderen Menschen nicht nur eine Bedeutung hat (z. B. Freude, Angst oder Ärger), sondern dass er auch eine bedeutungsvolle *Reaktion* auf etwas Bestimmtes darstellt. Es hat also verstanden, dass man nicht nur einfach so ein ängstliches Gesicht macht, vielmehr zeigt man es, weil man sich beispielsweise vor etwas fürchtet. Dieses Verständnisses bedienen sich Kinder, um sich in einer unsicheren Situation aktiv emotionale und bewertende Informationen von einer ihnen vertrauten Bezugsperson abzuholen (vgl. Moses u. a., 2001). Anders formuliert: Kinder schauen ihre Bezugsperson genau an und holen sich dadurch Antworten auf Fragen ab wie etwa: „Wie soll ich mich in dieser Situation fühlen?", „Ist das, was ich vorhabe, gefährlich?" oder „Darf ich das machen?" Die soziale Rückversicherung ist also für Kinder ein wichtiges Werkzeug, um Neues zu lernen (vgl. Berk, 2005).

Beispiel: *Versetzen Sie sich in folgende Situation: Der zweijährige Paul hat Angst vor Katzen. Sie sind gerade mit ihm und zwei weiteren Kindern auf einem Spielplatz, als eine Katze auf Paul zukommt, der gerade im Sandkasten eine Sandburg baut. Er schaut zuerst die Katze und dann Sie ängstlich an. Nehmen Sie sich kurz Zeit und überlegen Sie sich, wie Sie reagieren würden.*

Einerseits haben Sie die Möglichkeit, auch ängstlich zu werden und ein sorgenvolles Gesicht zu machen, weil Sie schon wissen, dass diese Situation unangenehm für den Jungen ist. Andererseits können Sie auch ein entspanntes Gesicht machen, ihn und die Katze anlächeln und etwas Aufmunterndes sagen wie „Schau mal die Katze, die will sehen, was du schon alles bauen kannst". Im ersten Fall wird sich die Angst des Kindes wahrscheinlich verstärken und weiter festigen. Im zweiten Fall helfen Sie ihm dabei, die Ängstlichkeit abzubauen.

Eine solche „Anleitung" von dem Kind vertrauten Bezugspersonen ist auch bei der Entwicklung selbstbezogener Emotionen wie Scham, Verlegenheit, Schuld, Neid und Stolz notwendig. Diese Emotionen beginnen sich in der Mitte des zweiten Lebensjahres zu zeigen – also zu einer Zeit, in der das Kind auch sein Selbstgefühl entwickelt (vgl. Berk, 2005).

Emotionale Selbstregulation

Neben der Tatsache, dass dem Kind eine immer größer werdende Vielfalt an Emotionen zur Verfügung steht, lernt es mit der Zeit auch, mit seinen emotionalen Erfahrungen umzugehen. Dabei sind Kinder wie Erwachsene bestrebt, emotionale Zustände auf ein angenehmes Intensitätsmaß zu bringen. Strategien, die man hierfür anwendet, fallen unter den Begriff der *emotionalen Selbstregulation*.

> **Beispiel:** *Wenn Sie beispielsweise bei einer schrecklichen Filmszene wegschauen oder die Augen schließen, dann wenden Sie eine emotionale Selbstregulationsstrategie an, die beispielsweise dazu dienen soll, Ihr Unbehagen zu kontrollieren.*

Obwohl sich Säuglinge schon von einem unangenehmen Reiz wegdrehen können, sind ihre Möglichkeiten zur Selbstregulation noch sehr eingeschränkt. Sie werden deswegen leicht von ihren Gefühlen überwältigt und sind stark von einer Bezugsperson abhängig, die sie in entsprechenden Situationen beruhigt. Es ist aber nicht nur im Säuglingsalter wichtig, dass Bezugspersonen Kindern bei ihrer Emotionsregulierung helfen. Personen, die ein Kind gut kennen und ihm gegenüber feinfühlig sind, wissen frühzeitig, wann man dem Kind helfen muss, wieder Herr seiner (unangenehmen) Gefühle zu werden. Kinder, die auf eine solche Weise unterstützt wurden und werden, geraten weniger leicht in Erregung, lassen sich leichter beruhigen und haben mehr Interesse daran, ihre Umgebung zu erkunden. Im Gegensatz dazu verstärkt man das rasche Ansteigen eines intensiven Stresszustandes bei einem Kind, wenn man so lange mit dem Eingreifen wartet, bis das Kind sich schon in einem sehr angespannten Erregungszustand befindet (vgl. Berk, 2005).

Mit zunehmender Sprachfähigkeit der Kinder nimmt auch die Fähigkeit zu, ihre eigenen Emotionen besser regulieren zu können (vgl. Eisenberg u. a., 2005). Mit etwa 18 Monaten ist es ihnen dadurch beispielsweise möglich, ihre Emotionen wenigstens zu benennen („Mama, hab Angst!") und dadurch gezielt Hilfe einzufordern. Später können sie Sprache auch methodisch als Regulationsstrategie einsetzen, wie das Beispiel der kleinen Annika zeigt.

> **Beispiel:** *Die Oma der dreijährigen Annika schlüpft in die Rolle einer bösen Hexe und sagt zu ihr: „So, jetzt packe ich dich und nehme dich in mein Hexenhaus!" Annika quietscht vor Vergnügen und Aufregung und rennt quer durchs Zimmer auf den Schoß ihres Onkels, der sie vor der Hexe beschützen soll. Sobald sie diesen sicheren Stützpunkt erreicht hat, dreht sich die „Hexe" wieder um und geht in die andere Ecke des Zimmers. Daraufhin löst sich Annika wieder vom Schoß und geht so lange auf die Oma zu, bis diese sich wieder umdreht und erneut sagt: „Jetzt packe ich dich und nehme dich in mein Hexenhaus!" Dieses Spielchen wiederholt sich ein paar Mal. Irgendwann sagt Annika zu ihrer Oma „Du bist gar keine Hexe, du bist meine liebe Oma". Offensichtlich ist das Spiel Annika nun zu aufregend geworden, sodass sie diesen Satz als Strategie benutzt, um ihre Angst (die sie trotz der Freude am Spiel auch empfand) zu regulieren. Je nach Situation sollte die Oma nun beispielsweise mit einem „Ja, du hast recht, ich habe die Hexe nur gespielt und eigentlich bin ich deine liebe Oma" oder „Einmal bin ich noch die böse Hexe, dann hören wir auf" reagieren. Weniger vorteilhaft wäre in der Situation wahrscheinlich eine (im ernsten Tonfall vorgetragene) Reaktion wie „Nein, ich bin die böse Hexe und will dich fressen!", denn diese könnte das Regulationsbedürfnis von Annika überfordern.*

Andere Strategien zur emotionalen Selbstregulation können auch folgende sein:

- eingehende Sinnesinformationen einschränken (z. B. Augen und Ohren mit den Händen zuhalten),
- Selbstgespräche führen (z. B. „Mama hat gesagt, dass ich gar keine Angst alleine haben muss."),
- eigene Ziele verändern (z. B. sich dafür entscheiden, dass man ein Spiel sowieso doof findet, bei dem man nicht mitspielen darf).

Trotz dieser Strategien gelingt es kleinen Kindern oft noch nicht, selbstständig negative Gefühle zu kontrollieren. Das liegt daran, dass sie wegen ihrer lebhaften Vorstellungsgabe noch Schwierigkeiten haben, Schein und Wirklichkeit zu trennen. Ängste sind daher in der frühen Kindheit an der Tagesordnung. Das Vorbild von Bezugspersonen ist auch hier sehr wichtig. Wenn diese selbst Probleme damit haben, angemessen mit negativen Gefühlen wie Angst, Wut und Feindseligkeiten umzugehen, werden auch die Kinder anhaltende Schwierigkeiten im Umgang mit den eigenen Gefühlen haben.

Entwicklung des Selbst

Die Entwicklung der Beziehungsfähigkeit und damit die gesamte soziale Entwicklung sind eng gekoppelt mit der Entwicklung eines Verständnisses vom eigenen Selbst. Je bewusster sich ein Kind seines eigenen Selbst wird, desto schneller entwickelt sich auch seine Fähigkeit, sich mit Gleichaltrigen zu beschäftigen. Dabei spielen die wachsende Kommunikationsfähigkeit und das zunehmende Verständnis der Gedanken und Gefühle anderer Menschen ebenfalls eine wichtige Rolle. Aus diesem Grund werden in diesem Kapitel sowohl einige grundlegende Informationen bezüglich der Entwicklung des Selbst vermittelt als auch auf Entwicklungen eingegangen, die sich direkt auf das soziale Miteinander beziehen. Aber zunächst sei die Frage gestellt: Was ist eigentlich das „Selbst"?

Schon William James (1842–1910), der Begründer der amerikanischen Psychologie, unterschied bezüglich des Selbst zwei Begriffe: ein „Ich" und ein „Mich". Sehen wir uns an, was es mit diesen Begriffen auf sich hat.

„Ich" und „Mich"

James (1880) verstand unter dem „Ich" diejenige Facette des menschlichen Selbst, die dadurch zustande kommt, dass man sich selbst als aktiv Handelnder erlebt – ich tue etwas und bewirke mit meinem Tun etwas. Das heißt, dass man sich als eigenständiges Wesen erlebt, das seine eigenen Handlungen und Gefühle kontrollieren kann. Die Anfänge eines solchen „Ich" liegen dabei in der Erfahrung eines Säuglings, dass seine eigenen Aktivitäten Dinge und Menschen dazu bringen können, auf eine vorhersagbare Art und Weise zu reagieren. Der Säugling lernt also, sich als eigenständig (mit einem eigenen „Ich") wahrzunehmen, wenn er beispielsweise die Erfahrung macht, dass auf sein hungriges Schreien ein Erwachsener erscheint, um seinen Hunger zu stillen. Insofern wirkt sich eine stete und einfühlsame Reaktion der Eltern oder der Tagespflegeperson auf die vom Kind ausgehenden Signale positiv aus und fördert die Fähigkeit des Kindes, sich als Handelnder wahrzunehmen (vgl. Berk, 2005).

Der zweite Aspekt des menschlichen Selbstverständnisses belegte James mit dem Begriff „Mich". Diesen Aspekt charakterisierte er als Gedanken und Überzeugungen, die wir über uns selbst haben (vgl. Brüll, 2010). Im Laufe des zweiten Lebensjahres beginnen Kinder damit, diese Facette zu entwickeln, was man unter anderem am „Spiegeltest" erkennen kann: Mit etwa 18 Monaten können Kinder sich selbst im Spiegel erkennen. Davor sehen sie in ihrem eigenen Siegelbild eher einen Spielkameraden, der mit ihnen selbst wenig zu tun hat (vgl. Rauh, 2008). Bald nach dem bestanden „Spiegeltest" taucht langsam auch das Wort „ich" in der Sprache der Kinder auf – meist um das zweite Lebensjahr.

Wenn sich das Selbst langsam zu festigen beginnt, tauchen im zweiten Lebensjahr auch Anfänge selbstbezogenen Verhaltes auf: Das Kind zeigt Schüchternheit und Verlegenheit (vgl. Berk, 2005). Diese neu gewonnene Selbstaufmerksamkeit führt dazu, dass das Kind erste Anstrengungen unternimmt, die Sichtweise anderer Menschen einzuschätzen. Das geht mit ersten Anzeichen von Empathie einher – also der Fähigkeit, die Gefühlslage eines anderen Menschen zu verstehen, mitzufühlen und emotional auf ähnliche Weise zu reagieren. Bei Kindern äußert sich diese Fähigkeit beispielsweise darin, dass sie anderen diejenigen Dinge als Trostspender anbieten, die sie selbst als tröstend empfinden: eine Umarmung, beruhigende Worte, die Lieblingspuppe oder die eigene Kuscheldecke (vgl. Zahn-Waxler u. a., 1992). Andererseits erkennt das Kind mit diesem Zugewinn an „Selbst-Bewusstsein" jedoch nun auch, wie es andere ärgern kann.

Wenn Kinder einmal über ein grundlegendes Verständnis über das eigene Selbst verfügen, schaffen sie sich – auch mithilfe der sich entwickelnden Sprachfähigkeit – ein geistiges Bild von sich selbst. Sie können Anzeichen dieses Konstruktionsprozesses zum Beispiel daran erkennen, dass Kinder anfangen, sich gegenseitig zu vergleichen und in bestimmte Schubladen zu stecken – sich also zu kategorisieren. Sie teilen sich und andere in „gut" oder „böse", „Junge" oder „Mädchen" oder „groß" oder „klein" ein. Obwohl nach Berk (vgl. 2005) das Verständnis dieser sozialen Kategorien bei Kleinkindern immer noch Einschränkungen unterliegt, wird dieses Wissen doch schon zur eigenen Verhaltenssteuerung benutzt. Kinder suchen sich beispielsweise im Alter von 18 Monaten eher Spielzeug aus, welches in die eigene Geschlechtskategorie passt.

Insgesamt ist das Selbst von jungen Kindern neben konkreten Beschreibungen („Ich kann schnell laufen" oder „Ich wohne in einem grünen Haus") und Benennungen von Vorlieben („Ich esse gerne Kuchen") noch stark an bestimmte Besitztümer gebunden („Ich bin der, der das tolle Schaukelpferd hat") (vgl. Harter, 2006). Deswegen verbringen kleine Kinder noch sehr viel Zeit damit, Rechte an Dingen geltend zu machen. Je stärker die Selbstdefinition der Kinder über Besitztümer funktioniert, desto besitzergreifender werden sie

Dinge als „meins" bezeichnen (vgl. Fasig, 2000). Solch frühe Streitereien um den Besitz von Dingen sollten Sie also weniger als ein Anzeichen von Egoismus betrachten, sondern als ein Zeichen eines in der Entwicklung begriffenen Selbst. Das Kind bemüht sich um klare Grenzen zwischen sich und anderen.

Eltern und Tagespflegepersonen können deswegen solch ein Besitzstreben des Kindes als Zeichen von Selbstbewusstsein anerkennen und es bestärken („Ja, das ist dein Schaukelpferd"), zeitgleich aber auch – im Sinne einer Förderung eines freundlichen Miteinanders unter Gleichaltrigen – die Kompromissbereitschaft des Kindes fordern und fördern („Ich fände es trotzdem toll, wenn du nach fünfmal schaukeln auch noch deine Freundin auf dein schönes Schaukelpferd lässt").

Als Tagespflegeperson kennen Sie das Thema sicher, wenn Kinder ihr Lieblingsspielzeug mit zu Ihnen bringen. Das Fördern und Anbieten von Kompromissen ist dabei meist besser als darauf zu bestehen, dass das Kind sofort sein Spielzeug hergeben muss. Ganz nebenbei wird dadurch auch die Fähigkeit der Selbstkontrolle trainiert. Auf diese wichtige Fähigkeit geht der nächste Abschnitt ein.

Selbstkontrolle

Die sich entwickelnde Selbstaufmerksamkeit ist Grundlage für die *Selbstkontrolle*. So wird die Fähigkeit bezeichnet, einem Impuls zu widerstehen, der zu einer unerwünschten Handlung geführt hätte. Ein Kind benötigt beispielsweise ein gehöriges Maß an Selbstkontrolle, um an einem Tisch sitzen zu bleiben, bis alle ihre Mahlzeit beendet haben.

Um sich selbst kontrollieren zu können, muss beim Kind nicht nur die Fähigkeit vorhanden sein, sich gedanklich auf sich selbst als eigenständig Handelnder zu beziehen. Vielmehr müssen auch kognitive Fähigkeiten wie etwa ein gutes Erinnerungsvermögen vorhanden sein, um sich beispielsweise an Regeln erinnern zu können („Am Tisch sitzen bleiben, bis alle fertig gegessen haben"). Zusätzlich muss es auch fähig sein, die eigene Aufmerksamkeit von einem fesselnden Reiz auf eine weniger spannende Alternative zu verlagern (z. B. von den spielenden Nachbarskindern draußen im Garten auf das Sitzenbleiben am Mittagstisch). Erste Anzeichen von Selbstkontrolle können Sie im Alter von etwa 12 bis 18 Monaten in Form einer Einwilligungsbereitschaft beobachten. Damit ist gemeint, dass das Kind die Wünsche und Erwartungen der Bezugspersonen erkennt und einfachen Bitten und Anweisungen Folge leistet (vgl. Berk, 2005).

Die Fähigkeit der Selbstkontrolle verbessert sich im Laufe der Kindheit stetig. Schon früh bestehen jedoch große Unterschiede zwischen den Kindern, die auch über die mittlere Kindheit und bis ins Jugendalter hinein relativ stabil bleiben (vgl. Shoda u. a., 1990). In der folgenden Tabelle werden einige Vorschläge zusammengefasst, wie man ein Kleinkind darin unterstützen kann, Einwilligungsbereitschaft und Selbstkontrolle zu entwickeln.

Vorschlag	Begründung
Reagieren Sie einfühlsam und unterstützend auf das Kleinkind.	Kleinkinder, deren Bezugspersonen sich einfühlsam und unterstützend verhalten, zeigen im Durchschnitt mehr Einwilligungsbereitschaft und Selbstkontrolle.
Sagen Sie dem Kleinkind schon vorher Bescheid, wenn es in nächster Zeit eine beliebte Aktivität beenden muss.	Kinder empfinden es als schwieriger, eine schon begonnene lustvolle Aktivität zu unterbrechen, als darauf zu warten, eine solche beginnen zu können.
Bieten Sie dem Kind viele Anstöße und Erinnerungen.	Die Fähigkeit von Kleinkindern, Regeln zu erinnern und sie zu befolgen, ist eingeschränkt.
Reagieren Sie auf Verhalten, welches Selbstkontrolle erkennen lässt, mit sprachlich und körperlich geäußerter Bestätigung – und zwar sofort, wenn dieses Verhalten gezeigt wird.	Lob und Umarmungen verstärken gutes, der Situation angemessenes Verhalten. Sie erhöhen die Wahrscheinlichkeit, dass dieses Verhalten sich wiederholt. Nichtsprachliche Informationen (z. B. ein Lächeln oder ein freudiger Tonfall der Stimme) sind dabei wichtiger als sprachlich geäußertes Lob. Reaktionen auf das kindliche Verhalten müssen außerdem unmittelbar – das heißt innerhalb einer Sekunde – erfolgen, um wirkungsvoll zu sein (vgl. Keller u. a., 1999).
Ermutigen Sie das Kind, sich einer Aufgabe aufmerksam zu widmen und sie nicht zu schnell abzubrechen.	Das frühe Aufrechterhalten von Aufmerksamkeit ist verbunden mit Selbstkontrolle. Kinder, die ihre Aufmerksamkeit von einem fesselnden Reiz auf eine weniger attraktive Alternative verlagern können, weisen eine bessere Impulskontrolle auf.
Fördern Sie die Sprachentwicklung.	Die frühe Sprachentwicklung ist ebenfalls verbunden mit Selbstkontrolle. Während des zweiten Lebensjahres beginnen Kinder, Sprache zu verwenden, um sie in der Interaktion mit Erwachsenen zu deuten.
Führen Sie schrittweise mehr Regeln ein, die jedoch auf die noch in der Entwicklung begriffenen Fähigkeiten des Kindes abgestimmt sind.	Wenn sich das Denken und die Sprache verbessern, gelingt es dem Kleinkind zunehmend besser, Regeln zu befolgen. Die Regeln sollten sich auf Folgendes beziehen: für die eigene Sicherheit sorgen, Respekt vor Menschen und Eigentum zeigen, sich an Routinen und Verhaltensweisen in der Familie anpassen, einfache Aufgaben übernehmen.

Wie man ein Kleinkind darin unterstützen kann, Einwilligungsbereitschaft und Selbstkontrolle zu entwickeln (vgl. Berk, 2005, S. 270)

Tipp

Das Marshmallow-Experiment

Im Internet ist unter http://news.bbc.co.uk/2/hi/uk_news/education/7945801.stm ein interessanter und sehr unterhaltsamer ca. vierminütiger Videobeitrag zu finden, der sich dem Thema „Selbstkontrolle bei kleinen Kindern" widmet. Er stellt ein bekanntes psychologisches Experiment – das sogenannte „Marshmallow-Experiment" – des amerikanischen Psychologen Walter Mischel dar. In dem Video werden drei- bis vierjährige Kinder gezeigt, die in eine Situation gebracht werden, in denen sie ihre eigenen Bedürfnisse kontrollieren und aufschieben müssen. Konkret wird ihnen eine Süßigkeit, die sie sehr mögen, vorgesetzt: ein Marshmallow. Dazu sagt man ihnen, dass man selbst nun gleich den Raum verlassen wird. Wenn sie es schaffen, die Süßigkeit bis dahin nicht zu essen, bekommen sie noch mehr Süßigkeiten. Wenn sie es in der Zeit, in der sie alleine im Raum sind, allerdings nicht mehr aushalten sollten, auf die Süßigkeit zu verzichten, dürfen sie eine Glocke läuten, worauf dann sofort jemand in den Raum kommt und sie die eine Süßigkeit essen dürfen – weitere Süßigkeiten gibt es dann allerdings nicht. Der Raum, in dem sich die Kinder befinden, ist nun durch einen Einwegspiegel einsehbar. Man kann also genau beobachten, wie unterschiedlich die Kinder mit der Situation zurechtkommen und welche Strategien sie zur Selbstkontrolle bzw. zum Bedürfnisaufschub anwenden.

Selbstwertgefühl

Ein weiterer Aspekt des Selbst ist das Selbstwertgefühl. In diesem Begriff werden einzelne Bewertungen von Facetten des Selbst in einer globalen Bewertung zusammengefügt (vgl. Brüll, 2010). Im Selbstwertgefühl drückt sich aus, was wir insgesamt von uns selbst halten. Wenn man mit kleinen Kindern zu tun hat, fällt auf, dass diese meist von sich selbst sehr überzeugt sind. Nach ihrer Selbsteinschätzung gibt es kaum etwas, das sie nicht könnten. „Ich bin der beste Ballfänger", sagt Jonas. Davon bleibt er auch überzeugt, obwohl ihm gerade eben einige Fänge nicht geglückt sind. Kleine Kinder haben also häufig eine aus Sicht der Erwachsenen unrealistisch hohe Einschätzung der eigenen Fähigkeiten, welche aber im Laufe der Kindheit abnimmt und realistischer wird (vgl. Robins/Trzesniewski, 2005).

Merksatz
Ein positives Bild von sich selbst zu haben, erleichtert Kindern das Meistern vieler Situationen.

Dennoch kann man immer wieder beobachten, dass einige Kinder im Alter von vier Jahren sehr leicht aufgeben, wenn sie vor einer Herausforderung stehen (z. B. einen hohen Turm aus Bauklötzen zu bauen). Nach einer missglückten Aufgabe sind sie schnell entmutigt und schlussfolgern außerdem, dass sie der Aufgabe nicht gewachsen und „dumm" seien. Gibt man solchen Kindern Puppen und bittet sie, einmal die Reaktionen von Erwachsenen auf ihr Bemühen nachzuspielen, so sieht man häufig, dass die Kind-Puppe bestraft wird, weil es die Aufgabe nicht geschafft hat oder dass die Erwachsenen-Puppe wütend und ärgerlich wird. Es ist außerdem wahrscheinlich, dass solche Kinder berichten, dass ihre Eltern sie schon für kleine Fehler rügen (vgl. Dweck, 2007).

Unumstritten ist es förderlicher, Kinder zu ermutigen, als sie durch Schimpfen zu entmutigen oder gar zu beschämen. Was Sie tun können, damit solche Reaktionen bei kleinen Kindern vermindert werden und sie stattdessen ein gesundes Selbstwertgefühl entwickeln können, wird in der folgenden Tabelle dargestellt.

Noch eine Zusatzbemerkung: Abzugrenzen von den bislang beschriebenen Kindern sind in jedem Fall Kinder, die unter anderem Probleme mit ihrer Aufmerksamkeits*steuerung* haben und an einem sogenannten **A**ufmerksamkeits**d**efizit-(**H**yperaktivitäts-)**S**yndrom, AD(H)S leiden. Diese Kinder können zwar oberflächlich betrachtet den Eindruck erwecken, bei Herausforderungen sehr leicht aufzugeben, bei näherer Betrachtung unterscheiden sich diese Kinder (und Familiensysteme) jedoch mitunter stark von den oben beschriebenen. Der Grund für das offensichtliche „Nicht-bei-der-Sache-Bleiben" bzw. „Aufgeben" ist bei AD(H)S-Kindern primär nicht in einem mangelnden Selbstvertrauen zu sehen, sondern in ihrer beeinträchtigten Fähigkeit, die Aufmerksamkeit situationsangepasst zu steuern und solche Impulse zu unterdrücken, die die gerade auszuführende Handlung stören würden.

Vorschlag	Beschreibung
Entwickeln Sie eine positive Beziehung zum Kind.	Machen Sie dem Kind deutlich, dass Sie gerne mit dem Kind zusammen sind, indem Sie sich immer mal wieder speziell für dieses Kind Zeit nehmen. Hören Sie zu, ohne zu urteilen, und drücken Sie einige ihrer Gedanken und Gefühle aus. Gegenseitiger Austausch hilft dem Kind dabei, dass es sich anerkannt fühlt.
Freuen Sie sich über Erfolge des Kindes und zeigen Sie dies auch; und zwar möglichst sofort in der jeweiligen Situation und nicht erst fünf Minuten später.	Passen Sie Ihre Erwartungen an die Möglichkeiten des Kindes an und bieten Sie Hilfe an, wenn Sie das Kind bitten, etwas zu tun, das seine momentanen Fähigkeiten noch übersteigt. Heben Sie das Positive im Tun oder Verhalten des Kindes hervor. Loben Sie nicht nur erfolgreiche Ergebnisse seines Tuns, sondern schon seine Bereitschaft, eine Aufgabe anzugehen oder sich anzustrengen. Fördern Sie die Selbstmotivation des Kindes, indem Sie sehr konkret loben. Statt einfach nur zu sagen „Das ist gut", drücken Sie die Mühe aus, die sich das Kind gemacht hat, beschreiben Sie mit eigenen Worten seine ganz besonderen Leistungen. Hängen Sie beispielsweise die Zeichnungen des Kindes auf, sodass auch andere die zunehmenden Fähigkeiten des Kindes sehen können.
Unterstützen Sie die Freiheit des Kindes, sich selbstständig zu entscheiden.	Selbst entscheiden zu können gibt dem Kind ein Gefühl von Kontrolle über sein Leben und fördert das Verantwortungsbewusstsein. Wenn Kinder noch nicht in der Lage sind, selbstständig zu entscheiden, dann beziehen Sie es in einen Teilaspekt der Entscheidung mit ein. Dabei kann es beispielsweise um die Frage gehen, wann und in welcher Reihenfolge eine bestimmte Aufgabe erledigt werden soll. Stellen Sie jedoch nur Dinge zur Entscheidung, bei denen das Kind auch wirklich entscheiden darf/kann. Wenn man beispielsweise will, dass ein Kind mit in die Küche kommen soll, sollte man dies nicht in eine Entscheidungsfrage kleiden („Willst du mit in die Küche kommen?"), sondern klar sagen, was man will („Kommst du bitte mit mir in die Küche."). Andernfalls muss man die Entscheidung des Kindes dann auch akzeptieren: „Nein, ich will nicht in die Küche".
Bestätigen Sie die Emotionen des Kindes.	Akzeptieren Sie die starken Gefühle des Kindes, lassen Sie sie zunächst zu und seien Sie dabei hilfreich, wie man mit diesen Gefühlen umgehen kann. Wenn negative Gefühle des Kindes aus einer Kränkung resultieren und somit sein Selbstwertgefühl angegriffen ist, reagieren Sie einfühlend und tröstend. Gleichzeitig können Sie versuchen, dem Kind eine realistische Einschätzung der Situation zu vermitteln, sodass es sich unterstützt und sicher fühlt. Vermeiden Sie aber, das vom Kind Empfundene oder Erlebte zu bagatellisieren, etwa durch Sätze wie „Ist doch nicht so schlimm" oder „Tut doch gar nicht weh".

Verhaltensvorschläge zur Unterstützung einer gesunden Selbstwertentwicklung (vgl. Berk, 2005, S. 333)

1.5 Soziale Entwicklung

Alle Entwicklungsbereiche eines Kindes sind untrennbar mit der sozialen Entwicklung verbunden. Neugeborene verfügen von Anfang an über gewisse Fähigkeiten, die für das Überleben in einer sozialen Umwelt wichtig sind (vgl. Ahnert, 2010; Kasten, 2008):

- Sie bevorzugen menschliche Gesichter, sprachliche Laute und Lebendiges.
- Sie können lächeln (zunächst jedoch noch nicht sozial ausgelöst) und bereits reflexartig nachahmen (dieses Nachahmen ist aber nicht mit dem späteren Nachahmen im Laufe der Sprachentwicklung oder mit einem Lernen am Modell zu verwechseln).
- Sie können grundlegende Gefühle ausdrücken und besitzen die Fähigkeit zum Aufbau und zur Ausgestaltung einer Bindung an eine soziale Person.

Wie bei der Entwicklung allgemein, so ist es auch bei sozialen Entwicklungsaspekten wichtig, auf das kindliche Verhalten einfühlsam einzugehen. Soziales Lernen beginnt von Anfang an und ist stark davon geprägt, inwiefern es den Bezugspersonen gelingt, kindliche Signale richtig zu verstehen und angemessen darauf zu reagieren. Wenn ein Kind beginnt, Laute zu bilden und Sie sich dabei in kleine „Lautdialoge" verstricken lassen, lernt Ihr Tageskind Grundlegendes über soziale Interaktionen: Menschen reagieren aufeinander und können selbst Reaktionen erzeugen. Diese Erkenntnis entwickelt sich weiter, wenn Kinder das Prinzip der Wechselseitigkeit vertiefen, indem sie beispielsweise auf etwas zeigen und damit eine Reaktion des Erwachsenen steuern können. Dabei lernen sie Fundamentales über Beziehungen zwischen dem Ich, dem Du und einem Ding sowie über gemeinsame Aufmerksamkeit.

1.5.1 Gemeinsame Aufmerksamkeitsregulation

Sechs Monate alte Kinder beschäftigen sich noch oft entweder mit einem Gegenstand oder mit einer Person (vgl. Rauh, 2008). Mit acht bis neun Monaten richten Kinder und Erwachsene dann ihre Aufmerksamkeit immer häufiger gemeinsam auf einen Gegenstand von Interesse und kommunizieren über ihn. Gegenstände werden dann in gemeinsame Wechselspiele einbezogen, z. B. beim Betrachten eines Bilderbuchs oder Hin- und Herrollen eines Balls. Zusätzlich setzen Kinder Erwachsene immer häufiger als Mittel für ihre Ziele ein; etwa wenn es darum geht, an ein für sie nicht erreichbares Ziel zu gelangen.

Ein wichtiger Schritt ist hierbei, dass ein Kind lernt, seine Aufmerksamkeit der Aufmerksamkeitsrichtung eines Erwachsenen anzupassen bzw. die Aufmerksamkeit des Erwachsenen auf das zu lenken, was es gerade interessiert. Schon mit drei bis acht Monaten stimmen sich Kinder auf die Blickrichtung eines Erwachsenen ein. Ab sechs Monaten beginnen sie, ihre Aufmerksamkeit zwischen Gegenstand und Person hin und her zu wechseln. Aber erst mit etwa neun Monaten wird daraus ein deutlich willentliches Verhalten.

Mit ebenfalls etwa neun Monaten beginnen Kinder, eine Zeigegeste von Erwachsenen zu verstehen. Sie schauen nun nicht mehr auf den Finger, sondern auf das Gezeigte (eine Leistung, zu der im Tierreich – außer dem Hund – kaum ein Tier fähig ist). Einige Kinder beginnen, selbst mit der Zeigegeste zu experimentieren, wobei sie sich durch Rückblicke (soziale Bezugnahme) versichern, dass der Erwachsene auch tatsächlich hinschaut. Einige Forscher sehen in diesen Entwicklungen nicht nur eine „sozial-kognitive Revolution" (z. B. Tomasello, 1999), sondern bereits einen Vorläufer der Perspektivenübernahme und der „Theory of Mind" – also einer Theorie über das Innenleben einer anderen Person.

1.5.2 Perspektivenübernahme

Kindern gelingt es ab dreieinhalb Jahren zunehmend besser, sich von ihrer eigenen Sicht auf Dinge und damit auch ein Stück weit aus dem „Hier und Jetzt" zu lösen. In der Psychologie wird diese Kompetenz als *Dezentrierung* bezeichnet. Dreijährige gehen noch davon aus, dass das, was sie selbst wissen, auch alle anderen wissen müssen. Demgegenüber lernen ältere Kinder allmählich zu verstehen, dass ihr eigenes Wissen nicht mit dem Informationsstand anderer Menschen übereinstimmen muss. Einen eindrucksvollen Beleg für diese Tatsache lieferte eine Untersuchung der österreichischen Psychologen Heinz Wimmer und Josef Perner (1983), die bei Hartmut Kasten, Wissenschaftler am Staatsinstitut für Frühpädagogik in München, folgendermaßen beschrieben wird:

„Nach dem Einkaufen hilft der knapp vierjährige Maxi seiner Mutter beim Auspacken. Eine Tafel Schokolade legt er in den grünen Schrank und merkt sich das ganz genau, damit er sich später, wenn er vom Spielen heimkommt, ein Stück davon holen kann. Während er draußen spielt, will seine Mutter einen Kuchen backen, zu dem sie Schokolade braucht. Sie holt die Tafel, die Maxi in den grünen Schrank gelegt hat, und nimmt sich etwas davon für den Kuchen. Dann legt sie die Schokolade zurück – aber nicht in den grünen, sondern in den blauen Schrank, der gleich daneben steht. Eine Stunde später kommt Maxi vom Spielen zurück und hat großen Appetit auf ein Stück Schokolade. Die Geschichte wird den Versuchskindern mit Puppen und einem richtigen Puppenhaus vorgespielt. In der Küche des Puppenhauses stehen nur der grüne und der blaue Schrank. Die Kinder werden dann gefragt, wo Maxi die Schokolade suchen wird. Fast alle Dreijährigen antworten: ‚Im blauen Schrank'. Ungefähr die Hälfte der Vierjährigen und über 80 Prozent der Fünfjährigen meinen dagegen korrekt: ‚Im grünen Schrank'."
(Kasten, 2008, S. 138)

Kinder in diesem Alter entwickeln demnach die Fähigkeit zur Perspektivenübernahme – also der Fähigkeit, in der eigenen Vorstellung die Position eines anderen einzunehmen und sich dadurch ein Bild von der inneren Befindlichkeit und äußeren Verfassung eines anderen Menschen zu machen. Diese Fähigkeit ist grundlegend für die zwischenmenschliche Kommunikation und Verständigung. Für positives (und auch negatives) Sozialverhalten ist es wichtig, sich in andere hineinversetzen zu können. Dabei wird diese Fähigkeit in vielen alltäglichen Situationen nicht bewusst in Gang gesetzt und vom Verstand gesteuert, sondern läuft automatisch ab. Soziale Konflikt- und Problemsituationen machen es dagegen erforderlich, sich gezielt, bewusst und kontrolliert in die Lage seines Gegenübers zu versetzen (vgl. Kasten, 2008).

Kinder üben diese Fähigkeit beispielsweise in klassischen Vater-Mutter-Kind-Rollenspielen oder mitunter auch bei einem Spiel, welches unter verschiedenen Namen bekannt ist

(z. B. „Schnick-Schnack-Schnuck", „Schere-Stein-Papier" oder „Eins-Zwei-Drei"). Hier geht es darum, einen Spielpartner dadurch zu schlagen, dass aus drei Alternativen ein jeweils „höherwertiges" Zeichen mit den Fingern geformt wird: „Papier" schlägt „Stein", verliert aber gegen „Schere", welche wiederum von „Stein" besiegt werden kann. Manche sehen in dem Spiel ein reines Zufallsspiel, dabei kann es jedoch auch darum gehen, sich in den anderen hineinzuversetzen, um zu erraten, was er wohl als Nächstes für ein Zeichen machen wird: Peter macht als Nächstes bestimmt „Papier", weil er *denkt*, dass ich als Nächstes wieder „Stein" mache, da ich die letzten zwei Male auch schon „Stein" gezeigt habe; weil ich *denke*, dass Peter so *denkt*, wähle ich nun aber gerade „Schere".

In einem engen Zusammenhang mit der Fähigkeit zur Perspektivenübernahme steht die sogenannte „Theory of Mind". Diese Theorie über das Innenleben einer anderen Person ist facettenreicher, detaillierter und differenzierter als die alleinige Fähigkeit zur Perspektivenübernahme. Sie umfasst diese jedoch und bezeichnet die Fähigkeit, strukturierte und in sich logische Annahmen über Bewusstseinsvorgänge – wie Gefühle, Bedürfnisse, Absichten, Erwartungen, Meinungen oder Wissen, die in anderen Personen ablaufen – vorzunehmen (vgl. Kasten, 2008). Soziale Erfahrungen mit anderen (älteren) Kindern oder auch Erwachsenen fördert das Herausbilden dieser Theory of Mind. Das Zusammensein mit Gleichaltrigen trägt ebenfalls dazu bei. Drei- und Vierjährige, die mit Freunden über Gefühle und Fantasien sprechen, was oft in Rollenspielen geschieht, sind in vielen diese Theorie betreffenden Aspekten voraus (vgl. Kasten, 2008).

1.6 Das Spiel

Kaum eine Verhaltensweise wird so sehr mit Kindheit assoziiert wie das Spiel. Verschiedene Autoren haben sich vom kindlichen Spiel begeistern lassen und diesem viele Funktionen zugeschrieben: Abreaktion, Erholung, Einüben wichtiger Leistungen und Wiedererholung (vgl. Rauh, 2008). Eine wichtige Funktion des Spiels besteht sicher im Einüben und Anwenden von sozialen Verhaltensweisen. Warum aber spielen Kinder (und auch Erwachsene) so gern und ausgiebig? Bevor hierauf näher eingegangen wird, werden im Folgenden zunächst verschiedene Spielformen beschrieben.

Kindliches Spielverhalten, bei dem das Kind sich über seine eigenen Körperbewegungen freut und diese oft mit beträchtlicher Ausdauer wiederholt, werden meistens unter dem Begriff des *sensumotorischen Spiels* zusammengefasst (früher auch als *Funktionsspiel* bezeichnet). Dabei richten sich die Bewegungen zunächst auf eigene Körperteile als „Gegenstände" und einige wenige Dinge wie zum Beispiel ein Mobile. Später werden neue Gegenstände bevorzugt, die das Kind bewegen kann.

Beim *Informationsspiel* (Explorationsverhalten) hat der Umgang mit Gegenständen den Sinn, etwas zu erkunden. Das Kind will herausfinden, was man mit den Gegenständen machen kann, wie sie beschaffen sind oder wie sie innen aussehen. Wenn das Kind Gegenstände benutzt, um aus ihnen bzw. mit ihrer Hilfe einen anderen (Ziel-)Gegenstand herzustellen, nennt man diese Aktivität *Konstruktionsspiel.* Diese „Zielgegenstände" können beispielsweise Bauwerke, eine Zeichnung oder eine Knetfigur sein.

Das *Als-ob-Spiel* (*Symbolspiel, Fiktionsspiel*) ist eine weitere sehr wichtige kindliche Spielform. Kinder interpretieren einen Spielgegenstand und das auf ihn bezogene Handeln nach eigenen Wunsch- und Zielvorstellungen und mit reichlich Fantasie um. Die Handlungen speisen sich dabei aus dem Erfahrungsschatz des Kindes. Das Symbolspiel scheint vom Kind beträchtliche kognitive Leistungen zu fordern; beispielsweise muss es sich gegen den offensichtlichen Augenschein etwas vorstellen und dann gemäß dieser Vorstellung und nicht gemäß dem Augenschein handeln. Zu dieser Spielform zählen das Puppenspiel genauso wie Auto- oder Indianerspiele, aber auch soziale Spiele wie das Vater-Mutter-Kind-Spiel. Letztere werden auch als *Rollenspiele* bezeichnet. Bei ihnen schlüpfen die Kinder in Rollenvorbilder und stimmen ihr Handeln aufeinander und auf die jeweilige Rolle ab. Dies erfordert noch höhere soziale und kognitive Kompetenzen als das „einfache" Als-ob-Spiel. Denn hier müssen sich die Kinder zusätzlich gemeinsam auf einen Spielgegenstand (ein Spielzeug, ein Spielrahmen oder ein Spielthema) beziehen und Vereinbarungen treffen, was und wie gespielt werden soll. Komplizierte *Sozialspiele* wie ein Vater-Mutter-Kind-Spiel gehören deshalb zu den „höheren" Spielformen.

So fanden Howes und Matheson (1992) bei einer Untersuchung von 13 bis 47 Monate alten Kindern folgende Reihenfolge des Sozialspiels (vgl. Rauh, 2008):

- Die Kinder spielen nebeneinander her (Parallelspiel) ohne wechselseitige Betrachtung (Vorläufer des Sozialspiels).
- Die Kinder spielen ein Parallelspiel mit wechselseitigem Augenkontakt (Vorläufer des Sozialspiels).
- Die Kinder sprechen miteinander und bieten sich Gegenstände an (einfaches Sozialspiel).

- Die Kinder nehmen einfache handlungsbestimmende und wechselseitig voneinander abhängige Rollen ein wie Jagen und Verfolgen, Suchen und Verstecken (ergänzendes und wechselseitiges Sozialspiel).
- Die Partner spielen Rollen in einem erfundenen Rollenspiel (kooperatives soziales Fiktionsspiel).
- Die Kinder spielen soziale Rollen, unterhalten sich über ihre Rollen und handeln Rollen aus (komplexes soziales Fiktionsspiel).

Darüber hinaus gibt es noch „höhere" Formen des Sozialspiels wie etwa auch Regelspiele, die in dieser Untersuchung aber nicht berücksichtigt wurden, da die Kinder dafür noch zu jung waren. Interessant ist auch, dass spätere Spielformen frühere nicht ersetzen, sondern nebeneinander bestehen bleiben. So ist bei drei- bis vierjährigen Kindern auch noch das Alleinespielen relativ häufig festzustellen, obwohl nichtsoziale Aktivitäten mit zunehmendem Alter tendenziell abnehmen (vgl. Berk, 2005).

Bei *Regelspielen* müssen Kinder schließlich nach festgelegten Regeln handeln. Diese Spiele sind fast immer Wettkampfspiele, wobei der Wettbewerb anfangs weniger bedeutsam ist (z. B. Hüpfspiele), nach und nach aber stärker in den Vordergrund tritt (z. B. Fußball, Brettspiele).

Mit Ausnahme des Informations- und des Konstruktionsspiels zeigt das Spielverhalten eine bestimmte altersabhängige Reihenfolge, die auch über verschiedene Kulturen hinweg beobachtet wurde. Die folgende Tabelle stellt diese Abfolge dar.

Spielform	Alter mit Beschreibung
Sensumotorisches Spiel	Mit einem Einzelgegenstand (z. B. Rassel) gespielt, nimmt diese Spielform zwischen 7 und 30 Monaten allmählich ab. Der kulturell richtige Umgang mit Gegenständen (z. B. Benutzen einer Tasse) ist zwischen 9 und 13 Monaten häufiger zu beobachten. Komplizierte Handlungen mit Alltagsgegenständen (z. B. Einhalten einer Reihenfolge, Einbeziehen mehrerer Gegenstände) tritt erst mit 18 bis 24 Monaten auf.
Als-ob-Spiel	Tritt häufig relativ abrupt um das erste Lebensjahr auf. Es nimmt über die Jahre der Vorschulzeit zu und sinkt in seiner Häufigkeit dann wieder ab. Während ein Rollenspiel, bei dem mit anderen zusammengespielt werden muss, bei Dreijährigen noch kaum zu finden ist, spielen bereits alle Vierjährigen bei „normaler" Entwicklung diese Spielform. Die Dauer dieser Spielform wächst zwischen dem vierten und fünften Lebensjahr deutlich an.
Regelspiel	Ist im Vorschulalter noch relativ selten zu beobachten, tritt erst im Übergang zur Grundschule häufiger auf.

Zeitlicher Ablauf bestimmter Spielformen (vgl. Rauh, 2008, S. 239 f.)

Unter Fachleuten besteht weitgehend Einigkeit darüber, dass Spielen im höchsten Maße entwicklungsfördernd ist. Fragen wir uns aber: Warum spielen Kinder eigentlich? Hier liefert der entwicklungsförderliche Aspekt des Spiels keine zufriedenstellende Antwort, da Kinder ja nicht spielen, damit sie in ihrer Entwicklung gefördert werden. Auch die Antwort, ein Kind habe einfach Spaß am Spiel und spiele deswegen, greift insgesamt zu kurz, da Kinder auch Angst machende Situationen spielen, in denen es offensichtlich nicht nur um den Spaß am Spiel geht. Vier weitere Erklärungsvarianten werden deswegen an dieser Stelle kurz aufgeführt (vgl. Rauh, 2008). Alle Erklärungsansätze zusammen genommen verdeutlichen, wie wichtig, komplex und für seine Entwicklung bedeutend das kindliche Spiel ist. Nicht umsonst sprechen Pädagogen auch vom Spiel als der „Arbeit des Kindes".

- Ein Grund für das kindliche Spiel wird in sogenannten „Aktivierungszirkeln" gesehen. Hier steigert sich zunächst die Aktivierung und Erregung, um nach dem Erreichen eines Höhepunkts wieder abzufallen. Dieser Vorgang kann sich wiederholen und wird vom Kind als besonders lustvoll erlebt. Spiele, bei denen ein solcher Aktivierungszirkel deutlich wird, sind beispielsweise „Guckuck-da-Spiele" oder „Hoppe-hoppe-Reiter".
- Die Möglichkeit einer intensiven Begegnung mit der Umwelt ist ein weiterer Grund, um zu spielen. Dies wird für jeden deutlich, der Kinder schon einmal beim Entdecken einer Schlammpfütze beobachtet hat.
- Spielen bietet für Kinder auch eine Bewältigungsmöglichkeit spezifischer Probleme. Jedes Kind macht frühzeitige Erfahrungen, die es nicht einordnen kann, die unangenehm sind und mit denen es nicht zurechtkommt. Solche Erfahrungen können im Spiel weiterverarbeitet und bewältigt werden. Dann spielen Kinder Streitereien nach, auf der Straße beobachtete Unfälle, unheimliche Szenen aus Märchenbüchern oder auch die Ankunft eines neuen Geschwisterchens.
- Ein vierter Grund kann schließlich in der spielerischen Bewältigung entwicklungs- und beziehungstypischer Thematiken gesehen werden, z. B. vor der Einschulung das beliebte „Schulespielen" von Vorschulkindern.

Gleichaltrige und die ersten Freundschaften

Kinder im selben Alter – sogenannte Peers – können einzigartige Lernerfahrungen bieten. Da sich Gleichaltrige auf (ungefähr) dem gleichen Niveau begegnen, ist es die Aufgabe aller, die Kommunikation am Laufen zu halten, zufrieden stellend miteinander umzugehen oder Ziele für ein Spiel festzulegen. Dabei bilden sich erste Freundschaften als wichtige Rahmen für emotionale und soziale Entwicklungen.

Bereits Drei- bis Vierjährige bevorzugen das Spielen und Zusammensein mit ausgewählten Kindern, die sie dann auch als Freunde bezeichnen (vgl. Hartup/Stevens, 1999). Sie setzen in der Definition von Freundschaft jedoch etwas andere Schwerpunkte als Erwachsene. Für sie hat Freundschaft eher etwas mit einem gemeinsamen lustvollen Spiel und mit dem Teilen von Spielzeug zu tun. Somit haben diese Freundschaften noch nicht im gleichen Ausmaß die langfristige, die Zeit überdauernde Qualität, die auf gemeinsamem Vertrauen basiert, wie es bei Jugendlichen und Erwachsenen üblicherweise der Fall ist. So kann man an einem Tag hören „Elisa ist meine beste Freundin", wenn beide Kinder gerade gut zurechtkommen. Am nächsten Tag kann man aber genauso gut hören: „Elisa, du bist nicht meine Freundin!", wenn ein Streit ausgebrochen ist, der nicht schnell gelöst werden konnte.

Trotzdem sind Freundschaften in diesem Alter schon etwas Besonderes: Kinder begrüßen ihre Freunde freundlicher, loben diese mehr und sind kooperativer. Sie reden, lachen und sehen sich öfter an, als dies bei Kindern der Fall ist, die sie nicht zu ihren Freunden zählen. Freundschaften bieten darüber hinaus schon in diesem Alter soziale Unterstützung. Wenn Kinder beispielsweise mit ihren Freunden die Kindergartenjahre beginnen oder wenn es ihnen leicht fällt, neue Freunde zu gewinnen, gelingt auch die Anpassung in der Schule wesentlich besser (vgl. Hartup/Stevens 1999).

Kindliche Freundschaften sind allerdings nicht frei von Konflikten. Es gibt sogar Beobachtungen, die den Schluss nahe legen, dass Konflikte in Freundschaften häufiger vorkommen als bei anderen Peers (vgl. Hartup/Moore 1990). Allerdings enden diese Konflikte auch häufiger in einem Kompromiss, der den Fortbestand der Freundschaft ermöglicht.

Einige Forscher sind auch der Meinung, dass es gerade die Konflikte zwischen Kindern sind, die das soziale Lernen vorantreiben. Denn diese machen den Kindern die Widersprüche zwischen ihren Handlungsabsichten und denen anderer bewusst und erzwingen so Aushandlungsprozesse, die soziales Lernen begünstigen. Die Betreuungsqualität übt dabei gerade bei Kleinkindern noch großen Einfluss auf das Verhalten der Kinder untereinander aus – ein wichtiger Hinweis für all jene, die sich mit der Qualität in der Kindertagespflege ernsthaft befassen. Mit zunehmender Sozialkompetenz der Kinder in späteren Altersgruppen nimmt ihr Einfluss dagegen vergleichsweise ab.

Vielleicht stellen Sie sich daher nun die Frage, wie Tagespflegepersonen bei Konflikten der Kinder reagieren sollen? Sicher gibt es dazu keine pauschale Antwort, da es auf die Situation und die beteiligten Kinder ankommt. Kontrollierende und aufdringliche Erwachsene verstärken jedoch eher Konflikte und aggressive Auseinandersetzungen unter Kindern – und dies schon im Alter von zwei Jahren. Dies als Begründung für ein bewusstes Ignorieren der kindlichen Streitereien zu benutzen wäre allerdings die falsche Schlussfolgerung. Vielmehr ist es oftmals besser, sich zwar behutsam einzumischen und Hilfen anzubieten, die Konfliktlösung allerdings den Kindern zu überlassen oder sie zusammen mit ihnen zu erarbeiten (vgl. Ahnert, 2010).

> ***Beispiel:*** *Tagesmutter Lisbeth berichtet: „Die besten Freunde Mats und Nils sind auch unsere größten Streithähne. Es vergeht kaum ein Tag, an dem sie sich nicht wegen irgendetwas in die Wolle geraten. Gleichzeitig kleben sie wie Pech und Schwefel zusammen und spielen auch am Wochenende am liebsten miteinander. Vor einiger Zeit ist mir aufgefallen, dass sie sich immer dann wieder schnell vertragen, wenn sie sich gegen mich verbünden können. Das sieht dann so aus: Sie streiten sich darüber, was sie spielen wollen. Mats möchte zum Beispiel mit Lego bauen, Nils lieber Piraten spielen. Meistens warte ich eine Weile ab, ob sie sich ohne Hilfe einigen können. Wenn der Streit zu laut wird und die anderen Kinder beeinträchtigt, setze ich mich dazu. Typischerweise wird jeder meiner Vorschläge, wie der Streit zu schlichten sein könnte, von beiden gemeinsam abgelehnt. Wenn mir nichts mehr einfällt*

und ich sage, dann müsst ihr jetzt getrennt spielen, denn euer Streit stört die anderen, einigen sich die beiden ruckzuck auf eine Variante, die sie zuvor noch abgelehnt hatten. Ich denke, diese regelmäßigen Streitereien haben für beide eine Bedeutung, die ich zwar nicht verstehe, die für beide aber wichtig ist."

Die ersten Fertigkeiten für den Umgang mit Gleichaltrigen lernen Kinder gewöhnlich im Familienumfeld. Dazu zählt auch die Tagesfamilie. Eltern beeinflussen die Interaktion ihrer Kinder mit Peers sowohl auf direkte Weise – durch Einflussnahme auf die Beziehungen der Kinder untereinander – als auch indirekt durch ihren Erziehungsstil oder ihr eigenes Spielverhalten (vgl. Hollingsworth/Buysse, 2009). So werden kleine Kinder, deren Eltern sie häufig mit anderen Kindern und Freunden in Kontakt bringen (z. B. in Form einer Kindertagesbetreuung mit mehreren anderen Kindern), über ein größeres Netzwerk von Freunden verfügen und im sozialen Umgang mit Gleichaltrigen geübter sein. Auch eine sichere Bindung mit einer einfühlsamen und emotional positiven Kommunikation zwischen Kind und Eltern bzw. Tagespflegepersonen kann mit aufeinander eingehenden, harmonischen Interaktionen unter Gleichaltrigen in Verbindung gebracht werden (vgl. Berk, 2005). Dies zeigt wieder, wie bedeutsam das Vorbild von wichtigen Erwachsenen ist. Außerdem wird deutlich, dass hier eine Stärke der Kindertagespflege im Vergleich zur Betreuung in der Kernfamilie liegen kann (dies ist jedoch nicht zwangsläufig der Fall), denn heute wachsen viele Kinder als Einzelkinder auf. Die Stunden mit anderen Kindern bei Tagesmutter oder Tagesvater können ihr Verhaltensrepertoire vorteilhaft erweitern.

1.7 Sprachentwicklung und -förderung

Dieses Kapitel nimmt insofern eine Sonderstellung gegenüber den anderen ein, als hier nicht nur auf Entwicklungsaspekte eingegangen wird, sondern ausdrücklich auch im größeren Umfang auf Förderaspekte. Das begründet sich unter anderem dadurch, dass die zentrale Bedeutung sprachlicher Kompetenzen in der Kindertagespflege – wie in jeder anderen außerfamiliären Kinderbetreuungsform auch – zunehmend in der Öffentlichkeit und bei pädagogischen Fachvertretern betont wird. Auch hängen Entwicklungs- und Förderwissen stark zusammen und sind im praktischen Handeln ohnehin untrennbar miteinander verknüpft. Dadurch ist dieses Kapitel ausführlicher als die anderen Kapitel zu den Entwicklungsaspekten. Jedoch können viele Ausführungen der folgenden Seiten als beispielhaft für generelle Überlegungen gelten. Dadurch wird noch einmal unterstrichen, dass erst das Zusammenwirken von Erkenntnis- und Reifungsprozessen verschiedener Entwicklungsbereiche zu wichtigen Entwicklungsfortschritten führt.

Aufgabe

Zu Beginn möchten wir Ihnen ein paar Fragen stellen: Wie erwerben Kinder ihre Sprachfähigkeiten? Sind diese angeboren oder erlernt? Können Sie als Tagespflegeperson etwas zur Sprachentwicklung eines Kindes beitragen oder läuft das ohnehin alles „von selbst"?

Was meinen Sie? Nehmen Sie sich kurz Zeit, über diese Fragen nachzudenken, bevor Sie weiterlesen.

Im Folgenden werden fünf verschiedene Ansätze vorgestellt, die zu erklären versuchen, welche Faktoren den Spracherwerb beeinflussen und welche Rolle Ihnen als Tagespflegeperson dabei zukommen kann (vgl. dazu Wendlandt, 2006).

Spracherwerb als genetisch bedingte Fähigkeit

Dieser Erklärungsansatz besagt, dass Kinder eine genetisch bedingte („angeborene") spezifische Fähigkeit zur Sprachentwicklung haben. Das kindliche Gehirn ist also schon von Geburt an (und auch schon davor) auf die Verarbeitung von sprachlichen Umweltreizen vorbereitet. Kinder steigen bei Geburt demnach nicht bei „null" in den Spracherwerb ein, sondern bringen schon grundlegende Fähigkeiten zur Sprachverarbeitung mit. Sie werden darüber hinaus ab dem ersten Kontakt mit Sprache von einem angeborenen „Spracherwerbsmechanismus" beim Lernen unterstützt.

Für diese Sichtweise spricht beispielsweise zum einen, dass schon vier Tage alte Säuglinge die eigene Muttersprache von hinreichend unterschiedlichen fremden Sprachen unterscheiden können (vgl. Mehler u. a., 1988) und zum anderen, dass Schritte in der frühen Sprachentwicklung in verschiedenen Kulturen der Erde sehr vergleichbar ablaufen. Insgesamt sprechen also einige Argumente für eine genetisch verankerte Unterstützung des Spracherwerbs. Allerdings sollte man dabei nicht vergessen, dass auch ein „genetischer Mechanismus" eine Umwelt benötigt, um sich zu entfalten. Sprachentwicklung ist ein komplexes Zusammenspiel von genetischen Voraussetzungen und Umwelterfahrungen. Daher sind noch weitere Faktoren zur Beantwortung der Frage relevant, wie Kinder ihre Muttersprache erwerben.

Spracherwerb als Ergebnis einer allgemein-kognitiven Reifung

Sprache steht natürlich auch in einem engen Zusammenhang mit der allgemeinen und kognitiven Entwicklung des Kindes. Es gibt Überlegungen, wonach bestimmte sprachliche Strukturen erst dann erworben werden können, wenn das Kind entsprechende Fortschritte in seiner (Denk-)Entwicklung gemacht hat. In dieser Erklärungsvariante rückt die allgemein-kognitive Entwicklung des Kindes in den Vordergrund und es wird klar, dass Sprachförderung nicht losgelöst von der Förderung anderer Entwicklungsbereiche gesehen werden kann.

Bestimmte Aussagen von Barbara Zollinger, einer schweizerischen Logopädin, lassen sich beispielsweise diesem Ansatz zuordnen. Für sie sind insbesondere zwei Voraussetzungen für ein „Entdecken der Sprache" bedeutsam (vgl. Zollinger, 2007): erstens die Fähigkeit, sich etwas nicht Vorhandenes vorzustellen, und zweitens die Lust, einem „Du" etwas zu erzählen, und zwar in dem Wissen, dass diese andere Person nicht automatisch das gleiche denkt wie man selbst. Bei Zollinger spielt also neben der allgemein-kognitiven Entwicklung des Kindes auch die *kommunikative Funktion* von Sprache eine Rolle.

Spracherwerb im Kontext seiner kommunikativen Funktion

Spracherwerb findet nicht losgelöst von der eigentlichen Funktion von Sprache statt: mit anderen in einen Austausch beispielsweise von Wünschen, Bedürfnissen oder Gedanken treten zu können. Vertreter dieses Erklärungsansatzes betonen als Motor des Spracherwerbs den Wunsch der Kinder, von anderen verstanden zu werden. Der *Mitteilungscharakter* bzw. *Informationsgehalt* einer sprachlichen Äußerung ist danach entscheidend dafür, wie man Sprache lernt.

Spracherwerb durch Nachahmung und Verstärkung

Eine weitere wichtige Möglichkeit für ein Kind, das Sprechen zu erlernen, besteht darin, gehörte (und gesehene) Äußerungen nachzuahmen. Es imitiert die Sprachäußerungen seiner Umwelt und wird dabei für einige Äußerungen belohnt. Andere werden nicht belohnt bzw. korrigiert. Dabei kann eine „Belohnung" schon ganz einfach aus einem Lächeln des Gegenübers oder einem Wiederholen der kindlichen Äußerung bestehen. Das belohnende Verhalten der Erwachsenen ist außerdem meist dem Alter des Kindes angepasst. So wird man bei einem dreimonatigen Kind noch auf alle Laute positiv reagieren, wohingegen man von einem dreijährigen Kind gewöhnlich Wörter oder längere Äußerungen fordert. Vergegenwärtigt man sich außerdem, dass ein Kind vieles durch Nachahmung lernt, werden an dieser Stelle zwei weitere wichtige Dinge klar. Erstens wird deutlich, wie bedeutsam für eine „normale" Sprachentwicklung eine ungestörte Entwicklung des Hör- aber auch des Sehsinns ist, denn ohne etwas zu hören oder zu sehen, kann ein Kind auch nichts nachahmen. Zweitens wird die Rolle der Sprachvorbilder (und damit auch das Sprachvorbild der Tagespflegeperson) für die kindliche Entwicklung deutlich. Bereits sechs Wochen alte Säuglinge bevorzugen die Stimme ihrer Mutter gegenüber einer fremden Stimme, allerdings nur dann, wenn die Mutter mit einer natürlichen, kindorientierten Sprechmelodie und nicht in einem monotonen Tonfall redet (vgl. Mehler u. a., 1978).

Spracherwerb durch soziale Interaktion

Die Sprechweise der Bezugspersonen spielt eine große Rolle beim Spracherwerb. Mit folgender kleiner Aufgabe können Sie sich dessen leicht bewusst werden.

Aufgabe

Sie benötigen für die Übung mindestens eine weitere Person, am besten suchen Sie sich aber gleich ein paar Bekannte und führen die Übung durch.

Eine von Ihnen „spielt" ein kleines Kind (ca. ein Jahr alt), eine zweite Person redet mit diesem Kind (versucht zum Beispiel herauszufinden, was dieses Kind heute erlebt hat). Die anderen Personen beobachten und achten darauf, was sich im Kommunikationsverhalten der erwachsenen Person beim Reden mit dem „Kind" im Vergleich zu einem Gespräch unter Erwachsenen ändert.

Was fällt Ihnen auf? Was ändert sich im Gesichtsausdruck? Ändern sich Tonhöhe oder Sprechmelodie? Wie lang und komplex werden Sätze formuliert? Werden einfachere Worte verwendet? usw.

Viele Erwachsene sind intuitiv in der Lage, nicht nur ihr Belohnungsverhalten, sondern ihre ganze Sprache den Bedürfnissen eines Kindes anzupassen. Man kennt die Situation, in der man sich über einen Kinderwagen beugt und augenblicklich ganz anders mit diesem kleinen Menschen redet, als man es mit Erwachsenen tun würde. Diese speziell ans Kind gerichtete Sprache ist durch verschiedene Merkmale gekennzeichnet (vgl. Szagun, 2000):

- klar erkennbare Durchgliederung der Sprache,
- Sprechen in höherer Tonlage mit größerer Modulation (Schwankungen in der Tonlage),
- langsamere Sprechgeschwindigkeit,
- inhaltliche und grammatikalische Vereinfachungen der Äußerungen (kurze, wenig komplexe Sätze),
- Hinzufügen von Zusatzinformationen, die das Verstehen erleichtern sollen (z. B. „Den Baum?", „Ach, der große, alte Baum mit der tollen Schaukel?"),
- viele Fragen und Aufforderungen,
- Wiederholungen und Umschreibungen,
- hoher Anteil an emotionalen Elementen (z. B. „Ohh", Ahh"),
- häufige Verwendung von Verniedlichungsformen.

Nach diesem Erklärungsansatz steuern Bezugspersonen den Spracherwerbsprozess des Kindes, indem sie sprachliche Angebote machen, die dem jeweiligen Stadium seiner sprachlichen Entwicklung angemessen sind.

1.7.1 Der Sprachbaum

Alle bisher aufgeführten Erklärungsansätze für Sprachentfaltung haben Stärken und Schwächen; keiner kann für sich alleine alle Aspekte der Entwicklung menschlicher Sprache erklären, denn dies ist ein hochkomplexer Prozess. Um trotzdem ein relativ leicht verständliches Bild dieser komplizierten Entwicklung zu vermitteln, entwarf Wolfgang Wendlandt (vgl. 2006) das Vorstellungsbild eines Baumes. Im Folgenden wird dieser „Sprachbaum" näher beschrieben.

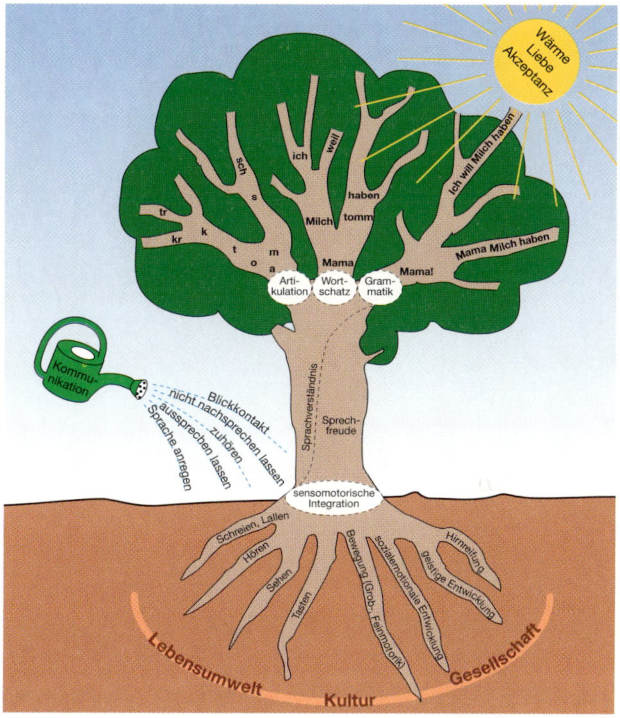

(Wendlandt, 2006)

Basale Voraussetzungen: die Wurzeln

Die Sprache des Kindes (und auch der Erwachsenen) ist verwurzelt in der jeweiligen unmittelbaren Lebensumwelt, der Kultur und Gesellschaft der Eltern und des Kindes. In diesen Boden graben sich die einzelnen Wurzeln des Baumes, die wichtige Voraussetzungen für den normalen Spracherwerb bilden.

Frühe Lautäußerungen wie das Schreien (siehe hierzu auch den Exkurs „Schreien") oder etwas später das sogenannte Lallen eines Kindes stellen wichtige Vorläufer der ersten Worte dar. Zusätzlich benötigen Kinder einige körperliche Voraussetzungen für eine problemlose Sprachentwicklung. Benötigt wird beispielsweise ein gesund ausgebildeter Sprechapparat. Dazu gehören das Zwerchfell, die Lungen und Bronchien (für die Atmung), der Kehlkopf mit den Stimmlippen (für die Produktion der Stimme) sowie der Kiefer, der Rachen, die Nase, die Mundhöhle, der Gaumen, die Zunge, die Zähne und die Lippen (für die Artikulation). Liegen bei einem Kind Störungen in der Funktion eines oder mehrerer dieser anatomischen Bereiche vor, kann die normale Sprachentwicklung gefährdet sein.

Ein anderer wichtiger Bereich ist die Motorik. Die für das Sprechen notwendigen komplizierten Mund- und Zungenbewegungen verlangen feine Abstimmungen unterschiedlichster Muskelgruppen. Die Fähigkeit zu derartiger Feinmotorik ist das Resultat der gesunden motorischen Gesamtentwicklung des Kindes; treten hier Störungen auf, kann sich dies auf die Sprachentwicklung des Kindes auswirken.

Exkurs: Schreien

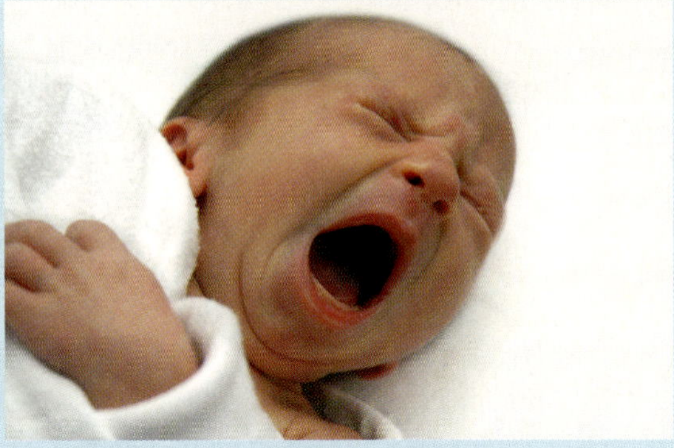

Für Säuglinge ist Schreien eine der ersten Möglichkeiten, mit anderen in Kontakt zu treten. Sie lassen ihre Eltern oder die Tagespflegeperson dadurch wissen, wann sie Nahrung, Trost und Stimulierung benötigen. Babys schreien aber auch, wenn sie Schmerzen haben, Bauchkrämpfe (sogenannte Koliken) zum Beispiel. Diese Babys schreien vor allen Dingen nachmittags und abends; sie haben dabei einen angestrengten bis schmerzverzerrten Gesichtsausdruck und lassen sich nur schwer beruhigen (vgl. Rauh, 2008).

Die meisten Eltern und Betreuungspersonen tun alles, um herauszufinden, warum der Säugling schreit und wie sie sein Bedürfnis stillen können. Dies gelingt ihnen zwar am Anfang nicht immer, mit zunehmender Erfahrung können sie das Schreien jedoch besser interpretieren. Zusätzlich wenden sie häufig verschiedene Methoden an, um das Baby zu beruhigen. Sie nehmen es auf den Arm, tragen es umher, die Windeln werden gewechselt, es wird gefüttert, Mobiles oder Rasseln werden zum Spielen angeboten etc. Es dauert manchmal eine Zeit lang, bis Eltern und Tagespflegeperson herausgefunden haben, was einem Baby bei welcher Art des Schreiens gut tut. Wichtig ist, die Ruhe zu bewahren, Verschiedenes auszuprobieren und vor allem nicht gereizt zu reagieren. Kein Baby schreit, um Erwachsene zu ärgern.

Bei den meisten Kindern nimmt das Schreien in den ersten Wochen zu, hat seinen Höhepunkt um die sechste Woche und pendelt sich nach gut drei Monaten wieder ein (vgl. Berk, 2005). Einige Kinder schreien jedoch öfter, länger und lassen sich zudem nur schwer beruhigen. Solche „Schreikinder" stellen die Bezugspersonen vor eine sehr belastende und schwierige Situation, die sie alleine oft nicht bewältigen können. Das Schreien wird spätestens dann „behandlungsbedürftig", wenn Bezugspersonen wegen des anhaltenden Schreiens nicht mehr in der Lage sind, im besten Interesse des Kindes zu handeln und ein Zusammenbruch der Eltern-Kind-Beziehung (bzw. Tagespflegeperson-Kind-Beziehung) droht (vgl. Barr, 2000). In solchen Fällen sollte man eine „Schreisprechstunde" aufsuchen, die es mittlerweile in vielen Städten an Kinderzentren, Erziehungsberatungsstellen oder ähnlichen Einrichtungen gibt. (Im Internet finden Sie Angebote in Ihrer Nähe, wenn Sie bei einer Suchmaschine „Schreisprechstunde" eingeben.) Im Laufe einer solchen – meist videogestützten – Elternberatung wird einerseits hervorgehoben, was gut zwischen Kind und Bezugsperson läuft. Andererseits werden Eltern auch für die kindlichen Signale, Bedürfnisse sowie für bestimmte ungünstige Eltern-Kind-Interaktionen sensibilisiert (siehe auch das Interview mit der Körpertherapeutin Trautmann-Voigt am Ende von Kap. B, 2). Letztere werden aufgelöst und günstige Beziehungsmuster eingeübt (vgl. Papousek u. a., 2004).

Schließlich stellt die gesunde Entwicklung verschiedener Sinnesbereiche ebenfalls eine zentrale Voraussetzung für die Sprachentwicklung dar. Kinder können beispielsweise schon im Mutterleib hören. Bereits mit wenigen Lebensmonaten wenden sie sich gezielt einer Schallquelle zu (vgl. Saffran u. a., 2006; Wilkening/Krist, 2008). Um den siebten Monat beginnen sie die Fähigkeit zu entwickeln, sowohl fremde als auch selbst produzierte Laute nachzuahmen. Falls Kinder zu diesem Zeitpunkt ihr Lallen ganz einstellen oder es deutlich weniger wird, kann das ein wichtiges Alarmsignal für das Vorhandensein einer Schwerhörigkeit darstellen. In diesem Fall sollte man mit dem Kind dringend einen Termin bei einem Spezialisten vereinbaren (z. B. bei einem Hals-Nasen-Ohren-Arzt oder einer pädaudiologischen Beratungsstelle).

Aber nicht nur das *Hören* ist zentral für die Sprachentwicklung. Das *Sehen* ist ebenfalls eine wichtige Voraussetzung beim Beginn der Sprachentwicklung. So gibt es Untersuchungen, die zeigen, dass Kinder mit 18 bis 20 Monaten eine Fähigkeit zum „Lippenlesen" aufweisen und diese im Spracherwerbsprozess auch nutzen (vgl. Kuhl/Meltzoff, 1982). Darüber hinaus weisen viele blinde Kinder eine Sprachentwicklungsstörung auf. Für das Sprechenlernen ist schließlich auch der Tastsinn wichtig, denn wahrnehmen heißt gerade bei kleinen Kindern immer auch fühlen und spüren. Der Tastsinn ermöglicht es Kindern zum Beispiel, den Druck der Zunge beim „t" kürzer und stärker zu dosieren als beim „d", das Vibrieren der Lippen beim „w" zu spüren und diesen Laut vom „f" zu unterscheiden. Dabei ist nicht nur das Hören, sondern auch das muskuläre Empfinden (man sagt dazu auch taktil-kinästhetische Wahrnehmung) von immens wichtiger Bedeutung.

Zu den Wurzeln des Sprachbaums gehören definitiv auch kognitive Voraussetzungen, denn für den Spracherwerb ist es ebenso notwendig, dass ein Kind in der Lage ist, neue Sinneseindrücke nicht nur wahrzunehmen, sondern auch zu verarbeiten und im Gedächtnis abzuspeichern. Kinder, bei denen diese kognitiven Prozesse nicht altersgemäß entwickelt sind, haben deswegen oft Beeinträchtigungen der Sprachentwicklung.

Sozial-emotionale Aspekte bilden weitere wichtige Voraussetzungen für das Erlernen der Sprache.

„Sprechen" bedeutet immer auch, Beziehungen zu anderen Menschen einzugehen und sich aktiv der Umwelt zuzuwenden. Treten Störungen in der sozial-emotionalen Entwicklung der Kinder auf (den Extremfall bilden autistische Kinder), ist häufig die Sprachentwicklung davon betroffen. Andersherum können aber auch Störungen in der Sprachentwicklung negative Auswirkungen auf die sozial-emotionale Entwicklung haben.

Alle „Wurzelstränge", die bislang einzeln aufgeführt wurden, stehen natürlich in einer engen wechselseitigen Beziehung zueinander: Fähigkeiten, die das Kind neu erwirbt, werden in das Spektrum schon vorhandener Fähigkeiten integriert, nehmen Einfluss auf diese und werden wiederum selbst von ihnen beeinflusst.

Sprachfreude und Sprachverständnis: der Stamm

Während – um bei dem Bild des Baumes zu bleiben – die Wurzeln das Fundament für den Spracherwerb legen, entwickeln sich im Stamm Sprechfreude und Sprachverständnis als wesentliche Voraussetzung für die feinen Verästelungen in der Krone. Gerade kleinen Kindern kann man gewöhnlich die Freude beim Lernen und Gebrauch von Lauten, Wörtern und Satzgebilden förmlich ansehen: Sie strahlen, wenn man ihr „bambam" nachahmt und vielleicht auch noch nach einer Weile in ein „bambambum" variiert; sie freuen sich, wenn sie „Mäh" sagen und daraufhin das schöne weiche Stoffschaf gereicht bekommen.

Für die Entwicklung der Kommunikationsfähigkeit des Kindes ist es enorm bedeutsam, zu erfahren, dass seine Sprachversuche erfolgreich sind. Wenn Sie sich als Tagesmutter oder Tagesvater auf das kindliche Bemühen einlassen und die Sprechabsichten des Kindes freudig aufgreifen, dann behalten und entwickeln Kinder ihre Sprechfreude. Sie legen dadurch ein wichtiges Fundament für die Sprache der Kinder und deren Fähigkeit zur lebendigen Kommunikation.

Die Entwicklung des Sprachverständnisses ist ein anderes bedeutendes Fundament der Sprachentwicklung. Dabei eilt das Sprachverständnis dem aktiven Sprachvermögen voraus und bildet damit die Grundlage für viele Lernfortschritte. Das Verstehen bezieht sich dabei zunächst auf Situationen und Schlüsselwörter, wird jedoch zunehmend abstrakter und löst sich vom situativen Kontext.

> ***Beispiel:*** *Stellen Sie sich folgende Situation vor: Sie haben gerade vor Sebastian (13 Monate) den Inhalt einer Spielzeugkiste (Stofftier, Feuerwehrauto, Kreisel, Ball, Puppe und Bauklötze) ausgebreitet, strecken nun Ihre Hand aus und sagen: „Sebastian, gib mir doch bitte einmal das große, rote Feuerwehrauto". Sebastian schaut Sie kurz an und gibt Ihnen dann das große, rote Feuerwehrauto. Können Sie aufgrund der Reaktion darauf schließen, dass Sebastian nun tatsächlich schon den ganzen Satz mit allen darin enthaltenen Wörtern verstanden hat?*
>
> *Nein, denn es hätte für die richtige Reaktion auch das Verständnis folgender Schlüsselwörter ausgereicht: „Sebastian", „gib" und „Auto". Unter der Voraussetzung, dass keine anderen Kinder neben Sebastian sitzen, die auch angesprochen sein konnten, und wegen der situativen Einbettung des Ganzen (Ihr Blickkontakt zu Sebastian gepaart mit der eindeutigen Handgeste) hätte für Sebastian wahrscheinlich alleine das Verständnis des Wortes „Auto" für seine richtige Reaktion ausgereicht.*

Komponenten der Sprache: die Krone

Die Baumkrone kann man in unserem Bild vom Baum in verschiedene Bereiche, sogenannte Komponenten der Sprache, unterteilen. Dabei stellt der Erwerb der einzelnen Komponenten durchaus eigene und jeweils besondere Anforderungen an das lernende Kind. Trotzdem sind die Sprachkomponenten gleichzeitig auf komplexe Weise miteinander verschränkt. Die Tabelle auf S. 125/126 gibt einen Überblick über einige „Meilensteine" der Sprachentwicklung kindlicher Äußerungen.

Im Bereich Artikulation lernt das Kind, Laute seiner Muttersprache korrekt zu bilden. Dabei werden gewöhnlich zuerst die Laute beherrscht, die im vorderen Mundbereich geformt werden (z. B. „b“, „m“), dann diejenigen des hinteren Mundbereichs (z. B. „k“, „r“). Später kommen Zischlaute (z. B. „sch“, „ch“) und Lautverbindungen hinzu (z. B. „kr“, „schm“).

Auch im Wortschatz des Kindes lässt sich eine Entwicklung verfolgen. So nimmt das Kind anfangs nur Begriffe von Dingen auf, die es anfassen kann und täglich wahrnimmt. Allmählich treten aber auch Begriffe hinzu, die sich auf Dinge außerhalb seiner Reichweite beziehen (z. B. „Himmel“), die es nicht anfassen kann oder die abstrakt sind (z. B. „Hunger“, „lieb haben“).

Die Gliederung und Form seiner Äußerungen, also seine Grammatik, entwickelt sich von einem einzelnen Wort mit Satzcharakter („Mama“ für „Mama, schau doch mal!“ oder „Mama, komm her“) über kurze Aneinanderreihungen von zwei oder mehreren Wörtern („Ich Nane haben“ für „Ich will die Banane haben“) zu längeren Satzbildungen mit Nebensatzkonstruktionen, die zunehmend den Regeln der Muttersprache entsprechen. Neue grammatikalische Regeln werden erkannt, gespeichert und immer besser angewendet.

Schließlich baut das Kind auch grundlegende Regeln der Kommunikation auf und aus, die für das Verstehen und Gestalten von Gesprächen bedeutsam sind (dieser Bereich wird *Pragmatik* genannt). Es lernt, Fragen oder Aufforderungen anhand der Wortwahl, Wortstellung und Betonung zu erkennen und darauf zu reagieren. Das Kind lernt, Sätze miteinander zu verbinden, indem es Bezug auf bereits Gesagtes nimmt („Die Katze hat Krallen. *Mit denen* kann sie Mäuse fangen.“). Dadurch entwickelt es immer stärker erzählerische Fähigkeiten. Es erwirbt außerdem ein Wissen darüber, wann es in einer Kommunikationssituation an der Reihe ist und wann der Gesprächspartner das Rederecht hat. Dabei erfährt es, dass die eigene Sprechabsicht sprachlich, aber vor allem auch nichtsprachlich signalisiert werden kann (durch Blickkontakt, besonders betonte Stimmführung, Zuwendung und Körperkontakt, Gesichtsausdruck und Köpersprache).

Alter	Stationen der produktiven Sprachentwicklung
bis 6 Monate	Im Alter zwischen 6 und 8 Wochen beginnt der Säugling zu „gurren“, das heißt, beginnend mit Kehllauten werden viele verschiedene Laute in allen Artikulationszonen gebildet, oft Konsonantenverbindungen wie „kr“.
bis 10 Monate	Zwischen dem 2. und 4. Lebensmonat setzt das Lallen ein und es werden zunehmend mehr Laute produziert: Das Kind „lallt“ Silben wie „ba“ oder „be“; es kommt auch zu Silbenverdoppelungen „gaga“. Beachten Sie: Fällt in diesem Zeitrahmen ein Einstellen bzw. eine deutliche Reduktion des Lallens auf, kann dies ein Hinweis auf Schwerhörigkeit oder Gehörlosigkeit sein.
bis 12 Monate	Zwischen dem 6. und 9. Monat wird das sogenannte Lallstadium erreicht, in dem die einzelnen Silben zu Lallmonologen wie „babagadenama“ zusammengeführt werden. Außerdem beginnt das Kind zwischen dem 8. und 10. Lebensmonat mittels Gesten bewusst zu kommunizieren (deutet z. B. auf einen Ball, den es haben will).

Alter	Stationen der produktiven Sprachentwicklung
bis 14 Monate	Zwischen dem 10. und 14. Lebensmonat werden die ersten Wörter gesprochen (z. B. „Mama", „Papa").
18 Monate	Das Kind beherrscht aktiv ca. 50 Wörter, hierbei werden auch Kindwörter wie „Wauwau" oder andere Äußerungen mit Wortcharakter als Wörter gezählt (verstehen kann es ca. 200 Wörter). Es kommt zur sogenannten Wortschatzexplosion: Von jetzt an lernt das Kind neue Wörter, insbesondere Benennungen, sehr viel schneller als zuvor. Beachten Sie: Kinder, die mit 24 Monaten noch nicht die 50-Wort-Grenze erreicht haben, werden als „Spät-Sprecher" bezeichnet und haben ein erhöhtes Risiko für eine bleibende Störung der Sprachentwicklung mit gravierenden Folgen für die kognitive und psychosoziale Entwicklung. Solche Kinder sollten einem Experten (z. B. einer Logopädin) vorgestellt werden.
bis 18 Monate	Das Kind spricht in „Einwortsätzen", das heißt, es kann mit einem Wort feststellen, erbitten, fragen, antworten (z. B. „Mama" für „Mama ist auf dem Foto zu sehen" oder „Mama, ich will auf den Arm genommen werden").
ab 18 Monate	Das Kind bildet erstmals Wortkombinationen; erster Gebrauch des Wortes „Nein".
ab 2. Lebensjahr	Die Länge der Gesprächseinheiten nimmt deutlich zu, sodass bereits 2,5-Jährige in der Lage sind, um die 20 zusammenhängende Äußerungen zu produzieren.
bis 2,5 Jahre	Erste Fragewörter („Was?", „Wo?") werden gebraucht; die Sprachlaute werden deutlicher, bei Anlautverbindungen („kl", „pl" etc.) hat das Kind aber noch Schwierigkeiten; erster Gebrauch der Ich-Form.
bis 3,5 Jahre	Die Laute der Muttersprache werden bis auf einige schwierige Laute (z. B. „sch") und Lautverbindungen (z. B. „pfl") korrekt gesprochen. Der Wortschatz wächst weiterhin stark. Einfache Sätze werden richtig gebildet und erste bei- und nebengeordnete Sätze tauchen auf (z. B. „Mama war beim Einkaufen und ich habe mit dem Papa gespielt", „Die Sp(r)itze, die er mir gegebt hat, tat nicht weh".
bis 4–6 Jahre	Das Kind spricht fließend. Seine Sätze sind komplexer, es kann Gedankengänge variieren sowie Geschichten nacherzählen. Es zählt bis 10, verwendet abstrakte Begriffe, telefoniert und nennt Vor- und Nachnamen.

Meilensteine der (produktiven) Sprachentwicklung

(vgl. Grimm, 1998, S. 713 ff.; Weinert/Grimm, 2008, S. 505 ff.; Wendlandt, 2006, S. 28 f.)

Bemerkungen zum Sprachbaum

Nach den ausführlichen Schilderungen des Spracherwerbs kann es wie ein Wunder anmuten, dass die meisten Kinder diesen komplexen Prozess ohne größere Schwierigkeiten bis zum Schuleintritt meistern. Auch der Erwerb der Schriftsprache, also Lesen und Schreiben, baut auf den vorhandenen Sprach- und Sprechfähigkeiten des Kindes und dem mehrjährigen Gebrauch von Sprache auf. Die Schriftsprache erwirbt man allerdings nicht „von alleine", also einfach dadurch, dass man in einer „Schriftsprachen-Umgebung" aufwächst. Vielmehr ist der Erwerb der Schriftsprache ein langwieriger, bewusster Lernprozess, der normalerweise innerhalb der Schule stattfindet. Trotzdem baut der Schriftspracherwerb auf der frühen Sprachentwicklung auf. Dies kann man unter anderem daran erkennen, dass bei vielen Kindern, die Probleme beim Lesen- und Schreibenlernen haben, früher Störungen der Sprachentwicklung beobachtet werden konnten.

Jeder Baum, auch wenn er die Anlage zu einem wirklichen Prachtexemplar in sich tragen würde, kann niemals aus sich alleine heraus wachsen. Er benötigt Licht und Wärme der Sonne, Wasser durch Regen. Genauso sind für jeglichen kindlichen Lernprozess und Entwicklungsbereich Wärme, Akzeptanz und Liebe enorm wichtig, damit Lernen gelingen und Entwicklung stattfinden kann. Sprachförderung muss deshalb in einem „warmen", wohlwollenden Umfeld stattfinden. Störungen der Sprachentwicklung können auch auf ein Fehlen an „Sonnenstrahlen" zurückgehen. Auf der anderen Seite: Ein Zuviel an Zurechtweisung und Bevormundung kann sich negativ auf die Sprachentwicklung auswirken, denn zu jedem Lernprozess gehören auch Herumprobieren und die Erlaubnis zum Fehlermachen. Nicht zuletzt lernen Kinder Sprache dadurch, dass sich Eltern und Bezugspersonen gerne und freudig mit ihnen unterhalten.

1.7.2 Sprach(förder)gelegenheiten im Alltag erkennen und nutzen

Im Zusammenleben mit Kindern ergeben sich fast in jeder Minute Gelegenheiten, die Freude an der Sprache zu fördern. In all diesen Situationen ist die Grundhaltung entscheidend, mit der man den Kindern begegnet. Denn Lernen bedeutet gerade bei kleinen Kindern immer auch Beziehung – nämlich die zwischen Lehrendem (dem Erwachsenen bzw. einem anderen Kind) und Lernendem (Kind). Je besser dabei die Beziehung gelingt, desto besser kann auch Lernen stattfinden. Nehmen Sie deshalb Ihr Tageskind als eigenständige Person wahr, begegnen Sie ihm mit Wertschätzung und Zuneigung und loben Sie es für seine Lernfortschritte. Damit Kinder das Lernen grundsätzlich eher mit positiven Gefühlen verknüpfen, darf der gemeinsame Spaß in der Situation und am Lernen nie zu kurz kommen. Humor im Sinne einer „heiteren Gelassenheit" ist dabei ein wichtiges Element der Beziehungsgestaltung und auch der Sprachförderung (vgl. Winner, 2007).

Neben dieser wohlwollenden und positiven Grundhaltung gegenüber dem Kind ist noch eine andere „Fähigkeit" der Bezugsperson wichtig, um eine optimale Sprachentwicklung zu unterstützen. Diese besteht darin, Situationen herzustellen, in denen die Bezugsperson und das Kind den Aufmerksamkeitsfokus teilen (siehe Kap. B, 1.5.1). Damit ist gemeint, dass man sich um Situationen bemühen sollte, in denen Sie sich beide, also Sie selbst ebenso wie das Kind, mit dem gleichen Gegenstand, der gleichen Person oder der gleichen Situation beschäftigen (vgl. Weinert/Grimm, 2008). Dies sind intensive – durchaus auch kurze – Sprachlerngelegenheiten von hoher Effektivität, die sich auf ganz unterschiedliche Weise im Alltag ergeben können.

Exkurs: Das „Guckguck-da-Spiel“

Beim „Guckguck-da-Spielen“ verschwindet ein Objekt (meist das Gesicht der Mutter oder des Vaters bzw. der Tagespflegeperson) für ein paar Sekunden hinter einer Hand, einem Tuch oder Ähnlichem, um wenige bange Augenblicke später wieder aufzutauchen. Diese Spiele sind nach Erkenntnissen der Psycholinguistin Anna Winner (2007) hervorragende Mittel zur Sprachförderung von Kleinkindern. Dabei sind die sprachlichen Inhalte nebensächlich, denn diese müssen sich der Grundstruktur des Spiels unterordnen, welche immer gleich bleibt.

„So erleben die Kinder in unzähligen Wiederholungen, wie mit Stimme und Sprache eine bestimmte Spielkonvention hergestellt werden kann. Ohne funktionalen Druck erlebt das Kind, wie mit Sprache etwas bewirkt werden kann; es erlebt Grammatikstrukturen und es lernt, aufmerksam einer längeren sprachlichen Sequenz zu folgen. So sehr die Spiele im Alltag variieren, ihre Tiefenstruktur ist nahezu immer identisch: Zuerst wird etwas eingeführt, es gibt eine Einleitung. Die Situation, die Personen oder die Gegenstände werden vorgestellt. Dann passiert etwas, es wird spannend, oh, das kann einem schon ein bisschen Angst machen, ob das gut ausgeht, es ist ein bisschen gruselig. Dann die Lösung, nichts ist geschehen, alles löst sich in Wohlgefallen auf. Es ist eben ein Spiel, und nur, weil es ein Spiel ist, kann sich das Kind immer wieder mit der gleichen Lust darauf einlassen, denn es weiß, dass es keine unangenehmen Konsequenzen zu fürchten hat.“

(Winner, 2007, S. 73)

Im Großen und Ganzen ist es sehr viel besser ist, die vielen kleinen alltäglichen Situationen richtig zu nutzen, als gezielte Sprachtrainingseinheiten zu absolvieren (siehe hierzu auch Exkurs „Was ist von „Zwergensprach“- oder „Babyzeichen-Kursen“ zu halten?“). Damit ist aber nicht gemeint, dass man solche Trainingseinheiten gänzlich ausschließen soll. Wenn sie stattfinden, sollen sie jedoch Kindern und Tagespflegepersonen Freude bereiten.

Exkurs: Was ist von „Zwergensprach"- oder „Babyzeichen-Kursen" zu halten?

Bei der sogenannten Zwergensprache („Baby Signing") werden normal entwickelten Kindern, die zumeist aber aufgrund ihres Alters noch nicht sprechen können (oder wollen), Handgesten beigebracht, welche Gegenstände, Tätigkeiten, Eigenschaften etc. aus dem Alltag der Kinder symbolisieren sollen. Durch das Trainieren, das Unterstützen und den Gebrauch solcher Gesten entstünden laut den Befürwortern dieser Trainings verschiedene Vorteile für die kindliche Entwicklung. Zum Beispiel soll dadurch die lautsprachliche Entwicklung sowie die Gehirnentwicklung im Allgemeinen gefördert und beschleunigt werden. Schließlich erwartet man darüber hinaus auch positive Auswirkungen auf das Intelligenzniveau der Kinder zu einem sehr viel späteren Alter (vgl. Acredolo/Goodwyn, 2000; Goodwyn u. a., 2000).

In englischsprachigen Ländern ist dieses Thema seit einigen Jahren sehr präsent, da viele (kommerzielle) Kurse, Bücher, Seminare und Ähnliches zum „Baby Signing" angeboten werden. Auch in Deutschland wird dieses Thema zunehmend publik und kommerzialisiert – gerade auch im Bereich der Kindertagespflege. Um es kurz zu halten: Aus wissenschaftlicher Sicht liegen derzeit keine überzeugenden Belege für die postulierten positiven Konsequenzen einer Zwergensprache vor (vgl. Johnston u. a., 2005). Die „wissenschaftlichen" Belege, die von „Zwergensprache"-Kursanbietern oder in sonstigen kommerziellen Produkten zu diesem Thema immer wieder genannt werden, halten einer kritischen Überprüfung nicht stand. Es lässt sich sogar argumentieren, dass für die kindliche Entwicklung ein gewisses Gefahrenpotenzial von solchen Kursen ausgehen kann. Deswegen muss man momentan dazu raten, sich das Geld für solche Produkte lieber zu sparen oder in seriösere Programme zu investieren. So gibt es mittlerweile wissenschaftlich fundierte „Elterntrainingsprogramme", die auch in der Weiterqualifizierung von Tagespflegepersonen sinnvoll eingesetzt werden können (z. B. STEP, www.instep-online.de, oder Triple P, www.triplep.de). Daneben gibt es Angebote, in denen für pädagogische Fachleute Interventionsmöglichkeiten für ungünstige Verhaltensweisen und Anregungen für günstige Interaktionsmuster aufgezeigt werden (z. B. www.intraactplus.eu).

Die Bilderbuchsituation oder: das dialogische Lesen

Im Folgenden wird eine bestimmte Art, Bilderbücher anzuschauen, vorgestellt. Das Ziel besteht ausdrücklich darin, die Sprech- und Sprachfähigkeit des Kindes zu steigern und zu verbessern. Der gemeinsame Spaß und die neuen, positiven Erfahrungen im Umgang mit Büchern und Sprache stehen dabei im Vordergrund. Diese Art des gemeinsamen Bilderbuchschauens wird auch als „dialogisches Lesen" bezeichnet (vgl. Whitehurst u. a., 1988), wobei ein wirkliches „Lesen" umso weniger eine Rolle spielt, je jünger die Kinder sind. Vielmehr bezieht sich der Begriff auf eine bestimmte Art der Kommunikation zwischen Erwachsenem und einem oder mehreren Kindern beim gemeinsamen Bilderbuchanschauen. Diese soll in erster Linie als Dialog stattfinden, wobei der Inhalt bzw. Text zunächst eine eher nebensächliche Rolle spielt.

Im Prinzip sind für diesen Zweck alle Kinderbücher geeignet, aber auch anderes visuell ansprechendes Material wie Fotoalben, Bildkalender oder sogar manche Werbeprospekte. Entscheidend für die Materialauswahl sollte das Interesse des Kindes sein, wobei das Alter des Kindes und dessen Sprachverständnis eine zentrale Rolle spielen (vgl. Kraus, 2005).

Je jünger ein Kind ist, desto wichtiger ist das freie Erzählen über die Bilder im Buch und weniger der Inhalt. Deswegen sind in dieser Altersgruppe Bücher vorzuziehen, die viele Bilder haben und zu denen leicht ein Gespräch und eine Erzählsituation entstehen kann. Insgesamt sollten die Bilder das Kind ansprechen und zum Reden animieren (z. B. Tierbilder, Familienfotos, Spielzeug). Sind Kinder älter (zwischen vier und fünf Jahren), rückt der Inhalt der Geschichte etwas mehr in den Vordergrund. Es geht zwar immer noch darum, ein Gespräch über das Buch zu führen, doch kann das Kind jetzt auch beispielsweise dazu aufgefordert werden, die Geschichte in eigenen Worten zu Ende zu erzählen bzw. sich an den Beginn der Geschichte zu erinnern. Auch bei den älteren Kindern ist darauf zu achten, dass der Inhalt des Buches die Kinder anspricht, sie zum Reden animiert und sie Interesse an der Geschichte zeigen.

Ein Wort zur Atmosphäre: Sobald sich das Kind selbst oder zusammen mit einem Erwachsenen ein Bilderbuch ausgesucht hat, sollte man es sich erst einmal gemütlich machen. Eine gemeinsame Lese- oder Kuschelecke ist hierfür besonders geeignet. So kann noch leichter ein Gefühl von Nähe und Geborgenheit entstehen. Zielsetzung dieses „Gemütlichmachens" ist es, eine Situation zu schaffen, in der Bücher und Lesen mit positiven Begegnungen, schönen gemeinsamen Erlebnissen sowie mit Gefühlen von Geborgenheit und Zuwendung verbunden werden können. Kinder sollen auf jeden Fall das Gefühl haben, dass man sich Zeit für sie nimmt.

Beginnt man nun mit dem eigentlichen Bilderbuchanschauen, kann man als Erwachsener anfangs etwas aktiver sein: Man stellt beispielsweise vermehrt Fragen und verstärkt zeitgleich das Kind, wenn es sich beteiligt. Im weiteren Verlauf sollten Sie sich aber selbst eher zurücknehmen und dem Kind die Initiative und die höheren Redeanteile überlassen. Beiträge des Kindes sind also ausdrücklich erwünscht, werden aufgegriffen, belohnt, in die Interaktion integriert und erweitert. Im optimalen Fall entwickelt sich so ein reger Dialog zwischen Ihnen und dem Kind. Dieses Ziel kann durch den Einsatz verschiedener Sprachfördertechniken unterstützt werden, die in der folgenden Tabelle aufgeführt sind. Besonders beeindruckend ist, dass der richtige (natürliche) Einsatz solcher Techniken schon nach relativ wenigen Bilderbuch-Situationen zu nachhaltigen Fortschritten in der Sprachentwicklung führen und sogar den empfundenen erziehungsspezifischen Stress von Eltern minimieren kann (vgl. Huebner, 2000; Weinert/

Grimm, 2008). Mit „erziehungsspezifischem Stress" ist der Stress gemeint, der zulasten der Erziehungsarbeit geht und nicht durch andere Stressquellen wie Konflikte in der Partnerschaft oder am Arbeitsplatz verursacht wurde (siehe Kap. A, 1.5.3).

Verhalten Erwachsener	Zwei- bis dreijährige Kinder	Vier- bis fünfjährige Kinder
Fragetechnik	• einfache W-Fragen (Wer? Was? Wo? Wie?) • auf kindliche Antworten nachfragen, weitere Fragen stellen • offene Frageformulierung (siehe W-Fragen)	• erweiterte W-Fragen (Wer? Was? Wo? Wie? Warum? Weshalb? ...) • Rück- und Erinnerungsfragen • („Erinnerst du dich noch an ...?") • offene Frageformulierung sowie Fragen stellen, die einen Alltagsbezug herstellen („Hast du so etwas auch schon einmal erlebt?")
Reaktionen auf kindliche Aussagen	• Wiederholung der Aussagen, wenn nötig • Hilfestellungen geben • Erweiterung kindlicher Aussagen (Kind: „Das ist ein Hund." Erwachsener: „Ja, das ist ein großer Hund.")	• Wiederholung der Aussagen, wenn nötig • Hilfestellungen geben, Erweiterung kindlicher Aussagen
Aufforderungen		• Sätze vervollständigen lassen („Schau mal, die Giraffe hat einen langen ...") • In eigenen Worten Geschichte zu Ende erzählen lassen („Was denkst du, wie die Geschichte aufhört?")

Sprachfördertechniken beim dialogischen Lesen (vgl. Kraus, 2005)

Auf jeden Fall sollten die in der Tabelle aufgeführten Methoden auf lockere, flexible und konstruktive Art und Weise gebraucht und angewendet werden. Das Kind darf dabei nicht das Gefühl haben, dass es ausgehorcht oder auf die Probe gestellt wird (z. B. danach, was es schon beherrscht). Man muss vielmehr einiges an Feingefühl im Umgang mit diesen „Techniken" an den Tag legen, welches sich aber leicht einüben lässt. Wie wichtig es außerdem ist, auf das Alter des Kindes einzugehen, zeigt das folgende Beispiel:

__Beispiel:__ Mit einem 15 Monate alten Kind könnte sich zum Beispiel folgende Situation während des gemeinsamen Bilderbuchanschauens ergeben:

Tagespflegeperson:	*„Oh, schau mal, was das ist!" (deutet auf ein Schwein, das sich im Dreck suhlt und vollkommen schwarz ist)*
Kind:	*(schaut auf das Bild)*
Tagespflegeperson:	*„Was ist das nur?" (erstaunt)*
Kind:	*„Da" (deutet auf das Schwein)*
Tagespflegeperson:	*„Ahh, stimmt, das ist ein Schwein! Das ist aber ganz schön dreckig!"*
Kind:	*„Da" (deutet auf die das Schwein umgebenden Schlammpfütze)*
Tagespflegeperson:	*„Ja, deswegen ist es so dreckig."*

Mit einem etwas älteren Kind (z. B. 20 Monate) könnte sich die gleiche Situation eventuell folgendermaßen darstellen:

Tagespflegeperson:	*„Oh, schau mal, was das ist!" (deutet auf ein Schwein, das sich im Dreck suhlt und vollkommen schwarz ist)*
Kind:	*(schaut auf das Bild)*
Tagespflegeperson:	*„Was ist denn das?" (erstaunt)*
Kind:	*„Ein Swein!"*
Tagespflegeperson:	*„Ahh, richtig! Das ist ja ein Schwein! Das ist aber ganz schön dreckig! Warum hat sich das denn so dreckig gemacht?"*
Kind:	*„Verstecken?!"*
Tagespflegeperson:	*„Ach, du meinst, dass es sich vielleicht verstecken wollte. Mmh, ja, kann sein. Was meinst du, warum wollte es sich verstecken?"*

Schließlich könnte wieder die gleiche Situation mit einem Dreijährigen wie folgt verlaufen:

Tagespflegeperson:	*„Oh, schau mal, was das ist!" (deutet auf ein Schwein, das sich im Dreck suhlt und vollkommen schwarz ist)*
Kind:	*(schaut auf das Bild) „Ein Swein!"*
Tagespflegeperson:	*„Ja richtig, aber warum ist das denn so dreckig? Ich habe das ja jetzt fast gar nicht erkannt."*
Kind:	*„Des wollt vielleicht spielen."*
Tagespflegeperson:	*„Ja, könnte sein. Hättest du auch Spaß daran, dich mal so dreckig zu machen?"*
Kind:	*„Ja!" (lacht)*
Tagespflegeperson:	*„Hast du das denn schon mal gemacht"*
Kind:	*„Ja, da hat meine Mama aber gesimpft."*
Tagespflegeperson:	*„Ja, was hast du denn da gemacht? Hat die dich denn überhaupt erkannt, wenn du so dreckig warst wie das Schwein?"*

(Kerl-Wienecke/Brüll, DJI, Qualifizierungsmodul)

Abschließend soll betont werden, dass man Bilderbücher mit Kindern auf sehr unterschiedliche Art und Weise anschauen kann. Die hier vorgestellte ist eine wichtige Möglichkeit der Sprachförderung. Genauso wichtig kann gerade bei älteren Kindern aber auch ein wortwörtliches Vorlesen sein. Manchmal fordern Kinder sogar explizit das wiederholte Vorlesen einer Geschichte, obwohl bzw. gerade weil sie den Text eigentlich schon auswendig können. Wichtig ist also wie bei allen „Sprachfördermethoden", dass man diese nicht als starres Instrument versteht, sondern je nach Kind und Situation variiert.

Exkurs: Literacy

„Mit dem Begriff ‚Literacy' werden nicht nur die Fähigkeiten des Lesens und Schreibens bezeichnet, sondern auch Text- und Sinnverständnis, Erfahrungen mit der Lese- und Erzählkultur der jeweiligen Gesellschaft, Vertrautheit mit Literatur und anderen schriftbezogenen Medien (inkl. Internet) sowie Kompetenzen im Umgang mit der Schriftsprache.

Letztere ist abstrakter und umfasst einen reichhaltigeren Wortschatz, einen komplizierteren Satzbau und mehr Nebensätze als die gesprochene Sprache. Zudem ist die Schriftsprache ‚de-kontextualisiert' (unabhängig vom Kontext), d. h. Schreiber und Leser befinden sich in der Regel nicht in derselben Situation und können sich somit nicht miteinander austauschen. Deshalb muss der Schreiber den Text so verfassen, dass er für eine Person nachvollziehbar ist, die nur dessen Inhalt aufnimmt. So müssen z. B. bei Geschichten oder Märchen neben der Handlung auch die Personen, Räume und Situationen beschrieben werden, die eine Rolle spielen, damit der Text verständlich wird.

Literacy wird bereits in der frühen Kindheit grundgelegt. Da Kleinkinder in ihren Familien unterschiedliche Erfahrungen mit der Lese-, Erzähl- und Schriftkultur ihrer Gesellschaft machen, sind Erzieherinnen gefordert, hier ausgleichend bzw. kompensatorisch tätig zu werden. Außerdem sollen sie generell relevante Vorläuferfähigkeiten fördern, da Literacy in der heutigen Wissensgesellschaft von größter Bedeutung ist. Wissenschaftliche Untersuchungen haben belegt, dass diejenigen Kinder in der Schule bessere Sprach-, Lese- und Schreibkompetenzen aufweisen, die in der frühen Kindheit vielfältige Erfahrungen mit Sprache, Vorlesen, (Bilder-) Büchern, Schrift etc. gemacht haben."

(Textor, 2010)

Der bekannten und mehrfach ausgezeichneten schweizer Spielpädagogin Susanne Stöcklin-Meier liegt das Vorlesen und Erzählen von Märchen ganz besonders am Herzen. Auf ihrer Website (www.stoecklin-meier.ch) schreibt die erfolgreiche Autorin zahlreicher Bücher: „In Märchen, Mythen und Sagen ist weises Wissen verborgen. Es läuft wie ein goldener Faden durch alle Kulturen und Zeiten. Märchen bauen eine Brücke zum Schatz der Fantasie und verknüpfen die Wirklichkeit mit der unsichtbaren Welt" (Stöcklin-Meier, 2010).

In dem nachfolgenden Gespräch erläutert Susanne Stöcklin-Meier, was kleine Kinder an Märchen lieben, und gibt Tipps zum Vorlesen und Erzählen.

Märchen: Wo Werte lebendig bleiben

Inge Michels im Gespräch mit Susanne Stöcklin-Meier, Diegten bei Basel, Schweiz

Susanne Stöcklin-Meier, ausgebildete Erzieherin, Spielpädagogin und freie Journalistin, sammelt und veröffentlicht seit vielen Jahren traditionelle Spielformen, Verse und Märchen. Ihre Bücher sind in vielen europäischen Sprachen erschienen. Als Referentin und Autorin ist es ihr Anliegen, Eltern und pädagogische Fachkräfte dafür zu sensibilisieren, welche Kraft und welche Weisheit in fantasievollen Geschichten stecken. Sie ist davon überzeugt, dass Märchen Spuren im Denken, in der Sprache und in der Seele jedes Kindes hinterlassen.

Beim Blättern und Lesen in Ihren vielen Büchern wird einem so ganz anders ums Herz. Nicht nur die Märchen und Illustrationen sind sehr poetisch, auch Sie selbst reflektieren die Bedeutung überlieferter Geschichten in einer bildhaften, beschaulichen und den Kindern zugewandten Sprache. Vermissen Sie etwas, wenn Sie sich anschauen, wie Kinder heute aufwachsen?
Mir fällt auf, dass die Kinder heute sehr früh dazu angehalten werden, rational zu denken. Das bedauere ich, denn wenn wir von Kindern erwarten, realistisch zu sein, geht ihnen etwas verloren, was das Wesen des Kindseins ausmacht und worauf ihre Zuversicht und ihr Selbstvertrauen beruhen. Dazu müssen Sie bedenken, dass Kinder noch bis in die frühe Grundschulzeit zwischen verschiedenen Welten wandern. Zwerge und Feen, Elfen und Kobolde sind genauso real wie etwa der Bäcker oder die Polizistin. Das ist etwas sehr Schönes und Wichtiges. Aus den Vorbildern der Heldinnen und Helden, aus der Klarheit dessen, was gut und was böse ist, schöpfen Kinder Mut, Kraft und Zuversicht für ihre eigene Entwicklung.

Die UNESCO hat Sie 2009 als Autorin ausgezeichnet. Gewürdigt wurde, dass Sie das „immaterielle Kulturerbe für die Gemeinschaft der Kinder" sammeln und in Ihren Büchern aufbewahren. In der Laudatio heißt es unter anderem: „Reime, Sprüche, Märchen und Spiele bilden das gemeinsame Erfahrungsfeld der Kinder, auf dem sie ihre Identität aufbauen." Was genau ist es, was zum Beispiel „Hoppe-Hoppe-Reiter" zu einem Kulturgut macht?
Nun, überlegen Sie, was alles passiert, wenn Sie mit einem kleinen Kind „Hoppe-Hoppe-Reiter" spielen. Es spürt Bewegung, es hört Sprache, es hört eine Melodie oder singt vielleicht mit Ihnen zusammen. Es hat Körperkontakt zu Ihnen, es wird gehalten. Spannung baut sich auf, und dann der Plumps zum Schluss, der die Spannung auflöst. Sicher lachen Sie beide zusammen, das Kind gluckst vor Vergnügen und verlangt ganz bestimmt nach einer Wiederholung. Es spürt sich in dem Moment des Spiels verbunden mit Ihnen, aber auch mit seiner und Ihrer Herkunft. Dabei entstehen bewusste und unbewusste Erinnerungen. Und so werden Reime und Spiele, Märchen und Sagen von einer Generation zur anderen weitergegeben und tragen in ihrer Komplexität und Sinnlichkeit das Wissen einer ganzen Kultur in sich.

Der Hirnforscher Gerald Hüther sagt in diesem Lehrbuch, dass Kinder Gemeinschaften brauchen, in denen sie sich aufgehoben fühlen. An einer anderen Stelle hat er darauf verwiesen,

dass es ein Grundbedürfnis von allen Kindern ist, sich mit der Welt eins zu fühlen. Wenn ich Sie richtig verstehe, dann sprechen Märchen dieses Bedürfnis an.
Genauso ist es. In Märchen entdecken Kinder Wahrheiten und Herzenswünsche, nach denen sich alle Menschen sehnen. Liebe, Gewaltlosigkeit und Gerechtigkeit gehören dazu. Die Menschen sind seit Urzeiten fasziniert von Mythen und magischen Geschichten. Sie finden darin Anregung und Entspannung zugleich. Gerald Hüther, den ich sehr schätze, hat übrigens explizit über Märchen etwas sehr Wichtiges gesagt, er nannte sie „Superdoping für Kinderhirne". Wenn Kinder ein Märchen erzählt bekommen, dann konzentrieren sie sich, kommen zur Ruhe, hören genau hin, fragen nach, fühlen mit und erweitern ganz nebenbei ihren Sprachschatz, aber auch ihr Gefühlsrepertoire. Und nicht zu vergessen: Sie spüren Werten nach, die in der heutigen Welt immer noch gültig sind.

Wertebewusstsein – das wird seit einigen Jahren von Politik und anderen gesellschaftlichen Kräften so nachdrücklich eingefordert.
Nicht ohne Grund. Es ist ja auch wirklich nicht so einfach, sich in dieser globalen Welt mit ihrer Vielfalt von individuellen Richtigkeiten, wenn ich das einmal so sagen darf, zurechtzufinden. Werte oder rechtes Handeln erfahren Kinder in dem Maße, in dem sie lernen, zu unterscheiden. Das ist gut und das ist böse, das ist richtig und das ist falsch, das ist Liebe und das ist Gewalt, das ist zärtlich und das ist grob und so weiter. Dieses etwas Holzschnitzartige in Märchen entspricht genau dem kindlichen Bedürfnis, sich zu orientieren und eine Richtschnur für das eigene Empfinden, Handeln und Denken zu finden. Erzählformen eignen sich viel, viel besser dazu, Werte verständlich zu machen und als erstrebenswert zu sehen, als es jede Anweisung oder Aufforderung vermag.

Was können Erwachsene, in unserem Fall Tagesmütter und -väter, tun, um Kindern ihr Paradies, ihre Fantasiewelt zu erhalten? Wozu würden Sie sie gerne anregen?
Oh, da fällt mir so viel ein, dass dies den Rahmen unseres Gesprächs sprengen würde. Ich werde deshalb nur so viel sagen: Fühlen Sie sich in das Denken und Empfinden der Kinder ein! Kinder glauben, dass alle Dinge eine Seele haben, dass diese lebendig sind, fühlen und handeln können. So kann ein Kuscheltier traurig sein, aber auch frech oder fröhlich. Der Wind kann Geschichten erzählen, die Wolken können es eilig haben oder trödeln. Und ich würde den Tagesmüttern ans Herz legen wollen: Erzählen Sie Geschichten! Am besten selbst ausgedacht, nicht zu spannend für die Kleinen, und sie müssen unbedingt gut ausgehen. Grimms Märchen sind übrigens erst etwas für ältere Kinder. Vorlesen geht auch; am besten an einer besonderen Stelle im Raum, behaglich hergerichtet. Und zaubern Sie ein kleines Ritual, bevor die Erzählstunde beginnt.

In Ihrem Buch „Von der Weisheit der Märchen" beschreiben Sie einige Rituale, um mit Kindern eine märchenhafte Stimmung entstehen zu lassen. Würden Sie uns eines daraus schildern?
Ja, welches wähle ich da aus? – Nehmen wir das vom Tor der Märchenwelt. Besorgen Sie sich einen Gymnastikreifen, umwickeln Sie ihn mit Goldpapier oder besprühen Sie ihn mit Goldlack. Durch dieses goldene Tor steigen oder krabbeln die Kinder ins Märchenland und zum Schluss wieder zurück. Ach, ich erzähle Ihnen noch ein Beispiel, eines für die dunkle Jahreszeit: Stellen Sie eine dicke, breite Kerze – wegen der Sicherheit keine

dünne – auf einen Spiegel. Drum herum legen Sie Glitzersteine oder zarte Tücher, etwas Goldenes oder etwas, was die Kinder im Wald gesammelt haben. Besonders schön riechen übrigens Kerzen aus Bienenwachs. Ich kann Ihnen versprechen: Die Kinderaugen werden leuchten.

Alltägliche Gegenstände benennen – miteinander aufräumen

Eine gute alltägliche Gelegenheit, den Wortschatz zu erweitern oder zu festigen, stellt auch das Aufräumen dar. Beim gemeinsamen Aufräumen kann man beispielsweise jeweils die Gegenstände benennen, die man wegräumt. Oder anders: Verabreden Sie mit den Kindern, dass erst alle blauen, rote bzw. gelben oder zuerst alle eckigen oder runden Bauklötze in eine Kiste gepackt werden. Danach könnten alle Spielzeuge an der Reihe sein, mit denen man fahren kann (z. B. Spielzeugautos). Man merkt gerade an dieser Aufräumsituation, dass es nicht so sehr auf explizite Sprachspiele in der Förderung „normal" entwickelter Kinder ankommt, sondern darauf, in alltäglichen Gelegenheiten Sprache und die Freude am Umgang mit Worten und Begriffen kreativ einfließen zu lassen.

Beachten Sie, dass kleine Kinder grundsätzlich noch nicht viel mit der allgemeinen Aufforderung „Aufräumen!" anfangen können. Altersgerechter und damit verständlicher kommunizieren Sie, wenn Sie konkrete Anweisungen geben, etwa so: „Alle Tücher bitte in die Verkleidungskiste, die Bücher kommen wieder ins Regal, die Bauklötze füllt ihr bitte in die Truhe und die Puppen dürfen jetzt in ihren Bettchen schlafen". Je nach Alter der Kinder sollten Sie auf die jeweiligen Gegenstände und die dazu gehörenden Aufbewahrungsorte zeigen.

Alltägliche Handlungen (und Gefühle) verbalisieren

Sprachförderung sollte sich keinesfalls darauf beschränken, lediglich möglichst viele Gegenstände der äußeren Welt benennbar zu machen. Sie sollte sich insbesondere und vor allen Dingen der inneren Welt der Kinder widmen. Ein wichtiges Ziel der Sprachförderung besteht daher in der Entwicklung einer möglichst differenzierten Ausdrucksmöglichkeit für Gefühle, Stimmungen und generell für alle „inneren" Zustände des Kindes. Sie fördern Kinder deshalb im besonderen Maße, wenn Sie sie dabei unterstützen, für eigene Empfindungen Worte zu finden – gerade dann, wenn dies dem einzelnen Kind selbst aufgrund seines Sprachentwicklungsstandes noch nicht gelingt. Dabei geht es natürlich nicht darum, Kindern irgendwelche Gefühle „einzuimpfen", die es nicht verspürt. Ziel ist es vielmehr, dass Sie das Kind und die jeweilige Situation feinfühlig wahrnehmen und ihm sprachliche Angebote machen. Folgendes Beispiel soll dies erläutern.

Beispiel: *Der 11 Monate alte Benedikt macht gerade seine ersten Laufversuche, er tippelt auf den Tisch zu und will sich an der Tischdecke festhalten. Diese rutscht allerdings vom Tisch, weswegen nicht nur eine Plastikschüssel mit Nüssen lautstark vom Tisch rutscht, sondern auch Benedikt auf seinen Po plumpst und zu weinen anfängt.*

Tagesmutter Inge wendet sich mit folgenden Worten Benedikt zu: „Oh, was ist denn jetzt passiert?" Sie nimmt ihn auf den Arm und vergewissert sich, dass nichts Schlimmes passiert ist. Dann klopft sie im leicht auf den Po und sagt mit beruhigender Stimme: „Jetzt bist du auf deinen Popo geplumpst und hast dich wegen der blöden Nüsse erschreckt, was?!" Das

Weinen von Benedikt wird schon etwas schwächer, was darauf schließen lässt, dass er sich vor allem erschrocken und nicht verletzt hat. Nun sagt die Tagesmutter in einem etwas lustigeren Tonfall: „Hat der kleine Benedikt einfach plummps gemacht! Plummps! Und ist auf seinen Popo gefallen!" (klopft wieder leicht auf den Po) „So einen lauten Krach haben die Nüsse gemacht." Die Tagespflegeperson setzt ihn auf den Boden, sagt dazu noch einmal lustig „Plummps, plummps!" und begleitet dies mit der entsprechenden Mimik.

Nun lacht Benedikt und beginnt, gemeinsam mit seiner Tagesmutter die Nüsse wieder einzusammeln. „Plummps, plummps, plummps", sagt er dabei vor sich hin. Er hat viel gelernt: Das Wort „plummps", dass man nicht nur aus Schmerz, sondern auch vor Schreck weinen kann, dass dies also zwei unterschiedliche Empfindungen und Gründe für Weinen sein können. Nicht zuletzt hat er sogar mithilfe der Tagesmutter den Grund seines Erschreckens durchschaut.

In letzter Konsequenz fordert das natürlich auch, dass man als Erwachsener dazu fähig sein sollte, seinen eigenen Gefühlen differenziert Ausdruck verleihen zu können. Wenn Erwachsene das Reden über Gefühle, insbesondere über unangenehme, als ein Tabu empfinden und/oder ihnen die Fähigkeit dazu fehlt, werden sie keine guten Vorbilder für Kinder sein können. Die Tagesmutter etwa hätte in dem Beispiel auch sagen können: „Wie gut, dass du dich nicht verletzt hast. Im ersten Moment habe ich mich auch erschrocken."

Tipp

Zum Weiterlesen:
Ahnert, Liselotte: Wieviel Mutter braucht ein Kind? Bindung – Bildung – Betreuung: öffentlich und privat, Heidelberg, Spektrum, 2010.

Das Buch beschäftigt sich auf sehr interessante und gut lesbare Art und Weise mit Themen, die allesamt direkt oder indirekt auch die Kindertagespflege betreffen. Dabei werden viele Dinge angesprochen, die in das vorliegende Kapitel leider nicht mit aufgenommen werden konnten. So widmet sich Liselotte Ahnert beispielsweise auch der Rolle von Männern bzw. Vätern bei der Bindung, Bildung und Betreuung von Kindern.

Dweck, Carol: Selbstbild. Wie unser Denken Erfolge oder Niederlagen bewirkt, übersetzt von Jürgen Neubauer, Frankfurt am Main, Campus, 2007.

In dem Buch geht es darum, wie die eigene Sicht auf uns selbst – also unser Selbstbild – entscheidenden Einfluss darauf nimmt, was wir uns zutrauen, wie wir uns in verschiedensten Situationen verhalten und fühlen. Das Buch macht deutlich, wie einflussreich dieses Bild von uns selbst ist. Es ist leicht verständlich und für ein breites Publikum geschrieben. In dem Buch wird auch deutlich, wie sich bestimmte Selbstbilder entwickeln. Tagespflegepersonen bekommen viele interessante Hinweise, wie sie sich gegenüber Kindern verhalten können, um ein möglichst günstiges und wirkungsvolles Bild ihrer eigenen Fähigkeiten und Eigenschaften zu entwickeln.

Jampert, Karin/Zehnbauer, Anne/Best, Petra/Sens, Anne/Leuckefeld, Kerstin/Laier, Mechthild: Kinder-Sprache stärken. Sprachliche Förderung in der Kita: das Praxismaterial, 5 Hefte, Weimar, Deutsches Jugendinstitut, 2009.

In diesem Werk erfahren Erzieherinnen und Tagespflegepersonen das erforderliche Hintergrundwissen, um sich den Zugang zur Kindersprache zu erschließen, sensibel für die sprachlichen Entwicklungsprozesse der Kinder zu werden und sie in ihrer sprachlichen Entwicklung zu begleiten. Es wird ein breites Spektrum an sprachlichen Anregungen im erzieherischen und pädagogischen Alltag aufgezeigt.

Jansen, Fritz/Streit, Uta: Erfolgreich erziehen: Kindergarten- und Schulkinder, Frankfurt, Krüger, 2010.

Obwohl mit dem Titel des Buches hauptsächlich Erziehungspersonen von Kindergarten und Schulkindern angesprochen werden, sind die zentralen Inhalte des Buches auch beim Umgang mit kleineren Kindern höchst relevant. Die beiden Autoren zeigen anhand vieler alltäglicher Beispiele, wie Eltern oder Tagespflegepersonen über ihr Verhalten auf Kinder unbewusst oder bewusst einwirken können. Hierbei wird deutlich, wie Tagespflegepersonen Kinder darin unterstützen können, so wichtige Dinge wie ein hohes Selbstwertgefühl, Spaß bei jeglichem (nicht nur schulischem) Lernen und eine große Selbstständigkeit entwickeln. In Kombination mit dem Buch von Carol Dweck (oben) wird hier sehr anschaulich deutlich, wie Selbstbilder aufgebaut werden. Die beiden Bücher ergänzen sich also sehr gut.

Stadt Leipzig (Hrsg.): Sprachförderung in der Kindertagesstätte. Handbuch mit großem Spieleteil. Leipzig, 2006.

Zum Herunterladen unter: www.leipzig.de, Suche: „Handbuch Sprachförderung"

Bindung als Voraussetzung für Bildung und für gelingende Beziehungen und Interaktion in der Kindertagespflege zieht sich von der ersten Seite an wie ein roter Faden durch das Buch. Im folgenden Kapitel widmen wir uns nun explizit der herausragenden Bedeutung von Bindung für das Aufwachsen von Kindern.

2 Die Bedeutung von Bindung in der Kindertagespflege

Von Éva Hédervári-Heller

Kinder in den ersten Lebensjahren haben besondere Bedürfnisse nach Nähe und Geborgenheit. Von Geburt an bauen sie emotionale Bindungen zu den Erwachsenen ihrer engsten Umgebung auf. Dabei beschränkt sich ihr elementares Grundbedürfnis nach Bindung und der Wunsch nach Nähe und Kontakt nicht nur auf die Eltern, sondern richtet sich auch auf andere Erwachsene, etwa auf Sie, die Tagespflegeperson. Erst wenn Kinder eine emotionale Bindungsbeziehung zu der Tagespflegeperson aufgebaut haben, können sie ohne Trennungsangst für einige Stunden des Tages auf die Anwesenheit ihrer Eltern verzichten und sich in der Kindertagespflege wohl fühlen. Die Bereitschaft von Ihnen, in Ergänzung zu den Eltern Bindungen zu den Kindern aufzubauen, ist also eine wichtige Voraussetzung für eine gute Kindertagespflege.

Die Bedeutung von Bindungsbeziehungen in der Tagesbetreuung von jungen Kindern ist aus vielerlei Hinsicht begründet (vgl. Becker-Stoll/Textor 2007): So sind Kinder in den frühen Lebensjahren wenig dazu in der Lage, ihre negativen Gefühle alleine zu regulieren. Wenn sie traurig oder ärgerlich sind oder wenn sie weinen, sind sie auf die volle Unterstützung einer Bindungsperson angewiesen. Anders gesagt: Die psychische Entwicklung junger Kinder hängt in hohem Maße davon ab, ob sie in emotional belastenden Situationen mit der Unterstützung ihrer Eltern oder ihrer Tagespflegeperson rechnen können. Immer dann, wenn das Kind sich unwohl fühlt, sein inneres Gleichgewicht verliert, sich zurückzieht oder zu weinen beginnt, kann nur eine Bindungsperson das Kind trösten, d. h. ihm in der Regulierung seiner Affekte helfen.

Kinder sind vor allem in den ersten drei Lebensjahren auf die Verfügbarkeit und Erreichbarkeit einer vertrauten Bezugsperson angewiesen. Eine Tagespflegeperson, zu der das Kind keine vertrauensvolle Bindungsbeziehung entwickeln konnte, kann in emotional belastenden Situationen wenig helfen. Das Kind bleibt dann verzweifelt und fühlt sich allein gelassen. Dies sind keine guten Voraussetzungen für ein Aufwachsen in seelischer Gesundheit. Um dem Kind eine gelungene Anpassung an die neuen Bedingungen in der Kindertagespflege zu ermöglichen, ist es nicht unerheblich, ob die Tagespflegeperson über bindungsrelevante Kenntnisse verfügt oder ob sie mehr spontan aus ihrer Erfahrung heraus handelt. Beides muss sich nicht ausschließen. Professionelles Handeln bedeutet aber, sich Wissen anzueignen und dieses Wissen in der Praxis umzusetzen. Deshalb folgt nun ein „Ausflug“ in die Bindungstheorie.

2.1 Die Entstehung und Organisation von frühen Bindungsbeziehungen

Bindungstheoretiker, die sich seit mehr als 40 Jahren mit der Entstehung und Entwicklung von emotionalen Bindungsbeziehungen beschäftigen, liefern wichtige Erklärungsmodelle über die Definition, die Entstehung und die Entwicklung von Bindungsbeziehungen (vgl. Bowlby, 1969; Grossmann/Grossmann, 2009). Demnach ist Bindung ein emotionales Band zwischen einem Kind und einer oder mehreren vertrauten Bezugspersonen. Zwischen ihnen existiert ein biologisch festgelegtes *Bindungsverhaltenssystem*, das das Überleben und die psychische Gesundheit des Kindes garantiert. Dieses System dient der Herstellung und Aufrechterhaltung von Nähe und Kontakt zu vertrauten Bezugspersonen. Das Vorhandensein von Bindungsbeziehungen wird in dem Bindungsverhalten sichtbar. Bindungsverhalten bezeichnet beobachtbare Verhaltensweisen wie saugen, weinen, lächeln, Arme ausstrecken, sich der Bindungsperson annähern, ihr nachfolgen oder sich anklammern. Anders gesagt: Bindungsverhalten entspricht der Suche nach Sicherheit und Schutz.

Das Bindungsverhaltenssystem wird deshalb hauptsächlich in Stresssituationen aktiviert. Wird das Kind entweder durch innere Belastungen (z. B. Hunger, Müdigkeit, Schmerz) oder durch äußeren Stress (z. B. fremde Umgebung, Trennung von der Bindungsperson) verunsichert, sucht es aktiv nach Nähe, Schutz und Sicherheit. In emotional belastenden Situationen ist das Kind also auf die Unterstützung der Bindungsperson dringend angewiesen. Die Bedeutung der Bindungsperson besteht darin, als eine sichere Basis zur Verfügung zu stehen und erreichbar zu sein. Von dieser sicheren Basis aus kann das Kind spielen und seine soziale und die materielle Umwelt erkunden (vgl. Ainsworth u. a., 1978).

Zwischen dem Bindungsverhalten auf der einen Seite und dem Erkundungs- oder Spielverhalten auf der anderen Seite besteht eine Balance. Fühlt sich das Kind emotional ausgeglichen, so beschäftigt es sich intensiv mit der Erkundung der Umwelt. In einer Stresssituation allerdings, wenn das Kind sein inneres Gleichgewicht verliert und sein Bindungsverhaltenssystem aktiviert wird, hört es auf zu spielen und zeigt Bindungsverhalten. Das Kind sucht dann Nähe und Kontakt zu seiner Bindungsperson. Symbolisch kann dieser Balanceakt mit einer Wippe verglichen werden. Wie auf einer Wippe kommt es zu einem ständigen Ausbalancieren zwischen den zwei Verhaltenssystemen der Bindung und der Erkundung. Je nach Situation wird das eine oder das andere Verhalten aktiv und befindet sich auf der Wippe ganz oben.

Merksatz
Der Aufbau von frühen Bindungen ist kein einseitiger Prozess. Das Kind braucht ein Gegenüber, an das es sich binden kann.

Der Erwachsene trägt zum Aufbau der Bindungsbeziehung mit seinem ebenfalls biologisch festgelegten „Pflegeverhalten" bei, indem er die Signale des Kindes nach Nähe und Kontakt wahrnimmt und angemessen, das heißt feinfühlig, beantwortet. Somit bildet auf der einen Seite das „Pflegeverhalten" der Erwachsenen und auf der anderen Seite das Bindungsverhalten des Kindes ein sich ergänzendes Verhaltenssystem (vgl. Bowlby, 1969, 1980; Ainsworth u. a., 1978).

Beim Bindungsaufbau kommt der Feinfühligkeit der Erwachsenen eine besondere Bedeutung zu. Feinfühligkeit bedeutet (vgl. Ainsworth, 1977):

- die Signale des Kindes wahrnehmen,
- die Signale richtig interpretieren,
- entwicklungs- und situationsangemessen sowie
- prompt zu reagieren.

Merksatz
Erwachsene unterscheiden sich in der Ausprägung ihrer Feinfühligkeit. Ein hohes Maß an Feinfühligkeit vonseiten der Bezugsperson führt zu mehr Sicherheit im Erleben des Kindes.

Kinder sind vom frühen Alter an dazu in der Lage, sich an mehr als eine Person zu binden (vgl. Ahnert, 2010). Neben den Hauptbindungspersonen – meistens sind dies die Mutter und der Vater – bauen Kinder Bindungen zu Erwachsenen ihrer nächsten Umgebung auf. Anzeichen von Bindungsbeziehungen lassen sich ca. ab dem 6. Lebensmonat nachweisen. Von diesem Alter an, manchmal noch früher, reagieren Kinder zunehmend differenzierter gegenüber vertrauten und nicht vertrauten Personen. Dann zeigen sie zum Beispiel in einer emotional belastenden Situation Bindungsverhalten nur noch gegenüber vertrauten Bezugspersonen. Sie lassen sich nicht mehr von jedem auf den Arm nehmen und sie lassen sich nicht mehr von jedem beruhigen (sie „fremdeln"). Dieses Verhalten zeigt, dass das Kind über eine differenzierte Bindungsorganisation verfügt (vgl. Hédervári-Heller, 2011).

Exkurs: „Fremdeln" – keinen Kontakt erzwingen
Das sogenannte „Fremdeln" ist also ein großer und wichtiger Schritt in der Entwicklung des Kindes. Es hat nichts mit Verweigerung von Zuneigung zu tun oder etwa damit, dass das Kind eine Person nicht mag. „Fremdelnde Kinder" brauchen Erwachsene, die das Kind in dieser Situation verstehen und begleiten. Erzwingen Sie deshalb nicht den Kontakt zu Personen, gegenüber denen sich das Kind abweisend, verschreckt oder ängstlich zeigt. Nehmen Sie es lieber auf den Arm und gehen Sie ein paar Schritte zurück. So schaffen Sie eine räumliche Distanz und geben dem Kind die Möglichkeit, den „Fremden" aus sicherer Entfernung zu betrachten. Lassen Sie das Kind spüren, dass alles in Ordnung ist. Über einen interessanten Gegenstand oder über ein Spiel kann der Kontakt später wieder aufgenommen werden.

Für das Entstehen einer Bindung zu Ihnen, der Tagespflegeperson, braucht das Kind genügend Zeit und Erfahrung im Alltag, in der Kommunikation, beim Spiel und bei pflegerischen Aktivitäten. Diese Erfahrungen sind nur dann gewährleistet, wenn Sie sich Zeit nehmen, um sich intensiv mit dem Kind zu beschäftigen, und Ihre Aufmerksamkeit nicht nebenher, sondern intensiv und fokussiert auf das Kind richten. Hat das Kind in den Alltagssituationen kaum die Gelegenheit, individuelle Erfahrungen mit Ihnen als neuer Bindungsperson zu machen, so kommt es zur Verzögerung im Aufbau einer Bindungsbeziehung oder zum unsicheren Bindungsaufbau. Das heißt also: Wenn Sie sich ausreichend Zeit nehmen und feinfühlig auf die Signale des Kindes reagieren, wird Ihr Tageskind mit großer Wahrscheinlichkeit eine sichere Bindung zu Ihnen aufbauen. Was Bindungssicherheit im Einzelnen bedeutet, wird nachfolgend beschrieben. Vorher jedoch soll die Hierarchie von Bindungsbeziehungen kurz erörtert werden.

Kinder orientieren sich an einer eigenen Bindungshierarchie

Bindungsbeziehungen, die von der frühen Kindheit an gleichzeitig nebeneinander bestehen, werden unabhängig voneinander organisiert und etwa vom Ende des ersten

Lebensjahres an hierarchisch geordnet (vgl. Hédervári-Heller, 2007). Für die Rangordnung der bestehenden Bindungsbeziehungen ist der zeitliche Faktor ausschlaggebend. Das heißt, dass die Person, die im Alltag die meiste Zeit mit dem Kind verbringt, auf der Leiter der Hierarchie auf der obersten Stufe steht. Je nach Zeitfaktor werden die anderen Bindungspersonen die zweite, dritte und die weiter darunter liegenden Stufen belegen. Werden die Betreuungszeiten zwischen den Bindungspersonen neu verteilt, so ändert sich auch die Rangordnung. Bleibt das Kind mehrere Monate lang den ganzen Tag in der Kindertagespflege, so kann es passieren, dass die Tagespflegeperson den ersten Rang in der Hierarchie belegen wird.

Merksatz
Um Missverständnissen vorzubeugen: Die Bindungshierarchie sagt nichts über die Qualität der Bindung aus. Für die Qualität der Bindung ist weniger der Zeitfaktor als vielmehr die Art der Erwachsenen-Kind-Interaktion ausschlaggebend. Hierbei spielen die Feinfühligkeit der Bezugsperson und ihre Fähigkeit, über sich und andere nachzudenken, eine entscheidende Rolle. Die Bindungsbeziehung zu der Hauptbezugsperson gibt dem Kind die Sicherheit, für einige Stunden am Tag auf die Anwesenheit der Eltern zu verzichten. Die Eltern bleiben trotzdem die wichtigste Bindungsperson für das Kind. Die Bindung zu der neuen Bezugsperson wird die Bindung zu den Eltern weder schwächen noch ersetzen. Derartige Befürchtungen sind deshalb unberechtigt, wenn auch aus Sicht der Eltern verständlich.

2.2 Die Qualität von frühen Bindungsbeziehungen

Bindungsbeziehungen unterscheiden sich also nicht nur in der Hierarchie, sondern auch in ihrer Qualität. Bindungstheoretikern gelang es, ein Modell zur Überprüfung der Bindungsorganisation von der frühen Kindheit bis zum Erwachsenenalter zu konstruieren. Zur Beurteilung der Qualität der frühen Mutter-Kind-Bindungsbeziehung wird ein Klassifikationssystem herangezogen, wonach verschiedene Anpassungsstrategien des Kindes unterschieden werden.

Nach der klassischen Bewertung unterscheidet man je nach Bindungsverhalten ein „sicheres" (Gruppe B), ein „unsicher-vermeidendes" (Gruppe A) und ein „unsicher-ambivalentes" (Gruppe C) Bindungs*muster* (vgl. Ainsworth u. a., 1978; Kißgen, 2009). Kinder dieser Bindungsgruppen zeigen in einer Stresssituation klare Verhaltensstrategien im Hinblick darauf, ob und in welcher Art sie ihre Bindungsperson als eine „sichere Basis" nutzen, um das innere Gleichgewicht wiederzuerlangen. Sie verfügen somit über ein organisiertes Bindungsverhaltenssystem. Von den drei vorher genannten Bindungstypen unterscheidet sich die vierte Bindungsgruppe durch ein „desorganisiertes/desorientiertes" Bindungsmuster (Gruppe D) (vgl. Main/Solomon, 1986). Kinder mit einem desorganisierten Bindungsmuster haben keine eindeutige Verhaltensstrategie, wie sie ihre Bindungsperson als eine „sichere Basis" nutzen können. Sie verfügen nicht über ein organisiertes Bindungsverhalten und werden daher in ihrer Bindungsbeziehung als hoch unsicher bezeichnet (vgl. Ziegenhain, 2009).

Die Beurteilung der Bindungsqualität nach den genannten vier Gruppen erfolgt im „Fremde-Situation-Test". In dieser Testsituation werden Kinder Stress ausgesetzt: durch einen fremden Raum, durch die Anwesenheit einer fremden Person und durch zwei kurze Trennungsepisoden von der Mutter. Die künstlich erzeugte Stresssituation ist notwendig, da Bindungsstrategien und Bindungsmuster von Kindern erst unter Stressbedingungen zu beobachten sind. Und so verhalten sich Kinder der unterschiedlichen Gruppen:

- **Sicher gebundene Kinder (Gruppe B) zeigen offenes Bindungsverhalten,** d. h., sie suchen Nähe und Kontakt zu der Bindungsperson und sie zeigen Interesse an dieser Person. Bindungssichere Kinder drücken ihre Gefühle offen aus und beruhigen sich rasch, wenn die Bindungsperson sie tröstet. Sie haben die Erfahrung gemacht, dass sie sich auf die Unterstützung der Bindungsperson verlassen können. Individuen mit einer grundlegenden Empfindung innerer Sicherheit und inneren Vertrauens, also bindungssichere Kinder, bewahren auch in einer schwierigen Lebenssituation eine positive Lebenshaltung. Bindungsfiguren von sicher gebundenen Kindern zeichnen sich durch einen hohen Grad an Feinfühligkeit gegenüber den Signalen der Kinder aus.

- **Unsicher-vermeidend gebundene Kinder (Gruppe A) zeigen kein offenes Bindungsverhalten.** Sie vermeiden aktiv Kontakt und Nähe zur Bindungsperson. Sie wirken autonom, spielen nach einer Trennungsepisode von der Mutter alleine weiter und vermeiden Blickkontakt. In einer Stresssituation unterdrücken sie ihre Gefühle und zeigen weder Ärger noch Trauer darüber, dass sie mit einer Situation unzufrieden sind. Sie haben es früh gelernt, mit emotional belastenden Situationen, wie z. B. mit einer kurzen Trennung von der Mutter, alleine fertig zu werden. Vermeidungsverhalten bedeutet somit für das unsicher-vermeidend gebundene Kind ab dem Ende des ersten Lebensjahres eine wichtige Abwehrmaßnahme, und zwar, um einer eventuellen Zurückweisung durch die Bindungsperson zu entgehen. Diese Verhaltensstrategie wird auch als „Vermeidung im Dienst von Nähe" (Main, 1982) bezeichnet. Bindungsunsichere Kinder müssen Kompromisse finden, wie sie ihr Bedürfnis nach Schutz, nach Sicherheit und den Ausdruck von Gefühlen organisieren. Bindungspersonen von Kindern mit einer unsicher-vermeidenden Bindungsqualität sind wenig feinfühlig, sie weisen die Wünsche der Kinder nach Nähe und Trost häufig zurück, sind häufig feindselig gegenüber dem Kind eingestellt oder verhalten sich über- oder unterstimulierend.

- **Kinder mit unsicher-ambivalenter Bindungsorganisation (Gruppe C) zeigen in einer Stresssituation widersprüchliches Verhalten.** Einerseits äußern sie den Wunsch nach Nähe und Kontakt zu der Bindungsperson, andererseits zeigen sie ärgerliche Zurückweisung in Form von Widerstand gegen diesen Kontakt. Sie lassen sich nur schwer von der Bindungsperson beruhigen und verhalten sich insgesamt wütend und ärgerlich. Charakteristisch für Bindungsfiguren von unsicher-ambivalent gebundenen Kindern ist, dass sie sich dem Kind gegenüber zwiespältig verhalten. Sie reagieren manchmal feinfühlig auf die Signale des Kindes, manchmal aber ablehnend, feindselig oder zurückweisend.

- **Hoch unsicher desorganisierte/desorientierte Kinder (Gruppe D) zeigen im Gegensatz zu den drei oben beschriebenen Bindungsgruppen kein organisiertes Bindungsverhalten.** Sie haben keine eindeutigen Verhaltensstrategien bzw. ihre

Strategie bricht zusammen. Sie können – meistens aufgrund von traumatischen Erfahrungen – nicht auf ihre Bindungsperson als Schutz und Sicherheit bietende Quelle zurückgreifen. Im Gegenteil: Die normalerweise Sicherheit bietende Bindungsperson wird zur Quelle der Angst und Verunsicherung. Entsprechend unterbrechen Kinder mit einem desorganisierten Bindungsmuster zum Beispiel ihren Versuch, Nähe und Kontakt zur Bindungsperson zu erreichen. Sie zeigen Stereotypien, erstarren oder wirken für einige Sekunden psychisch abwesend. Gründe des desorganisierten Bindungsstatus' sind oft Missbrauch- und Misshandlungserfahrungen der Kinder oder aber psychisch unbewältigte Trennungs- oder Verlusterfahrungen der Bindungspersonen selbst. Letzteres wird unbewusst als unverarbeitete traumatische Erfahrungen aus der Vergangenheit der Erwachsenen auf das Kind übertragen, insbesondere durch Körpersprache.

Erwähnt werden soll noch die Bindungsstörung als eine pathologische Form der Bindungsorganisation (vgl. Zeanah/Boris, 2005; Ziegenhain, 2009). Diese ist von der unsicheren und desorganisierten Bindung deutlich abzugrenzen. Eine massive Bindungsstörung liegt vor, wenn ein Kind aufgrund von schwerer Traumatisierung oder häufigem Wechsel der Betreuungssituation im Laufe der ersten Lebensjahre keine Bindungsbeziehung aufbauen konnte. Diese Kinder zeigen entweder gar kein Bindungsverhalten (reaktive oder gehemmte Bindungsstörung) oder aber sie richten ihr Bindungsverhalten undifferenziert auch nach fremden Erwachsenen aus (Bindungsstörung mit Enthemmung).

Tipp

Zum Weiterlesen:
Ziegenhain, U./Wolff, U. (2000): Der Umgang mit Unvertrautem. Bindungsbeziehung und Krippeneintritt, in: Psychologie in Erziehung und Unterricht, 47. Jg., S. 177–188.

Eltern, aber auch Tagespflegepersonen oder Erzieherinnen, sind sich nur selten bewusst, dass sie bereits durch ihre Körperhaltung etwas über ihre Beziehung zum Kind aussagen. Das Bewusstsein für die körpersprachliche Kommunikation hatte bisher in der Therapie mit erwachsenen Menschen seinen festen Platz. Im Zuge des Ausbaus von Säuglingsambulanzen schauen Therapeuten inzwischen genauer auf die intuitive Verständigung zwischen Babys und Eltern (Bewegungsanalysen), um zum Beispiel herauszufinden, warum Säuglinge Nahrung verweigern. Dazu lesen Sie nun ein Gespräch mit der Körpertherapeutin und Fachbuchautorin Sabine Trautmann-Voigt.

Ein Baby orientiert sich an seinen Körpererfahrungen

Inge Michels im Gespräch mit Dr. Sabine Trautmann-Voigt, Bonn

Die Psychotherapeutin Sabine Trautmann-Voigt ist u. a. Lehrbeauftragte der Universität Bonn, leitet die Köln-Bonner Akademie für Psychotherapie (kbap) und das DITAT (Deutsches Institut für Tiefenpsychologische Tanztherapie und Ausdruckstherapie). Die der Akademie angeschlossene Institutsambulanz bietet u. a. Eltern-Säuglings-Psychotherapie (Schreiambulanz) an.

In den vergangenen 10 Jahren sind in vielen deutschen Großstädten Säuglingsambulanzen entstanden. Sie selbst haben in Bonn eine solche Ambulanz gegründet und bieten Eltern gezielte Regulationshilfen an. Worum geht es dabei? Oder anders gefragt: Was muss reguliert werden?
Zu uns kommen Eltern, deren Kinder kaum schlafen, die häufig und ausdauernd schreien oder die Nahrung verweigern. Diese Säuglinge finden keinen eigenen Schlaf- und Wachrhythmus, können sich nicht selbst beruhigen oder reagieren nicht auf Tröstungsversuche. Wenn hinzukommt, dass die Eltern gestresst und überfordert reagieren und die Eltern-Kind-Interaktion leidet, dann sprechen wir von einer Regulationsstörung. Eltern und Baby gelingt es dann nicht mehr, aus dem Stresszustand herauszufinden, ihr Verhalten zu regulieren. Regulieren bedeutet in unserem Zusammenhang, Übergänge zu gestalten.

Ist das nicht die Aufgabe der Eltern?
Doch, das Baby ist noch nicht in der Lage, selbstständig kontrolliert von einem Zustand in einen anderen überzugehen. Es braucht dabei Hilfe und positiv unterstützende Fremdregulation. Ich erlebe jedoch immer häufiger, dass es Eltern schwerfällt, sich empathisch auf die Bedürfnisse und Wünsche ihres Kindes einzuschwingen. Ihnen ist nicht klar, dass Empathie und Resonanz zwischen Eltern und Kind nicht auf intellektueller Ebene stattfinden, sondern zunächst durch den körpersprachlichen Dialog.

Wie reagieren Eltern oder andere Bindungspersonen im besten Fall?
Im Normalfall erkennen Eltern die Körpersignale ihres Kindes, können sie deuten und ihrem Baby helfen, zum Beispiel einzuschlafen oder sich zu beruhigen. Sie merken, wann es müde wird, wann etwas zu viel wird, aber auch wann es neugierig und interessiert ist. Dann ermöglichen sie dem Kind, das zu bekommen, was es jetzt braucht, etwa Ruhe oder Spiel, Körperkontakt oder Nahrung. So regulieren Eltern intuitiv den Zustand des Kindes, bis es dies zu einem späteren Zeitpunkt alleine kann oder, sobald es sprechen gelernt hat, mit Worten fordert.

Können Sie ein Beispiel für eine gelungene Regulation beschreiben?
Wenn ein Säugling von einem Systemzustand – wie sprechen hier von „States" – in einen anderen wechselt, z. B. noch im Zustand eines oberflächlichen Schlafes ist, sich jedoch kurz vor dem Erwachen befindet, dann wird die Mutter im Idealfall intuitiv versuchen, sich einzufühlen und das Baby beim Wachwerden zu unterstützen. Vielleicht beginnt sie, beruhigend zu summen. Oder sie nimmt ihr Baby langsam und vorsichtig auf den Arm, streichelt es behutsam oder wiegt es hin und her, bis es die Augen ganz aufschlägt und vielleicht nach ihren Augen sucht oder das Gesicht versucht zu greifen. Die Mutter signalisiert damit durch ihr Verhalten: „Ich verstehe dich so, wie du dich gerade selbst verstehst"

Wie viele solcher „States" gibt es?
Beim Säugling hat die Forschung fünf Systemzustände festgestellt: 1. die wache oder aktive Aufmerksamkeit, 2. die ruhige Wachheit, 3. der Schreizustand, 4. der tiefe oder REM-Schlaf, 5. der flache Schlaf. Diese States sind während des gesamten Lebens vorhanden und als Wechsel von Energiephasen erkennbar. Eltern oder andere Bindungspersonen haben die wichtige Aufgabe, die Übergänge von einem Systemzustand in den anderen zu begleiten. Kinder, die hier ein Defizit erleben, haben auch als Erwachsene häufig Schwierigkeiten, zum Beispiel ihre Erregungszustände zu regulieren.

Was bedeutet das für Kindertagespflegepersonen, die ja bereits sehr junge Kinder von wenigen Monaten bei sich aufnehmen?
Die Aufnahme eines Säuglings in die eigene Familie, wie es ja bei Tagesmüttern in der Regel der Fall ist, bedeutet auf jeden Fall eine sehr hohe Verantwortung. Tagesmütter müssen sich immer wieder klar machen, dass das kleine Kind die Welt so erlebt, wie man mit ihm umgeht. Also wie man es hält, es anschaut, es hinlegt, es wickelt, mit ihm spielt, spricht und so weiter. Das alles sind Körpererfahrungen, die es macht und an denen es sich orientiert. Tagesmütter müssen sich die Zeit nehmen, das Baby gut kennenzulernen, um seine Signale zu verstehen und seine Bedürfnisse unverzüglich befriedigen zu können. Und sie müssen sich selbst gut kennen, damit Körpersprache und verbale Sprache zueinanderpassen.

Als Erwachsene kennen wir zwar die Bedeutung der Körpersprache, können aber trotzdem versuchen, durch das, was wir mit Worten sagen, körperliche Signale auszutricksen.
Genau dieses „Austricksen" wird Ihnen bei Kindern nicht gelingen, schon gar nicht bei Säuglingen. Wenn Sie ein Baby aus dem Bettchen holen und freundlich sagen, „wie schön, dass du wach bist", aber eigentlich gereizt sind, weil Sie gehofft hatten, noch das Mittagessen für die größeren Kinder vorbereiten zu können, wird Ihre Körpersprache wenig einladend sein. Das kann zu Irritationen beim Kind führen. Es fängt vielleicht an zu weinen, Sie reagieren erst recht gereizt und schon stecken Baby und Erwachsener in einem Konflikt.

Können Sie noch ein Beispiel aus Ihrer Praxis beschreiben?
Wir hatten eine Klientin, bei deren Kind eine Essstörung diagnostiziert war. Durch Videobeobachtung fanden wir heraus, dass die Mutter von Carla jedes Verbot oder eine ernste Ermahnung mit einem Lächeln oder einem Streicheln begleitete. Und als sich beide zum Essen an den Tisch setzten, sagte die Mutter: „Jetzt essen wir etwas Leckeres zusammen." Statt jedoch Freude und Lust auf ein leckeres Essen signalisierte ihre Körperhaltung höchste Angespanntheit, weil sie sich sorgte, dass Carla auch dieses Mal das Essen verweigern würde. Die Mutter hatte die Schultern hochgezogen, der Rücken war starr aufgerichtet und das Gesicht war verspannt, obwohl sie lächelte. Auch hier stimmten Körpersprache und verbale Sprache nicht überein. Das verunsichert Kinder.

Und wie kann die Lösung aussehen?
Patentrezepte gibt es natürlich nicht. Das Wichtigste ist sicher, sich zu bemühen, authentisch zu bleiben. Das heißt in unseren Beispielen, sich auch seiner negativen Emotionen bewusst zu sein und diese in angemessener Form zuzulassen. Eine Tagesmutter könnte in dem einen Beispiel etwa freundlich sagen: „Hallo, kleine Maus, gut geschlafen? Dann hole ich dich jetzt aus dem Bettchen. Eigentlich passt es mir ja nicht so recht, dass du gerade jetzt wach wirst. Ich hätte gerne noch das Mittagessen gekocht. Aber du scheinst ja putzmunter zu sein. Dann versuchen wir heute mal, zusammen zu kochen." Das wäre eine authentische Reaktion, in welcher die Tagesmutter sowohl sich selbst ernst nimmt als auch das Bedürfnis des Babys, ausgeschlafen und munter zu sein.

3 Bildung und Erziehung in den ersten vier Lebensjahren

Von Gabriel Schoyerer

Bildung und Erziehung gehören zu den „großen" Begriffen der Pädagogik. Sie sind an facettenreiche Voraussetzungen und Perspektiven gebunden und bleiben ein Leben lang im besten Sinne „frag-würdig". Gewiss ist, dass sie nicht auf eine einfache Formel oder Definition gebracht werden können, ohne dass damit ihre Bedeutung verkürzt wird. Gleichzeitig üben diese Begriffe eine große Faszination aus. Sie sind verbunden mit der Hoffnung, Menschen leiten, führen oder „optimieren" zu können. Ganz aktuell können Sie dies daran verfolgen, dass der Begriff der *frühkindlichen Bildung* in der politischen, aber auch in der fachlichen Diskussion für zahlreiche Ansprüche verwendet wird, ohne dass vorher geklärt wurde, welche Aufgaben und Voraussetzungen damit verbunden sind. Lässt sich denn beispielsweise ohne Weiteres sagen, was Kinder an Bildung und Erziehung „brauchen"? Und: Was unterscheidet vor allem Bildung von bloßem Wissen oder Kompetenzerwerb?

Es geht demnach um die praktische Frage: Wie können Kinder gemäß ihren Fähigkeiten und Möglichkeiten aufwachsen, um in ihrer Welt selbstständig und verantwortlich handeln und leben zu können?

> ***Merksatz***
> ***Für Tagespflegepersonen ist es wichtig, über ein grundlegendes Verständnis sowohl von Bildung und Erziehung als auch im Besonderen des frühkindlichen Bereichs zu verfügen. Tagesmütter und Tagesväter müssen wissen, wo sie sich einbringen können, wie sie das machen können und in welchen Situationen sie sich zurückhalten sollten.***

Diesen und weiteren Fragen wird im Folgenden nachgegangen, um ein verständliches Bild von Bildung und Erziehung in den ersten vier Lebensjahren zu zeichnen.

Bildung und Erziehung: ein Wagnis

Ganz allgemein geht es in Bildungs- und Erziehungsprozessen um Menschen, die versuchen, anderen Menschen Perspektiven und Möglichkeiten anzubieten. Anhand derer sollen sie wiederum in die Lage versetzt werden, dem eigenen Lernen nachgehen können. Dies geschieht mit dem Ziel, anderen zu ermöglichen, sich selbst ein Bild von der Welt machen zu können. Die (erziehenden) Menschen bringen dazu ihrerseits ihre eigenen Geschichten und Vorstellungen von Erziehung und Bildung mit ein. Diese wiederum strukturieren den Bildungsraum, den sie für die (zu erziehenden) Menschen schaffen, mit.

Die eigenen Geschichten und Vorstellungen, die Menschen im Laufe ihres Lebens erwerben, spiegeln ganz bestimmte Sichtweisen auf andere Menschen und die Welt wider. Auf diese Art und Weise werden Vorstellungen und Bilder transportiert, wie Menschen sein sollen, was sie können sollen, was sie dürfen oder müssen. Diese sogenannten *Menschen- und Weltbilder* sind gesellschaftlichen Strömungen ausgesetzt und unterliegen damit einem permanenten Wandel. Wissenschaftliche, politische und öffentliche Interessen prägen den Blick und fordern die eigene Haltung heraus.

Zusammenfassung
Für Bildungs- und Erziehungsprozesse lässt sich daher festhalten:

- *Sie sind geknüpft an persönliche Erfahrungen, Einstellungen und gesellschaftliche Strömungen.*
- *Sie erweisen sich – mehrfach abhängig von äußeren und inneren Bedingungen – als wenig stabil.*

Beachten sollten wir auch: Was genau erzieherisches Handeln beim Kind bewirkt, entzieht sich zunächst jeder Kenntnis und liegt in der Kompetenz des Kindes (vgl. Schäfer, Lernen im Lebenslauf, 2008; Laewen, 2002a).

Erziehung und Bildung werden damit auch zu einer persönlichen Herausforderung: Sie laden ein zum Staunen und zum Zuhören, zum Gestalten und Herausfordern. Sie werden zum Wagnis, zum gefährdeten und zerbrechlichen Prozess mit offenem Ausgang. Diese Perspektive gilt umso mehr für die Bildung und Erziehung von Kindern in den ersten vier Lebensjahren. Kleinstkinder sind besonders auf Verlässlichkeit, Unmittelbarkeit und Sicherheit angewiesen. Erst die sichere Gebundenheit eines Menschen an verlässliche Bezugspersonen schafft in den ersten Lebensjahren die *Voraussetzung* für Bildung und Erziehung. Sie ist gleichsam der Boden, auf dem sich Bildung und Erziehung erst ereignen können.

Um einen Einblick in die Vielfalt und Bedingungen von Bildungs- und Erziehungsprozessen zu geben und damit eine Orientierung frühkindlicher Pädagogik zu skizzieren, werden ausgewählte Aspekte dieser Bereiche im Folgenden eingeführt. Das Verhältnis von Bildung und Erziehung ist differenziert und komplex. Sie lassen sich als „komplementäre Begriffe" (Liegle, 2008, S. 99) beschreiben, die wechselwirksam aufeinander bezogen sind. Dabei lässt sich eine wesentliche Unterscheidung treffen:

- *Bildung* betrifft die selbsttätige Aneignung des Kindes (siehe Kap. B, 3.2).
- *Erziehung* ist die von Personen unterstützte und stimulierte Anregung zur Selbstbildung (siehe Kap. B, 3.4).

Darauf wird nachfolgend genauer eingegangen. Zunächst ist es jedoch wichtig, sich darüber im Klaren zu sein, welche Voraussetzungen das Kind mitbringt, sodass Bildung und Erziehung überhaupt greifen können.

3.1 Das „kompetente Kind" als selbsttätiger und sozialer Lerner

In unserem Verständnis gehen wir von einem „kompetenten" Kind aus, das von Geburt an etwas kann und seine Entwicklung in hohem Maße mitbestimmt (vgl. Dornes, 1994, Gopnik u. a., 2000). Wir wissen heute aus einer Reihe von Studien, dass Kinder bereits mit einem bestimmten Umfang an „Kernwissen" geboren werden. Ab dem dritten Lebensmonat beginnen sie damit, dieses Wissen weiter auszudifferenzieren.

Man geht beispielsweise davon aus, dass Babys bereits im Alter von drei bis vier Monaten kleinere Mengen aus bis zu vier Elementen erfassen könnten. So bemerken sie etwa, wenn von einer gegebenen Menge ein Element entfernt oder hinzugefügt wird (vgl. Pauen/Vonderlin, 2007). Auch scheint es gesichert, dass Kinder von Geburt an bestimmte Bewegungen und ihre Konsequenzen vorausahnen können und dass sie spätestens mit sieben Monaten zu einer zumindest groben Unterteilung in Lebewesen und unbelebte Gegenstände in der Lage sind.

Kinder bringen damit von Geburt an erstaunliche Fähigkeiten mit und leisten von Beginn an einen eigenen – selbsttätigen – Beitrag zu ihren Lern- und Entwicklungsprozessen. So sind Kinder auf der einen Seite individuelle Lerner, die mit eigenen Denk- und Suchbewegungen sich der Welt nähern, auf der anderen Seite tritt mit ihrer Einbettung in kulturelle und soziale Bezüge die ganze Fülle des kindlichen „Reichtums" erst im gemeinsamen Lernen mit anderen zutage – mit anderen Kindern im Besonderen.

Mit der Neuentdeckung des „kompetenten" Kindes werden an die Pädagogik der frühen Kindheit und damit an die Kindertagespflege neue Anforderungen gestellt. „Kompetent" heißt hier, dass Kinder als ideenreiche, neugierige und gestaltende Wesen eigenständigen Lernbewegungen nachgehen. Sie können dies, da sie bereits über vielfältige Kompetenzen verfügen. Sie sind nicht belehrbar im schulischen Sinne, können in den ersten Lebensjahren aber unter bestimmten Voraussetzungen schneller und effektiver lernen als in späteren Lebensphasen danach.

Kinder sind mit ihren eigenen Lernthemen beschäftigt, die sie interessieren und die sich von Erwachsenenseite nicht erschließen lassen. Bildung und Erziehung scheinen damit zunächst begrenzt zu sein. Dies wirft Fragen auf:

- Sind Bildung und Erziehung überflüssig, wenn Kinder am besten alleine lernen?
- Was aber haben Bildung und Erziehung dann anzubieten?
- Können wir Kindern helfen, die Welt zu verstehen, oder behindern wir sie eher dabei, wenn wir sie „kindgemäß" unterstützen wollen?
- Was ist dann „Aufgabe" des Kindes, was Aufgabe der Tagespflegeperson?

Diese und weitere Fragen werden in den folgenden Abschnitten behandelt. Dabei wird zunächst das Augenmerk auf den Teilbereich Bildung als die Aufgabe des Kindes gelegt und anschließend werden Perspektiven von Erziehung als bildungsunterstützende Tätigkeiten der Erwachsenen skizziert.

3.2 Bildung: Tradition – Anspruch – Herausforderung

Vor rund 200 Jahren hat Wilhelm von Humboldt Bildung mit zwei Charakteristika beschrieben: „Anregung aller Kräfte" und „Aneignung der Welt". Die Grundidee des einflussreichen deutschen Gelehrten war, dass jeder Mensch sich selbst entscheidend einbringen muss, wenn sich Bildung ereignen soll. Damit rückt die Beteiligung des Einzelnen in den Vordergrund.

Bildung ist inhaltlich weit mehr als Wissen. Und sie ist methodisch etwas ganz anderes als Belehrung. Bildung bedeutet nicht, ein bestimmtes Wissen an jemanden heranzutragen in dem Selbstverständnis, dass dies von ihm auch gelernt werde. Bildung beschreibt auch nicht die bloße Aneignung von Inhalten oder die Anhäufung von Kenntnissen. Bildung greift viel weiter. Sie bezieht sich auf die individuellen Suchbewegungen eines Menschen, der sich bemüht, die ihn umgebende Welt zu verstehen, mit dem Ziel, in ihr selbstständig handelnd tätig zu werden.

Merksatz
Somit ist entscheidend, dass die Erfahrungen und Voraussetzungen eines Menschen der Ausgangspunkt von Bildung sind. In dem Maße, in dem es Menschen gelingt, sich die gemachten Erfahrungen zu eigen zu machen, d. h., sie in ihr bisheriges Bild von der Welt einzuordnen, in dem Maße werden sie zur Grundlage des Könnens und des Weltbilds; in dem Maße ereignet sich Bildung.

3.2.1 Bildung als Konstruktionsleistung des Menschen

Das Besondere am Bildungsbegriff ist somit die persönliche Beteiligung, das Engagement des Einzelnen bezüglich dessen, was, wie und zu welchem Ziel gelernt wird. Damit unterscheidet sich Bildung von Lernen, Aneignen oder Kompetenzerwerb. Zwar nimmt Bildung ihren Ausgangspunkt im Lernen und Aneignen bestimmter Lerngegenstände. Von Bildung eines Menschen kann aber erst dann gesprochen werden, wenn das zu eigen gemachte Wissen als Können verfügbar ist.

Beispiel: *Ein Kind hat erst dann wirklich erfasst („sich ein Bild davon gemacht"), was ein Löffel ist, wenn es damit in umfassender, spielerischer Weise hantieren kann. Oder anders gesagt: Das Kind hat die Bedeutung eines Löffels erst dann in Gänze erfasst, wenn es nicht nur weiß, dass man damit isst, sondern wenn es durch den spielerischen Umgang damit (selbsttätig) gelernt hat, wie der Gegenstand beschaffen ist und was es damit machen kann: Der Löffel wird vielleicht zum Flugobjekt, zur Steinschleuder, zur Schlange ...*

Bei Bildung geht es dann, wie es der Erziehungswissenschaftler Heinrich Roth einmal formuliert hat, um ein „Sich-Verstehen auf Leben und Welt, eine innere geistige Ordnung für unsere Erlebnisse und Erfahrungen, unsere Erkenntnisse und unser Handeln" (Roth, 1996, in: Liegle, 2008, S. 96).

Bildung ist jedoch nicht nur ein abgekapselter Prozess, den jeder Mensch für sich alleine bewältigen kann. Er ist eingelassen in kulturelle und soziale Bezüge, d. h., er findet in einem bestimmten Kulturraum sowie durch und zwischen Menschen statt. Der Kulturraum kann sehr groß sein (z .B. verschiedene Länder mit verschiedenen Sitten) oder er ist auf das unmittelbare familiäre Umfeld bezogen (z. B. verschiedene Familien in der gleichen Stadt mit verschiedenen Regeln des Zusammenlebens). Die sozialen Bezüge findet ein Kind in erster Linie in den zwischenmenschlichen Beziehungen zu den Eltern, in Angeboten der Tagesbetreuung und zu anderen Kindern.

Zusammenfassung
Perspektiven von Bildung: Bildung ...

- *beginnt spätestens mit der Geburt mit dem Ziel der Handlungsfähigkeit,*
- *bezieht sich auf die Anregung aller Kräfte eines Menschen (körperlich, geistig, emotional),*
- *betont die selbsttätige Aneignung von Welt und geht vom Kind als Konstrukteur seiner Welt aus („es macht sich ein Bild von der Welt"),*
- *greift erst, wenn auch gekonnt wird, was gewusst wird,*
- *ist eingelassen in sozio-kulturelle Bezüge und benötigt zwischenmenschliche Beziehungen,*
- *braucht eine Grundhaltung, die sich an Humanität, Selbstbestimmung und Eigentätigkeit orientiert,*
- *geht vom Kind aus, mit dessen individuellen Voraussetzungen, Interessen und Möglichkeiten.*

Das bedeutet auch, dass Bildung einer persönlichen Entscheidung für eine bestimmte Haltung bedarf; einer Entscheidung, die jeder pädagogisch Tätige treffen muss. Diese Grundentscheidung orientiert sich seit der Aufklärung im 18. Jahrhundert an humanen Grundsätzen, an Selbstbestimmung und Eigentätigkeit des Individuums. Zieldimension von Bildung ist der mündige Mensch (vgl. Adorno, 1970). Die Herausforderung besteht mit Blick auf den sozialen Charakter von Bildung darin, zwischen dem Individuum (Kind) und den sozio-kulturellen Bezügen (Familie, Tagesbetreuung, Gesellschaft) zu vermitteln. Dem Kind sind einerseits jene Freiräume zu gewähren, die es für seine Welt- und Selbstentdeckung mit dem Ziel der Selbstbestimmung benötigt. Andererseits geht es darum, das Kind mit jenen sozialen und kulturellen Anforderungen zu konfrontieren, mit welchen es in einem Leben in der Gesellschaft umzugehen lernen muss. Daraus ergibt sich ein Spannungsfeld zwischen Selbstbestimmung und Anpassung. Diese doppelte Dimension von Bildung lässt sich nicht abschließend auflösen.

Merksatz
Die Frage, welche Bildung für welches Kind gut ist, lässt sich daher nicht ohne Weiteres beantworten, sondern muss täglich neu ausgehandelt werden zwischen dem Pol des kindlichen Bedürfnisses nach Eigentätigkeit und Selbstbestimmung auf der einen Seite sowie dem Pol gesellschaftlich-kultureller bzw. persönlicher Anliegen der Erwachsenen auf der anderen Seite.

3.2.2 Selbstreflexion als Voraussetzung für Bildung

Ein solches Aushandeln ist anspruchsvoll. Für Menschen in erzieherischen Tätigkeitsfeldern bedeutet das, neben eigenem Wissen und Können insbesondere über sogenannte „selbstreflexive" Fähigkeiten zu verfügen, um diese Aushandlungsprozesse initiieren und begleiten zu können (vgl. unten sowie Dewe/Otto, 2001, S. 1400). Selbstreflexiv in diesem Sinne ist jemand, der das, was er selbst tut oder andere tun, sich noch einmal gedanklich ansieht, darüber nachdenkt und anderen mitteilen kann. Selbstreflexivität ist damit eine Voraussetzung für zwischenmenschliche Bezüge: Im pädagogischen Feld ist sie ein zentraler Zugang zu Kindern.

Zwischenmenschliche Bezüge wiederum sind die wichtigste Voraussetzung für Bildungsprozesse. Wenn ich in der Lage bin, über das, was ich denke, über das, was ich fühle, und über das, wovon ich glaube, dass es richtig ist, sprechen kann, d. h. andere Menschen – hier: Kinder – an meiner Gedankenwelt teilhaben lassen kann, dann schaffe ich einen Boden, auf dem sich Bildung in doppelter Hinsicht ereignen kann:

- Ich schaffe durch Sprache die Grundlage von Handlungsfähigkeit; z. B. ist das Erlernen der Muttersprache ein solcher beiläufiger Prozess, der Kinder durch den Spracherwerb zu selbsttätigem Handeln befähigt.
- Der Bildungsanspruch von Selbstbestimmung und Eigentätigkeit bleibt durch Aushandlungsprozesse mit dem Kind bestehen.

***Beispiel:* Ein herausfordernder Aushandlungsprozess**
Es regnet. Lea (1,5), Vera (2) und Tobias (3,5) haben keine Lust, einen Spaziergang zu machen. Missmutig stehen sie vor ihren Gummistiefeln. Vera hat die Arme vor dem Körper verschränkt, macht ein finsteres Gesicht und schüttelt ausdauernd den Kopf. „Zieh ich nicht an!" Tagesmutter Anke B. nimmt sich einen Stuhl und setzt sich zu den Kindern. „Ich möchte aber gerne im Regen spazieren gehen." Schweigen. „Ich nicht", sagt Vera. Schweigen.

„Rum?" fragt Tobias. „Warum?", wiederholt Anke B. „Weißt du, ich finde es wichtig, auch mal bei schlechtem Wetter rauszugehen. Das härtet ab." Verständnislose Gesichter. Schweigen. „Ich meine, Menschen brauchen jeden Tag frische Luft, auch bei schlechtem Wetter. Das tut dem Körper gut", versucht es Anke B. noch einmal. „Der wird krank", wendet Tobias ein. „Nein, der wird dann ganz stark, weil ihm Regen und Kälte gar nichts ausmachen. Wir müssen uns natürlich gut anziehen und den Körper schützen", erklärt die Tagesmutter weiter.

Tobias Augen leuchten auf: „So wie ein Ritter? Mit Rüstung?" Anke B. lacht. „Ja, wir können uns vorstellen, die Gummistiefel sind die Ritterstiefel, und Regenhose und Regenjacke sind die Rüstung." „Und die Kapuze ist der Helm!", ruft Tobias. Er steigt in seine Gummistiefel.

Vera hat aufmerksam zugehört: „Kein Ritter sein". „Tja, was machen wir denn dann mit dir? Und mit Lea? Was könntet ihr denn sein?" Schweigen. „Mingbumm" sagt Lea leise. „Oh, ein Springbrunnen! Ja, du kannst draußen ein Springbrunnen sein. Möchtest du dann mitkommen?" Lea nickt. Tobias hilft ihr beim Anziehen.

Anke B. wendet sich Vera zu. „Weißt du, Vera. Ich verstehe, dass du bestimmt lieber bei Sonnenschein als bei Regen rausgehst. Aber ich finde es wirklich ganz wichtig, dass wir jeden Tag an die frische Luft gehen. Das tut uns allen gut, der Regen erfrischt uns, die nasse Erde riecht ganz anders als sonst. Und nachher freuen wir uns auf die warme und trockene Wohnung. – Sollen wir vielleicht einen Kompromiss machen? Wir gehen nicht spazieren, sondern direkt zum Spielplatz? Und da macht es dir vielleicht Spaß, in die große Pfütze vor der Rutsche zu springen?"

Da verzieht Vera das Gesicht zu einem vorsichtigen Lächeln. Langsam zieht sie sich an ...

Nimmt man die Selbsttätigkeit und Autonomie des Bildungsanspruchs ernst, muss von den Interessen, Möglichkeiten und Voraussetzungen des Kindes ausgegangen werden. Zwar kann es in bestimmten Bereichen wichtig sein, manche Dinge „aus zweiter Hand" vermittelt zu bekommen, ohne sie wirklich zu begreifen. Bildung in den frühen Jahren ereignet sich aber im Wesentlichen informell, d. h. beiläufig als erlebte Alltagspraxis.

Ein Verständnis von Bildung, bei dem Belehrung statt Selbsttätigkeit dominiert, ist damit ein Widerspruch – und wäre auch nicht sinnvoll. Bildung und insbesondere frühkindliche Bildung hat mit einem „kompetenten" Kind zu tun. Eine Pädagogik der frühen Kindheit hat das zu berücksichtigen, wenn sie nicht kindliche Potenziale vergeuden, sondern seinen Reichtum ermöglichen will.

Eine Metapher für den kindlichen Bildungsprozess
„Überblickt man eine Dünenlandschaft, so findet man in ihr ein Netz von Wegen, das von den dort lebenden Tieren, gleichsam durch den täglichen Gebrauch, angelegt wurde. Es verbindet – scheinbar planlos – die Orte der Nahrung mit denen des Rückzugs, der Flucht oder des Miteinanders. Es ist das freie Zusammenspiel von örtlichen Bedingungen und den Gewohnheiten einzelner Individuen oder Gruppen, die dieses Netzwerk hervorbringen. Die Bildungswege der Kinder scheinen auf ähnliche Weise zustande zu kommen – als individuelle Varianten in einem soziokulturellen Netzwerk, das dem Einzelnen viele Bewegungsmöglichkeiten wie zur Auswahl vorschlägt ..."
(Schäfer, 2006, S. 42)

3.2.3 Bildung als Selbstbildung mit dem Ziel der Handlungsfähigkeit

Selbstbildung heißt jedoch nicht, dass sich Kinder alleine, quasi aus sich selbst heraus, bilden können. Vielmehr geht es darum, dass das Kind sich mit etwas aus der Welt auseinandersetzt, das anders ist als das, was es selbst ist oder hat (vgl. Schäfer, Lernen im Lebenslauf, 2008). Selbstbildung setzt eine Umwelt voraus, die eine Atmosphäre bietet, die es zur Interaktion mit seiner Umwelt auffordert. Mit dieser Mit- und Umwelt sind sowohl materielle Gegenstände gemeint als auch soziale Beziehungen zu anderen Menschen (siehe Kap. B, 3.3.1).

Zusammenfassung
Kindliche Weltaneignung ist damit an zwei Voraussetzungen geknüpft:
Das Kind muss Gelegenheiten haben bzw. von Erwachsenen Möglichkeiten angeboten bekommen, um den Rhythmus der eigenen Denk- und Handlungsweisen zu erfahren.

Das Kind muss sich in einem sozial-kulturellen und beziehungsintensiven Raum von Vielfalt und Inspiration bewegen können, in dem es sich selbst bilden kann.

Der Motor, der Kinder täglich antreibt, ist der Wille, sich mit der Welt auseinanderzusetzen, ihr Sinn zu verleihen und damit Orientierung zu erlangen. Eine zentrale Aufgabe frühpädagogischen Handelns ist es daher, dieses Wollen zu unterstützen sowie die je individuellen „Themen der Kinder" zu identifizieren, sie im pädagogischen Handeln aufzugreifen und zu erweitern (vgl. Laewen, 2006).

Bei dem Versuch, Handlungsfähigkeit zu erlangen, erleben Kinder, dass es innere Bedürfnisse und eine äußere Umwelt gibt, die sich gegenseitig beeinflussen, aber auch begrenzen können. Ein inneres Bedürfnis oder ein bestimmtes Interesse werden fortlaufend an der Welt rückgekoppelt: Was funktioniert, was nicht? Was ergibt Sinn, was nicht? Was passiert, wenn ich etwas wie mache? etc. Diese Erfahrungen geben dem Kind Schritt für Schritt einen Orientierungshorizont.

Merksatz
Handlungsfähigkeit setzt eine Vermittlung zwischen dem Menschen und der Welt, in der er lebt, voraus. Diese Vermittlung erfolgt sowohl zwischen dem einzelnen Kind und der Welt als auch im Besonderen durch und mit anderen großen und kleinen Menschen in einem gemeinsam erlebten Alltag. Dies ist die zentrale Aufgabe von Erziehung.

3.3 Orientierungspunkte frühkindlicher Bildung in der Kindertagespflege

Wir wissen heute, dass frühkindliches Lernen vor allem charakterisiert ist durch beiläufige Lernerfahrungen in einem für Kinder zugleich anregenden, überschaubaren und strukturierten Alltag (vgl. z. B. Schäfer, 2008; Liegle, 2006). In der Kindertagespflege ist dieser Alltag bereits vorhanden, er muss nicht eigens arrangiert werden. Das Kind erlebt einen gemeinsamen Tagesablauf mit der Tagespflegeperson und anderen Kindern und erwirbt auf diesem „informellen" Weg Wissen. Dieses Wissen ist Handlungswissen, d. h. Wissen, das sich aus dem Miterleben und Handeln im Alltag ergibt. Eigene Erfahrungen des Kindes bilden damit die Grundlage für seine Orientierung in der Welt.

Exkurs: Wie funktioniert Lernen in den ersten Lebensjahren? Eine Antwort aus der Perspektive der Hirnforschung
Ein Mensch stellt ständig Fragen an die Welt, die er sich aneignen will. Er produziert andauernd „Hypothesen" über die Welt, die dann anhand von weiteren Erfahrungen überprüft werden (vgl. Singer, 2003). Das bedeutet, dass jedes Kind – abhängig von seinen genetischen Voraussetzungen – andere Fragen an die Umwelt richtet. Es werden jedoch jene Bereiche besonders gut verinnerlicht, die von Interesse sind, d. h. die den individuellen Ressourcen des Kindes am besten entgegenkommen. Nicht jedes Kind wird deshalb die gleichen Dinge gleich schnell lernen. Manche Kinder sind in den einen Lernbereichen schneller als andere (z. B. Laufenlernen, weil sie

ein ausgeprägtes Interesse an Bewegung haben), andere begreifen andere Bereiche schneller (z. B. Malen, weil sie ein ausgeprägtes Interesse an sinnlichen Erfahrungen haben). Entscheidend ist das Selbermachen, „weil nur so der interaktive Dialog mit der Umwelt einsetzen kann, der für die Optimierung von Entwicklungsprozessen unabdingbar ist" (Singer, 2003, S. 70 f.).

Dies setzt voraus, dass Kinder auch verstehen, was und warum sie lernen: Orientierung und damit Ordnung kann sich erst dann einstellen, wenn Kinder Neues an bereits Bekanntem anschließen können, wenn also die gemachten Erfahrungen des Kindes aufeinander aufbauen können. So kann das Kind Schritt für Schritt Konzepte und Zusammenhänge verstehen und erkennen, was wie „funktioniert". Wesentlich dabei ist, dass sich die Ordnungsbilder des Kindes von jenen des Erwachsenen zunächst deutlich unterscheiden können. Mit zunehmender Entwicklung machen sich Kinder dann ein immer differenzierteres Bild von der Welt. Der unaufgeregte Alltag einer familienähnlichen Kindertagespflegestruktur bietet dafür hinreichend Zeit, Schutz und anregende Unterstützung.

Frühkindliche Bildung als erlebter Alltag

Kinder erfahren in der Kindertagespflege ganz unmittelbar gelebten Alltag. Sie erleben grundlegende Handlungszusammenhänge: Wie kommt es, dass das Essen warm auf den Tisch kommt? Was ist der Unterschied zwischen sauber und schmutzig? Wie wird schmutzige Kleidung wieder sauber?

Kinder werden dabei zunächst vielleicht andere Erklärungsmuster entwickeln, als sie für Erwachsene naheliegend und vertraut sind. Diese Erklärungsmuster können zunächst befremdlich wirken:

> ***Beispiel:*** *„Immer wenn am großen Kasten in der Küche Lichter angehen, gibt's was zu essen." „Der brummt, weil es ihm Spaß macht, uns was zu essen zu geben."*
>
> *„Im Bad ist alles so schön weiß. Das ist so, dass das Bad die schmutzigen Sachen wieder sauber machen kann. Ich bin gern da, weil ich auch sauber sein will."*

Diese Erklärungsmuster dokumentieren die kindliche Suche nach Sinn, die andere dazu einladen, fragend am Prozess der Aushandlung von Bedeutungen teilzunehmen. In der Konfrontation mit Sinnkonstruktionen anderer Kinder bzw. Erwachsener können Kinder überprüfen, inwieweit ihre alten Deutungen für sie noch Sinn ergeben. Dabei geht es nicht darum, die Kinder zu korrigieren, sondern sich spielerisch auf vorübergehende Sinndeutungen zu verständigen. Kinder wachsen mit zunehmender Zeit selbstläufig in die „richtigen" – im Sinne von soziokulturell geteilten – und für sie „passende" Begriffe hinein.

Bildung im erlebten Alltag bietet damit grundsätzlich zwei Möglichkeiten:

1. Bildungsmöglichkeit: Raum für eigene Sinndeutungen der Welt, die für das Kind Sinn ergeben müssen. Es kann nur das verstehen, was es an das bislang Gelernte anschließen kann.

2. Sozialerziehung: Erleben von unmittelbaren sozialen Zusammenhängen des Alltags: Wie kommt es, dass das Essen warm auf den Tisch kommt?

Bei informellen Bildungserfahrungen, wie sie in der Kindertagespflege alltäglich sind, geht es demnach darum, dass das Kind die grundlegenden Handlungszusammenhänge des Alltags erlebt und sich so Orientierung verschaffen kann. Daraus kann sich nebenbei auch das Lernen von Sozialverhalten ergeben, d. h. das Erlernen von bestimmten Notwendigkeiten des Miteinanders. Dies ist auch wichtig, steht bei frühkindlichen Bildungsprozessen jedoch nicht im Vordergrund. Im Gegenteil: Wenn Kinder vor allem auf das Hineinwachsen in eine bereits bestehende Welt mit ihren festen Regeln und Notwendigkeiten vorbereitet werden sollen, werden sie in ihren Versuchen, sich die Welt *selbst* anzueignen und sie vor dem Hintergrund ihrer eigenen Erfahrungen zu verstehen, behindert. Gerd E. Schäfer, Professor für Frühe Kindheit an der Universität Köln, macht auf diesen Gegensatz aufmerksam:

„Da nun Pädagogik sich traditionell auf das zu lernende Wissen konzentriert, können Widersprüche entstehen, die den Bildungsprozess behindern. Es ist die frühe Kindheit, die auf die Bedeutung des Alltags für den kindlichen Bildungsprozess hinweist und die Frage nach einer ‚Pädagogik des Alltags' und nicht nur der besonderen, planbaren Lernsituation aufwirft. Darüber hinaus stellt sie die Frage nach der Kooperation oder gegenseitigen Störung von Erfahrungswissen und übernommenem Wissen."
(Schäfer, Lernen im Lebenslauf, 2008, S. 194)

In der Konsequenz bedeutet das, dass auch Sozialverhalten vor allem dann gelernt werden kann, wenn seine Inhalte nicht schon von Erwachsenen vorgegeben sind, sondern in Aushandlungsprozessen zwischen Kindern und Erwachsenen geschehen.

Zusammenfassung
Pädagogische Konsequenzen für die Tagespflegeperson

1. *Wenn Bildung in den ersten Jahren eines Kindes vor allem aus informellem Lernen besteht, ist es wichtig, Kindern als verlässliche Bezugsperson zur Verfügung zu stehen. Das gibt Kindern Sicherheit, den Alltag auch entdecken zu wollen.*
2. *Es liegt in Ihrer Verantwortung, den Alltag so zu gestalten, dass vielfältige Erfahrungen möglich sind. Es ist wichtig zu verstehen, dass kleine Kinder rund um die Uhr lernen und sich potenziell alles, was sich im Alltag ereignet, auch aneignen können.*
3. *Einerseits fordert dies heraus: Mit der Gestaltung des Alltags strukturieren Sie auch die Rahmenbedingungen, innerhalb derer sich Kinder bilden können. Eine vielfältige und beziehungsreiche Umgebung regt an, fordert heraus, weckt Neugierde.*

4. *Andererseits kann es Sie auch entlasten: Sie wissen nun, dass Kinder grundsätzlich nicht förderbar sind – sie bilden sich selbsttätig an und mit der Welt. Und das wiederum bedeutet, dass Sie sich nicht ständig aktiv um Lernfortschritte kümmern müssen. Beobachten Sie die Kinder und bieten Sie nur dann – fragend – Ihre Hilfe an, wenn Sie das Gefühl haben, die Kinder kommen ohne diese nicht weiter.*
5. *Unverändert bleibt insofern Ihre Verantwortung für die Befriedigung der kindlichen Grundbedürfnisse sowie für Sicherheit und Verlässlichkeit in der Beziehung.*

3.3.1 Das Konzept der Ko-Konstruktion

Bislang wurde das Bild eines kompetenten Kindes gezeichnet, das sich in selbsttätigem Handeln die Welt aneignet und so ein Bild von ihr konstruiert. Das Kind mit seinen individuellen Voraussetzungen und Möglichkeiten wird damit zum Ausgangspunkt von Bildungsprozessen.

Daran anschlussfähig ist das Konzept der Ko-Konstruktion, das die individuellen Lernbewegungen des Kindes mit den sozialen Möglichkeiten frühkindlicher Bildung ergänzt. Inzwischen kursiert eine Reihe verschieden ausdifferenzierter Interpretationen von Ko-Konstruktion, die von einem unterschiedlichen Grad der Beteiligung und Initiative des Kindes an Bildungsprozessen ausgehen (vgl. z. B. Gisbert, 2003). Im Folgenden orientieren wir uns am ursprünglichen Bezug (vgl. z. B. Laewen/Andres, 2002). Das Konzept von Youniss (1994) – und ausdifferenziert von Corsaro (1997) – beruht unter Rückbezug auf das Piaget'sche Verständnis von Lernen (siehe Kap. B, 1.3.1) auf Studien zu Kinderfreundschaften und einer spezifischen Kinderkultur. Das Konzept betont damit besonders die Bildungspotenziale, die in selbstorganisierten sozialen Beziehungen zwischen Kindern stecken.

Darin wird deutlich, dass Kinder ihresgleichen brauchen, um in der Auseinandersetzung mit der Kultur der Erwachsenen ihre eigene Kultur zu entwickeln, die wiederum ihrer Entwicklung entspricht. Da Youniss seine Ausführungen speziell auf Beziehungen zwischen zwei Kindern bezog und bis zum Alter von etwa drei Jahren solche dyadischen Beziehungen bei Interaktionen von Kindern überwiegen, scheint dieses Konzept für die kleinen Gruppen der Kindertagespflege besonders interessant zu sein.

> ***Beispiel:*** *Begriffsvielfalt: Annika (2,5) und Mirja (3) spielen im Sandkasten auf einem Spielplatz, an dem hinter einem Zaun Bahngleise vorbeiführen. Nach einer halben Stunde rauscht ein Regionalzug heran. Die Kinder unterbrechen ihr Spiel, sie schauen dem Zug hinterher. Annika sagt: „Das war ein Zug." Mirja ergänzt: „Man kann auch Eisenbahn sagen." Annika: „Oder Töfftöff". Die Mädchen nicken.*

Im gemeinsamen Handeln und Denken tauschen Kinder ihre Interpretationen über die Welt aus. Sie erproben für sie relevante Deutungsmuster, die nur innerhalb ihrer „Gruppe" verstanden werden und gelangen so zu gemeinsam geteilten „sinn-vollen" Bedeutungen der Welt. Auf diese Weise, im „Medium ihrer gelebten Beziehungen und gemeinsamen Aktivitäten vollbringen die Kinder eine gemeinsame unabsichtliche Selbstbildung" (Liegle, 2003, S. 23). Dies gelingt bereits ohne zu sprechen (siehe Beispiel „Ko-Konstruktion zwischen Kindern").

Grundlegend ist dabei, dass Kinder ihr Wissen miteinander teilen. Dieses Aushandeln gemeinsamer Bedeutungen zwischen Kindern unterstreicht, dass das Ergebnis eines solchen Prozesses offen sein muss. Die beteiligten Kinder, die um eine gemeinsam geteilte Bedeutung eines Gegenstands aus der Welt ringen, bewegen sich auf „Augenhöhe". Sie sind sowohl gleichrangig (z. B. gleich alt und ähnlich weit in ihrer Entwicklung) als auch gegenseitig aufgrund ihrer jeweiligen Individualität.

Ko-Konstruktion zwischen Kindern

Beim Entdecken und Aneignen von sozialer und materieller Welt, von Beziehungen zu Menschen und materiellen Gegenständen, sind Kinder maßgeblich auf ihresgleichen angewiesen. Dabei verschmelzen soziale und materielle Entdeckungen: In jedem gemeinsamen Entdecken steckt immer auch eine soziale Komponente.

Was macht der Junge da mit dem leckeren Milchreis? Hat er etwas Neues entdeckt?

Ist der Milchreis in seiner Schüssel anders als der, den er mir reicht?

Ich probiere jetzt zuerst mal „meinen" Milchreis.

Ich will aber auch Milchreis von dem Jungen, weil ich wissen will, ob der anders schmeckt und weil ich den Jungen mag.

Wenn Kinder nun mit anderen Kindern zusammenarbeiten, haben sie Gelegenheit, an den Gedanken und am Tun der anderen Kinder Anteil zu nehmen. Sie erleben, dass es andere Kinder gibt, die auch etwas können und etwas wissen und ihnen bei ihren Gedanken weiterhelfen können. Möglicherweise können sie ganz andere Perspektiven zur Lösung eines Problems beitragen und damit die eigene Perspektive erweitern. Für den Einzelnen bedeutet das Denken und Tun anderer Kinder ein Pool an Perspektiven und Sichtweisen, die helfen, in sich selbst sowie in sein soziales und kulturelles Umfeld hineinzuwachsen. Eine solche soziale Vernetztheit von Weltdeutungen mehrerer Kinder bedeutet für ein einzelnes Kind einen großen Mehrwert.

Exkurs: Dynamik und Konflikte in der Gruppe

Konflikte in Kleinkindgruppen sind nicht die Ausnahme, sondern die Regel. Laut aktuellen Ergebnissen aus der Forschung, die sich mit der Interaktion von gleichaltrigen bzw. gleichrangigen kindlichen Sozialpartnerschaften („Peer-Interaktion") befassen, haben etwa 70 bis 90 Prozent der Kinder im zweiten Lebensjahr mindestens einen Konflikt innerhalb einer Spielstunde (vgl. Ahnert, 2010). Damit gehören Konflikte zum festen Interaktionsspektrum von Kindern in dieser Altersspanne.

Es stellt sich allerdings die Frage, woran sich diese relativ häufig auftretenden Konflikte entzünden. Eine britische Studie mit ein- und zweijährigen Kindern konnte eine Antwort geben, indem sie exemplarisch die Interaktion innerhalb von Dreiergruppen mit verfügbarem Spielzeug dokumentierte (vgl. Ahnert, 2010). Es konnte gezeigt werden, dass der Grund für die Konflikte nicht etwa aus einem Mangel an Spielzeug resultiert und so nicht jedem Kind das Spielen mit allen Spielsachen gleichzeitig und unmittelbar möglich ist. Vielmehr sind die Konflikte Ausdruck der persönlichen Besitzansprüche der Kinder. Kindliche Konflikte zwischen dem ersten und zweiten Lebensjahr haben mit sozialer Abgrenzung zu tun, die typisch sind für diese Altersspanne.

Kinder verfolgen darin Selbstbehauptungsstrategien; sie fordern um ihrer Selbst willen etwas ein. Dies äußert sich auch in ihrem Sprachgebrauch („mein", „ich"). Es ist daher wenig verwunderlich, wenn gerade in Kindergruppen mit sozial aufgeschlossenen und selbstbewussten Kindern die meisten Konflikte anfallen. Insgesamt ist dieser „Besitzkonflikt" also ein relativ normales Merkmal von frühkindlicher Peer-Interaktion, das auch weitgehend unabhängig von Alter und Geschlecht rangiert (vgl. Ahnert, 2010).

Seine besondere Charakteristik erhält der Ansatz der Ko-Konstruktion dadurch, dass Kinder im sozialen Miteinander kooperativ die Welt erschließen. In ihrer Welt stehen die Bedeutungen der Gegenstände nicht eher fest, bevor der gleichberechtigte Aushandlungsprozess nicht abgeschlossen ist.

Fragen wir uns: Kann Ko-Konstruktion ein Prozess sein, der auch von Erwachsenen und Kindern gestaltet werden kann? Wie verhält es sich dabei mit den Prinzipien von Gleichrangigkeit und Gegenseitigkeit?

Ko-Konstruktion zwischen Erwachsenen und Kindern

Würde eine Tagespflegeperson die Regeln der Ordnung darüber, was ein Gegenstand sei und was an ihm zu lernen ist, vorwegnehmen, bestünde die Gefahr, dass das Kind sich an diese vorgegebenen Vorstellungen anpassen würde, ohne sie wirklich zu verstehen. Der Entwicklungsfortschritt des Kindes wäre gering und die Chance auf eigene Suchbewegungen („Bildung als Selbsttätigkeit") aufgegeben. Das Kind konnte sich den interessierenden Teil der Welt nicht selbsttätig aneignen, sondern daraus lediglich einen zusammenhanglosen Ausschnitt übernehmen, der nicht anschlussfähig ist an das, was es bislang in und mit der Welt sozial konstruiert hat.

Dies ist eine grundlegende Gefahr bei ko-konstruktiven Bildungsprozessen zwischen Erwachsenen und Kindern, da Erwachsene zunächst einen scheinbaren Wissensvorsprung gegenüber Kindern haben. Allzu schnell könnte die von Erwachsenen „vorgedeutete" Welt kindliche Suchbewegungen nach eigenem Verstehen behindern, weil, so der amerikanische Psychologe James Youniss.

„... die Regeln, die Kinder übernehmen sollen, bereits in den Köpfen der Erwachsenen fertig konstruiert sind und einseitig vermittelt wurden. Sie werden als fertige Einsichten übermittelt, an deren Entstehen Kinder so gut wie gar nicht mitgewirkt haben. Erst nachträglich fordert man die Kinder auf, dieselben Einsichten zu konstruieren, sich auf den Standpunkt der Erwachsenen zu begeben und diesen zu übernehmen."
(Youniss, 1994, S. 149)

Ko-Konstruktive Bildungsprozesse zwischen Kindern und Erwachsenen stehen damit vor einer Reihe von Herausforderungen:

- Erwachsene müssen ihr festgefügtes, „fertiges" Bild, das sie von der Welt haben, „vergessen" und sich dafür öffnen, zusammen mit den Kindern ein „anderes", „neues" Weltbild zu erarbeiten (Liegle 2008, S. 99).
- Sich den Kindern als Ko-Konstrukteuren zu öffnen bedeutet, das kindliche Grundbedürfnis nach selbsttätiger Weltaneignung ernst zu nehmen und zu versuchen, den Sinn zu begreifen, den kindliche Eigenwege haben.
- Erwachsene als Ko-Konstrukteure haben die Aufgabe „eine Brücke zu schlagen zwischen dem, was kindlicher Sinn will, und dem, was die Erwachsenenwelt als sinnvoll ansieht" (Schäfer, 2005, S. 187).
- Hilfreich kann die Haltung der „sokratischen Ignoranz" sein: Ich weiß, dass ich nichts weiß, möchte aber mithilfe von anderen herausfinden, wie Aspekte der Welt Sinn ergeben können.
- Erwachsene müssen verstehen, dass Deutungen der Welt nicht auf Kinder übertragen werden können.
- Zum professionellen pädagogischen Handeln gehört auch, eine solche Sichtweise vor dem Hintergrund der jeweils eigenen Kindheitsbilder und Erziehungserfahrungen zu reflektieren (siehe Kap. A, 1.4.1 und B, 3.5.1)

Exkurs: „Sustained shared thinking" – ein Ansatz zur Ko-Konstruktion von Kind und Erwachsenem

Ergebnisse einer englischen Studie (vgl. Sylva, 2004) weisen darauf hin, dass Interaktionsformen, in denen Erwachsene interessiert sind an den Ideen von Kindern, diese aufgreifen und mit den Kindern weiterentwickeln, für die Entwicklung von tragfähigen Weltbildern besonders hilfreich sind. Tragfähige Weltbilder geben Kindern Sicherheit, sich selbsttätig und – im Rahmen ihrer Möglichkeiten – eigenbestimmt zu orientieren. Dabei geht es um eine „dialogische Interaktion, in der Erwachsene und Kinder gemeinsam Fragen bearbeiten und Lösungen suchen. Ein wichtiger Teil solcher Interaktionen sind offene Fragen, die von Erwachsenen gestellt werden, ohne die ‚richtige' Antwort bereits zu kennen, sondern neugierige Fragen, mit denen die Erwachsenen versuchen, etwas für sie Neues über die Kinder und ihre Ansichten, Deutungsmuster, Fähigkeiten und Vorlieben zu erfahren" (Leu, 2009, S. 79).

Zusammenfassung
Pädagogische Konsequenzen der Ko-Konstruktion für die Tagespflegeperson

1. *Erlebter Alltag in der Kindertagespflege wird erst dann auch zum Bildungsprozess, wenn die alltäglichen Erfahrungen, in die das Kind eingebettet ist, auch ko-konstruktiv von Ihnen begleitet werden.*
2. *Da Ko-Konstruktion innerhalb der Beziehungen zwischen Kindern stattfindet, ist es Ihre Aufgabe, solche Prozesse der Weltaneignung zwischen den Kindern zu ermöglichen, d. h. ihnen, wann immer möglich, Gelegenheit dazu zu geben.*
3. *Sie wissen, dass die Kinder Experten für ihre Sicht der Dinge sind und Sie den Kindern nur bedingt dabei behilflich sein können. Sie wissen deshalb auch, dass Sie Ihre Konstruktionen der Welt nicht auf die Kinder übertragen können.*
4. *Zugleich ist Ihnen sicher bewusst, dass intensive Weltaneignung von Kindern vor allem mit anderen Kindern zusammen möglich ist. Sie wissen, dass Kinder zwar auch mit Erwachsenen ausgedehnte und unterschiedliche Erfahrungen brauchen. Diese können Kindern die Erfahrungen mit anderen Kindern aber nicht ersetzen.*
5. *Sie können den ko-konstruktiven Prozess zwischen Kindern ergänzend unterstützen. Wenn Sie z. B. das Gefühl haben, dass ein Kind bei seiner Weltaneignung nicht mehr weiterkommt, können Sie behutsam und einfühlsam – mehr fragend, als feststellend – Ihre Weltsicht anbieten.*
6. *Ko-Konstruktion hat damit Auswirkungen auf Ihre Rolle als Tagespflegeperson. An die Stelle von „richtige Antworten" treten verschiedene Weltdeutungen, die gleichberechtigt und gleichrangig sind.*

7. *Mit Ko-Konstruktion ist eine Haltung von Aufmerksamkeit, Interesse und Zuversicht verbunden. Ko-Konstruktion ist von Beginn an möglich, auch für Kinder, die noch nicht sprechen können.*
8. *Wenn Sie als Tagespflegeperson mit Kindern den Weg einer gemeinsamen, kooperativen, ko-konstruktiven Weltaneignung gehen, wissen Sie um die vielfältigen Suchbewegungen der Kinder – nach ihren Um- und Irrwegen, nach ihrem Ringen um Verstehen. Dies benötigt Zeit, Geduld und Aufmerksamkeit.*

3.3.2 Spielen als Arbeit des Kindes

Spielen und Kindheit – das scheint von jeher zusammenzugehören. Spielen ist etwas für Kinder und Kinder spielen gerne. Dies ist zugleich richtig und falsch. Richtig ist, dass Kinder gerne spielen. Doch was heißt Spielen für das Kind und welche Bedeutung ist damit verbunden? Worin unterscheidet sich die Vorstellung, die Erwachsene häufig vom kindlichen Spiel haben, von der Perspektive der Kinder?

In einem früheren und schon damals fragwürdigen Verständnis hat das kindliche Spiel eher aus Verlegenheit stattgefunden, mangels besseren Wissens um das frühkindliche Aufwachsen. Man gab Kindern Spielzeug, wusste dabei aber nicht recht, was nun eigentlich geschieht, und vor allem nicht, was unter dem Gesichtspunkt von Bildung passiert. Heute wissen wir: Kindliches Spiel ist das wichtigste Lernfeld der frühen Kindheit. Es ist die zentrale Methode der Selbstbildung von Kindern in den ersten Lebensjahren (vgl. Schäfer, 2005).

Was bedeutet kindliches Spiel?

Kindliches Spiel umfasst eine Fülle von Tätigkeiten. Im Grunde können alle Gestaltungs- und Aktivitätsformen des Kindes als Spiel gelten: So werden zum Beispiel auch Krabbeln und Laufen zunächst spielerisch eingeübt, bevor ein Kind diese Fähigkeit zielgerichtet einsetzt, um an einen bestimmten Ort zu gelangen. Später kommen weitere, anspruchsvollere Tätigkeiten hinzu, wie Bauen, Malen, Imitieren, Übernehmen von Rollen, Durchprobieren von Situationen oder das Wiederholen und Ordnen von Erfahrungen (vgl. Schäfer, 2005, S. 104). Durch geistige Verarbeitung dessen, was das Kind bislang erfahren hat, konstruiert es sich verfügbares Wissen. Es kann im Spiel bestimmte Dinge einüben, sich aneignen oder Kräfteverhältnisse erleben, sich aber auch von der Wirklichkeit entlasten und verschiedene Weltdeutungen versuchen.

Das Kind kann ausprobieren, inwieweit die Welt so „ist“, wie es sie sich vorstellt: Es kann „allmählich die Notwendigkeiten der Wirklichkeit mit den persönlichen Bedürfnissen“ versöhnen und so Schritt für Schritt erfahren, „wie viel Wunschwelt die Wirklichkeit verträgt“ (Schäfer, 2005, S. 108). Dieser im Spiel permanent vollzogene Abgleich zwischen Wunsch und Wirklichkeit bedeutet „Arbeit“ (Montessori) für das Kind. Diese forschende, fragende Herangehensweise ist eine für das Kind grundlegende Tätigkeit, die Welt und sich selbst in ihr zu verstehen. Spiel wird damit zur ernsten und herausfordernden Tätigkeit.

Merksatz

Wenn Kinder spielen, dann beschäftigen sie sich intensiv mit einer Sache. Das heißt, Kinder, die spielen, setzen sich mit einer bestimmten Sache auseinander, die sie besonders interessiert. Analog zur Vorstellung von der spielerischen Bewältigung einer Sache, von etwas, das man besonders gut beherrscht, spielen auch Kinder mit ihrem Wissen und ihrem Können. Das bedeutet, dass in jedem Spiel schon von Beginn an immer ein Gewinn an Wissen und Orientierung steckt.

1. Objekt entdecken: Schaut was ich gefunden habe!

2. Objekt erproben: Was kann ich damit machen?

3. Freude über den Erfolg: Schaut mal, was ich geschafft habe!

4. Weitere Erkundungen

Exkurs: Maria Montessori: Kinder sind anders

„Kinder sind anders", so lautet ein Buch der italienischen Ärztin und Pädagogin Maria Montessori (1952). Zugleich stellen sich die Fragen: Was ist das „Andere" an Kindern? Worin unterscheiden sie sich und von wem?

Die Errungenschaft von Montessori war es, eine Perspektive dahingehend zu öffnen, dass Kinder Menschen sind, mit spezifisch anderen Bedürfnissen als Erwachsene. Kinder seien keine kleinen Erwachsenen, die noch unfertig sind und erst als Erwachsene komplett würden. Es ging ihr vielmehr darum, die in jedem Kind angelegten inneren Kräfte (Montessori spricht von „Normalisierung") zur Entfaltung zu bringen.

Was heißt das nun mit Blick auf die Perspektive, dass Kinder Konstrukteure ihrer Welt sind und ihre inneren Prozesse von außen nicht zugänglich sind? Wenn wir nicht wissen, was Kinder gerade denken, fühlen oder geistig bearbeiten, erübrigt es sich dann nicht auch, uns ein mehr oder weniger festes Bild von ihnen zu machen?

Bereits die Bestimmung davon, dass Kinder „anders" sind, verweist auf eine bestimmte „Andersartigkeit" und in der Konsequenz darauf, wie Kinder „als solche" sind, wie sie sein sollen oder werden sollen. Diese Perspektive scheint starr, weil sie den Möglichkeitsraum all dessen, wie Menschen in ihrer Vielfalt sein können, begrenzt. Die Vielfalt von Kindern ist schließlich so groß, dass sie nicht in ein Bild gefasst werden kann. Erziehung heißt, sich auf diese Offenheit einzulassen und im gemeinsamen Dialog (ko-konstruktiv) einander zu verstehen versuchen (vgl. Liegle, 2006; vgl. auch Kap. 2). Das Wissen über die grundlegenden Besonderheiten kindlichen Aufwachsens sowie der Blick auf die unverwechselbare Individualität eines jeden Kindes greifen also ineinander.

Dies verändert die Rolle des Spiels für das Verständnis frühkindlicher Bildung grundsätzlich. Spielen bedeutet, dass ein Kind sich mit einer Sache besonders umfassend auseinandersetzt. Dies tut es mit dem Ziel, sie neu bzw. besser kennenzulernen. Damit drückt es gleichzeitig aus, dass es – bis zu einem gewissen Grad – bereits spielerisch mit ihr umgehen kann. Spielen ist damit geradezu ein Anzeichen dafür, dass das Kind etwas begriffen hat und seine Fähigkeiten daran weiter optimieren möchte. Kindliches Spielen hat also nichts mit Spielerei zu tun, sondern stellt für die Weltaneignung des Kindes wichtige Möglichkeiten dar (vgl. Schäfer, 2005, S. 104 ff.). Für die Praxis der Kindertagespflege ist es deshalb wichtig zu verstehen:

- Im Spiel wendet sich das Kind seiner Um- und Mitwelt freiwillig zu. Es verfügt selbst darüber, wie weit und auf welche Weise es sich darauf einlässt.
- Kinder verbinden immer einen Sinn mit dem, was sie spielen. Sie können nicht sinnlos spielen – auch wenn dies manchmal den Anschein erwecken mag.
- Im Spiel gebrauchen Kinder alle Formen körperlich-sinnlicher Erfahrung, bildhafter Vorstellungen und Fantasien, sprachlichen oder nichtsprachlichen Denkens sowie der sozialen Verständigung.

- Spiel folgt dem Rhythmus der subjektiven Erfahrungen des Kindes. Sie können Kinder durch äußere Zeitpläne aus diesem Rhythmus reißen oder sie darin unterstützen, ihn zu finden.
- Wo der Rhythmus gefunden ist, gestaltet sich Spiel als zeitliche Ordnung mit Anfang und Ende, An- und Aufregung, Entspannung oder körperliches Agieren. Auf diese Weise finden Kinder ihren eigenen Umgang mit Zeit und Raum, ihren eigenen Rhythmus.
- Spielen ist damit auch ko-konstruktives Lernen, da Gleichaltrige – zuweilen auch Erwachsene – im Rahmen gegenseitiger Verständigung ihre eigenen Facetten der Wahrnehmungs-, Auffassungs-, Handlungs- und Denkmöglichkeiten anbieten.

Das kindliche Spiel in der Reggio-Pädagogik

Es gibt eine ganze Reihe von Konzepten und Überlegungen zum kindlichen Spiel. Im Folgenden wird exemplarisch das Verständnis von Spiel innerhalb der Reggio-Pädagogik vorgestellt. Als ein erfahrungsorientierter Ansatz der Frühpädagogik, der besonders die kindlichen Kompetenzen und Fähigkeiten betont, schließt er an die bisherigen Ausführungen an. Der ganzheitliche Ansatz wurde in den 1960er Jahren in den Kindertageseinrichtungen der norditalienischen Stadt Reggio nell'Emilia entwickelt. In der Reggio-Pädagogik steht den Kindern eine Reihe eigens für die dargestellten Spielformen ausgestatteter Räume zu Verfügung. Auch wenn in der Kindertagespflege in eher seltenen Fällen eine solche Ausstattung vorzufinden sein wird, bietet diese Konzeption interessante Anregungen.

In der Reggio-Pädagogik sind vor allem drei Arten von Spielen bedeutsam (vgl. Textor, 2009, S. 25 f.):

- Das *Bau- oder Erkundungsspiel* mit Holzbauklötzen, Legosteinen, mitgebrachten Spielsachen sowie Abfall-, Recycling- und Naturmaterialien. Die Impulse für gestaltende Spielhandlungen können sich aus dem Material selbst ergeben oder es wird entsprechend den aktuellen Bedürfnissen und Gestaltungsfantasien der Kinder ausgewählt.
- Das *Erkundungs- und Entdeckungsspiel*, das drinnen und draußen stattfinden kann, dient dem Experimentieren mit Gegenständen und dem Erforschen von Phänomenen. Die Kinder befassen sich mit (selbst gesammelten Natur-)Materialien, beobachten ihre materiellen Strukturen und stoffliche Beschaffenheit. Sie treten mit Fragen an die Materialien heran, stellen Arbeitshypothesen auf und überprüfen diese: Wie sieht etwas aus? Wie schwer ist das? Wie riecht das? Geht es kaputt, wenn es auf den Boden fällt? etc.
- Im *darstellenden Spiel* können Kinder mit verschiedenen Rollen experimentieren. Sie können ganz unterschiedliche soziale Erfahrungen machen, indem sie z. B. in andere Rollen schlüpfen, Interaktionssituationen gestalten, andere Perspektiven erproben, Konflikte nachspielen und lösen, gegenläufige Interessen tolerieren und immer wieder zwischen emotionaler Nähe und Distanz wechseln.

Diese verschiedenen Spielformen richten sich grundsätzlich an alle Altersstufen. Sie werden aber – je nach Entwicklungsgrad – in unterschiedlichem Ausmaß begleitet und unterstützt werden müssen (siehe Kap. B, 1.6). Am Spiel des Kindes können Sie den jeweiligen Entwicklungsstand des Kindes erkennen, da Spiel mit unterschiedlichen Anforderungen und Aufgaben für das Kind verbunden ist. Es kommt daher vor allem darauf an, die individuellen Bedürfnisse der Kinder nach Spiel zu unterstützen, hierfür großzügige örtliche und zeitliche Räume zur Verfügung zu stellen und ihnen als fragende, unterstützende und aufmerksame Begleiterin zur Verfügung zu stehen.

Kleine Künstler

Auch künstlerisches Arbeiten hat in der Reggio-Pädagogik einen hohen Stellenwert. Wenn Sie selbst Freude daran haben, dann vermitteln Sie den Kindern Techniken der kreativen Gestaltung wie das Malen mit Ölfarben oder mit echter Künstlerkreide. Das Arbeiten mit Ton und Holz gehört auch dazu.

> ***Beispiel:*** *Tagesmutter Barbara R. aus Essen berichtet: „Zwei meiner Tageskinder sind schon recht groß. Sie gehen in die erste Klasse und kommen nach der Schule zu mir. Im Sommer hole ich manchmal einen Klotz Ton aus dem Baumarkt. Im Hof gestalten und modellieren wir dann, mit viel Wasser und allen möglichen Utensilien. Mein ältester Sohn bringt die Kunstwerke dann ins Jugendzentrum. Dort können sie gebrannt werden. Wir hatten auch schon einmal einen Töpfer zu Besuch. Der hatte viel Spaß an den Kindern. Zusammen haben sie den Anfangsbuchstaben für jedes Kind modelliert. Dann durften die Kleinen mit einem Finger eine Kuhle in den Buchstaben drücken. Da hinein passt genau so eine kleine Geburtstagskerze. Die beiden Großen machten mit dem Töpfer Buchstützen aus den Buchstaben. Jedenfalls waren alle sehr stolz."*

Um darzustellen, wie facettenreich und vielfältig kindliches Spiel sein kann, werden in der folgenden Tabelle exemplarisch für den Bereich des zweiten Lebensjahres Spielverhalten und mögliche Spielsachen entlang der entwicklungspsychologischen Entwicklung von Kindern skizziert.

Spielverhalten	Entwicklungspsychologische Bedeutung	Spielsachen
Räumlicher Bereich	Verständnis der räumlichen Beziehungen zwischen Gegenständen	
Inhalt-Behälter-Spiel (ab 9 Monaten)		Töpfe, Becher, Körbe, Plastikbehälter/-flaschen, Walnüsse, Korkzapfen, Rosskastanien, Wasser, Sand
Vertikales Bauen (ab 15 Monaten)		Bauklötze, Becher, Ringe auf Stab

Spielverhalten	Entwicklungspsychologische Bedeutung	Spielsachen
Horizontales Bauen (ab 21 Monaten) Vertikales und horizontales Bauen (ab 30 Monaten)		Bauklötze, Spielzeugeisenbahn Bausteine, Duplo/Lego
Symbolischer Bereich	Verständnis des funktionellen Gebrauchs von Gegenständen, Handlungen und Verhaltensweisen	
Funktionelles Spiel (ab 12 Monaten)		Löffel, Tasse, Haarbürste, Spielbügeleisen, -geschirr, Spielhandwerkszeug, Haushaltsgegenstände
Repräsentatives Spiel (ab 15 Monaten) Sequenzielles Spiel (ab 21 Monaten) Symbolspiel (ab 18 Monaten)		Puppen, Teddybären Puppenstube, Stall mit Holztieren Gegenstände aus der Natur wie Holzstücke, Steine, Schneckenhäuser, Muscheln
Kategorisieren	Zuordnen aufgrund bestimmter Merkmale	
Gruppieren, sortieren (ab 21 Monaten)		Würfel, Becher verschiedener Größen und Farbe, Formenentwürfe/-bretter, Einsteck- und andere Puzzles

Spielzeug für das zweite Lebensjahr (vgl. Largo, 2009, S. 335 f.)

***Beispiel:* Der Löffelflug**

Sicher haben Sie es selbst schon häufig beobachtet: Ein Kind, das im Hochsitz am Tisch sitzt, greift nach allem, was in seiner unmittelbaren Umgebung verfügbar ist. Ein besonders beliebter Gegenstand ist der Löffel. Er wird in den Mund genommen, mit Händen abgetastet, auf den Tisch geschlagen oder auf den Boden geworfen.

Man kann gut zusehen, wie das Kind versucht, den Löffel intensiv kennenzulernen. Es hat vielleicht gesehen, dass damit am Tisch hantiert wird, aber noch nicht verstanden, was für ein Gegenstand der Löffel eigentlich ist. Dafür muss er untersucht werden. Um z. B. herauszufinden, ob es ein leichter oder schwerer

Gegenstand ist, ist es für das Kind hilfreich, ihn auf den Boden zu werfen. Wie klingt der Löffel, wenn er unten aufkommt? Wie lange ist seine Flugzeit vom Verlassen der Hand bis zum Aufprall auf dem Boden? Hat er seine Form behalten oder verändert?

Um das zu beurteilen, reicht eine Flugphase nicht aus. Also wird die Bezugsperson immer wieder aufgefordert, den Löffel aufzuheben, sodass der Versuch erneut durchgeführt werden kann. Dies geschieht – in Abhängigkeit von den Nerven der Bezugsperson und dem Interesse des Kindes – unterschiedlich lang. Neben der physikalischen Untersuchung des Löffels hat diese Spielform auch einen sozialen Charakter. Die Bezugsperson soll als Mitspieler dialogisch mit einbezogen werden.

Zusammenfassung
Pädagogische Konsequenzen für die Tagespflegeperson

- Zunächst ist es wichtig, dass Sie den Ihnen anvertrauten Kindern solche Räume und Gelegenheiten anbieten, in denen sie sich – alleine oder mit anderen Kindern – intensiv mit einer Sache auseinandersetzen können.
- Es geht darum, dass Kinder ihre Interessenfelder so entfalten können, dass sie zum Spiel werden können. Das Spiel muss deshalb vom Kind selbst bestimmt werden können. Spielen hat nichts zu tun mit Beibringen.
- Dies erfordert auf der einen Seite eine Atmosphäre der Ruhe, Sicherheit und Geborgenheit und auf der anderen Seite die Bereitstellung von alltagsorientierten (Spiel-)Gegenständen sowie passenden Spielgefährten (andere Kinder und/oder Sie als Tagespflegeperson).
- Als „Spielsachen" bieten sich grundsätzlich alle Gegenstände an, die zum Spiel geeignet sind. Dies sind keinesfalls nur Dinge aus dem Spielzeugladen. Gerade die Gegenstände des Alltags, mit welchen das Kind täglich konfrontiert ist, sind – unter Berücksichtigung von möglichen Gefahren – als Spielgegenstände besonders interessant.
- Auch wenn es nicht immer leicht ist: Ihre Rolle besteht primär darin, den Kindern als Spielpartnerin in interessierter, geduldiger und nicht bestimmender Weise zu Verfügung zu stehen. Wenn die Situation es gerade nicht ermöglicht, dann lassen Sie es besser. „So tun als ob" irritiert Kinder. Sagen Sie stattdessen: „Jetzt geht es leider nicht. Nach dem Abspülen komme ich gerne wieder zu dir und habe Zeit."
- Dies wiederum bedeutet, dass Sie sich auf das Kind „auf Augenhöhe" einlassen können. Werden Kinder über- oder unterfordert, verweigern sie das Spiel.

3.4 Erziehung: Begleitung und Unterstützung

Auf den vorherigen Seiten war bereits die Rede vom kompetenten Kind, das sich als selbsttätiger und sozialer Lerner in ko-konstruktiven Prozessen die Welt aneignet. Es bringt von Geburt an eine Reihe von Fähigkeiten und Wissen mit, die es im ständigen Bemühen weiterentwickelt, die Welt und sich in ihr zu verstehen. Dieser Prozess der Selbstbildung wurde beschrieben als eine angeborene Aufgabe des Kindes.

Kindliche Bildungsprozesse ergeben sich jedoch nicht einfach von alleine, sondern benötigen in vielfältiger Weise Begleitung und Unterstützung. Damit ist die Rolle der Erwachsenen angesprochen. Ihnen kommt die Aufgabe der Erziehung zu. Doch was ist damit gemeint? Kann in den ersten Lebensjahren eines Kindes bereits „erzogen" werden? Welches Verständnis und welche Ziele müssen Erziehung dann zugrunde liegen?

Verständnis und Aufgabe von Erziehung

Erziehung gilt als einer der am stärksten belasteten Begriffe in der deutschsprachigen Pädagogik (vgl. Laewen, 2006, S. 99). Mit ihm sind Vorstellungen verbunden, wonach die nachwachsende Generation in den bestehenden Weltbestand „einzuführen" sei und sich so an das Vorgefundene anzupassen habe. Ein scheinbar veraltet wirkender Anspruch, dessen Grundlage jedoch aktuell bleibt: die Weitergabe des erreichten Standes gesellschaftlich-kultureller Entwicklung an die jüngere Generation. Weiter oben wurde bereits skizziert, dass mit dem Anspruch von Bildung die Bedürfnisse und das Wollen des Kindes, sich die Welt anzueignen, in den Vordergrund treten: Bildung muss vom Kind ausgehen und nicht von einem – wie auch immer gearteten – Weltbestand.

Aufgabe von Erziehung ist es daher, diesem Wollen auch Ziele anzubieten, die über das ursprüngliche Haben-Wollen hinausgehen. Es geht darum, junge Menschen darin herauszufordern, dass sie auch nach Wissen-Wollen und Können-Wollen streben (vgl. Laewen, 2006). Dies setzt voraus, dass sich Pädagogen über ihre Ziele im Klaren sein müssen: Jeder, der im erzieherischen Feld tätig ist, muss eine bestimmte Haltung entwickeln, d. h., er muss für sich eine Perspektive schaffen, in welche Richtung er das Kind begleiten und anregen will (siehe Kap B, 3.5).

Gleichzeitig hat Erziehung die Suchbewegungen und Welt-Konstruktionen der Kinder zu berücksichtigen, wenn der Anspruch von Bildung als Selbstbildung der Kinder Bestand haben soll. Erziehung als Aufgabe von Erwachsenen und Bildung als Aufgabe von Kindern benötigen eine Schnittmenge, sie müssen zum „kooperativen Projekt" (Laewen) werden. Wichtig zu verstehen ist, dass ein Mehr an erzieherischer Einwirkung nicht immer auch zu einem Mehr an erzogenem Verhalten führt. Erziehung bedeutet immer ein Handeln *zwischen* Personen und kann nicht schlicht von einer auf die andere Person übertragen werden.

Damit kann Erziehung auch scheitern, sie wird zum Wagnis. Es ist vielleicht dies die besondere Leistung und Herausforderung all jener im erzieherischen Bereich Tätigen: sich einzulassen auf die Offenheit und das Wagnis, sich mit anderen Menschen über verschiedene Deutungen und Bedeutungen der Welt zu verständigen und sie zu eigenen

Möglichkeiten der Selbstbildung herauszufordern. Dies erfordert auch das Eingeständnis, dass die eigenen Meinungen und Überzeugungen nicht die der anderen sein müssen. Kinder sind vielmehr herauszufordern, ihre eigenen Perspektiven zu entwickeln. Der französische Schriftsteller François Rabelais hat dies vor rund 500 Jahren auf den Punkt gebracht: „Kinder sind keine Fässer, die gefüllt, sondern Feuer, die entfacht werden wollen."

Ein Verständnis von Erziehung: Erziehung bezieht sich immer auf ein Handeln von und zwischen Personen (vgl. Liegle, 2006, S. 44).

- ***Erwachsene handeln erzieherisch, indem sie dem Kind eine äußere Umwelt bereiten und ihm Entwicklungshilfen zur Selbstbildung anbieten.***
- ***Ausgangspunkt hierfür bilden die Entwicklungsverläufe und die individuellen Lebensäußerungen des Kindes. Erwachsene reagieren und beantworten diese Bedürfnisse des Kindes.***
- ***Erziehung begleitet damit den Weg des Kindes von der Möglichkeit (Was will ich?) zur Wirklichkeit (Was kann ich?). Ziel von Erziehung ist die selbsttätige Entwicklung des Kindes.***
- ***Die Entwicklungs- und Bildungsaufgaben des Kindes werden damit unterstützt und herausgefordert von den Erziehungsaufgaben der Erwachsenen, die sie an Kinder stellen.***
- ***Bildungs- und Erziehungsaufgaben gehören als kooperatives Projekt zusammen.***

3.4.1 Perspektiven frühkindlicher Erziehung

Aus der Hirnforschung wissen wir, dass es für bestimmte Hirnbereiche (vor allem im sensorischen Bereich) verschiedene zeitliche Phasen im Reifeprozess des Gehirns gibt, in welchen sie sich idealerweise ausbilden können. So ist die Rede von bestimmten („kritischen") Entwicklungsfenstern, innerhalb derer das Gehirn bestimmte Signale aus der Umwelt benötigt, um aktiviert zu werden. Bleiben die Signale aus, können sich die entsprechenden Hirnareale nicht entwickeln und werden nachhaltig geschädigt (vgl. Singer, 2003, S. 70). Daneben gibt es jedoch auch sogenannte „sensitive" Phasen im Gehirn, die für eine optimale Entwicklung weniger stark auf bestimmte Erfahrungen in einem bestimmten Zeitraum angewiesen sind (vgl. Becker, 2010, S. 29 ff.).

Das Gehirn benötigt also in verschiedenen Phasen unterschiedliche Informationen aus der Umwelt, um seine Entwicklung optimieren zu können. Dabei stellt sich jedoch das Problem, dass bislang nur wenige Daten darüber vorliegen, *wann* das menschliche Gehirn *welche* Informationen benötigt. Wir wissen lediglich, dass bestimmte Entwicklungsaufgaben auf mehr oder weniger eingrenzbare Zeiträume angewiesen sind. Wann welche Hirnbereiche für welche Entwicklungen geöffnet sind, ist jedoch nicht hinreichend bekannt.

Die Hirnforschung vermag daher nur sehr bedingt Auskunft über konkrete Voraussetzungen frühkindlicher Bildungs- und Erziehungsprozesse zu geben (vgl. Becker, 2010, S. 35 f.) Was folgt daraus für eine frühkindliche Pädagogik?

- Wenn wir nicht wissen, was ein Kind wann lernen kann, müssen wir vor allem sorgfältig darauf achten, welche Fragen und Bedürfnisse es hat.
- Da das Kind selbst am besten weiß, was es wann braucht, um sich in der Welt zufrieden – und dann auch erst bildungswillig – zu fühlen, ist es wichtig, das Kind sein eigenes Tempo der Lernbewegungen bestimmen zu lassen.
- Erwachsene werden Kinder in dem Maße auf ihrem Weg zu komplexen und tragfähigen Verstehens- und Handlungsmustern begleiten können, in dem sie beobachtend zu verstehen versuchen, woran das Kind aktuell arbeitet.
- Es ist nutzlos, vielleicht sogar kontraproduktiv, Kindern Inhalte anzubieten, die sie nicht verarbeiten können, da sie dazu von ihrem Entwicklungsstand her nicht in der Lage sind. Kinder werden die Themen, die für sie aktuell nicht von Interesse sind, nicht annehmen, wohl aber unnütze Zeit mit deren Abwehr verbringen müssen.
- Kindliche Entwicklungen können nicht beschleunigt werden: Das Gras wächst auch nicht schneller, wenn man daran zieht (vgl. Singer u. a., 2006, S. 74).

Erziehung als Lernbegleitung von Kindern bemüht sich schließlich darum, Angebote zu machen, die den Bildungsprozess von Kindern unterstützen. Wenn Bildung Sache des Kindes ist, das seinem eigenen Rhythmus der Weltaneignung folgt, bleiben für Erziehung als Aktivität der Erwachsenen grundsätzlich zwei Formen (vgl. Laewen, 2002a, S. 73).

- **Die Gestaltung der Interaktionen zwischen Erwachsenem und Kind.** Dies umfasst die
  - Verständigung über die „Entwicklungs- und Bildungswege“ (vgl. Schäfer, 2007) der Kinder
  - über die Form des Dialogs zwischen Erwachsenem und Kind.
- **Die Gestaltung der Umwelt des Kindes.** Dies umfasst die
  - materielle Ausstattung des Wohnraums, der für die Kinder zugänglich ist.
  - zeitliche Strukturierung des Alltags und von Situationen.

Das bislang skizzierte Verständnis von Bildung und Erziehung lässt sich in folgender Grafik zusammenfassen.

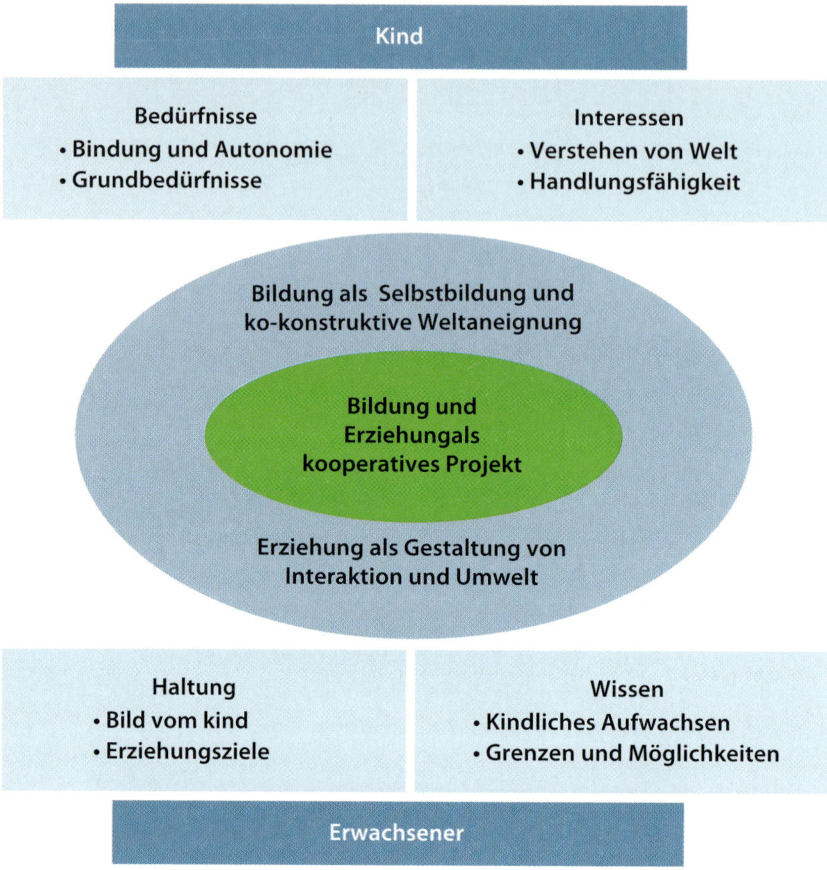

Bildung und Erziehung als kooperatives Projekt

Besonders für die kleinen Gruppen in familienähnlicher Atmosphäre, die die Kindertagespflege bietet, scheint dieser frühpädagogische Anspruch Einlösung finden zu können. Eine gelingende Gestaltung der Interaktion zwischen Tagespflegeperson und Kind sowie die Gestaltung einer lernanregenden Umwelt und eines strukturierten Alltags werden zu den Kernaufgaben der Tagespflegeperson. Zugleich bietet der Alltag in der Kindertagespflege als wichtigstes Lernfeld in den ersten Lebensjahren Voraussetzungen für vielfältige Entdeckungen und Anregungen.

3.4.2 Die Gestaltung der Interaktion: Erziehung als Beziehung

Menschen haben ein angeborenes Streben sowohl nach Verbundenheit als auch nach Autonomie. Es gehört zur genetischen Ausstattung des Menschen und wirkt als Antriebskraft seiner Entwicklung. Die zwei Pole von Verbundenheit und Autonomie sind jedoch nur als Potenzial angelegt, das von jedem Menschen selbst ausgeschöpft und entwickelt werden muss. Die Balance herauszufinden zwischen dem persönlichen Bedürfnis nach

Bindung und dem Streben nach Autonomie wird zur Entwicklungsaufgabe jedes Menschen (vgl. Liegle, 2006, S. 41).

Autonomie und Bindung

Eine ausgewogene Balance zwischen Bindung und Autonomie ist entscheidende Voraussetzung für Bildungs- und Erziehungsprozesse in der frühen Kindheit (siehe Kap. B, 2). Kinder müssen die Möglichkeit haben, sowohl ihr Bedürfnis nach einer sicheren Bindungserfahrung zu befriedigen als auch das nach Erkundung, nach dem „explorativen" Verhalten. Kinder werden jedoch erst dann bereit sein, ihre Umwelt zu erforschen, wenn sie zu einer Person eine enge Bindung aufgebaut haben, d. h. wenn sie sich bei ihr sicher fühlen. Gerät das Kind bei seinen Versuchen der Weltaneignung in eine Situation, bei der es sich überfordert fühlt (z. B. Erschrecken, Angst, Müdigkeit, Schmerz, Hunger, Unwohlsein), wird sein Bindungsverhalten aktiviert: Es kehrt zurück zur „sicheren Basis" (vgl. Becker-Stoll u. a., 2009). Diese „sichere Basis" kann neben den Eltern auch die Tagespflegeperson sein.

Eigenschaften guter Beziehungen zwischen Tagespflegeperson und Kind

Die Voraussetzung für ein gelingendes Tagespflegeverhältnis aus Sicht des Kindes ist eine gute Beziehung zwischen Tagespflegeperson und Kind. Die Tagespflegeperson wird in der Zeit, in der das Kind bei ihr ist, die wichtigste, verfügbare Beziehungsperson für das Kind werden. Das Kind sucht ihre Nähe und kann bei ihr Sicherheit finden. Zugleich wird die Tagespflegeperson dem Kind bei seinen Selbstbildungsbewegungen Unterstützung und Anregung geben. Die Beziehung zwischen Kind und Tagespflegeperson kann entlang des Fünf-Komponenten-Modells von Booth und Mitarbeitern beschrieben werden (vgl. Booth u. a., 2003):

- **Zuwendung:** Für eine gelingende Beziehung zwischen Tagespflegeperson und Kind ist es wichtig, dass die Tagespflegeperson auf jedes Kind offen, antwortbereit und feinfühlig zugeht. Beziehung ergibt sich aus einer liebevollen und emotionalen Interaktion, an der Kind und Tagespflegeperson Freude haben.

- **Sicherheit:** Wenn Kinder die Sicherheit spüren, dass die Tagespflegeperson für sie unmittelbar verfügbar ist, um ggf. bei Unsicherheit bei ihr Trost zu finden, werden sie intensiver spielen und ihre Umwelt aufgeschlossener erkunden.

- **Stressreduktion:** Kinder schwanken bei ihren Weltentdeckungen ständig zwischen Lust auf Neues und drohender Überforderung. Benötigt das Kind Trost und Unterstützung, wird die Tagespflegeperson dem Kind helfen, sich zu beruhigen und zu einer positiven emotionalen Stimmungslage zurückzukehren.

- **Explorationsunterstützung:** Kinder werden in dem Maße zu eigenständigen Erkundungen bereit sein, in dem sie die Sicherheit der Tagespflegeperson spüren, bei der sie sich unmittelbar rückversichern können. Auf dieser Basis werden Tagespflegepersonen Kinder auch zu neuen Erkundungen anregen.

- **Assistenz:** Wenn Kinder mit einer Situation offensichtlich überfordert sind, gibt die Tagespflegeperson emotionale Unterstützung und kann im Sinne eines ko-konstruktiven Miteinanders neue Perspektiven anbieten.

Exkurs: Was ist gutes Erziehungsverhalten? Einige empirische Erkenntnisse

Bislang gibt es recht wenige Studien, die Aussagen über konkretes Erziehungsverhalten machen können, das sich positiv auf Kinder auswirkt. Die beiden amerikanischen Forscher Schweinhart und Weikart haben Ergebnisse zusammengetragen, die bis heute Gültigkeit haben. Folgende erzieherische Aspekte wirken sich demnach positiv auf die Entwicklung von Kindern aus (vgl. Schweinhart/Weikart, 1988/1997):

- *Ermöglichen von situationsorientierten Erfahrungen, d. h. Situationen, die von den Fragestellungen des Kindes in einer konkreten Gegebenheit ausgehen,*
- *Unterstützen von spielerischem Lernen als Eigenaktivität des Kindes; Erwachsene können fragend und mit-suchend Impulse geben,*
- *Begleiten und Anregen von kindinitiierten Lern-Aktivitäten im Sinne von ko-konstruktiven Prozessen.*

Begegnet man kleinen Kindern in den ersten Lebensjahren dauerhaft mit direkten Anweisungen im Sinne schulischer Lernanforderungen, haben sie nicht die Möglichkeit, selbstbestimmt entwicklungsrelevante Erfahrungen zu machen. Es drohen Fehlentwicklungen im Bereich der sozialen Kompetenzen und persönlichen Einstellungen. Darunter leidet langfristig auch die kognitive Entwicklung. Ein Erziehungsverhalten, das nicht die Versuche von Kindern, die Welt zu verstehen, berücksichtigt, sondern „Lernstoff" an die Kinder richtet, behindert die Möglichkeit von Alltagserfahrungen und damit kindliches Lernen insgesamt.

Erziehung als Dialog

In einer groß angelegten Studie zur Rolle außerfamiliärer Betreuungspersonen konnte gezeigt werden, dass ein wesentlicher Faktor für die Entwicklung von Kindern in den ersten drei Lebensjahren feinfühlige und antwortbereite Bezugspersonen sind; dies betrifft insbesondere die kognitiven und sprachlichen Fähigkeiten der Kinder (vgl. NICHD, 2000). Feinfühlig und antwortbereit ist jemand, der das Kind versucht zu verstehen, es zum Dialog anregt und bei seinen sprachlichen Versuchen unterstützt. Kinder zu verstehen bedeutet, zu versuchen, den Sinn dessen zu erfassen, was sich hinter ihren Schilderungen verbergen könnte. Im Dialog mit dem Kind nimmt die Betreuungsperson primär eine fragende Haltung ein. Der Dialog gilt als Leitmotiv der Verständigung zwischen Betreuungsperson und Kind, in den beide Seiten ihre Themen einbringen und gehört werden.

Beispiel: *Kinder in ihren ersten Lebensjahren sind laufend damit beschäftigt, Beziehungen zur sozialen und materiellen Umwelt, die sie umgibt, aufzubauen. Sie entdecken Gegenstände in ihrem Alltag und möchten verstehen, was das ist. Mit einem Wollknäuel in der Hand kommt ein zweieinhalbjähriges Kind zur Tagespflegeperson und fragt: „Was ist das?" Fragend statt feststellend kann die Frage an das Kind zurückgegeben werden: „Wonach sieht es denn für dich aus?" „Nach einem weichen Ball", antwortet das Kind. „Sind denn alle Bälle, die du kennst, so weich?" „Da ist eine Schnur dran." etc. Hat das Kind erst einmal ausreichend Information erhalten, wird es sich weiteren Suchbewegungen zuwenden.*

Dialog bedeutet für das Kind die Sicherheit, gehört und ernst genommen zu werden. Es fühlt sich bestärkt und erfährt, dass es sich lohnt, Fragen zu stellen. Seine Fragen werden nicht als lapidar oder überflüssig wahrgenommen, sondern als Weg hinein in die Welt. Dies ermuntert Kinder, weitere Fragen zu stellen. Aufgabe der Bezugsperson ist dabei diesen Dialog weiterzuführen, d. h. mit den Kindern darüber im Gespräch zu bleiben, was, wie und warum sie etwas tun oder denken. Eine schlichte und knappe Antwort der Tagespflegeperson bildet zwar ihre Perspektive auf einen Gegenstand ab; kindliche Suchbewegungen sind damit jedoch zunächst beendet, da im besten Fall lediglich ein Begriff zu einem Gegenstand gelernt wurde. Was es mit dem Gegenstand hingegen auf sich hat und wie das Kind ihn sich zu eigen machen kann, wird abgebogen.

Eine weitere Aufgabe der Bezugsperson besteht darin, dem Kind eine Dimension seiner Frage zu skizzieren. Es geht darum, dem Kind eine Vorstellung davon zu geben, worauf sich seine Frage bezieht und welche Bedeutung sie im erwachsenen Alltags- und Kulturverständnis hat, ohne sie schlicht zu beantworten. Das Ziel von Dialog besteht darin, den Dialog aufrechtzuerhalten. Werden Bezugspersonen zu reinen „Beantwortern" von Fragen, beenden sie die fragenden Suchbewegungen des Kindes.

> ***Beispiel:*** *Ein vierjähriges Kind kommt zur Tagespflegeperson und fragt: „Gibt es den lieben Gott eigentlich wirklich?" Die Tagespflegeperson könnte so oder so ähnlich antworten: „Das ist eine sehr wichtige Frage, die du mir da stellst, die dich dein ganzes Leben lang begleiten wird. Ob es den lieben Gott wirklich gibt, das kann ich dir nicht sagen, da ich es selber nicht weiß. Wenn du aber mich persönlich danach fragst, so glaube ich schon, dass es ihn gibt."*

Der Dialog mit kleinen Kindern orientiert sich danach an vier Dimensionen:

- Bestärken des Kindes, dass es richtig ist, zu fragen, um dem Kind Sicherheit zu geben,
- Skizzieren der Dimension seiner Frage, um dem Kind Möglichkeiten zu öffnen, dass es unterschiedlich „große" Bereiche im Leben gibt,
- Offenlassen eines „wahren" Inhalts, um dem Kind die Möglichkeit nach eigenen Suchbewegungen zu lassen,
- Anbieten einer persönlichen Haltung, um dem Kind eine Orientierung zu geben.

Eine wesentliche Aufgabe für die Tagespflegeperson ist es daher, eine eigene Haltung zu entwickeln, d. h. eine persönliche Vorentscheidung dazu zu treffen, wie sie sich und andere in der Welt sieht (siehe Kap. B, 3.5). Erziehung als Beziehung braucht persönliche Engagiertheit, um für Kinder erlebbar und greifbar zu werden. Es ist diese Zugewandtheit, die Kinder durch ein ganzes Leben tragen kann.

> ***Exkurs: Pflege als Beziehungsaufbau***
> *Ein wichtiger Aspekt für den Beziehungsaufbau zwischen sehr kleinen Kindern und der Tagespflegeperson ist eine liebevolle und aufmerksame Pflege. Pflegesituationen in der ersten Lebenszeit eines Kindes umfassen Wickeln, Waschen, Ankleiden oder Füttern. Sie beziehen sich auf existenzielle Grundbedürfnisse und stellen für*

das Kind daher einen sehr intimen Bereich dar, der nicht ohne ihr Zutun „vollzogen" werden darf. Pflege bietet daher im Besonderen eine Chance, mit dem Kind in einen Dialog zu kommen: „Darf ich dich waschen? Möchtest du einmal schauen, ob du uns dabei helfen kannst? Ist das Wasser angenehm für dich?" usw.

Die einzelnen Schritte der Pflege kann die Tagespflegeperson in ruhiger Weise handlungsbegleitend erklären. Dies dient dabei gar nicht so sehr dem Verstehen der einzelnen formalen Schritte. Vielmehr dokumentiert sich darin das Signal der Tagespflegeperson an das Kind: Ich bin jetzt ganz bei dir, kümmere mich um dich und will dich so weit wie möglich in das Geschehen einbeziehen. Zugleich signalisiert eine dialogische Haltung dem Kind, dass es ernst genommen und mit seinen Bedürfnissen anerkannt wird sowie als selbstwirksamer Mensch mitentscheiden kann: „Nicht mit mir geschieht etwas, sondern ich ziehe eine neue Windel oder meine Jacke an. Die Situation wird bewältigbar – und zwar bald von mir allein" (Bensel/Haug-Schnabel, 2008, S. 137).

Eine solche „beziehungsvolle Pflege" (Pikler, 1997) verweist auf die Kinder als beteiligte Akteure im Sinne eines ko-produktiven bzw. ko-konstruktiven Miteinanders. Pflege und kindliche Ansprache, Pflege und Dialog gehören zusammen. In Pflegesituationen liegt damit eine besondere Chance zum Beziehungsaufbau: Jedes Kind erlebt die Tagespflegeperson für einige Male am Tag exklusiv für sich. Mit Blick auf die Entwicklungsmöglichkeiten der Kinder ist eine liebevoll zugewandte und feinfühlige Pflege mit ihrem besonderen Beziehungspotenzial damit geradezu eine Voraussetzung für Bildung. Kinder, die sich sicher und wohl fühlen, werden auch bereit sein, ihre Umwelt entdecken zu wollen.

Es ist ein leider weitverbreiteter Irrglaube, dass Pflegesituationen „niedere" Tätigkeiten sind, die zwar zur Betreuung von Kindern dazugehören, dass sich Bildung und Erziehung aber an anderer Stelle ereignen. Da sich Bindung und Interaktion zwischen Tagespflegeperson und Kindern nicht einfach ergeben, muss täglich neu darauf geachtet werden. Pflegesituationen bieten dafür eine besondere Gelegenheit.

3.4.3 Die Gestaltung der Umwelt: lernanregende Umgebung

Neben der Gestaltung einer dialogischen Beziehung kommt der Tagespflegeperson eine weitere wichtige Aufgabe zu: die Strukturierung des Alltags und die materielle Gestaltung der Umgebung (siehe Kap. D, 4).

Der Raum, in dem sich Kinder in Kindertagespflege aufhalten, ist immer auch schon Bildungsraum. Mit Raum sind sowohl Umgebungen im Haus, um das Haus herum als auch in der Natur angesprochen. Kinder werden aus eigener Initiative damit beginnen, die ihnen zugänglichen Räume zu erkunden und ihre Ausstattung dahingehend zu erproben, was damit zu „machen" ist. Ob wir wollen oder nicht, stellen die Räume die unentrinnbare Lebenswelt der Kinder dar, die den Ausgangspunkt für kindliches Wahrnehmen, Fragen und Forschen darstellt (vgl. Schäfer, 2005, S. 189).

Für eine gelingende Gestaltung der Umwelt müssen Tagespflegepersonen und Kinder kooperieren. Wenn die Umgebung, in der sich Kinder bewegen, auch ein Stück zu „ihrer Heimat" wird, werden sie sich darin wohler fühlen und eher zu Erkundungen bereit sein. Die Gestaltung der Umwelt wird zum „kooperativen Projekt", bei der folgende Aspekte bedeutsam sind:

- Die Gestaltung der Umwelt bildet die Basis, auf deren Grundlage sich Bildungserfahrungen von Kindern ereignen. Welche Ausschnitte der Welt den Kindern zugänglich sind und welche Erfahrungen sie darin machen können, ist eine Frage der Gestaltung und Ausstattung der Räume.
- Es ist bedeutsam, dass Kinder in der Kindertagespflege als Ort, an dem sie viele Stunden in der Woche verbringen, die Möglichkeiten haben, vielfältige und komplexe Wahrnehmungen und Sinneserfahrungen zu machen.
- Da Bildung Sache des Kindes ist, muss die Tagespflegeperson das Kind in ihre eigenen Überlegungen zur Gestaltung der Umgebung einbeziehen. Kinder brauchen Räume, die es ihnen ermöglichen, ihre Themen konstruktiv bearbeiten zu können.
- Am Verhalten von Kindern lässt sich häufig ablesen, ob ihnen die Umgebung, in der sie sich bewegen, für ihre Themen geeignet erscheint oder nicht.

Wie muss eine lernanregende Umgebung in der Kindertagespflege aussehen?

Bei der Gestaltung der Umgebung sind drei Bereiche bedeutsam:

1. Die Gestaltung der Räume und die materielle Ausstattung des Wohnraums

Räume – drinnen wie draußen – müssen so gestaltet sein, dass Kinder sich darin selbstständig bewegen und vielfältige Erfahrungen machen können. Das Kind braucht Gelegenheiten, aus einer Vielfalt von vorhandenem Material, Spielzeug und Gegenständen das auszuwählen, womit es am besten seinen Fragen an die Welt nachgehen kann (vgl. Andres, 2002, S. 363 ff.). Räume und ihre Ausstattung müssen in der Kindertagespflege zwei Anforderungen erfüllen: sowohl persönlicher Wohnraum der Tagespflegeperson als auch Bildungsraum des Kindes zu sein. Eine gute Struktur und Ordnung kann hier helfen. Ein Raum kann für Kinder sehr anregend sein, ohne die üblichen Vorstellungen eines „kindgerechten" Raums erfüllen zu müssen; Kinderzimmer in schrillen Farben und Spielzeug in mannigfacher Ausführung erweisen sich keinesfalls immer als kindgerecht (siehe Kap. D, 4; vgl. Haug-Schnabel/Bensel, 2006, S. 46).

2. Die Ausstattung des Wohnraums mit Kulturgütern aus der Erwachsenenwelt

Eine besondere Chance der Kindertagespflege besteht für Kinder darin, in einer anspruchsvollen Umgebung aufzuwachsen. Anspruchsvoll insofern, als der Wohnraum der Kindertagespflege nicht mit der üblichen, häufig verniedlichten Kinderausstattung versehen ist, die bisweilen in Kindertageseinrichtungen anzutreffen ist. Die Besonderheit ergibt sich daraus, dass „der ganz normale" Wohnraum als Alltagsraum eine Vielzahl von Anregungen und Ausstattungsgegenständen bereithält, die für das Kind einen besonderen Reiz ausüben.

Indem Kinder zum Beispiel Matratzen, Decken und Kissen auf ihre Weise für ihr Spiel einsetzen, begreifen sie gerade in diesem differenten Einsatz der Gegenstände ihren kulturell ursprünglichen Gebrauch. Um zu verstehen, warum eine Matratze für das verwendet wird, wozu sie in aller Regel dient (Schlafen), muss auch die Gelegenheit zum alternativen Einsatz gegeben werden (Höhlenbau). Kinder können Alltagsgegenstände so intensiv untersuchen und deren Sinn spielerisch erfahren. Der in der Kindertagespflege immer schon vorhandene Kulturraum mit Musik, Kunstwerken, Gemälden, Obstschalen, Bastkörben, Holzhockern, Kissen, kurz: mit Alltags- und Kulturgütern bietet Kindern vielfältige Gelegenheiten, die Sinn- und Handlungszusammenhänge der sie umgebenden Umwelt zu erfahren.

3. Die zeitliche Strukturierung des Alltags und von Situationen

Die zeitliche Strukturierung des Alltags in der Kindertagespflege ist von verschiedenen Situationen geprägt. Es gibt Zeiten, die von der Tagespflegeperson vorgegeben werden und die sich täglich in ungefähr dem gleichen Zeitfenster wiederholen. (z. B. Essen, Begrüßung, Verabschiedung). Dies schafft Struktur und gibt den Kindern einen Orientierungsrahmen für die verbleibende Zeit. Das heißt jedoch nicht, dass alles immer streng nach einem fest geregelten Plan abzulaufen hat. Kinder auch einmal länger als anfangs geplant bei einer Tätigkeit zu lassen, ist ein Ausdruck von „professionell möglich gemachter Spontaneität" (Bensel/Haug-Schnabel, 2008, S. 106).

Daneben gibt es Zeiten für eigenes und selbstbestimmtes Spiel drinnen oder draußen. Diese inhaltlich nicht vorstrukturierte und angeleitete Zeit sollte im Alltag überwiegen, damit die Kinder ausreichend Zeit für eigene Entdeckungen haben: Bildung als Selbstbildung des Kindes erfordert selbsttätiges Tun an relevanten Alltagsgegenständen. Die Tagespflegeperson strukturiert diese Situationen durch zeitlich grobe Tageseinteilungen und für das Kind überschaubare Lernmöglichkeiten. Zum Beispiel bietet sie nur ein geringes Maß an Spielzeug zur gleichen Zeit an, das jedoch häufiger gewechselt wird. Neben vertiefenden Erkundungen ist auch Raum für Ruhe, Muße und Verweilen vorzuhalten.

Weitere Ideen und Anregungen zu den Punkten 1 bis 3 finden Sie im Kap. D, 4. Dort tauchen Sie in den Alltag der Kindertagespflege ein. Ein konkretes Beispiel aber schon einmal vorweg:

Hier lesen Sie, wie Tagesmutter Kristina Hotter aus Bonn, eine „Wald- und Wiesen-Tagesmutter", den Tag strukturiert und gleichzeitig auf ausreichend Freiraum zum Verweilen achtet. Dieser Tagesablauf ist auf ihrer Website www.wald-tagesmutter.de (2010) nachzulesen.

„Jeden Morgen, zu jeder Jahreszeit treffen wir uns draußen „Im Wiesengrund", komplett wetterentsprechend angezogen und stiefeln, sobald alle da sind, gemeinsam in den Wald. Der Vorteil ist, dass man nicht erst aus dem Fenster guckt und überlegt, ob man nicht vielleicht doch lieber drinnen bleiben sollte. Wir treffen uns immer erstmal draußen und wenn es nicht mehr auszuhalten ist, können wir ja immer noch nach Hause gehen. Es gibt allerdings Ausnahmen: Bei angekündigtem und tatsächlich stattfindendem Dauerregen, bei Sturm und Gewitter (ist selten am Vormittag) bleiben wir zu Hause bzw. machen, dass wir schnell dort hinkommen. Die Kinder bringen einen Beutel mit, in dem sich ihre persönliche Trinkflasche, ein bis zwei Wechselwindeln, trockene Socken und ein leckerer Beitrag zum gemeinsamen Frühstück befinden. Alles wird im ‚Buggy' verstaut und dann geht's los ...

An ‚Spielzeug' hab ich im Buggy: einen Eimer für jedes Kind und ein stabiles Seil zum Klettern, Schaukeln, Eisenbahnspielen (und Vorankommen), außerdem Kreide und grobe Pinsel zum Malen mit Wasser und Schlamm. Ebenso haben wir zwei Thermosflaschen dabei, eine mit warmem Tee und eine mit warmem Wasser zum Händewaschen. Des weiteren Iso-Kissen, eine große Picknick-Decke und bei angekündigten Schauern einen riesengroßen Angler-Regenschirm. Mücken- und Sonnencreme im Sommer, Wärmepads und Wechselhandschuhe im Winter, Taschentücher, 1. Hilfe-Tasche, Lappen und Handtücher und eine Mülltüte.

Unsere erste feste Station ist immer die „Teebank". Dort sitzen wir das erste Mal zusammen und trinken gemeinsam einen warmen Früchtetee. Im ersten Winter eingeführt, wird dieses Ritual inzwischen auch im Sommer gerne gepflegt.

Es geht weiter Richtung ‚Frühstück'. Auf dem Weg dorthin passieren wir allerdings noch ein paar spannende Stationen, die inzwischen alle Namen bekommen haben (Hubschrauber, Krokodil, Brücke, Eisdiele, Insel etc). Je nach Lust und Laune der Kinder verweilen wir hier und da etwas länger. Das Frühstück findet meistens an der gleichen Stelle statt, sodass Kinder, die sich schon „auskennen", auch bis dahin vorlaufen können, um sich schon mal den besten Platz zu sichern. Vor dem Frühstück waschen wir die Hände. Wir bleiben sitzen, erzählen, was wir erlebt haben, kommen wieder zur Ruhe oder ruhen aus. Das Frühstück wird geteilt. Wir lernen fragen, teilen und tauschen und erzählen. Oft können wir hier auch das erste Mal die Ruhe ‚hören', Rotkehlchen, Specht und Eichhörnchen sind häufig in der Nähe.

Während ich das Frühstück wegräume, ziehen die Kinder los, entdecken Neues, klettern auf Altbekanntes, rutschen aus verschiedenen Höhen, beobachten die Kindergartenkinder, die häufig für ein Stündchen kommen, sammeln Blätter, Steine, Nüsse oder Eicheln, kneten mit Maulwurfserde, bearbeiten morsches Holz, erfinden immer wieder neue Musikinstrumente und neues Werkzeug, verstecken, finden, rufen und holen sich gegenseitig ... und warten, bis ich mit der Wickeltüte komme. Denn jetzt wird auch das erste Mal ‚durchgewickelt'. Ich wickele im Stehen, das ist im Wald das Angenehmste, ohne Laub in der Windel und ohne zu große Auskühlung im Winterhalbjahr.

Je nach Witterung muss ich die Waldkinder jetzt ein bisschen ‚scheuchen', einen großen Spaziergang vorschlagen (die Variationen sind je nach Alter vielseitig), den Schirm aufstellen, einen Platz in der Sonne aufsuchen (oder meiden). Nach starken Regenfällen oder bei Frost ist auch ein Besuch auf dem (immer sonnigen) nahen Sportplatz eine gern gesehene Abwechslung. Je nach Jahreszeit pflücken wir Himbeeren und Brombeeren, sammeln Wal- und Haselnüsse, schütteln Äpfel vom Baum und schauen, ob in den Pflaumen keine Würmer wohnen, bevor wir sie essen.

Dem Alter und der Routine entsprechend muss ich schon bald zum Aufbruch einstimmen, denn auch der Rückweg kann sich noch mal hinziehen. Es gibt mindestens Schafe und Bienen zu beobachten, im Herbst auch Pferde, die Müdigkeit tritt bei einigen ein, wir nehmen uns an die Hände oder nehmen das Tschu-Tschu-Seil zur Hilfe. Gegen zwölf sind wir zu Hause und der Spaß geht weiter ...

Zu Hause angekommen, erwartet die Kinder ein kleiner Hof mit Sandkasten, Regenwassertonnen, überdachten Flächen, einem kleinen Spielhaus mit allerlei Abwechslung, drei Katzen und einem Hasen. Diese ‚Schleuse' hat für mich den Vorteil, dass ich die Kinder nach und nach umziehen kann und nicht alles auf einmal passieren muss. Es entsteht also keine Hektik. Einige Kinder wollen auch noch draußen bleiben, während ich das Mittagessen fertig mache; auch das ist dann möglich. Andere freuen sich aber, endlich mal rein zu dürfen, mir beim Kochen zuzuschauen oder drinnen im Kinderzimmer ‚Indoor-Spiele' zu spielen.

Anfangs müssen manche Kinder auch direkt ins Bett, da sie ein Mittagessen nicht mehr schaffen würden. Diese lege ich als erstes schlafen. Sie essen dann später, wenn sie ausgeschlafen sind. Nach dem Essen, bei dem wieder viel über die Erlebnisse des Vormittags erzählt wird, dürfen die Kinder noch ‚fünf Minuten spielen' (das ist die Zeit, in der ich das Gröbste unterm Tisch zusammenkehre). Dann wird einer nach dem anderen gewickelt und schlafen gelegt. [...] Bis auf die ‚Früh-Schlafenden' schlafen alle gemeinsam im Kinderzimmer, jeder auf seiner „eigenen" Klapp-Matratze, mit seinen individuellen Bedürfnissen und Ritualen, aber alle gleichzeitig. Ja, das geht. Die Zeit, die alle Kinder schlafen, ist meine Pause, aber auch die Zeit, in der ich die Küche mache, abspüle, draußen den Original-Zustand wieder herstelle, die Matschsachen aufhänge und sortiere, Schuhe grob putze, Frühstücksdosen, Trinkflaschen, Mützen, Tücher, Handschuhe und Wechselsachen zuordne. Nur selten geht tatsächlich etwas verloren.

Gegen 15:00 Uhr wird wieder geweckt, der Spaß geht weiter. In der Zeit, die verbleibt, zieht es die meisten Kinder wieder raus. Mein ‚Originalzustand' motiviert zu neuem Spiel. Weitere Ausflüge sind nicht die Regel, da jetzt die Abholzeit beginnt. Wir waren allerdings nachmittags auch schon im benachbarten Freibad, ein Eis essen oder auf dem Leyenhof (Bio-Bauernhof) in unmittelbarer Nachbarschaft. So etwas hängt stark von der jeweiligen Konstellation und den Möglichkeiten der Eltern ab."
(Kristina Hotter, abgerufen unter: www.wald-tagesmutter.de, 2011)

Exkurs: Gezielte Entwicklungsförderung im Kleinkindalter?
Kaum jemand, der heute im pädagogischen Feld arbeitet, kennt nicht den Wunsch mancher Eltern oder gesellschaftlicher Gruppen, seine Kinder durch mehr Förderung „früher, schneller, besser" (Leu, 2009) auf die Anforderungen des Lebens vorzubereiten. Immer wieder werden „Förderangebote" für Kinder in den ersten Lebensjahren ins Feld geführt, die in ihrem Aufbau an schulischen Unterricht erinnern, gemäß der Vorstellung, dass Belehrung und Förderung auch zu Lernen und Kompetenzerwerb führe.

So bietet beispielsweise die Helen-Doron-Sprachschule Englisch bereits für Babys ab einem Alter von drei Monaten an. Auch wenn stets betont wird, dass die Belehrung „kindgemäß" erfolge, so ist bereits der Ansatz fragwürdig: Kinder – schon gar nicht Kinder in den ersten Lebensjahren – können nicht belehrt werden, sondern lernen ständig und von Geburt an entlang unmittelbarer Erfahrungen in ihrem eigenen Rhythmus und Tempo (vgl. Schäfer, 2005; Leu, 2009). Aus dem heutigen Stand der Forschung zum Aufwachsen von kleinen Kindern wissen wir, dass gezielte Förderung, die „früher" „bessere" Kinder hervorbringen will, ins Leere läuft und kindliches Aufwachsen möglicherweise sogar behindert (vgl. Dollase, 2007; Liegle, 2006, S. 147 f.).

Kindliches Lernen in den ersten Lebensjahren erfolgt überwiegend beiläufig. „Dem entsprechend verfügen jüngere Kinder auch nur über ein sehr eingeschränktes Potenzial zu intentionalem Lernen, bei dem sie neue Informationen abgelöst von konkreten Alltagserfahrungen und Handlungen aufnehmen, verarbeiten und in ihren Wissensvorrat integrieren können" (Leu, 2009, S. 79).

Zu den „wahren" Bedingungen gelingender Förderung und lustvollen Lernens lesen Sie nun ein Gespräch mit dem Hirnforscher Gerald Hüther:

Das emotionale Klima prägt die Entwicklung des Gehirns

Inge Michels im Gespräch mit Prof. Dr. Gerald Hüther, Göttingen

Dr. Gerald Hüther ist Professor für Neurobiologie und leitet die Zentralstelle für Neurobiologische Präventionsforschung der Psychiatrischen Klinik der Universität Göttingen und des Instituts für Public Health der Universität Mannheim/Heidelberg. Wissenschaftlich befasst er sich mit dem Einfluss früher Erfahrungen auf die Hirnentwicklung, mit den Auswirkungen von Angst und Stress und der Bedeutung emotionaler Reaktionen. Er ist Autor zahlreicher wissenschaftlicher Publikationen und populärwissenschaftlicher Darstellungen (Sachbuchautor). Mehr erfahren Sie unter www.gerald-huether.de.

Nehmen wir einmal an, eine Freundin käme zu Ihnen und würde Sie fragen: ‚Gerald, ich bin auf der Suche nach einer guten Tagesmutter für meine kleine Tochter. Sie soll von Anfang an umfassend gefördert werden. Was rätst du mir, worauf soll ich achten?'
Nun, ich würde wahrscheinlich etwas zurückzucken bei dem Anspruch, von Anfang an umfassend zu fördern. Vielleicht würde ich sogar denken ‚das arme Kind'. Mit dem heute so hoch gelobten Fördern kann man ja auch durchaus Schaden anrichten.

Das müssen Sie erklären.
Ich sage es einmal vereinfacht: Eigentlich gibt es bei gesunden kleinen Kindern noch nichts zu fördern. Das machen die Kleinen ganz allein. Wir müssen allerdings aufpassen, dass wir das, was bei Kindern angelegt ist, nicht ausbremsen oder ersticken. Wir müssen uns stets fragen, wie wir die Flamme der Neugier, der Wissbegierde, der Lust am Entdecken und des Ausprobierens lebendig halten. Förderung, bei der sich Kinder Stress ausgesetzt fühlen, läuft ins Leere. Im schlimmsten Fall verlieren solchermaßen geförderte Kinder die Freude am Lernen und die Zuversicht in ihre Fähigkeiten. Der Umgang mit einem kleinen Kind muss eher einer Schatzsuche gleichen als dem Befolgen eines Förderplans.

Woran würde Ihre fiktive Freundin erkennen, ob eine Tagespflegeperson bei den ihr anvertrauten Kindern auf Schatzsuche ist?
Ich muss zur Beantwortung der Frage kurz ausholen. Wir haben durch die sogenannten bildgebenden Verfahren entdeckt, dass Lernen von Gefühlen begleitet ist und

dass diese Gefühle enorme Auswirkungen auf Lernen haben. Kinder empfinden Lernen, also Neues entdecken, Unbekanntes verstehen oder Zusammenhänge entdecken, als äußerst lustbetont. Sie strengen sich enorm an, um dieses schöne Lustgefühl wieder zu spüren. Und sie sind in der Regel bis ins Schulalter hinein zuversichtlich und voller Vertrauen, dass sie alles schaffen können, was sie wollen. Eine tolle Sache! Gute Gefühle zu haben ist also in einer Tagespflegestelle ganz wichtig für jedes Kind, und zwar nicht als Ausnahme, sondern als Selbstverständlichkeit.

Sie haben in einem anderen Interview einmal gesagt: ‚Kinder gedeihen in dem Maße gut, in dem sie wertgeschätzt und geliebt werden.'
Genau darum geht es. Ich gehe jetzt einmal davon aus, dass die körperlichen Bedürfnisse der Kinder nach Wärme und Fürsorge, Nahrung, Sauberkeit und liebevollem Körperkontakt befriedigt werden, denn das ist die Basis. Kinder sollten ihren Alltag entspannt und anregend erleben, entspannt heißt ohne Angst vor Schimpfen, Anschreien, Strafe, Abwertung und Demütigung.

Von Hirnforschern erwartet man ja eigentlich, dass sie etwas Kluges zum Aufbau des Hirns sagen, über neuronale Netzwerke referieren oder vielleicht Methoden zur Optimierung unserer Gedächtnisleistung erarbeiten. Sie sprechen dagegen viel und ausführlich über Gefühle …
So ist es. Über alles andere referiere ich natürlich auch – nun ja, weniger zu Methoden der Steigerung von Gedächtnisleistungen –, aber die moderne Hirnforschung hat nun einmal herausgefunden, dass all das, was im Frontalhirn eines Menschen an Wissen und Erfahrungen verankert wird, vom „Betriebsklima" abhängt, in welchem es erworben wurde. Davon waren wir Neurobiologen selbst am meisten überrascht. Wir müssen zur Kenntnis nehmen, dass das emotionale Klima im Elternhaus, bei der Tagesmutter, in Kindergarten oder Schule einen prägenden Einfluss auf die Entwicklung des Gehirns hat, auf seine Ausdifferenziertheit und damit auf seine Leistungsfähigkeit.

Kann man demnach sagen: Wenn Eltern ihre Kinder lieben und Tagesmütter ihnen fürsorglich und liebevoll zugewandt sind, brauchen wir uns weiter keine Gedanken über ein gelingendes Aufwachsen zu machen?
Klar, Kinder brauchen das Gefühl, dass sie so, wie sie sind, gemocht werden. Aber das allein reicht nicht. Es gibt noch weitere wichtige Erfahrungen, die Kinder für einen gesunden Reifungsprozess machen müssen und die auf ihren Grundbedürfnissen beruhen. Sie brauchen altersgerechte Herausforderungen, die sie alleine bewältigen können und die sie in ihrer Autonomie und Entfaltung stärken, und sie brauchen Gemeinschaften, in denen sie sich aufgehoben und zugehörig fühlen. Damit meine ich Gemeinschaften mit anderen Kindern. Kinder lernen nun mal am leichtesten, am liebsten und vor allem eher beiläufig von anderen Kindern. Nicht zuletzt brauchen sie gute Vorbilder, die ihnen Orientierung beim Wachsen bieten und sie beim „Dazu-gehören-Wollen" unterstützen.

Damit ist die Eingangsfrage beantwortet, oder?
Umfassend wohl noch nicht, aber als erster Hinweis, worauf meine fiktive Freundin achten sollte, reichen die Antworten sicher aus.

3.5 Erziehung als Herausforderung für die Tagespflegeperson: eine Haltung entwickeln

Jeder, der im pädagogischen Feld tätig ist, muss über eine Haltung verfügen, die das Kind und seine Bildungs- und Entwicklungswege in den Mittelpunkt stellt. Eine Haltung mit diesem Anspruch bildet die notwendige Basis, die flexibles und situationsangemessenes Reagieren auf die kindlichen Bedürfnisse ermöglicht. Eine Haltung dient zugleich als Selbstvergewisserung für die Tagespflegeperson, wie sie zu sich und anderen Menschen in der Welt steht. Es sind jene geistigen Rückwendungen („Reflexionen"), d. h. jenes Ringen um die „richtige" Entscheidung, das die Tagespflegeperson täglich aufs Neue zu ihrer kindbezogenen Haltung befragt:

- Sehe ich die Bedürfnisse des Kindes oder müsste ich noch mehr versuchen, mich für seine Themen zu interessieren und sie zu verstehen?
- Achte ich die Weltbilder des Kindes und kann ich diese anerkennen – auch dann, wenn sie meinen widersprechen?
- Wenn ich mich dem Kind zuwende, bin ich dann feinfühlig und sensibel genug? Mache ich das so richtig, wie ich es mache? Was heißt das dann?
- Finde ich angemessene Antworten auf die Zeichen, Fragen und Interessen des Kindes?
- Soll ich das Kind eher mehr unterstützen, weil es Hilfe braucht, oder eher mehr Raum für Eigeninitiative lassen, sodass es durch die Erfahrung von Selbstwirksamkeit lernt, sich selbst zu helfen?
- Kann ich das Kind rückhaltlos annehmen, wie es ist, oder verspüre ich innere Widerstände?

All diese Fragen zu stellen und zu beantworten ist freilich ein hoher Anspruch, den wohl kaum jemand in jeder Minute seines Handelns einlösen kann. Es scheint jedoch gerade das Bewusstmachen dieser „dialektischen Figur" erzieherischen Handelns zu sein, die als eine angemessene erzieherische Haltung beschrieben werden kann. Diese „dialektische Figur" berücksichtigt

- das **Wagnis** von Erziehungsprozessen, was die Möglichkeit des Scheiterns einschließt, ohne dass die Tagespflegeperson „unangemessen" gehandelt hat,
- die **Einsicht,** dass Erziehung nicht produziert werden kann, sondern abhängig ist von einer Vielzahl von Bedingungen und daher nur indirekt bestimmt werden kann,
- die **Grenze,** dass die Frage, was im erzieherischen Handeln „richtig" ist, nicht im Letzten beantwortet werden kann und somit Fehler dazugehören,
- die **Freude,** die das gemeinsame Arbeiten mit Kindern macht, ohne dass die „Ergebnisse" von Erziehung weder nur dem Kind noch nur der Tagespflegeperson zugeführt werden können, sondern der gemeinsamen Anstrengung.

Mit einer solchen Haltung vergegenwärtigt sich die Tagespflegeperson die Unsicherheit, die in allen erzieherischen Situationen ständig präsent ist, und gesteht sich diese gelassen ein (vgl. Bauman, 1995). Sie weiß, dass aus der Sorge um das Wohl des Kindes, aus dem diese Fragen hervorgehen, bereits der Kern dessen liegt, was hier als eine erzieherische Haltung beschrieben wird. Eine Haltung in der Erziehung bildet damit die notwendige Voraussetzung, um für das Kind im Sinne von Bildung, Erziehung und Betreuung sorgen zu können. Erst dadurch wird die Tagespflegeperson für die Kinder „greifbar". Sie ist nicht nur eine Hülle, die funktioniert, sondern eine Person, die Kindern vielfältig antwortet (mit Worten, Gesten, Mimik, Gefühlen oder Handeln), für sie da ist und so ist, wie alle anderen Menschen auch: nicht perfekt und makellos.

Exkurs: Grenzen von Erziehung

Gute Erziehung zeichnet aus, dass sie um ihre Grenzen weiß. Es ist geradezu ein Anzeichen von pädagogischem Handeln, sich die eigenen Grenzen klarzumachen. Dies hat nichts mit einem Eingeständnis von Unfähigkeit zu tun. Im Gegenteil: In der pädagogischen Tätigkeit geht es nicht um Perfektion. Es geht auch nicht darum, all die verfügbaren Erziehungsmethoden zur Anwendung zu bringen. Erziehung hat mit Menschen zu tun, die unberechenbar und unendlich facettenreich sind. Es wäre ein vermessener Irrglaube, auf jede Einzelheit eine richtige Antwort zu haben.

Doch selbst wenn es möglich wäre, eine Antwort auf alles zu geben, wäre dies nur bedingt sinnvoll. Was hätten Kleinkinder davon, wenn die Tagespflegeperson in allen verfügbaren Disziplinen umfassendes Wissen hätte? Was wäre es, was die Tagespflegeperson dann wüsste? Sie weiß vielleicht etwas über allgemeine Entwicklungen von Kindern. Dies ist wichtig, um ein Verständnis von der Komplexität kindlichen Aufwachsens zu erlangen und grundlegendes Handeln zu ermöglichen. Solche allgemeinen Kenntnisse beziehen sich beispielsweise auf entwicklungspsychologische Aspekte des Aufwachsens (siehe Kap. B, 1). Doch weiß die Tagespflegeperson damit immer auch schon, was für das jeweilige Kind am besten ist? Wahrscheinlich nicht. Kein Wissen dieser Welt wird diese Frage allein beantworten können. Hierzu bedarf es immer und zwingend des Dialogs mit den Kindern, da jedes Kind seine eigenen Lernwege und Voraussetzungen hat.

Neben der dialektischen Grundfigur erzieherischen Handelns sind weitere Merkmale für eine angemessene erzieherische Haltung bedeutsam:

- **Feinfühligkeit und Antwortbereitschaft:** Eine feinfühlige und antwortbereite Haltung gegenüber Kindern ist ein zentrales Maß im Umgang mit Kindern. Feinfühligkeit gegenüber kleinen Kindern bedeutet, auf ihre Signale zu hören und sich in ihre Lage versetzen zu können. Feinfühlige Zuwendung bildet die Voraussetzung für den Aufbau einer emotional vertrauensvollen und tragfähigen Beziehung zwischen Tagespflegeperson und Kind und beinhaltet, „die Signale des Kindes wahrzunehmen, richtig zu interpretieren und prompt sowie angemessen zu reagieren" (Becker-Stoll, 2009, S. 41). Eine solche Haltung wirkt sich zudem nicht nur unmittelbar förderlich auf die Entwicklung der von der Tagespflegeperson betreuten Kinder aus, sondern auch auf die Interaktionen zwischen den Kindern. Die Kinder lernen die Kontaktaufnahme und den Umgang mit anderen Kindern geschickter zu gestalten; diese positiv gestalteten Interaktionen zwischen den Kindern kann wiederum die Tagespflegeperson aufgreifen, was positive Auswirkungen auf die Gruppenkompetenz im Ganzen hat (vgl. Bensel/Haug-Schnabel, 2008, S. 135). Mit Blick auf ko-konstruktive Bildungsprozesse stellt feinfühliges und antwortbereites Verhalten damit ein sehr wichtiges Bindeglied dar.

- **Fürsorge und Absichtslosigkeit:** Erziehung braucht Zeit und eine unaufgeregte Atmosphäre jenseits von Vorstellungen, was alles mit den Kindern „gemacht" werden kann. Es geht um eine gemeinsam geteilte Zeit und die geduldige Aufmerksamkeit auf Vorgänge, die sich weder beschleunigen noch aufschieben lassen: „Erst aus der Erfahrung von absichtslosem Wohlwollen und einfühlender Fürsorge bildet sich die Fähigkeit des Kindes, andere Menschen als andere wahrzunehmen und anzuerkennen und eine gemeinsam geteilte Welt aufzubauen" (Peukert, 1997, S. 285).
- **Gelassenheit und Ermöglichung:** Wer darum weiß, dass frühkindliche Bildung vor allem Sache des Kindes ist, die von Dritten nur auf indirektem Wege angeregt werden kann, wird gelassener auf pädagogische Prozesse blicken (vgl. Arnold/Schüßler 1998, S. 81 f.). Die Tagespflegeperson kann ertragen, dass Kinder ihre eigenen Wege gehen, auch wenn diese nicht mit ihren Vorstellungen zusammengehen. In umso sensiblerer Wahrnehmung der komplexen Zusammenhänge kindlichen Aufwachsens und der Bedürfnisse des Kindes ermöglicht sie auf diesem Wege die eigenen Suchbewegungen des Kindes. Die Tagespflegeperson bleibt weiterhin verantwortliche Person, die die umfassende Fürsorge des Kindes sicherstellt. Sie ist verlässliche Bezugsperson für das Kind, die unmittelbar verfügbar ist.

Exkurs: Kinder mit besonderem Förderbedarf und Entwicklungsrisiken

Die Betreuung von Kindern mit besonderem Förderbedarf und Entwicklungsrisiken bedeutet für die Tagespflegeperson eine Herausforderung. Die Ursachen eines erhöhten Förderbedarfs kleiner Kinder sind vielfältig und bedürfen für eine genaue Bestimmung fundierter ärztlicher bzw. psychologisch-therapeutischer Untersuchungen. Die häufigsten Risikofaktoren für ein Kleinkind liegen in unzureichenden Möglichkeiten, seine Grundbedürfnisse nach Nahrung, Bewegung, emotionaler Sicherheit und kommunikativer Anregung zu befriedigen. Es können aber auch psychische Störungen oder Überlastungssituationen der Eltern für einen besonderen Förderbedarf ursächlich sein (vgl. Klein, 2002, S. 8).

Tagespflegepersonen muss klar sein, dass die Aufnahme eines Kindes mit besonderem Förderbedarf in der Regel eine erhebliche Mehrbelastung für ihre Betreuungssituation bedeutet. Seine Integration ist daher nur unter Berücksichtigung besonderer personeller bzw. qualifizierter Zusatzbedingungen der Tagespflegeperson verantwortbar (vgl. GAIMH, 2009, S. 27). Zu empfehlen sind unter anderem Erfahrung im Umgang mit Kindern mit besonderem Förderbedarf und/oder entsprechende Zusatzausbildungen. Auch ist sicherzustellen, dass die anderen betreuten Kinder in ihren Entwicklungsmöglichkeiten nicht beeinträchtigt werden. Zwar weiß man, dass Kinder mit besonderen Entwicklungsrisiken von einer frühzeitigen Betreuung außerhalb der elterlichen Wohnung besonders von den pädagogischen Anregungen und den anderen Kindern profitieren (vgl. GAIMH, S. 27). Dies ist jedoch auch nur dann der Fall, wenn die Situation weiterhin für die Kinder überschaubar und in einem strukturierten Rahmen stattfinden kann.

In jedem Falle muss eine enge Anbindung an die zuständige Stelle der Fachberatung für Kindertagespflege sowie zu zusätzlichen Frühförder- oder Erziehungsberatungsstellen erfolgen, um vor und während der Betreuung zu prüfen, ob eine solche Integration möglich ist. Diese Kontakte sind ebenso umgehend zu suchen, wenn eine Tagespflegeperson einen Verdacht auf einen erhöhten Förderbedarf oder ein drohendes Entwicklungsrisiko bei einem bereits bestehenden Betreuungsverhältnis hat (siehe Kap. D, 6).

Tipp

Zum Weiterlesen:
Gerszonowicz, Eveline: Die andere Tagesbetreuung – Hilfe zur Erziehung in Tagespflege, in: Frühe Kindheit, Jahrgang 5, Heft 2, 2002, S. 25–27.

Das eigene Verständnis von Erziehung

Die Haltung der Tagespflegeperson, die sie zu sich selbst, zu Kindern und zu ihrer gesamten sozio-kulturellen Umgebung hat, ist der Ankerpunkt jeder Erziehung. Tagespflegepersonen sollten daher eingehend reflektieren, was sie Kindern anbieten und mitgeben möchten. Dieses Verständnis ist nicht von vornherein gegeben, sondern speist sich aus eigenen (kindlichen) Erziehungserfahrungen und weltanschaulichen Positionen, die sich in Auseinandersetzung mit anderen Meinungen aus dem privaten und öffentlichen Leben entwickeln. Dies ist ein fortlaufender Prozess. Die reflexive Aufarbeitung der eigenen Erziehungserfahrungen spielt dabei eine zentrale Rolle (vgl. Weiß u. a., 2008, Kap. 18, S. 7; siehe Kap. A, 1.4.1):

- Wie wurde ich selbst erzogen? Streng, locker, demokratisch?
- Was wurde verboten? Was galt als „schlimm"?
- Wie wurde in der Familie mit Gefühlen umgegangen? War meine Erziehung warmherzig?
- Habe ich genug Aufmerksamkeit bekommen? Kam etwas zu kurz?
- Wie habe ich als Kind Trennungssituationen erlebt?
- Gab es außer den Eltern andere wichtige, positive Bezugspersonen? Warum waren sie mir wichtig? Was habe ich an ihnen besonders geschätzt?
- Welche Erwachsenen waren mir unsympathisch oder haben mir Angst eingeflößt? Warum?

Jeder Mensch hat seine Erfahrungen in der Kindheit gemacht, die er auf seine ganz eigene Weise erlebt hat. Er kann weder etwas alleine dafür, noch ist er unbeteiligt daran. Erfahrungen – umso mehr kindliche Erfahrungen – ergeben sich unmittelbar und begleiten einen Menschen ein ganzes Leben. Sie bestimmen mehr oder weniger sein Handeln. In der aktuellen Verantwortung eines jeden Menschen liegt es, sich diese Erfahrungen reflexiv bewusst zu machen und so die Möglichkeit zu erlangen, seine eigenen kindlichen Erfahrungen in Bezug auf die Bedeutung des heutigen Lebens besser zu verstehen.

In der Arbeit mit kleinen Kindern ist diese Bewusstmachung eine Notwendigkeit, da sie Auswirkungen auf die pädagogische Arbeit hat. Wer verstehen will, warum er manche Situationen besser aushält als andere, manche Kinder ihn intuitiv mehr ansprechen als andere, er bestimmte Kinderspiele eher unterbindet als andere, muss sich seine eigenen Kindheitserfahrungen verfügbar machen. Dies gelingt am besten im Gesprächsaustausch mit anderen (siehe Kap. C, 3.1 und 3.2).

Tipp

Zum Weiterlesen:
Fried, Lilian/Dippelhofer-Stiem, Barbara/Honig, Michael-Sebastian/Liegle, Ludwig (Hrsg.): Einführung in die Pädagogik der frühen Kindheit, Weinheim/Basel/Berlin, Beltz Verlag, 2003.

Dieses Sammelwerk bietet einen überschaubaren und gut lesbaren Einstieg in die Grundfragen der Pädagogik der frühen Kindheit. Neben einer vertieften Auseinandersetzung mit Aspekten, die auch hier angesprochen wurden, beschäftigt es sich auch mit Perspektiven, die hier nicht zur Sprache kamen, wie pädagogische Bildungsprogramme oder Überlegungen zu Beruf und Professionalität im frühpädagogischen Kontext.

Hammes-Di Bernardo, Eva (Hrsg.): Kompetente Erziehung. Zwischen Anleitung und Selbstbildung, Weimar/Berlin, Verlag das Netz, 2007.

Das Sammelwerk bietet eine Fülle von ausgewählten Aspekten zu Erziehung und Bildung in den ersten Lebensjahren und liefert damit einen breiten Überblick zu aktuellen Fragen der Frühpädagogik. Daneben bieten die einzelnen Aufsätze gute Gelegenheit für einen Einstieg in spezielle Themenbereiche. Neben grundlegenden Überlegungen sind auch praxisrelevante Anregungen zu finden, die auch für den Bereich der Kindertagespflege gut zu übernehmen sind.

Bildung und Erziehung in der frühen Kindheit läuft heute nicht mehr im „beliebigen" Rahmen ab, den die jeweiligen Erziehungsberechtigten bzw. die von ihnen damit beauftragten Personen zu verantworten haben, sondern wird inzwischen von Politik und Wissenschaft mit einem Auftrag verbunden. Um diesen Auftrag und seine Folgen geht es im Folgenden.

4. Der Bildungsauftrag

Von Martin Künstler

„Bildung beginnt mit der Geburt" (vgl. Schäfer, 2005). Das ist eine Einsicht, die in einer breiten Öffentlichkeit und in der Politik immer selbstverständlicher wird. Das war nicht immer so. Lange Zeit beschränkte sich die Erkenntnis, welche große Bedeutung die Bildungsprozesse in der frühen Kindheit für die Bildungsgeschichte eines jeden Einzelnen hat, auf wenige Fachleute in Wissenschaft und Praxis. An dieser Stelle soll zum weiteren Verständnis noch einmal kurz skizziert werden, wie es dazu kam, dass sich auch die Kindertagespflege mit einem eigenen Bildungsauftrag auseinandersetzen darf (siehe Kap A, 1).

Alles begann mit den für Deutschland wenig schmeichelhaften Ergebnissen der ersten PISA-Studie (vgl. Baumert u. a., 2001) und der dadurch in Deutschland ausgelösten Bildungsdiskussion (siehe Exkurs in Kap. A, 1.1). In Verbindung mit den aufsehenerregenden Ergebnissen der neueren Hirnforschung (vgl. Hüther, 2005; Spitzer, 2009) sowie der Säuglingsforschung (vgl. Dornes, 1994) hat ein Umdenken eingesetzt, das zu einer nachhaltigen Veränderung geführt hat. Während die PISA-Studie auf eine ungenügende Begleitung der Kinder und Jugendlichen bei der Entwicklung ihrer Bildungspotenziale im Kontext von Schule aufmerksam machte, belegt die neuere Hirnforschung die große Bedeutung von frühen Bildungsprozessen. Der Blick nach Finnland, das bei PISA sehr gut abgeschnitten hatte und für einige Jahre zum „Pilgerort" von Pädagoginnen und Politkern wurde, zeigte überdies, dass dort individuelle Förderung nicht erst in der Schule, sondern weit vorher beginnt.

Mitte 2004 haben die zuständigen Jugend- und Kultusministerien auf die Erkenntnisse reagiert und sich auf einen gemeinsamen Rahmen der Länder für die frühe Bildung in Kindertageseinrichtungen verständigt. Die Kindertageseinrichtungen wurden dabei als erste Stufe des Bildungswesens in den Blick genommen.

> „Die individuelle und gesellschaftliche Bedeutung frühkindlicher Bildungsprozesse ist zu groß, um ihre Förderung allein vom Engagement einzelner Personen in den Kindertageseinrichtungen oder einzelner Träger abhängig zu machen …"
> *(Ständige Konferenz der Kultusminister der Länder, 2004 S. 1)*

Vor diesem Hintergrund wurde der Bildungsauftrag der Kindertageseinrichtungen zu einer zentralen Aufgabe gemacht und Grundsätze zum Bildungsgeschehen vereinbart, die der Orientierung von Politik, Verwaltung und Praxis dienen sollen.

> „Damit wird auch zum Ausdruck gebracht, dass die Länder im Zusammenhang ihrer Vorhaben zur Stärkung des Elementarbereichs besonderes Gewicht auf die Konkretisierung und qualifizierte Umsetzung des Bildungsauftrags legen."
> *(Ständige Konferenz der Kultusminister der Länder, 2004 S. 3)*

Mit dem Tagesbetreuungsausbaugesetz von 2005 wird die Kindertagespflege beim Förderauftrag (hierzu gehören Bildung, Erziehung und Betreuung) den Kindertageseinrichtungen rechtlich gleichgestellt. So heißt es seitdem in § 22 SGB VIII unter der Überschrift „Grundsätze der Förderung" in den Absätzen 2 und 3:

§ „(2) Tageseinrichtungen für Kinder **und Kindertagespflege** (Hervorhebung d. Verf.) sollen

1. die Entwicklung des Kindes zu einer eigenverantwortlichen und gemeinschaftsfähigen Persönlichkeit fördern,
2. die Erziehung und Bildung in der Familie unterstützen und ergänzen, […]

(3) Der Förderungsauftrag umfasst Erziehung, Bildung und Betreuung des Kindes und bezieht sich auf die soziale, emotionale, körperliche und geistige Entwicklung des Kindes. Er schließt die Vermittlung orientierender Werte und Regeln ein. Die Förderung soll sich am Alter und Entwicklungsstand, den sprachlichen und sonstigen Fähigkeiten, der Lebenssituation sowie den Interessen und den Bedürfnissen des einzelnen Kindes orientieren und seine ethnische Herkunft berücksichtigen."

Damit erhält die Kindertagespflege wie die Kindertageseinrichtungen einen expliziten und eigenen Bildungsauftrag. Das entspricht dem Recht aller Kinder auf eine gute und umfassende Förderung ihrer Bildungsentwicklung unabhängig vom Aufenthaltsort. Kinder in der Kindertagespflege sollen demnach in ähnlicher Weise wie in den Tageseinrichtungen in ihren individuellen Bildungsprozessen unterstützend und fördernd begleitet werden. In diesem Lehrbuch wird diese Gleichstellung immer dann aufgegriffen, wenn die inhaltliche Arbeit bzw. die Ansprüche an die Arbeit der Tagespflegepersonen beschrieben werden.

In den letzten Jahren haben die Länder, die für die Ausgestaltung des bundesrechtlichen Rahmens zuständig sind, diesem Anspruch in ihren *Länderausführungsgesetzen* Rechnung getragen.

Hinweis

Die im SGB VIII in den §§ 22 ff. geregelten Aufgaben und Leistungen der Kinder- und Jugendhilfe bei der Förderung von Kindern in Tageseinrichtungen und in Kindertagespflege werden in Inhalt und Umfang durch Landesrecht geregelt (§ 26 SGB VIII). Insofern haben alle Bundesländer eigene „Kita-Gesetze". Die landesrechtlichen Regelungen der Bundesländer sind gut über das Internet zugänglich, z. B. unter: www.bildungsserver.de/zeigen.html?seite=1899

So wird etwa in dem am 1. August 2008 in NRW in Kraft getretenen Kinderbildungsgesetz (KiBiz) in § 3 „Aufgaben und Ziele" im ersten Absatz festgestellt:

§ „ (1) Kindertageseinrichtungen und Kindertagespflege haben einen eigenständigen Bildungs-, Erziehungs- und Betreuungsauftrag."

Nur – was bedeutet es eigentlich, wenn gefordert wird: „Kindertageseinrichtungen und die Kindertagespflege haben einen Bildungsauftrag"? Fragen wir uns:

- Was ist mit Bildung gemeint?
- Wie verlaufen Bildungsprozesse bei Kindern?
- In welchem Verhältnis steht die Entwicklung der Kinder zu den Bildungsprozessen?
- Wie und mit welchen Mitteln können diese Prozesse sinnvoll von Fachkräften und Kindertagespflegepersonen herausgefordert und gefördert werden?
- Wie lassen sich der Austausch und das Zusammenwirken mit den Eltern gut gestalten?
- Auf welche Schwierigkeiten stoßen die Fachkräfte und Kindertagespflegepersonen dabei?
- In welchem Verhältnis steht die Bildung im Elementarbereich zur Schulbildung?

Diese und noch eine ganze Reihe weiterer Fragen müssen bei der Umsetzung des Bildungsauftrags beantwortet werden. Fachwissenschaftliche Einsichten und Anregungen für die Auseinandersetzung mit diesen Fragen enthalten die Bildungsprogramme der Länder. Ihre Bedeutung für die Kindertagespflege soll im Folgenden kurz dargestellt werden.

Bildungsprogramme: Orientierungsrahmen der Bundesländer

Die Zuständigkeit der Länder für die „Kita-Gesetze" zeigt sich unter anderem darin, dass alle 16 Bundesländer eigene Bildungsprogramme für dieses Arbeitsfeld entwickelt haben.

> ***Hinweis***
> *Da die Konkretisierungen der Bildungsarbeit durch die Bundesländer unterschiedlich benannt sind („Bildungsplan", „Orientierungsplan", „Bildungsempfehlungen" etc.), wird hier in Anlehnung an die Entscheidung von Viernickel/Schwarz (2009, S. 6) die Bezeichnung „Bildungsprogramme" verwendet.*

Im Rahmenplan der Länder von 2004 heißt es: „Die Länder erstellen Rahmenpläne, die Förderbereiche für das zu realisierende Bildungsangebot benennen und die dadurch den Bildungsauftrag konkretisieren" (Ständige Konferenz der Kultusminister der Länder, 2004, S. 3).

Bildungsprogramme gibt es inzwischen in allen Bundesländern.

Hinweis
Die Bildungsprogramme sind über die Websites der zuständigen Ministerien zugänglich. Darüber hinaus finden sich vereinzelt auch Zusammenstellungen aller Bildungsprogramme, z. B. unter: www.gew.de/Bildungsplaene.html

Bei den Bildungsprogrammen handelt es sich um inhaltlich-fachliche Orientierungsrahmen, die weit über die Regelungen in den Kita-Gesetzen hinausgehen. Wie schon der Rahmenplan der Länder konzentrieren sich die Konkretisierungen in den Länderbildungsprogrammen auf die Bildung in Tageseinrichtungen und auf deren Rahmenbedingungen. Eine explizite Berücksichtigung der Kindertagespflege erfolgt nicht. Dort, wo die Bildungsprogramme vor ihrer verbindlichen Einführung praktisch erprobt wurden oder werden (wie z. B. in NRW im Kindergartenjahr 2010/2011), war und ist die Kindertagespflege bedauerlicherweise nicht beteiligt. Nichtsdestotrotz machen der Bildungsauftrag des SGB VIII und die Ländergesetze für die Kindertagespflege sowie ihre diesbezügliche Gleichstellung mit den Tageseinrichtungen die Berücksichtigung der Bildungsprogramme für die eigene Arbeit in der Kindertagespflege zu einem „Muss".

Neben einer Reihe von Unterschieden weisen die Bildungsprogramme der Länder in grundlegenden Merkmalen mit leichten Nuancierungen wichtige Gemeinsamkeiten auf, die auch für die Kindertagespflege wesentlich sind. Unterschiede dagegen gibt es z. B. beim Umfang (von knapp 30 bis fast 500 Seiten), bei der gewählten Altersspanne (0 bis 10 Jahre in NRW oder 0 bis 6 Jahre in Baden-Württemberg), bei der Bezeichnung und der Anzahl aufgeführter Bildungsbereiche oder auch in Art und Umfang der Hilfestellungen für die alltagspraktische Umsetzung.

Wichtiger als die Unterschiede sind allerdings die Gemeinsamkeiten für eine gute Unterstützung und Förderung der Kinder.

„Unter Berücksichtigung entwicklungspsychologischer Erkenntnisse sind sie [die Kindertageseinrichtungen, d. Verf.] mit ihrem ganzheitlichen Förderauftrag, ihrer lebensweltorientierten Arbeit und ihren guten Beteiligungsmöglichkeiten geeignete Orte für frühkindliche Bildungsprozesse. Der Schwerpunkt des Bildungsauftrags der Kindertageseinrichtungen liegt in der frühzeitigen Stärkung individueller Kompetenzen und Lerndispositionen, der Erweiterung, Unterstützung sowie Herausforderung des kindlichen Forscherdranges, in der Werteerziehung, in der Förderung, das Lernen zu lernen und in der Weltaneignung in sozialen Kontexten."
(Ständige Konferenz der Kultusminister der Länder, 2004, Vorbemerkung)

Diese Orientierung im Rahmenplan der Länder bildet die Grundlage für eine weitgehende Übereinstimmung im Grundverständnis zentraler Dimensionen der Bildungsprogramme. Dazu gehört etwa folgendes Grundverständnis:

- Kinder stehen im Mittelpunkt. Alle Bildungsprogramme betonen die Notwendigkeit, die Bildungsprozesse aus der Perspektive der Kinder zu betrachten. Kinder sind von Anfang an kompetent. Sie sind von Geburt an auf dem Weg, etwas über die Welt zu erfahren und sich in ihr zurechtzufinden. Sie wollen sich aktiv an den Vorgängen in ihrer Umwelt beteiligen und im wahrsten Sinne des Wortes die eigene Bildung in die „eigenen Hände nehmen".

- Kinder beginnen von Geburt an, sich aktiv ein Bild von der Welt zu machen. Sie nutzen dafür alle ihnen zur Verfügung stehenden Möglichkeiten und finden vielfältige Ausdrucksweisen. Sie verfügen über umfassende Fähigkeiten, sich zu bilden (Selbstbildungspotenziale).

Alle Bildungsprogramme enthalten Ausführungen zu mehr oder weniger stark differenzierten Bildungsbereichen. Die Bildungsbereiche werden in der Regel beschrieben, zu entwickelnde Kompetenzen werden benannt und praktische Hinweise zur Umsetzung gegeben. Der Rahmenplan der Länder benennt beispielsweise die folgenden Bildungsbereiche (vgl. Ständige Konferenz der Kultusminister der Länder, 2004, S. 4 f):

- Sprache, Schrift, Kommunikation,
- Personale und soziale Entwicklung, Werteerziehung/religiöse Bildung,
- Mathematik, Naturwissenschaft, (Informations-)Technik,
- Musische Bildung/Umgang mit Medien,
- Körper, Bewegung, Gesundheit,
- Natur und kulturelle Umwelten.

Solche und andere Listen sollen wohlverstanden Anregungen für die Vielfalt der Bildungsbereiche geben und keinesfalls abzuarbeitende Trainingsprogramme sein.

Erfahrungen mit Räumen: Kinder nutzen Hilfen zur Orientierung im Raum wie Karten, Atlanten, Globen und Wegbeschreibungen	**Erfahrungen mit der Zeit:** Kurze Zeiträume werden mit Stopp- und Küchenuhr gemessen; Orte, an denen Uhren sind, erkundet (z. B. Bahnhof); Pinnwände für Tages- und Wochenpläne gestaltet
Erfahrungen mit Phänomenen des Wetters und der Jahreszeiten werden gemacht (Wind, Sturm, Hitze, Kälte, Wolken; Sonnenstand, lange und kurze Tage etc.) und in einem Wetterkalender aufgezeichnet.	**Erfahrungen mit Wasser:** Ausprobieren von schwimmenden und sinkenden Materialien, Beobachtung von größer werdenden Kreisen und Wellen an der Oberfläche, Beobachtung von Gefrieren, Auftauen und Verdunsten; Erkundung von Kristallbildungen
Erfahrungen mit Feuer und Wärme werden z. B. beim Kochen und Backen, beim Verbrennen im offenen Feuer (Kamin, Herbstlaub) gesammelt.	**Erfahrungen mit Licht** werden durch Schattenspiele, Schattentheater, durch Lupe, Mikroskop und Laterna Magica, durch die Erkundung von Spiegelungen und beim Malen durch das Mischen gesammelt.

Auszug aus einer Tabelle des Thüringer Bildungsplanes zur elementaren naturwissenschaftlichen und technischen Bildung (vgl. www.thueringer-bildungsplan.de, 2010, S. 89)

Dabei werden die Eltern nicht außen vor gelassen. Die Familie ist der primäre Erfahrungsort von Kindern und hat eine zentrale Bedeutung für ihre Bildungsbiografie. Bildungsprozesse in Tageseinrichtungen und in der Kindertagespflege sollen sie deshalb ergänzen. Eine bestmögliche intensive und konstruktive Zusammenarbeit im Sinne einer Erziehungspartnerschaft ist folglich für die Fachkräfte in Tageseinrichtungen und für Kindertagespflegepersonen eine wichtige Aufgabe (siehe Kap. D, 1).

Dazu noch ein weiteres Zitat aus dem Bildungsplan Thüringen:

„Das In-Kontakt-Treten mit Eltern ist oftmals mit bewussten und unbewussten Vorbehalten von beiden Seiten unterlegt, die im pädagogischen Alltag sorgfältig reflektiert werden müssen. Beispielsweise haben Professionelle zu berücksichtigen, dass sie von Eltern nicht nur als individuelle Personen erlebt werden, sondern auch als Mitarbeiterinnen einer mit »Macht« ausgestatteten Institution. Zugleich müssen Professionelle auch davon ausgehen, dass nicht nur sie, sondern auch Eltern über fundiertes Wissen über die kindliche Bildung und Entwicklung verfügen. Auch Eltern sind deshalb Experten. Wird ihr spezielles Wissen in die Gestaltung und in die Reflexion der pädagogischen Arbeit in der Bildungsinstitution einbezogen, dann erfahren sie Wertschätzung."
(Thüringer Ministerium für Bildung, Wissenschaft und Kultur, 2010, S. 162)

Darüber hinaus finden sich in allen Bildungsprogrammen Ausführungen zu Beobachtung und Dokumentation von Bildungsprozessen der Kinder, Hinweise zur Qualitätsentwicklung und ihrer Sicherung sowie Beschreibungen zur Gestaltung von Übergängen (von der Familie in die Tageseinrichtung, von der Tageseinrichtung in die Schule). Der Übergang von der Kindertagespflege in eine Tageseinrichtung wäre zu ergänzen. Eingegangen wird auch auf Kinder in besonderen Lebenslagen wie z. B. Kinder, die in Armut leben:

„Im Einzelnen werden für Kinder in Armut sowie für alle Kinder folgende Ziele fokussiert:

- In besonderem Maße und kontinuierlich im Spielverhalten, Arbeitsverhalten und Sprachverhalten unterstützt werden, Freude am Lernen entwickeln
- Wissen über gesunde Ernährung und über gesundheitserhaltende Maßnahmen (z. B. Zähneputzen) erwerben; zu regelmäßiger Bewegung angeregt werden; Gelegenheit zu Muße und Regeneration erhalten; Stressbewältigungstechniken erlernen
- Gelegenheit zu vielfältigen sozialen Kontakten bekommen; angeregt werden zur regelmäßigen Teilnahme an Freizeitangeboten (z. B. Musik, Sport)
- Erleben, dass das Einkommen der Familie nicht über Ansehen und soziale Einbindung in der Gruppe entscheidet
- Ein Grundverständnis darüber entwickeln, wie man trotz eingeschränkter Möglichkeiten, seine Lebenssituation mitgestalten kann"

(Hessisches Ministerium für Arbeit, Familie und Gesundheit, 2007, S. 51)

Fragen wir uns nun: Was können Bildungsprogramme zu einer verantwortlichen Bildungspraxis in Kindertagespflege beitragen?

Quelle für die Praxis

In einem gut verstandenen Sinn sind Bildungsprogramme eine Quelle für eine kontinuierliche praxisorientierte Auseinandersetzung mit den Möglichkeiten und Chancen, Kinder von Anfang an in ihrer Weltaneignung verantwortlich zu begleiten. Eine feinfühlige, von Achtung und Anerkennung für das Kind geprägte Haltung ist dazu von grundlegender Bedeutung. Ein achtsamer Umgang mit den Äußerungen der Kinder, ihren Fragen und Forderungen, ist eine unverzichtbare Grundlage. Neugierde und Offenheit in der Begegnung mit dem Kind sind gute Begleiter bei der fortwährenden Auseinandersetzung mit den eigenen Haltungen und Einstellungen zum Kind und zur Welt.

Bildungsprogramme sollten deshalb auch nicht als Curricula verstanden werden – auch wenn zuweilen dieser Eindruck entsteht –, die Vorgaben zu Lernbereichen machen und die zu bestimmten Zeitpunkten mit einem bestimmten Leistungsniveau erreicht sein müssen. Es geht gerade nicht um „Benotung“, Leistungsstress und ein daran orientiertes „Sortieren“ von Kindern im Elementarbereich. Nicht das Instruktionslernen steht im Vordergrund, sondern das forschende Lernen (vgl. Schäfer, 2005, S. 26). Richtig verstanden geht es auf der Grundlage der Bildungsprogramme darum, den Kindern von Anfang an die bestmöglichen Bedingungen für die Entwicklung ihrer Bildungspotenziale in einer guten Erziehungspartnerschaft mit den Eltern zu eröffnen. Hierzu gehört auch, überzogenen und nicht am Kind orientierten gesellschaftlichen Bildungserwartungen selbstbewusst zu begegnen.

„Die Alete-Elite wird später auch nicht schlauer sein“. So ist ein Interview mit dem Chemiker und Experten für frühkindliche Bildung Salman Ansari zur naturwissenschaftlichen Schulung im Kindergarten überschrieben. Ansari sagt dort u. a.: „Seit Pisa gelten Kitas als Orte, die alles richten sollen und können, wenn wir die Kinder nur früh genug bilden, kommen wir im Ranking nach oben, lautet das Credo. […] Die zunehmende Akademisierung der Kindheit bringt aber leider gar nichts. Die Alete-Elite, die schon im Kindergarten beschult wird, wird später auch nicht schlauer sein.“
(Ansari, 2010, S. 104 f)

Wichtig für die Arbeit in der Kindertagespflege sind die Kenntnis des jeweiligen landesspezifischen Bildungsprogramms sowie die fortlaufende Auseinandersetzung mit der Verknüpfung von Programm und Praxis, alleine und im Austausch mit Kolleginnen. Bildungsprogramme sollten daher unbedingt Bestandteil der Qualifikation vor der Aufnahme der Tätigkeit als Kindertagespflegeperson sein (vgl. Weiß u. a., 2008, Einheit 24 und 25). Sie sollten darüber hinaus immer wieder in Fortbildungen eine Rolle spielen.

Tipp

Zum Weiterlesen:
Hüther, Gerald: Das Geheimnis der ersten neun Monate. Unsere frühesten Prägungen. Düsseldorf, Walter, 2005.

Anschaulich zeichnet der Hirnforscher den Weg von der Befruchtung bis zur Geburt und die frühesten Prägungen und Weichenstellungen nach. Viel mehr als bisher angenommen erschließen sich Ungeborene ihre Umwelt, sammeln erste Erfahrungen und üben Fertigkeiten ein. Auch die Entwicklung des Gehirns und das damit verbundene Lernen von der ersten Stunde an werden gut lesbar beschrieben.

Schäfer, Gerd: Bildung beginnt mit der Geburt. Ein offener Bildungsplan für Kindertageseinrichtungen in Nordrhein-Westfalen, 2. erweiterte Auflage, Weinheim und Basel, Beltz, 2005

Das Buch von Gerd Schäfer setzt sich in differenzierter Weise mit dem Bildungsverständnis der ersten Lebensjahre auseinander. Schäfer plädiert dabei vor allem für den „beiläufigen und informellen" Charakter von Bildung. Sein Ansatz ist daher vor allem auch für den Bereich der Kindertagespflege interessant, sodass sich das Buch für all diejenigen eignet, die sich vertieft mit inhaltlichen und methodischen Fragen von Bildungsprozessen in den ersten Lebensjahren befassen wollen.

5 Beobachten und Dokumentieren

Von Astrid Kerl-Wienecke und Martin Peters

Beispiel:* *Was siehst du?
Der heilige Jakob war mit seinem Schüler unterwegs in den Bergen. Als es dämmerte, errichteten sie ihr Zelt und fielen müde in den Schlaf. Vor dem Morgengrauen wachte Jakob auf und weckte seinen Schüler. „Öffne deine Augen", sagte er, „und schau hinauf zum Himmel. Was siehst du?" „Ich sehe Sterne, Vater", antwortete er schlaftrunken. „Unendlich viele Sterne." „Und was sagt dir das?", fragte Jakob. Der Schüler dachte einen Augenblick nach. „Dass Gott das große Weltall mit all seinen Sternen geschaffen hat. Ich schaue hinauf in den Himmel und fühle mich dankbar und demütig angesichts dieser unendlichen Weiten. Wie klein ist doch der Mensch und wie wunderbar sind seine Werke." „Ach, Junge", stöhnte Jakob. „Mir sagt es, dass jemand unser Zelt gestohlen hat!" (Andere Zeiten, 2005, S. 5)

Beobachtung und Dokumentation kindlicher Lern- und Entwicklungsprozesse in der Kinderbetreuung haben besonders in den letzten Jahren an Bedeutung gewonnen und sind inzwischen auch in fast allen Bildungs- und Erziehungsplänen der Länder aufgenommen. Der gesetzliche Förderauftrag, der sich auf die soziale, emotionale, körperliche und geistige Entwicklung des Kindes bezieht (§ 22 (3) SGB VIII), schließt so konsequenterweise das Beobachten der Entwicklung und der Bildungsprozesse des Kindes mit ein. Folglich werden Beobachten und Dokumentieren Bestandteile der Betreuungsarbeit.

Angesichts der erfreulichen Tatsache, dass immerhin bereits knapp die Hälfte der Tagespflegepersonen nach den Bildungsplänen ihres Bundeslandes arbeitet, ist davon auszugehen, dass dort das Beobachten einen festen Platz in der pädagogischen Arbeit hat (vgl. BMFSFJ, Bericht der Bundesregierung 2010, Erster Zwischenbericht zur Evaluation des Kinderförderungsgesetzes, 2010, S. 39 f.). Fachliches Begleitmaterial für die Aufgabenfelder Beobachten und Dokumentieren, das ursprünglich für Kindertageseinrichtungen erarbeitet wurde, ist inzwischen teilweise für die Anwendung in der Kindertagespflege überarbeitet worden.

Die fachliche Bedeutung von Beobachtung und Dokumentation wird mit einem Blick in die Hamburger Bildungsempfehlungen, das Berliner Bildungsprogramm, den Sächsischen Bildungsplan oder auch die Bildungsvereinbarung in NRW deutlich.

„Die zielgerichtete Beobachtung und Dokumentation der jeweils individuellen Entwicklungsfortschritte und des Bildungsverlaufs von Kindern stellen wichtige Grundlagen der pädagogischen Arbeit dar. Das Ziel ist, die individuellen Interessen, den aktuellen Entwicklungsprozess und das emotionale Befinden jedes Kindes in regelmäßigen Abständen zu beachten [...]. Jede Beobachtung setzt Klarheit über die Beobachtungsabsicht voraus [...]. In Entwicklungsgesprächen mit den Eltern ist das beobachtete Verhalten des Kindes vor dem Hintergrund seiner bisherigen Entwicklung einzuordnen. Die (dokumentierten) Beobachtungen werden durch die Wahrnehmung in der Familie ergänzt. Eine besondere Verantwortung für die Erzieherinnen entsteht, wenn sie den Eindruck haben, dass die Entwicklung des Kindes in einzelnen Bereichen nur geringe Fortschritte zeigt und das Kind eine gezieltere Förderung benötigt [...]. Ein anderes Beobachtungsziel besteht darin, die aktuelle Bedürfnislage der Kindgemeinschaft zu erfassen, um Hinweise für die Planung pädagogischer Projekte sowie die Materialbereitstellung und Raumgestaltung zu bekommen."
(Freie und Hansestadt Hamburg, Hamburger Bildungsempfehlungen, 2005, S. 20)

Ausgangslage einer jeder Beobachtung eines Kindes ist es, es als „kompetentes Kind", als ein sozialer und selbstständiger Lerner anzuerkennen. Dazu kommen die Bereitschaft und das Wohlwollen, es mit seinen individuellen Besonderheiten ernst zu nehmen und sich auf die Vielfalt seiner kindlichen Lebenswelt einzulassen. Die Beobachtung setzt zudem die würdevolle Beachtung des Kindes, ein Interesse an seiner Person sowie die feinfühlige und achtsame Begegnung mit ihm voraus. Letztendlich ist eine positive Beziehungsqualität wichtig, damit die Beobachtung vom Kind nicht als Kontrolle oder unangenehm empfunden wird.

Werden diese Aspekte der Beobachtung beachtet, kann die Tagespflegeperson als Beobachterin ein umfassendes Bild von der Entwicklung des Kindes bzw. seiner Entwicklungsphase erhalten. Sie kann seine Entwicklungs- und Bildungsprozesse erfassen und die individuellen Voraussetzungen, Bedürfnisse, Ressourcen, Kompetenzen und Interessen des Kindes erkennen. Diese Erkenntnisse sind von zentraler Bedeutung für die individuelle Förderung des Kindes und für die pädagogische Planung der Tagespflegeperson. Die pädagogische Planung bezieht u. a. das pädagogische Handeln, die individuellen oder gruppenorientierten Angebote, die Raumgestaltung, die Materialbereitstellung mit ein.

Neben diesen Aspekten ist es von grundsätzlicher Bedeutung, die Kindertagespflege als Anregungswelt zu sehen: Familiennahe Kindertagespflege im häuslichen Umfeld ist Lernort für Kinder, der vielfältige Lern- und Bildungsprozesse anregt. Wenn Kinder dabei beobachtet werden, wie sie Schritt für Schritt ihre Möglichkeiten und Grenzen ausloten, wie sie die Welt erkunden und kennenlernen und sie selbst gestalten, werden ihre Bildungsprozesse sichtbar. Kinder sind Meister ihres eigenen Bildungsprozesses.

Für die beobachtenden Erwachsenen bedeutet professionelles Beobachten Feinarbeit. Beobachten im pädagogischen Sinne ist Arbeit; es bedeutet, Irritationen auszuhalten und sich dem Kind vorbehaltlos zuzuwenden.

„Kinder zu beobachten ist mehr als nur hinzuschauen und dazu benötigt es Zeit. Im Berufsalltag werden die Tagespflegepersonen auf Grund ihrer isolierten Arbeitssituation und ihrer umfassenden Verantwortung für alle Belange der Betreuung, Erziehung und Pflege nur selten Zeit finden, mit Ruhe und Konzentration ein Kind in den Fokus zu nehmen. Außerdem erfordern Beobachtungen dann viel Zeit, wenn anfänglich nur wenig Übung und Kenntnis über gezielt eingesetzte Beobachtung vorhanden ist. Vor diesem Hintergrund ist es nur allzu verständlich, wenn Tagesmütter und -väter sich auf (regelmäßige) Beobachtungen nicht einlassen mögen – ungeachtet der bildungspolitischen Vorgaben. Aber Alltagsbeobachtungen, also die nebenbei und zufällig gemachten und unsystematischen Beobachtungen reichen nicht aus, um zu erfahren, wofür sich Kinder interessieren und engagieren, welche Grundannahmen und Gedanken sie haben und wie sie ihre Welt ordnen und verstehen. Mit dem Zeitaufwand des Beobachtens und Dokumentierens geht den Kindern keine Zeit verloren, sondern dem steht ein hoher Gewinn gegenüber. Für das Selbstverständnis der Arbeit als qualifizierte Tagespflegeperson sowie für die eigene Motivation ist es deshalb hilfreich, sich vor Augen zu führen, warum Beobachtung und Dokumentation wichtig sind. Erst eine gezielte und regelmäßige Beobachtung jedes Kindes und der Austausch mit ihm und seiner Familie können zu mehr Verständnis und einer lebendigen Erziehungs- und Bildungspartnerschaft zwischen Tagespflegeperson, Eltern und Kind beitragen."
(Kerl-Wienecke, 2010, S. 13)

Gerade das Bedürfnis der Eltern, am Alltag des Kindes in der Kindertagespflegestelle teilzuhaben, wird durch die Schilderungen der Beobachtungen der Tagespflegeperson befriedigt. Dieses ist besonders dann wichtig, wenn die Kinder noch sehr klein sind und sich noch nicht sprachlich äußern können. Beobachtungen über das Verhalten und die Entwicklungsfortschritte ihres Kindes geben den Eltern Aufschluss über den individuellen Entwicklungsverlauf ihres Kindes. Der regelmäßige Austausch über das Kind dient dem Aufbau einer beidseitigen Vertrauensbasis und bildet eine Brücke zwischen den Eltern und der Tagespflegeperson zum Kind. Besonders wichtig für eine gute Zusammenarbeit mit den Eltern ist es, dass diese das Gefühl erhalten, dass ihr Kind von der Tagespflegeperson wahrgenommen und gemocht wird. Beobachtungen lassen zudem die Eltern stolz auf ihr Kind sein.

Jedes Beobachten eines Kindes ist zugleich die individuelle Hin- und Zuwendung zum Kind. Es erhält von der Tagespflegeperson und ihren Beobachtungen die Rückmeldung, dass es als Person wertgeschätzt wird und dass sein Verhalten, seine Äußerungen und seine Ansichten ernst genommen werden. Dabei sind die Kinder stolz auf die geschilderten Beobachtungen und ihre Ergebnisse. Alle Kinder suchen auch immer die Auseinandersetzung mit ihren Bezugspersonen, also auch der Tagespflegeperson. Bei dem Austausch mit ihr können Kinder die Beobachtungen kommentieren, erklären und verbessern. Kinder freuen sich, wenn die Tagespflegeperson etwas von ihnen erfahren und gelernt hat.

Ohne Dokumentation geht es nicht

Eine Dokumentation

- verfeinert und sensibilisiert die Wahrnehmung für die Entwicklungsschritte des Kindes,
- bietet die Grundlage für den Austausch mit den Eltern und Kindern,
- lässt die tägliche Mühe um Bildungsförderung nicht im Alltag versanden,
- macht die Arbeit „Tagespflegeperson als Bildungsbegleiterin" transparent,
- ist ein Handwerkzeug für ein professionelles Berufsverständnis.

Tagesmütter erzählen

> ***Beispiel:*** *Tagesmutter Steffi: „Als ich damit begonnen habe, die Kinder zu beobachten und das Beobachtete aufzuschreiben, habe ich feststellen müssen, dass ich beim Malen viel Unruhe vermeiden kann, wenn ich mehrere Becher Malstifte auf den Tisch stelle. Die Kleinen benutzen nämlich meistens nur eine einzige Farbe oder auch mal zwei verschiedene, die Großen aber malen schon sehr bunt und haben keine Lust, zu warten, bis z. B. eine Kleine endlich den roten Stift aus der Hand legt. Die Kleinen wiederum sollen in Ruhe ihre Krakeleien machen und nicht gedrängelt werden. Also habe ich mehr Stifte angeschafft und mehrere Becher mit Stiften auf dem Tisch verteilt. Ich finde das bewusste Beobachten und Dokumentieren zwar anstrengend und im Alltag auch nicht immer leicht zu integrieren, aber es schärft meinen Blick für die Bedürfnisse und Eigenheiten der Kinder."*

> ***Beispiel:*** *Tagesmutter Carola: „Die positive Reaktion der Eltern auf den Austausch meiner Beobachtungen mit ihnen hat mich angespornt, regelmäßig Beobachtungen durchzuführen. So habe ich mich z. B. einmal ganz intensiv mit meinem Tageskind Max beschäftigt und dabei gleichzeitig meine pädagogische Arbeit reflektiert. Denn ich habe darüber nachgedacht, welche Möglichkeiten ich habe, ihn noch besser zu unterstützen, und welche Umgebung ich dafür schaffen könnte. Inzwischen bin ich schon ganz gut geübt darin, Beobachtungen durchzuführen und sie zu dokumentieren. Dadurch kann ich meine Arbeit transparent machen und gleichzeitig wertet es meine Arbeit auf."*

5.1 Beobachtungsverfahren und Dokumentation: auf den Blickwinkel kommt es an

Um zu erkennen, wie sich ein Kind entwickelt und wie sein Bildungsprozess verläuft, gibt es verschiedene Zugänge. Dabei spielt es eine wichtige Rolle, welches Ziel mit der Beobachtung verfolgt wird. Drei Blickwinkel lassen sich unterscheiden (vgl. Becker-Stoll u. a., 2009, S. 143 f.):

- **Blickwinkel 1:** Beobachtung der kindlichen (Selbst-)Bildungsprozesse, der Lernbereitschaft und der individuellen Interessen sowie der sozialen Bezüge zu anderen Kindern und Bezugspersonen; z. B.: Wie und womit spielen einzelne Kinder?
- **Blickwinkel 2:** Beobachtungen des individuellen Entwicklungsstands bzw. des Entwicklungsverlaufs (Bewältigung von Entwicklungsaufgaben, Übergängen) und der individuellen Kompetenzen
- **Blickwinkel 3:** Spezifische Beobachtungen und Erstellung von Entwicklungsprofilen zur Früherkennung und Prävention von Entwicklungsverzögerungen im Vergleich zu den Gleichaltrigen

Wenn Sie sich für ein Beobachtungs- und Dokumentationssystem entscheiden wollen, dann sollten Sie sich nicht nur davon leiten lassen, ob die Umsetzung des Verfahrens im Betreuungsalltag praktikabel ist. Entscheidend dafür, welche „Methode" bzw. welches Beobachtungsverfahren passend ist, hängt vielmehr von Ihrem Blickwinkel bzw. Ihrer Zielsetzung ab. Fragen Sie sich deshalb:

- Liegt der Schwerpunkt auf dem Verstehen des Kindes? Geht es um seine individuellen Interessen und Bedürfnisse sowie darum, seine ganz persönlichen Bildungs- und Lernwege kennenzulernen?
- Geht es um Einschätzungen und Beurteilungen oder um Schilderungen aus dem Alltag?
- Soll eine Klassifizierung (beispielsweise entlang einer „Normalentwicklung") vorgenommen werden oder steht die Beschreibung kindlicher Individualität im Vordergrund?
- Sollen Verhaltensweisen und Kompetenzen in bestimmten Entwicklungsbereichen festgehalten werden oder Bildungsprozesse und das Handeln von Kindern?

Von den Antworten auf diese Fragen hängt ab, welches Beobachtungs- oder Dokumentationsinstrument Sie nutzen können und welches hilfreich für die Arbeit ist.

> ***Merksatz***
> ***Beachten Sie, dass die Klärung von Entwicklungsbesonderheiten einzelner Kinder nicht identisch ist mit der Beschreibung von Bildungsprozessen.***

Für die Kindertagespflege hat es sich bewährt, solche Beobachtungsverfahren anzuwenden, die die Entwicklung einer kindzentrierten Perspektive in der Pädagogik unterstützen. Beobachtungsinstrumente dafür sind

- der Beobachtungsbogen im Bundesrahmenhandbuch Evangelischer Tageseinrichtungen für Kinder,
- die „Engagiertheitsskala" nach Ferre Laevers,
- „die sieben Intelligenzen" nach Howard Gardner und
- die Bildungs- und Lerngeschichten von Margaret Carr, bearbeitet von Rudolf Leu.

Besonders bei den Bildungs- und Lerngeschichten stehen die Kinder und ihre individuellen Lern- und Bildungsprozesse im Mittelpunkt. Dabei wird ihr Tun als sinnvoll verstanden. Der Beobachtungsgegenstand sind Handlungssequenzen von Kindern im Alltag in der Kindertagespflegestelle. In der Beobachtung werden die Interessen, Absichten und auch die Kompetenzen erfasst, die in der jeweiligen Tätigkeit (in der Handlungssequenz) zum Ausdruck kommen. Die Auswertung der Beobachtung berücksichtigt zudem, inwiefern diese Tätigkeiten als Lernprozess im Sinne eines Beitrages zur Festigung oder Weiterentwicklung bestimmter Fertigkeiten, Kompetenzen oder Kenntnisse verstanden werden. Das besondere Merkmal der Bildungs- und Lerngeschichten ist seine Dialogorientierung mit allen Beteiligten, und zwar mit den Kindern, mit den Eltern und mit Kolleginnen, z. B. über die kollegiale Fallberatung. Dieses Verfahren ist bereits bei Tagespflegepersonen sehr erprobt und wird als Fortbildungsveranstaltung angeboten.

Tipp

Einen guten Einblick über das Verfahren, seine praktische Umsetzung in der Kindertagespflege und Erfahrungsberichte von Tagespflegepersonen gibt der Film (DVD):

Gerwig, Kurt: Bildungs- und Lerngeschichten/Grundlagen – Praxiserfahrungen – Anregungen, Verlag das Netz, 2009.

Hinweis: Arbeitshilfe

Eine umfangreiche Arbeitshilfe zum Thema „Beobachtung und Dokumentation“ können Sie über den Paritätischen Gesamtverband beziehen. Dort finden Sie Beispiele und Anregungen für die Arbeit mit der Portfoliomethode, dem „Buch des Kindes“, dem „Buch der Erzieher/in“, den Bildungs- und Lerngeschichten sowie eine Einführung in verschiedene Beobachtungsbögen (www.paritaetischer.de). Diese Arbeitshilfe richtet sich zwar an Erzieherinnen in Einrichtungen, lässt sich aber auf die Kindertagespflege übertragen.

Tipp

Zum Weiterlesen:
ZeT, Zeitschrift für Tagesmütter und -väter, Schwerpunkt Beobachtung und Dokumentation, 6/2010, Friedrich Verlag

5.2 Bildungsbücher, Portfolios & Co

Das „Buch des Kindes“, kurz „Bildungsbuch“ oder Portfolio, erscheint uns für die Kindertagespflege geeignet, um insbesondere die Entwicklung sehr junger Kinder festzuhalten und zu illustrieren. Ein Bildungsbuch ist dabei kein Buch im klassischen gebundenen, geklebten oder gehefteten Sinne.

„Was wir meinen, wenn wir Bildungsbuch sagen, sind Momentaufnahmen von Lernstationen, Aufzeichnungen eines pädagogischen Prozesses, der in der Interaktion zwischen Kindern, zwischen Kindern und Tagespflegeperson und zwischen Kindern und Eltern abläuft und der daraufhin untersucht wird, ob in diesem Prozess ‚Bildung' geschieht. Dieses Geschehen im Kind sichtbar zu machen, ist das Anliegen. Das Werkzeug, mit dem das geschieht, wird Bildungsbuch genannt. Die Kinderperspektive ist dabei der entscheidende Fokus.

Das Bildungsbuch ist also kein Produkt, das man herstellt und nach Gebrauch ins Regal stellt. Es ist auch kein Arbeitsnachweis erfolgreicher Pädagogik. Es ist vielmehr der sichtbar werdende Teil des Kindes zu seiner Bildung.

Vielleicht wird hinterher tatsächlich ein Buch daraus, vielleicht wird es aber auch ein Ordner, eine Mappe oder eine Ansammlung von Blättern in einer Kiste."
(GEW, 2006, S. 11)

Merksatz
Ein Portfolio ist eine gezielte Sammlung von Dokumenten zur Lernprozessbeschreibung. Dieser Ansatz hat sich in den USA als Reformbewegung gegen Testung und Benotung entwickelt. Die zentrale Idee lautet: Kinder sind hier aktive Mitgestalter ihrer Bildungsdokumentation. Dies soll die Verantwortung für das eigene Lernen stärken.

Die folgenden Überlegungen zum Anlegen eines Portfolios sind teilweise der „Bremer Individuelle Lern- und Entwicklungsdokumentation" von 2005 entnommen.

Was kommt in das Portfolio hinein?

Das Portfolio kann Bilder, Arbeitsblätter und Fotos (auch von Aktivitäten oder Produkten), Audiokassetten, Videoaufzeichnungen, Projektdokumentationen und vieles andere mehr beinhalten. Auch „Produkte", die von zu Hause mitgebracht werden (z. B. Fotos, aufgeschriebene oder gemalte Erlebnisse), Geschichten der Kinder etc. dürfen – und sollen – ins Portfolio aufgenommen werden und dienen somit auch der Bildungsdokumentation.

Im Portfolio werden zudem die Beobachtungen und/oder Berichte vom Kind in Form von Lerngeschichten aufgenommen. Lerngeschichten sind kindgerecht formulierte und seinem Entwicklungsstand angepasste Briefe an das Kind in direkter Anrede. Die Lerngeschichten werden bspw. im Beobachtungsverfahren der Bildungs- und Lerngeschichten hauptsächlich zum Austausch mit dem Kind genutzt.

Ein wichtiges Grundprinzip der Arbeit mit Portfolios ist, dass Beobachtung und Dokumentation nicht als einmaliger Vorgang, sondern als Prozess verstanden werden. In diesem erhalten sowohl die Kinder (über ihre Lernfortschritte) als auch die Tagespflegeperson (über die Wirkungen ihres pädagogischen Handels) laufend differenzierte Rückmeldungen. Das Portfolio soll nicht zuletzt auch den Eltern Einblicke in das Lernen ihrer Kinder geben und sie in die Lernbegleitung einbinden.

Lerngeschichte oder Brief an Lotti

Liebe Lotti,
heute vor dem Frühstück wollten Du und Marvin noch ein wenig spielen. Im Spielzimmer habt Ihr Euch die Eisenbahn und die Schienen aus der Kiste geholt und jeder hat angefangen, einen eigenen Kreis aus den Schienen zu bauen. Marvin hat auch noch eine Brücke gebaut, unter der sein Zug durchfahren konnte. Ich hatte den Eindruck, dass Dich diese Brücke sehr interessiert hat, denn Du hast sie gleich nachgebaut und wolltest mit Deinem Zug auch darunter durchfahren.

Aber dann hast Du gesehen, dass Deine Brücke gar nicht über den Gleisen steht und der Zug so nicht darunter durchfahren kann. Das hast Du mir auch gleich angesehen und Deine Brücke neu aufgebaut. Dieses Mal über die Gleise. Den Zug hast Du darunter durchgeschoben. Dabei ist Deine Brücke umgefallen, weil Deine Hand nicht dort durch gepasst hat. Ich hatte den Eindruck, als ob Du sofort angefangen hast zu überlegen, was Du jetzt tun kannst. Du hast dann die Brücke wieder aufgebaut, den Zug am Ende angefasst und durchgeschoben. So passte er auch unter der Brücke durch, ohne dass sie kaputt geht. Am Schluss hast Du den Zug vorsichtig mit dem Finger angestupst, bis er ganz hindurch gefahren war.

Du bist dann mit dem Zug einmal den ganzen Kreis entlang gefahren. Dabei musstest Du Dich ganz schön strecken, um den Zug noch festhalten zu können, aber auch das hast Du geschafft, obwohl Du beinahe umgefallen wärst. Du warst dabei ganz vorsichtig, damit Deine Brücke, aber auch die von Marvin, nicht einstürzen. Als Du dann wieder bei Deiner Brücke warst, hast Du den Zug diesmal hinten angefasst und dann durchgeschoben.

Ich glaube, dass Dich im Moment die Züge und auch die Brücken sehr interessieren. Vielleicht wollen wir uns ja einmal den Bahnhof ansehen oder mal nachsehen, wie viele Brücken es auf dem Weg dorthin gibt? Ich bin gespannt, was Du dort alles entdeckst.

Deine Daniela

(Frankenstein u. a., 2009, S. 61)

Welchen Vorteil bietet die Arbeit mit einem Portfolio?

- Das Kind lernt, für sein eigenes Leben Verantwortung zu übernehmen.
- Das Kind nimmt sich selbst als lernendes Kind wahr.
- Das Kind erhält ein positives Bild vom Lernen.

- Die Arbeit mit dem Portfolio befähigt zur Selbstbeurteilung.
- Sie fordert und fördert die Selbstständigkeit.
- Die Tagespflegeperson erhält Einblicke in Lernwege und Lernergebnisse der Kinder.
- Das Portfolio eröffnet den Dialog zwischen Fachkraft und Kind, aber auch unter den Kindern.
- Das Portfolio stellt eine Grundlage für die Zusammenarbeit mit den Eltern dar.

In welcher Weise ist das Kind an seinem Portfolio beteiligt?

Das Kind ist bei der Anlage seines Portfolios der Hauptakteur: Es sammelt seine Arbeitsergebnisse, Bilder, Produkte, Fotos o. Ä. Dann wählt es selbst aus, welches der Dinge aus seiner Sicht wert ist, ins Portfolio aufgenommen zu werden. Zur Entwicklung eigener Kriterien (Warum soll genau dieses Bild ins Portfolio aufgenommen werden und nicht die anderen?) braucht es zunächst die Unterstützung der Tagespflegeperson. Bei kleinen Kindern ist es die Tagespflegeperson, die das Portfolio „füllt".

Die Kinder sollten die Möglichkeit haben, ihr Portfolio in der Kindertagespflegestelle jederzeit anzusehen, den anderen Kindern von der betreffenden Situation zu erzählen oder ihren Eltern anhand der Fotos zu zeigen, welche spannenden Erlebnisse sie in der Kindertagespflege hatten. Sie fühlen sich auf diese Weise gesehen und wertgeschätzt.

Wie sieht ein Portfolio aus?

Portfolios können ganz unterschiedlich aussehen: Es können (selbstgestaltete) Mappen, Hefter, Ordner oder Schachteln verwendet werden. Die Hauptsache ist, dass man den Inhalt, der ja von der Form her sehr verschieden sein kann, gut ordnen kann. Außerdem sollte das Portfolio leicht zugänglich sein, in Herstellung und Nutzung wenig Zeitaufwand benötigen und einfach zu handhaben sein.

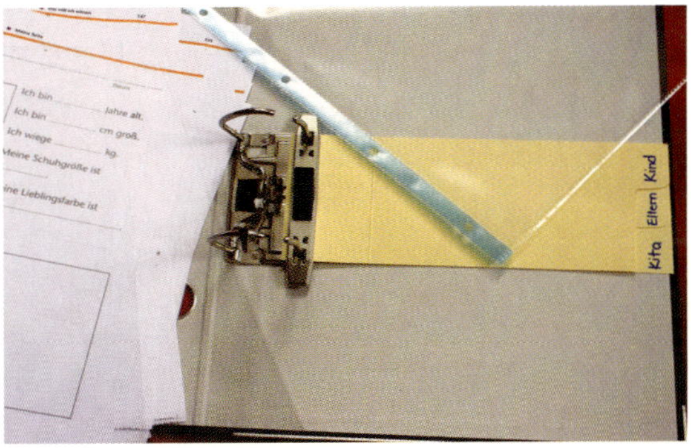

Beispiel: *Als besonders geeignet hat sich ein Ordner mit mittlerem oder breitem Rücken und Einschubtaschen auf der Vorderseite und dem Rücken erwiesen. In die Vordertasche kann ein Foto oder eine Zeichnung des Kindes eingeschoben werden, im Rücken steht der Name geschrieben. Dokumenthüllen schützen den Inhalt auch bei wiederholtem und kindgemäßem Gebrauch. Den Ordner kann das Kind am Ende seiner Zeit in der Kindertagespflege als Geschenk und Erinnerung an diese Zeit erhalten. Der Ordner (das Portfolio) kann auch helfen, den Übergang von der Kindertagespflege in den Kindergarten zu erleichtern. Für viele ältere Kinder und Erwachsene ist dieser Ordner der frühen Kinderjahre ein besonderer Schatz.*

Tipp

Zum Weiterlesen:
Leu, Hans Rudolf/Flämig, Katja/Frankenstein, Yvonne/Koch, Sandra/Pack, Irene/Schneider, Kornelia/Schweiger, Martina: Bildungs- und Lerngeschichten. Bildungsprozesse in früher Kindheit beobachten, dokumentieren und unterstützen. Weimar/Berlin, Verlag das Netz, 2007.

Mit den „Bildungs- und Lerngeschichten" wurden im DJI Materialien entwickelt, um diese Prozesse im pädagogischen Alltag zu beobachten, zu dokumentieren und zu unterstützen. Die Materialien setzen an den Stärken und Kompetenzen jedes einzelnen Kindes an und beziehen sowohl die Kinder als auch die Eltern mit ein. Dem Verfahren liegt das Konzept der Lerndispositionen zugrunde, das von Margaret Carr in Neuseeland entwickelt wurde. Die Materialien bieten Fortbildnerinnen und Fortbildnern sowie pädagogischen Fachkräften alle nötigen Grundlagen, um das Verfahren in der Praxis einzuführen und umzusetzen.

C Qualität in der Kindertagespflege

1 Qualifizierung, Qualitätssicherung und Professionalisierung

2 Dimensionen von Qualität und ihre Instrumente

3 Supervision – ein Instrument zur Professionalisierung in der Kindertagespflege

4 Exkurs: Wegweiser bei Krisen

1 Qualifizierung, Qualitätssicherung und Professionalisierung

Von Astrid Kerl-Wienecke

Die Kindertagespflege steht vor der Herausforderung, die Qualität weiterzuentwickeln und sich den steigenden fachlichen Anforderungen zu stellen.

Mit der bundesweiten Umsetzung der 160 Stunden umfassenden Qualifizierung des Deutschen Jugendinstitutes ist bereits ein erster, wichtiger Schritt getan, um mittelfristig dem gesetzlichen Förderauftrag und den elterlichen Bildungsansprüchen gewachsen zu sein. Daneben sind nicht nur die Stundenumfänge, sondern auch ein einheitliches hohes Qualitätsniveau bei den Trägern, die die Grundqualifizierungen in der Kindertagespflege anbieten, entscheidend. Positiv zu beobachten ist, dass bereits vielerorts in den Kommunen Verfahren installiert wurden, in denen eine Höherqualifizierung der Tagespflegepersonen finanziell „belohnt" wird. Besonders für die Tagespflegepersonen, die diese Tätigkeit als Dauertätigkeit und „Hauptberuf" anstreben, müssen perspektivisch Übergänge in andere pädagogische Berufe eröffnet werden, damit „Tagespflegeperson" in keine berufliche Sackgasse führt.

Tätigkeitsbegleitende Fortbildungen für die Tagespflegepersonen, um ihre Kompetenzen zu vertiefen und um aktuelle Wissensstände vermittelt zu bekommen, sollten nach unserer Überzeugung verpflichtend eingeführt werden. Dabei ist es unumgänglich, auch das Erfahrungswissen der Tagespflegepersonen mit einzubeziehen. Schließlich bezieht sich fachliche Kompetenz nicht nur auf die Theorie. Zudem wird sich Fortbildung – gerade wegen der Unterschiedlichkeit dieses Berufsfeldes – an den Bedingungen der Praxis vor Ort ausrichten müssen. Daneben sollte auch die Steigerung der Berufszufriedenheit das Ziel einer gelungenen Fortbildung sein.

Die **Kindertagespflegebörse Göttingen** hatte 2010 folgende Fortbildungen (hier eine kleine Auswahl) auf ihrer Website angekündigt:

Snoezelen – entspannte Sinneswahrnehmung in angenehmer Atmosphäre
Snoezelen vermittelt durch die besondere Raumgestaltung zum einen jenes Gefühl der Geborgenheit, das zur Entspannung führt [...]

Erweitere die Möglichkeiten – Umgang mit Stressbelastenden Situationen
Das Tagesseminar erklärt genau, was Stress ist, zeigt die begleitenden Muster, nach denen wir in dieser Reaktion stecken bleiben können und weist auf neue Handlungsmuster, die uns besser unterstützen [...]

Künstlerisches und handwerkliches Arbeiten mit Kindern
Kleine Kinderhände wollen immer tätig sein und werden geschickt und kräftig durch Handarbeit und Handwerk. Dieses wirkt sich auch auf die Reifungsprozesse des Gehirns aus, die in unmittelbarer Beziehung zur Handgeschicklichkeit stehen [...]

Ohrwurm und Tam Tam - Mit Kindern singen und Musik machen
Wir wollen in diesem Seminar mit Klängen und Tönen experimentieren und improvisieren. Einige Instrumente bauen wir selber, um sie dann gemeinsam auszuprobieren.

„Man kann nicht nicht kommunizieren!"
Mit dieser Grundannahme wollen wir in dem Kurs die eigene Kommunikation beleuchten, uns darüber verständigen, was eine gute und klare Kommunikation ausmacht, wo schnell Missverständnisse auftauchen und wie wir in diesem Feld unsere Fähigkeiten weiterentwickeln und verbessern können."
(Kindertagespflegebörse Göttingen, unter: www.kindertagespflege-goe.de/seminare.htm, 2010)

Letztendlich wird eine berufliche Perspektive mit erhöhten Qualifizierungsanforderungen für Tagespflegepersonen jedoch nur dann attraktiv, wenn eine leistungsgerechte Bezahlung, eine gesellschaftliche Anerkennung sowie eine professionelle Unterstützung durch Fachberatung vor Ort zu erwarten sind. Aus unserer Überzeugung wäre es für die Kindertagespflege insgesamt dringend notwendig, sie in ein Gesamtkonzept der lokalen Kinderbetreuung zu integrieren, anstatt die Betreuungsformen Kindertagestätten und Kindertagespflege als zwei unabhängige Betreuungssäulen nebeneinander bestehen zu lassen. Gute Ansätze liefern da beispielsweise gemeinsame Fortbildungen für Erzieherinnen und Tagespflegepersonen oder die zunehmenden Kooperationen mit Kinderbetreuungseinrichtungen.

Tipp

Unter www.hessisches-kindertagespflegebuero.de werden Beispiele guter Praxis für Kooperationen vorgestellt.

1.1 Das DJI-Curriculum als Mindeststandard in der Qualifizierung[1]

Aus dem Projekt „Verbesserung der Qualität der Fortbildung für Tagespflegepersonen" des Deutschen Jugendinstituts (DJI) ist im Jahre 2002 das Curriculum „Qualifizierung in der Kindertagespflege" entwickelt worden. Dieses DJI-Curriculum ist zwischenzeitlich vollständig überarbeitet und erweitert worden (vgl. Weiß u. a., 2008). Das Curriculum formuliert einen fachlich akzeptierten Mindeststandard und gilt als anerkannter fachlicher Referenzpunkt für die Qualifizierung in der Kindertagespflege. Es orientiert sich praxisnah und zielorientiert an der pädagogischen Tätigkeit in der Kindertagespflege und es bereitet direkt auf den Einsatz in der Kindertagespflege vor; unabhängig davon, ob nun eine Tagespflegeperson diese Tätigkeit als langfristige berufliche Perspektive sieht oder nur als Übergangslösung.

---

[1]Es ist erforderlich, die Grundqualifikation den fachlichen Anforderungen in der frühkindlichen Förderung anzupassen sowie die Anschlussfähigkeit an andere pädagogische Ausbildungen zu gewährleisten. Dafür wird am DJI ein modulares Gesamtkonzept für die Qualifizierung von Tagespflegepersonen in Form eines Qualifizierungshandbuches erarbeitet. Informieren Sie sich dazu auf den Internetseiten des DJI.

Das Themenspektrum des Curriculums berücksichtigt die neuesten Erkenntnisse aus mehreren Wissenschaftsdisziplinen wie bspw. aus der Kleinkindpädagogik oder der Entwicklungspsychologie. Mit der Qualifizierung wird den Tagespflegepersonen einerseits eine professionelle Grundausstattung an die Hand gegeben, um dem Förderauftrag gerecht zu werden, anderseits wird die Sicherung und Weiterentwicklung der Qualität in der Kindertagespflege vorangetrieben.

Das DJI-Curriculum vermittelt Handlungswissen und grundlegende Qualifikationen in den drei folgenden Aufgabenschwerpunkten der Kindertagespflege:

- Förderung von Kindern (geistige, emotionale, körperliche und soziale Entwicklung der Kinder),
- Kooperation und Kommunikation zwischen Tagespflegeperson und Eltern (Zusammenarbeit und Verständigung mit den Eltern),
- Rahmenbedingungen der Kindertagespflege (rechtliche und finanzielle Aspekte, Arbeitsbedingungen der Tagespflegepersonen).

Exkurs: Das DJI-Curriculum: Fragen und Fakten

Was ist das DJI?

Das Deutsche Jugendinstitut e. V. (DJI) ist ein zentrales sozialwissenschaftliches Forschungsinstitut mit Haupt-Standort München. Seine wissenschaftlichen Schwerpunkte liegen u. a. auf den Themen „Kinder und Kinderbetreuung", „Familie und Familienpolitik", „Übergänge in Arbeit" (www.dji.de).

Was ist das DJI-Curriculum?

Das DJI-Curriculum ist eine Praxishilfe für Dozentinnen und Dozenten, die in der Qualifizierung für Tagespflegepersonen tätig sind. Es umfasst Inhalt und Struktur für 160 Unterrichtsstunden und wird unterteilt in eine Einführungsphase und eine Vertiefungsphase. Während das DJI-Curriculum also ein Unterrichtswerk für Lehrende ist, richtet sich dieses Lehrbuch an angehende und bereits tätige Kindertagespflegepersonen.

Ist die Qualifizierung verpflichtend?

Diese Frage kann für alle 160 Unterrichtsstunden noch nicht für jedes Bundesland eindeutig mit „Ja" beantwortet werden. Es besteht allerdings eine Kooperationsvereinbarung mit insgesamt 13 Bundesländern, der Bundesagentur für Arbeit und mit dem Bundesfamilienministerium (BMFSFJ), dass der Unterrichtsumfang von 160 Stunden sukzessive und flächendeckend umgesetzt werden soll. Schon jetzt muss in allen Bundesländern eine Qualifikation nachgewiesen werden. In vielen Kommunen gelten das DJI-Curriculum oder vergleichbare Lehrpläne als verpflichtend für eine Anerkennung bzw. als fester Bestandteil der Eignungsüberprüfung als Tagespflegeperson durch das Jugendamt.

Wie lange dauert ein Kurs?

In großen Städten gibt es in der Regel mehrere Bildungsträger, die Qualifizierungskurse durchführen. Die Kurse werden in unterschiedlicher Form, zum Beispiel als Abend- und Wochenendveranstaltungen über mehrere Monate oder tagsüber als Kompaktkurse angeboten. Sie dauern in einigen Fällen acht Wochen, können jedoch auch über mehrere Monate angeboten werden.

Was kostet die Qualifizierung?

Sehr unterschiedlich. In Bonn etwa kostet ein Grundkurs (80 Stunden) 225 Euro. Der Aufbaukurs kostet die gleiche Summe plus 20 Euro für die Ausstellung des Zertifikates. Bei der Volkshochschule in Braunschweig dagegen kostet die Teilnahme 50 Euro, in Essen sind die Kurse kostenlos. In anderen Kommunen wiederum bekommen die Teilnehmerinnen nach bestandener Prüfung die Kosten ersetzt. In der Regel kommen noch Kosten für einen Erste-Hilfe-Kurs hinzu.

Wer arbeitslos gemeldet ist, kann in vielen Kommunen eine Kostenübernahme durch das Jobcenter oder die Agentur für Arbeit beantragen (alle Angaben: Stand Dezember 2010).

An wen wendet man sich?

Erste Anlaufstelle ist das Jugendamt.

Der Aufbau des Curriculums sieht eine praxisvorbereitende Einführungsphase und eine praxisbegleitende Vertiefungsphase vor. In der *Einführungsphase* verschaffen sich die potenziellen Tagespflegepersonen grundsätzlich ein Bild von ihrer Tätigkeit in der Kindertagespflege und sie klären ihre individuellen Fragen. In der *Vertiefungsphase* lernen die Tagespflegepersonen am konkreten Alltag mit Kindern. Ferner eignen sie sich Erfahrungswissen und professionelle Handlungsstrategien an. Der *Praxisteil* ist fester, integrativer Bestandteil der Qualifizierungsmaßnahme. In diesem Praxisteil werden durch Praktika bzw. Hospitationen in Kinderkrippen und Konsultationstagespflegestellen bzw. anderen geeigneten Einrichtungen oder durch die Aufnahme eines Tageskindes Praxiserfahrungen gesammelt. Das Themenspektrum und der Aufbau des DJI-Curriculums dienen der Vorgabe des Gesetzgebers, dass die Tagespflegepersonen über „vertiefte Kenntnisse" verfügen sollen.

Das DJI-Curriculum basiert auf einem multimethodischen Arbeitsansatz. Dieser kombiniert und vereint die verschiedenen Methoden wie Gruppenarbeit, Rollenspiel, biografische Methoden, Textarbeit, Diskussionen etc. Mit dieser Methodenvielfalt werden die Tagespflegepersonen differenziert angesprochen, sodass eine an ihren Erfahrungen orientierte Gestaltung der Qualifikationsmodule möglich ist. Gleichzeitig sind die Teilnehmerinnen in Ablauf und Inhalt der Ausbildung aktiv eingebunden.

Das DJI-Curriculum beinhaltet eine Abschlussprüfung. Diese dokumentiert das Niveau der erreichten Qualifizierung, aber auch die Fähigkeiten und die Arbeitsweise der Tagespflegeperson und kann somit die gute Qualität in der Tagespflegestelle belegen. Doch ist diese gute Qualität ein labiler Faktor, der immer wieder im Alltag bestätigt werden muss. Dazu gehören beispielsweise Aspekte wie jede Eingewöhnung und jeder Abschied, die Haltung zum und der Umgang mit dem Kind, die Zusammenarbeit mit den Eltern sowie der Dialog mit anderen Tagespflegepersonen und der Fachberatung. So sieht der Anspruch des DJI an die Abschlussprüfung „vor Ort" aus:

Empfehlung zum Mindeststandard für die Abschlussprüfung „Qualifizierung in der Kindertagespflege"

Diese Empfehlung wurde erarbeitet im Rahmen des Aktionsprogramms Kindertagespflege in Anlehnung an das Zertifikat des Bundesverbandes Tagesmütter e. V. Die Abschlussprüfung besteht aus den Teilen „Leistungsnachweis" und „Kolloquium".

Der *Leistungsnachweis* ist in Form einer schriftlichen Arbeit zu einem selbst gewählten Thema der Kindertagespflege zu erstellen. Der Umfang der Arbeit sollte fünf bis zehn Seiten betragen.

Das *Kolloquium* ist eine mündliche Prüfung bzw. ein Fachgespräch und wird in Kleingruppen abgehalten. Durch die Arbeitsform „Gruppensetting" wird neben der fachlichen Bewertung auch die Kooperationsfähigkeit geprüft. Während des Kolloquiums ist darauf zu achten, dass sich jeder Teilnehmer einzeln einbringt, die Redeanteile der Gruppenmitglieder ausgewogen sind, die Mitglieder der Kleingruppe aufeinander eingehen und sich auf die Beiträge der anderen beziehen können. Die Gruppengröße sind drei bis fünf Tagespflegepersonen. Pro Person sind ca. zehn Minuten zu veranschlagen, d.h., das Kolloquium einer Vierergruppe dauert ca. 40 Minuten. Die Themenauswahl für das Kolloquium kann durch die Kursleitung vorgegeben sein oder von der Kleingruppe formuliert werden.

Die Bewertung der Abschlussprüfung lautet „erfolgreich" oder „nicht erfolgreich".

1.2 Qualität in der Qualifizierung

Mit der Festlegung des Qualifizierungsumfangs von 160 Stunden als fachlichem Mindeststandard und die durch den allgemeinen Ausbauschub in der Kindertagespflege entstandene Zunahme von Qualifizierungsangeboten sind neue Anforderungen und Ansprüche an die Qualität der Qualifizierungen entstanden – unabhängig davon, ob nun das DJI-Curriculum durch andere qualitativ vergleichbare Lehrpläne ersetzt wird oder nicht. So war es nur konsequent, dass im Rahmen des Aktionsprogramms Kindertagespflege der Bundesregierung ein Gütesiegel für Bildungsträger im Bereich der Qualifizierung von Tagespflegepersonen entwickelt wurde. Im Folgenden lesen Sie eine kurze Beschreibung:

Exkurs: Das Aktionsprogramm Kindertagespflege
Das Bundesministerium für Familie, Senioren, Frauen und Jugend startete im Oktober 2008 das Aktionsprogramm Kindertagespflege, welches zunächst bis zum Jahresende 2014 laufen wird. Schwerpunkt des Programms ist es die berufsbegleitende pädagogische Ausbildung von Tagespflegepersonen zu fördern. Das Programm unterstützt den quantitativen und vor allem qualitativen Ausbau der

Kindertagespflege für unter dreijährige Kinder. Die gezielte Förderung der Kindertagespflege ist eine wesentliche Voraussetzung, um die frühkindliche Förderung in dieser Betreuungsform zu verbessern sowie die Vereinbarkeit von Familie und Beruf zu erleichtern. Gleichzeitig soll die Kindertagespflege als attraktive Berufsperspektive entwickelt werden, um potenzielle wie bereits tätige Tagespflegepersonen positiv anzusprechen. Die Säule I des Aktionsprogramms fördert bundesweit 162 Modellstandorte bei der Umsetzung eines regionalen Gesamtkonzepts für den qualitativen und quantitativen Ausbau der Kindertagespflege. Die Säule II unterstützt die Qualifizierung der Tagespflegepersonen. Ziel ist in der Grundqualifizierung die flächendeckende Umsetzung des Mindeststandards von 160 Stunden sowie die Etablierung von Qualitätsstandards durch ein Gütesiegel für Bildungsträger. Seit 2010 wird mit dem Angebot von thematischen Lehrmaterialien die an die Grundqualifizierung anschließende, tätigkeitsbegleitende Fort- und Weiterbildung gestärkt. Die Säule III bietet unter www.vorteil-kinderbetreuung.de ein neues Portal zur Information, Vernetzung und Qualifizierung für Tagespflegepersonen sowie interessierte Akteure.

Weitere Informationen zum Aktionsprogramm sind auch unter folgendem Link zu finden: www.dji.de/cgi-bin/projekte/output.php?projekt=839

Für die Ergebnisqualität der Qualifizierungsmaßnahme sind neben dem Stundenumfang und dem verwendeten Curriculum auch die strukturellen und personellen Rahmenbedingungen der Qualifizierung entscheidend. Das Gütesiegel bietet die Chance, zu einer hohen und nachweisbaren Qualität bei der Qualifizierung von Tagespflegepersonen beizutragen, indem für Bildungsträger ein vergleichbarer Qualitätsstandard vorausgesetzt wird. Um das Gütesiegel beantragen und verliehen zu bekommen, muss der Bildungsträger in verschiedenen Bereichen bestimmte Kriterien erfüllen. Er sollte beispielsweise den Einsatz von qualifizierten Kursleitern und Referentinnen gewährleisten, um letztendlich eine fachlich fundierte und nachhaltige Fortbildung zu garantieren.

Das Ziel ist, dass sowohl etablierte Bildungsträger als auch kleinere Vereine, die sich bereits in der Vergangenheit in der Qualifizierung von Tagespflegepersonen profiliert haben, das Gütesiegel erhalten.

Hinweis: Gütesiegel

Personen, die sich für eine Tätigkeit als Tagespflegeperson interessieren und eine Grundqualifizierung absolvieren möchten, oder aber auch Tagespflegepersonen, die eine tätigkeitsbegleitende Fortbildung besuchen wollen, sollten darauf achten, dass der anbietende Bildungsträger das Gütesiegel dafür besitzt. Damit hat die Tagespflegeperson auch die Gewissheit, dass ihre Qualifizierungen bei einem Ortswechsel in eine andere Stadt oder Gemeinde anerkannt wird.

2 Dimensionen von Qualität und ihre Instrumente

Von Martin Peters

Normativ geregelt sind die Rahmenbedingungen zur Erlaubnis und die Anforderungen an die Qualifikation von Kindertagespflegepersonen im „Gesetz zur Weiterentwicklung der Kinder- und Jugendhilfe" (2005). Es stellen sich in diesem Zusammenhang jedoch weitergehende Fragen:

- Was sind die grundlegenden Dimensionen von Qualität in der Kindertagespflege?
- Worauf gilt es unbedingt zu achten, wenn Kindertagespflege als eine gleichwertige und qualitativ hochwertige Betreuungsform entwickelt werden soll?
- Wie kann es gelingen, die Qualität der neuen – und der vorhandenen – Betreuungsplätze nachhaltig zu sichern und weiterzuentwickeln?

Ähnlich wie in anderen pädagogischen Arbeitsfeldern gilt auch für die Kindertagespflege, dass eine gute Gesamtqualität des Angebots wesentlich abhängig ist von der Umsetzung der drei Dimensionen Strukturqualität, Orientierungsqualität und Prozessqualität. Diese sollen nun im Einzelnen beschrieben und erläutert werden.

Strukturqualität – oder: In welchem Rahmen bewegen wir uns?

Auf die zentralen Rahmenbedingungen der Kindertagespflege haben Sie als Tagesmutter oder Tagesvater keinen oder nur geringen Einfluss, trotzdem sollten Sie sich damit nicht zufrieden geben. Fordern Sie im Verbund mit anderen möglichst optimale Rahmenbedingungen für Ihre berufliche Arbeit ein. Dazu gehören

- eine Grund- und Aufbauqualifizierung,
- eine qualifizierte Vermittlung durch den örtlichen Jugendhilfeträger,
- eine angemessene Bezahlung,
- eine fachliche Begleitung durch Fachberatung und/oder Supervision,
- ein Vertretungssystem für Urlaub und Krankheit.

Die Strukturqualität liegt dagegen im direkten Einflussbereich der Kindertagespflegeperson, also auch in Ihrem Wirkungsbereich. An erster Stelle steht das pädagogische Ausbildungsniveau der Tagespflegeperson. Zur Strukturqualität zählen aber auch ausreichende und fachlich anregend gestaltete Räumlichkeiten. Dabei geht es sowohl um eine angemessene Gruppengröße als auch um eine Altersmischung der Kindergruppe. Beides ist neben der gesetzlichen Norm (nicht mehr als fünf Kinder) unter anderem abhängig von der pädagogischen Erfahrung der Kindertagespflegeperson und der Anzahl ihrer eigenen Kinder.

Im Rahmen dieses Lehrbuches konzentrieren wir uns vor allem auf die Orientierungs- und die Prozessqualität. Dahinter verbergen sich wesentliche Schlüsselsituationen wie beispielsweise der Aufnahmeprozess, die anregungsreiche Gestaltung von Umgebung und Angeboten, ein Verständnis der immensen Bedeutung des Spiels für die kindliche Entwicklung, das klare Ziel einer gelingenden Erziehungspartnerschaft bis hin zum Kinderschutz und zum Selbstverständnis eines gewaltfreien Umgangs.

Orientierungsqualität – oder: Was ist uns wirklich wichtig?

Die Orientierungsqualität bezieht sich auf das Bild vom Kind, das Sie als Kindertagespflegeperson haben. Es geht um Ihre Vorstellungen und Überzeugungen von Bildung und Entwicklung von Kindern, es geht um Bildungsinhalte, um Erziehungsziele und Erziehungsmaßnahmen. Ebenso berührt die Orientierungsqualität Ihr Verständnis von den Aufgaben von Familie und Tagespflegestelle und deren Zusammenarbeit im Verständnis einer modernen Erziehungspartnerschaft (siehe Kap. D, 1).

Prozessqualität – oder: Wie machen wir es konkret?

Unter Prozessqualität verstehen wir die Dynamik des pädagogischen Geschehens und den individuellen Umgang mit dem Kind. Hierunter fallen aber auch entwicklungsangemessene, bildungsfördernde Anregungen sowie auf die Bedürfnisse der Kinder ausgerichtete Interaktionen, ebenso die konkrete Zusammenarbeit mit den Eltern. Kindertagespflege findet in aller Regel in den Privathaushalten der Kindertagespflegeperson, seltener in Zusammenschlüssen einzelner Tagesmütter statt. Diese halböffentliche Leistungserbringung macht es naturgemäß schwer, Qualitäten vor Ort einzuschätzen und fachlicher Kontrolle zu unterwerfen. Darüber hinaus fehlen in der Regel fachlich begründete Standards, um die pädagogischen Fähigkeiten zu beurteilen bzw. konkrete Instrumente der Qualitätsentwicklung einzusetzen. Hier zeigt sich ein erhebliches Strukturdefizit im Vergleich zu institutionalisierten Kindertageseinrichtungen.

Wir möchten deshalb im Folgenden zwei Instrumente vorstellen, die jeweils für sich in Anspruch nehmen, die pädagogische Qualität in Tagespflegestellen zu ermitteln, zu sichern und zu entwickeln.

2.1 Das bekannteste Instrument: die Tagespflege-Skala

Die Tagespflege-Skala (TAS) geht auf die Family Day Care Rating Scale (FDCRS) von Thelma Harms und Richard Clifford (1989) zurück. Die TAS kann sowohl als Verfahren der Fremdeinschätzung als auch der Selbsteinschätzung genutzt werden. Stärken und Möglichkeiten der Veränderung können aufgrund der differenzierten Beschreibung der Merkmale identifiziert werden.

In der Aus- und Fortbildung von Tagesmüttern können die in der TAS enthaltenen Qualitätskriterien für die reflektierende Auseinandersetzung mit Qualitätsfragen, für die persönliche Entwicklung eines professionellen Verständnisses von pädagogischer Qualität sowie für eine Auseinandersetzung mit verschiedenen Ansätzen zur Qualitätssicherung genutzt werden. Jugendamtsmitarbeiter können die TAS als objektives Verfahren bei der Eignungsfeststellung ergänzend zu Hilfe nehmen. Die Tagespflege-Skala dient sowohl einer Qualitätsfeststellung nach international anerkannten Kriterien als auch einer systematischen Qualitätsentwicklung in den Tagespflegestellen. Inzwischen wird diese Skala in vielen Ländern genutzt und es gibt ein weltweites Netz internationaler Zusammenarbeit. Zahlreiche Wissenschaftler haben die FDCRS bisher in Studien zur Feststellung pädagogischer Qualität eingesetzt. Sie konnten dabei bedeutsame Beziehungen zwischen den Ergebnissen dieser Qualitätsfeststellung und Merkmalen der kindlichen Entwicklung finden.

Zentrales Anliegen der TAS ist das stellvertretend wahrgenommene Interesse des Kindes an guter Bildung, Betreuung und Erziehung. Pädagogische Qualität nach diesem Verständnis ist in einer Tagespflegestelle dann gegeben, wenn diese

- das Kind körperlich, emotional, sozial und intellektuell fördert,
- seinem Wohlbefinden sowie seiner gegenwärtigen und zukünftigen Bildung dient,
- damit auch Familien in ihrer Bildungs-, Betreuungs- und Erziehungsverantwortung für das Kind unterstützt.

Die TAS beinhaltet 35 Merkmale. Jedes Merkmal beinhaltet verschiedene Aspekte, die das Merkmal differenziert beschreiben. Die 35 Merkmale sind in sechs übergeordneten Bereichen zusammengefasst:

- **Platz und Ausstattung** (6 Merkmale):
  Größe der Tagespflegestelle, Ausstattung mit Mobiliar und Materialien sowie räumliche Gestaltung
- **Betreuung und Pflege** (7 Merkmale):
  Gestaltung von Begrüßung/Verabschiedung, Mahlzeiten, Ruhe- und Schlafzeiten, Körperpflege
- **Sprachliche und kognitive Anregungen** (4 Merkmale):
  Materialien, Aktivitäten und Anregungen der Tagesmutter, die die Kinder darin unterstützen, grundlegende Sachverhalte und Zusammenhänge in ihrer Umwelt zu erfassen, und die ihren kommunikativen Bedürfnissen und Fähigkeiten gerecht werden und diese weiterentwickeln
- **Aktivitäten** (9 Merkmale):
  Materialien, Aktivitäten und Anregungen der Tagesmutter, die es den Kindern ermöglichen, ihre Umwelt in vielfältiger Weise zu erkunden, kreativ zu gestalten und ihre Interessen, Fähigkeiten und Fertigkeiten weiterzuentwickeln
- **Soziale Entwicklung** (5 Merkmale):
  Verantwortung und Rolle der Tagesmutter bei der Gestaltung der Eingewöhnungsphase, des Zusammenlebens mit den Kindern und der Übergänge in andere Institutionen sowie die Atmosphäre der Beziehungen zwischen allen Beteiligten und das Klima hinsichtlich Akzeptanz und Toleranz
- **Tagesmutter und Eltern/Betreuungsperson** (3 Merkmale):
  Zusammenarbeit mit den Eltern, die Balance zwischen Betreuung und anderen Aufgaben, Möglichkeiten der Fortbildung, notwendiger Reflexion und Evaluation

An dieser Skala gibt es allerdings auch Kritik. Diese bezieht sich vor allem darauf, dass die Einschätzung der Merkmale hauptsächlich auf der Basis einer mindestens dreistündigen Beobachtung in einer Tagespflegestelle vorgenommen werden kann. Damit ermöglicht die Anwendung der TAS – durch dafür geschultes Personal – zunächst (nur) eine aktuelle Bestandsaufnahme. Kritisiert wird weiter, eine zu genaue und enge Vorstellung von dem zu haben, was gute Kindertagespflegepraxis bieten muss. Die Vielfalt der Praxis, so ein Einwand, komme aufgrund dieses inneren Konzeptes von guter Kindertagespflege möglicherweise zu kurz.

2.2 Qualitätsempfehlungen: ein Beispiel aus Hamburg

Einen anderen Weg ist der PARITÄTISCHE Hamburg gegangen, der in Zusammenarbeit mit seiner Mitgliedsorganisation „Hamburger Tagesmütter und -väter e. V." ein eigenständiges Qualitätsentwicklungsverfahren für die Kindertagespflege entwickelt hat.

Es besteht aus den folgenden Komponenten:

- Entwicklung von Qualitätsempfehlungen, die den aktuellen Stand der Fachdiskussion darstellen,
- Mindeststandards zu jeder Qualitätsempfehlung, die bei der Umsetzung erreicht werden müssen,
- Selbstverpflichtungen der Kindertagespflegepersonen, diese Standards ihrer anspruchsvollen Arbeit zugrunde zu legen,
- einem Instrumentarium, mit dem die Einhaltung und Umsetzung dieser Standards festgehalten und dokumentiert werden kann,
- Überprüfung der Unterlagen und anschließendes Fachgespräch unter externer Leitung zur Erreichung des Paritätischen Qualitätszeichens (in Entwicklung, Stand: 01.10.2010).

Für den Begriff „Qualitätsempfehlungen" hat man sich in Hamburg aus zwei Gründen entschieden: Zum einen werden in den sechs Empfehlungen die aus fachlicher Sicht aktuell zentralen Schlüsselsituationen einer qualitativ hochwertigen und gelingenden Kindertagespflege beschrieben. Zum anderen tritt der PARITÄTISCHE Hamburg nur als Spitzenverband auf und nicht selbst als Träger von Kindertagespflege. Diese Empfehlungen richten sich somit an die rechtlich selbstständigen Tagespflegepersonen. Mit der verpflichtenden Weitergabe der Qualitätsempfehlungen durch die Tagesmütter und -väter an die Eltern im Rahmen des Betreuungsvertrages verändern die „Empfehlungen" jedoch ihren Charakter und werden zu Qualitätsversprechen.

Tagespflegepersonen, die nach diesem Qualitätsentwicklungsverfahren arbeiten, stellen gegenüber Eltern und öffentlichem Jugendhilfeträger sicher,

- qualifiziert ausgebildet zu sein (1. Empfehlung),

- eine besondere, emotional enge Beziehung in einem kleinen und überschaubaren Rahmen aufzubauen (2. Empfehlung),
- nach einem aktuellen pädagogischen Konzept vorzugehen (3. Empfehlung),
- Kindern innerhalb einer klaren Tagesstruktur anregungsreiche Spiel-, Entwicklungs- und Bildungsmöglichkeiten anzubieten (4. Empfehlung),
- Mahlzeiten zu einem bedeutsamen täglichen Erlebnis zu machen (5. Empfehlung) und
- den Kontakt zu den Eltern in besonderer Weise zu suchen und zu pflegen (6. Empfehlung).

Das Qualitätsentwicklungsverfahren beruht dabei in erster Linie auf einer Selbstverpflichtung der Tagespflegepersonen, diese anspruchsvollen Ziele täglich neu zu verfolgen und sicherzustellen.

Erster Qualitätsschlüssel: Selbstverpflichtung

Die innere Motivation, die eigene Arbeit möglichst gut und auf die genannten Standards ausrichten zu wollen, ist aus fachlicher Sicht durch nichts zu ersetzen. Solche Qualitätsentwicklungsverfahren, die ausschließlich auf das Element der Selbstevaluation und Selbstverpflichtung setzen, bleiben jedoch häufig intransparent, oberflächlich und in ihren Ergebnissen wenig überprüfbar.

Deshalb erhalten Eltern und Sorgerechtsberechtigte neben dem Betreuungsvertrag auch einen Flyer zu den Qualitätsempfehlungen für die Kindertagespflege überreicht. Damit machen die jeweiligen Tagespflegepersonen ihren fachlichen Anspruch deutlich, diese Qualitätsziele umzusetzen und sie *externer Überprüfung* (2. Qualitätsschlüssel) und dem *kritischen Elternblick* (3. Qualitätsschlüssel) zugänglich zu machen.

Zweiter Qualitätsschlüssel: externe Überprüfung

Der zweite Baustein dieses Qualitätsentwicklungsverfahrens ist ein eigenständiges Prüfverfahren unter externem Vorsitz. Tagespflegepersonen haben damit die Möglichkeit, die dokumentierten Ergebnisse ihrer Arbeit in einem kollegialen Fachgespräch – einem Kolloquium vergleichbar – vorzustellen und gegenüber einem Fachgremium unter externer und unabhängiger Leitung zu vertreten. Dazu sind alle sechs Qualitätsempfehlungen mit den jeweils zu erreichenden *Mindeststandards* hinterlegt. Werden alle Mindeststandards erreicht oder übertroffen, verleiht die Qualitätsgemeinschaft im PARITÄTISCHEN Hamburg für jeweils zwei Jahre ein *Qualitäts- oder Gütezeichen.*

> ***Beispiel:*** *„Qualifizierte Kindertagespflege ist das Ergebnis guter Aus- und Fortbildung“. Zu dieser ersten Empfehlung sind die folgenden Mindeststandards zu erreichen und zu dokumentieren:*
>
> - *die erfolgreiche Teilnahme am kompletten 160 Stunden umfassenden DJI-Curriculum (alternativ eine mindestens zweijährige abgeschlossene pädagogische Berufsausbildung),*
> - *eine gültige Pflegeerlaubnis,*

- *die zu belegende jährliche Teilnahme an Fortbildungsveranstaltungen,*
- *der fachliche Austausch in einer Tagesmütter-Organisation, wie z. B. dem Verein Hamburger Tagesmütter und -väter e. V.*

Für die zweite Empfehlung „Emotionale Nähe ist die Basis unserer Arbeit" ist ein schriftliches Eingewöhnungskonzept zu entwickeln. Darin ist an einem konkreten Beispiel zu erläutern, wie der Aufbau stabiler und verlässlicher persönlicher Beziehungen zu den Kindern im Einzelnen unterstützt und gefördert wird.

Dritter Qualitätsschlüssel: der Blick der Eltern

Wichtiger als alle Gütezeichen ist und bleibt aber die Einschätzung der Eltern, die ihr Kind in die Kindertagespflege geben. Nur sie können am Ende eine zuverlässige Einschätzung darüber abgeben, ob sie ihr Kind gut betreut, gebildet und erzogen wissen. Mit dem Überreichen dieser Qualitätsempfehlungen machen Kindertagespflegepersonen ihre Arbeit transparenter und damit im positivsten Sinne „angreifbar". Eltern wissen damit zukünftig, was sie erwarten, was sie nachfragen – und am Ende auch abfordern dürfen. Sie werden damit in ganz neuer und qualifizierter Form zu zentralen Gesprächspartnern in der Erziehungspartnerschaft für ihr Kind.

Alle drei Elemente – Selbstverpflichtung, verbindliche Standards mit externer Überprüfung und kundiger Elternblick – sollen dafür sorgen, die Kindertagespflege dauerhaft auf hohem Niveau zu sichern und kontinuierlich weiterzuentwickeln.

Dass der eingeschlagene Weg über Momentaufnahmen pädagogischer Praxis hinausreicht und durchaus zukunftsweisend ist, hat Martina Heitkötter vom Deutschen Jugendinstitut (DJI) deutlich gemacht. Sie benannte 2008 die folgenden Qualitätsbausteine für den pädagogischen Alltag in der Kindertagespflege:

- Haltung: modernes Bild vom Kind, Bildungsverständnis
- Bindung: feinfühlige Beziehungsgestaltung
- Bildung: Förderung der Selbstbildungsprozesse
- Kontinuität in kindlicher Lern- und Entwicklungsumwelt
- Respekt und Verzicht auf Gewalt
- Sicherheit und Gesundheit
- Erziehungspartnerschaft mit den Eltern

Hinweis

Alle vom DJI beschriebenen und für notwendig erachteten Qualitätsbausteine finden sich in den sechs Hamburger Qualitätsempfehlungen wieder. Sie finden die Qualitätsempfehlungen für die Kindertagespflege unter www.paritaet-hamburg.de im öffentlichen Bereich der Internetseiten des Landesverbandes: www.paritaet-hamburg.de/aktuell/T-Kindertagespflege.pdf

Unabhängig von allen handhabbaren Qualitätsentwicklungsinstrumenten wird es nicht ohne eine entsprechende fachliche Begleitung in Form von Fachberatung und die Anbindung an einen größeren Träger(-Verbund) gehen. Tagespflegeverhältnisse, die nicht professionell angebahnt und fachlich nicht ausreichend unterstützt und begleitet werden, die über kein inneres Kontrollsystem verfügen und nicht ausreichend tagespflegespezifisch qualifiziert sind, widersprechen der perspektivischen Gleichrangigkeit mit den Kindertageseinrichtungen.

Tipp

Zum Weiterlesen:
Lill, Gerlinde/Sporleder, Waltraud: Von Abflugrampe bis Zwischenlandung – Ein Qualitätslexikon für Krippenprofis, Neuwied, Luchterhand Verlag, 2000.

Das Qualitätslexikon aus der Praxis der Bildung, Erziehung und Betreuung von Kindern bis drei Jahren liefert Zündstoff für die bundesweite Diskussion. Mit über 99 Stichworten von A bis Z aus dem Alltag in Kinderkrippen, Kitas und Tagespflegestellen.

Es empfiehlt sich, eine einschlägige Fachzeitschrift zu abonnieren. Hier gibt es verschiedene Angebote. Sie sollten die Zeitschrift wählen, die Sie anspricht und Ihnen die gewünschten Informationen und Anregungen zu Ihrem Arbeitsbereich gibt. Unsere Empfehlungen:

Betrifft Kinder, Praxisjournal für Erzieherinnen, Eltern und Grundschullehrerinnen heute, Verlag das Netz

Kleinstkinder in Kita und Tagespflege, Zeitschrift für die Arbeit mit Kindern unter 3, Verlag Herder

ZeT, Zeitschrift für Tagesmütter und -väter, Friedrich Verlag

3 Supervision – ein Instrument zur Professionalisierung in der Kindertagespflege

Von Cornelia Spohn

In Ihrem Beruf als Tagesmutter oder Tagesvater erleben Sie ständig Situationen, in denen Sie kompetent, flexibel und manchmal schnell handeln müssen: Leo und Jan streiten sich – eingreifen oder gewähren lassen? Fatma hat oft keine Jacke dabei – improvisieren oder ein Gespräch mit der Mutter führen? Anna spricht kaum – was könnte der Grund sein? In Kindertagesstätten können die Erzieherinnen sich untereinander verständigen, wie sie mit einer als schwierig empfundenen Situation am besten umgehen. In der Kindertagespflege fehlt dieser Austausch in der Regel.

Tagesmütter und -väter arbeiten in der Mehrzahl allein. Bei Fortbildungen und Fachgesprächen können individuelle Erfahrungen aus dem Betreuungsalltag zwar einfließen, doch liegt der Fokus meist auf einem vorgegebenen Thema und nicht auf der Reflexion von Alltagssituationen. Hier entstehen aber die konkreten Fragen. Tagespflegepersonen geht es oft wie den leiblichen Eltern: Ihre Handlungen werden daran gemessen, ob „alles geklappt" hat und die Kinder zufrieden sind. Wie sie dahin gekommen sind, welche Zweifel sie begleiten – darüber haben sie selten einen qualifizierten Austausch.

3.1 Supervision als persönlicher Reflexionsraum

Supervision als angeleitete Reflexion kann hier Abhilfe schaffen. Ob im Zweiergespräch oder in einer Gruppe von Tagespflegepersonen in regionaler Nähe: Sie hilft, auf die eigenen blinden Flecke zu stoßen, Irritationen in der Kommunikation mit Kindern oder Eltern zu verstehen und sich im Beruf als Tagesmutter oder -vater zu professionalisieren. Zu empfehlen ist das Arbeiten in einer Gruppe von bis zu sechs Tagespflegepersonen, etwa alle vier bis sechs Wochen, jeweils zwei Stunden. Die Teilnehmenden sollten sich für eine bestimmte Zeit (z. B. ein Jahr) auf das gemeinsame Arbeiten verpflichten. Dies schafft eine gegenseitige Verbindlichkeit und ermöglicht das Wachsen von Vertrauen in der Gruppe. Dieses Vertrauen ist eine wichtige Voraussetzung, um auch über schwierige Situationen und persönliche Grenzen offen reden zu können. Zu Beginn der gemeinsamen Arbeit werden Regeln festgelegt: Absolute Verschwiegenheit („Was hier gesprochen wird, bleibt im Raum"), gegenseitiger Respekt im Umgang und die Verbindlichkeit der Termine sind die wichtigsten Absprachen.

Supervision ermöglicht, unterschiedliche Perspektiven einzunehmen und dadurch den eigenen Handlungsspielraum zu erweitern. Im angeleiteten Gespräch können Sie zu einer als schwierig erlebten Situation in Distanz treten und eine andere Einschätzung gewinnen. Supervision schärft Ihre Wahrnehmungsfähigkeit und unterstützt Sie im Verstehen der konkreten Situation. Im Abwägen von Möglichkeiten und Hindernissen können Sie adäquate Handlungsstrategien entwickeln und werden damit sicherer in Ihrem professionellen Verhalten.

Die Themen in der Supervision sind konkrete Situationen aus Ihrem Arbeitsalltag, die Sie für sich klären möchten. Doch auch unabhängig vom Tagesgeschehen können in der Supervision Fragen besprochen werden, die Sie in Ihrer Tätigkeit als Tagespflegeperson beschäftigen.

***Beispiel:* Persönliche Erfahrungen beeinflussen berufliches Handeln**
Maren R. bringt ihren knapp zweijährigen Sohn Tim morgens zur Tagesmutter Katharina B. und bittet darum, ihn mittags nicht mehr schlafen zu lassen: „Er ist abends einfach nicht müde und jedes Mal gibt es dann Streit, wenn ich ihn ins Bett bringen will."

In der Supervision erzählt Frau B., dass Tim ihr mittags „fast umkippt", quengelig wird und auf den Arm will. Sie empört sich: „Kein Wunder, dass Tim abends nicht ins Bett will. Die Mutter hat ja nie Zeit für ihn, sie ist freiberuflich als Beraterin tätig, wohl auch ganz erfolgreich. Wahrscheinlich arbeitet sie auch abends noch, wenn Tim endlich mal seine Mama will." Von der Supervisionsrunde möchte sie Rat, was sie tun soll. „Ich kann das Kind doch nicht zwanghaft wach halten."

In der Supervision werden nun die verschiedenen Möglichkeiten durchgespielt, wie Frau B. mit der Situation umgehen kann. Dazu gehört auch, die Gefühle von Frau B. gegenüber Frau R. in den Blick zu nehmen: Warum ist Frau B. so verärgert? Wie nimmt sie die Mutter von Tim wahr? Wie geht es ihr selbst mit der schwierigen Frage, Beruf und Familie unter einen Hut zu kriegen? Und kann es noch andere Gründe dafür geben, dass Tim abends nicht ins Bett will? Die Gruppe schlägt vor, dass Frau B. mit Frau R. über das Problem sprechen sollte. Gemeinsam überlegen sie: Welche Haltung nimmt Frau B. in diesem Gespräch ein? Wie gestaltet sie die Beziehung zu Tims Mutter? Zu welchem Ergebnis soll das Gespräch führen?
Im weiteren Verlauf erzählt Frau B., dass sie ihren Beruf als Sachbearbeiterin aufgegeben hat, als sie ihr erstes Kind bekam. Sie hat sehr gerne gearbeitet und die Zusammenarbeit mit ihren Kolleginnen geschätzt. Zugunsten ihrer (mittlerweile zwei) Kinder hat sie dann letztlich entschieden, nicht in ihren alten Beruf zurückzukehren, sondern sich zur Tagesmutter ausbilden zu lassen. Sie arbeitet gern mit den Kindern, doch ein bisschen trauert sie ihrem alten Beruf auch nach.

Tims Mutter hat eine andere Entscheidung getroffen – sie bleibt trotz Kind in ihrem Beruf. In der Supervision wird über die Vor- und Nachteile der unterschiedlichen Lebensmodelle gesprochen und Frau B. erkennt schließlich: „Hin und wieder beneide ich Tims Mutter um ihren beruflichen Erfolg, aber eigentlich bin ich ganz froh, dass ich den Stress von Frau R. nicht habe."
Der Ärger von Frau B. hat sich gelegt. Sie will sich von Frau R. mal genauer erzählen lassen, was das abendliche Ins-Bett-Bringen so schwierig gestaltet, und gemeinsam mit ihr überlegen, wie sich das ändern ließe. Frau B. hat durch ihre eigenen Kinder viel Erfahrung mit diesem Thema. Dem Gespräch mit Frau R. sieht sie nun ganz entspannt entgegen.

Wie Sie an diesem Beispiel sehen: Supervision unterstützt Sie dabei, eine berufliche Herausforderung aus unterschiedlichen Perspektiven zu betrachten und in einen angemessenen Kontext zu stellen. Sie hilft Ihnen, sich Ihrer eigenen Gefühle und (Be-)Wertungen bewusst zu werden und stärkt somit Ihre soziale und emotionale Kompetenz. Supervision schärft Ihren Blick für die Ressourcen – sowohl ihre eigenen als auch die anderer – und erweitert damit Ihre Handlungsoptionen.

3.2 Coaching: eine Klärungshilfe bei persönlichen Veränderungen

Während Supervision den fortlaufenden Prozess Ihrer beruflichen Weiterentwicklung fördert, ist Coaching eine Form ergebnis- und lösungsorientierter Beratung, die Ihre persönlichen Wahrnehmungs- und Steuerungsfähigkeiten erweitert. Coaching ist ganz auf Ihre individuellen Bedürfnisse und Fragestellungen ausgerichtet. Mithilfe verschiedener Methoden (sogenannter Tools) unterstützt Sie ein Coach dabei, Ihr berufliches Anliegen aus allen Blickwinkeln zu betrachten und somit zu einer für Sie passenden Entscheidung zu gelangen.

Ein Coaching kann Ihnen z. B. bei der Klärung folgender Fragen helfen: Passt der Beruf einer Tagespflegeperson zu meinen individuellen Stärken, meinem familiären Umfeld und meinen persönlichen Zielen? Wie gestalte ich meine Berufsrolle? Welche Ressourcen stehen mir zur Verfügung, wo liegen für mich die Herausforderungen?

Coaching kann auch dann das passende Beratungsformat sein, wenn Sie eine berufliche Veränderung ins Auge fassen, sich z. B. weiterqualifizieren wollen oder in einem anderen Kontext arbeiten möchten.

Coaching und Supervision überschneiden sich in vielen Punkten. Beide Beratungsformen fördern die Selbstreflexion und Selbstwahrnehmung und damit die Verbesserung Ihrer Möglichkeiten im Erleben und Verhalten.

Zusammenfassung

- *Supervision hilft Ihnen bei der Reflexion Ihres beruflichen Alltags. Sie schärft Ihre Wahrnehmungsfähigkeit und unterstützt Sie im Verstehen der konkreten Situation.*
- *In der Supervision findet keine Bewertung statt und keine Beurteilung. Es gibt kein richtig oder falsch, sondern es gibt Hilfreiches und weniger Hilfreiches, es gibt viele Möglichkeiten, etwas zu tun oder zu lassen.*
- *Supervision findet am besten in einer Gruppe von bis zu sechs Tagespflegepersonen statt, etwa alle vier bis sechs Wochen, jeweils zwei Stunden. Die Grundregeln der Supervision sind Verschwiegenheit, Verbindlichkeit, Offenheit, gegenseitiger Respekt und Wertschätzung.*
- *Coaching ist eine Form ergebnis- und lösungsorientierter Beratung, die Ihre persönlichen Steuerungsfähigkeiten erweitert. Coaching stärkt Ihre Kompetenz, Probleme in ihrem Kontext zu erkennen und eigene adäquate Lösungen zu entwickeln.*
- *Coaching ist eine persönliche Beratung und umfasst in der Regel fünf Sitzungen.*

Kindertagespflegepersonen, die an den Themen Supervision und Coaching interessiert sind, finden weitere Informationen bei den beiden Berufsverbänden Deutsche Gesellschaft für Supervision e. V. (DGSv, www.dgsv.de) und Deutscher Bundesverband Coaching e. V. (DBVC, www.dbvc.de). In den Datenbanken beider Verbände kann man nach Fachleuten in der eigenen Region suchen. Auch die meisten Fachberatungen für Kindertagespflege können bei der Suche nach Coaching-Angeboten und Supervision weiterhelfen.

Tipp

Zum Weiterlesen:
Fischer-Epe, Maren/Epe, Claus: Coaching. Miteinander Ziele erreichen. Reinbek, Rowohlt, 2004.

Fischer-Epe, Maren/Epe, Claus: Selbstcoaching: Hintergrundwissen, Anregungen und Übungen zur persönlichen Entwicklung. Reinbek, Rowohlt, 2007.

Die Bücher von Maren Fischer-Epe und Claus Epe sind klar strukturiert und liefern einen sehr guten Einstieg in das Thema. Fallbeispiele machen deutlich, was Coaching leisten kann und was nicht. Diejenigen, die Coaching für sich selbst nutzen wollen (Selbstcoaching), nimmt das Autorenteam in einem freundlichen und wertschätzenden Dialog mit auf eine „Coaching-Reise".

4 Exkurs: Wegweiser bei Krisen

Von Maria-Theresia Münch

Wie bereits in den vorangegangenen Kapiteln beschrieben, muss eine Tagespflegeperson in der Lage sein, ihre eigene Entwicklung, ihre eigene Erziehung, ihr eigenes Handeln zu reflektieren. Dies bezieht den Umgang mit Konflikten und Krisen mit ein. Tagespflegepersonen müssen mit der Möglichkeit von überraschenden Ereignissen rechnen, seien es Krisen, die sie selbst, ihre Familie, die Tagespflegekinder oder deren Eltern betreffen. Sie brauchen deshalb ein Repertoire an erfahrungsbasierten Kompetenzen, an Fachwissen, aber auch an externen Unterstützungsmöglichkeiten, auf die sie im Krisenfall zurückgreifen können.

„Die Krise des Eies ist die Chance des Kükens", sagt der Volksmund und beschreibt damit eine Erfahrung, die viele Menschen im Laufe ihres Lebens machen. Sie erleben Krisen und stehen vor der Frage, wie sie damit umgehen sollen. Krisenhafte Situationen, Wendepunkte oder Schicksalsschläge kennen wir aus dem privaten ebenso wie aus dem beruflichen Bereich. In pädagogischen Bezügen ist es häufig unvermeidlich, dass sich private Krisen auf das professionelle Handeln auswirken. Ebenso kann eine Krise in der pädagogischen Arbeit die private Situation belasten. Wie in allen komplexen Situationen – und eine Krise ist eine solche – bedingen sich dabei verschiedene Faktoren auf differenzierte Art und Weise und in unterschiedlicher Intensität. Grund genug also, sich diesem Thema zu widmen.

Krise – was ist das?

Im alltäglichen Sprachgebrauch wird das Wort „Krise" meistens benutzt, um die eigene Erregung bezüglich eines Ereignisses auszudrücken oder die Zuspitzung eines Problems zu verdeutlichen. Beispielhaft findet sich das in Formulierungen wie: „Ich krieg 'ne Krise" oder „Krisensitzung", wobei es sich hierbei selten um wirklich ernste bzw. schwere, folgenreiche Krisen handelt.

Aufgabe

Sammeln Sie für sich Assoziationen zu dem Satz:
„Wenn ich das Wort ‚Krise' höre, denke ich an …

Oder:

„Ich kriege die Krise, wenn …"

Das Wort „Krise" war zunächst ein Fachwort aus der Medizin, welches den entscheidenden Höhe- und Wendepunkt einer Krankheit bezeichnete. Erst später erfuhr „Krise" eine Verallgemeinerung auf andere Lebens- und Gesellschaftsbereiche (vgl. Kluge, 2002).

Definition
Krise (griech.) bedeutet „Entscheidung" oder „entscheidende Wendung". Oftmals ist die Krise Ausdruck eines Wendepunktes bisheriger Entwicklungsprozesse, die zum Schlechteren oder Besseren weiterlaufen können. Krisenhafte Situationen drängen zu Entscheidungen, effektivem Handeln und gegebenenfalls zum Einsatz neuartiger Problemlösungen (vgl. Hillmann, 1994).

Eine Krise zeichnet sich dadurch aus, dass sie zeitlich begrenzt ist und in der Regel nicht durch vertraute Strategien bewältigt werden kann. Wer sich in einer Krise befindet, steht an einem Wendepunkt. Dabei geht es immer auch um eine Entscheidung, wie mit dem die Krise auslösenden Moment umzugehen ist. Je nachdem, wie diese Entscheidung ausfällt und über welche Ressourcen die jeweilige Person verfügt, kann eine Krise positiv ausgehen, z. B. durch das Erlernen neuer Strategien oder die Entwicklung eines neuen guten Gefühls für die eigene Identität. Eine Krise kann aber auch zu einer schweren Depression führen.

Eine weiteres, häufig anzutreffendes Merkmal einer Krise sind Schuldgefühle, die Betroffene bezüglich ihres Verschuldens an der Situation empfinden. Schuldgefühle dienen dazu, darauf aufmerksam zu machen, wo in der momentan als krisenhaft erlebten Situation etwas verändert werden sollte. In diesem Sinne können sie Hinweise auf wesentliche eigene Möglichkeiten geben, die bislang ungenutzt blieben. Wie eng Weiterentwicklung und Krisen zusammenhängen, zeigt das von Erik Erikson entwickelte Stufenmodell der psychosozialen Entwicklung. Es unterteilt den Lebensverlauf des Individuums in acht Phasen (vgl. Erikson, 1973):

Das Stufenmodell der psychosozialen Entwicklung nach Erikson (1973):

1. Stadium: Säuglingsalter	***Ur-Vertrauen vs. Ur-Misstrauen***
2. Stadium: Kleinkindalter	***Autonomie vs. Scham und Zweifel***
3. Stadium: Spielalter	***Initiative vs. Schuldgefühl***
4. Stadium: Schulalter	***Werksinn vs. Minderwertigkeitsgefühl***
5. Stadium: Adoleszenz	***Identität und Ablehnung vs. Identitätsdiffusion***

6. *Stadium: frühes Erwachsenenalter* — *Intimität und Solidarität vs. Isolierung*
7. *Stadium: Erwachsenenalter* — *Generativität vs. Selbstabsorption*
8. *Stadium: reifes Erwachsenenalter* — *Integrität vs. Verzweiflung*

In diesem Stufenmodell beschreibt Erikson die Entwicklung der kindlichen bzw. der menschlichen Identität. Nach seiner Auffassung entfaltet sie sich im Spannungsfeld zwischen den Bedürfnissen und Wünschen des Kindes als Individuum und den sich im Laufe der Entwicklung permanent verändernden Anforderungen der sozialen Umwelt, mit denen das Kind bzw. das Individuum im Laufe der Zeit konfrontiert wird. Beide sind nicht in jedem Fall deckungsgleich und somit durchläuft der Mensch innerhalb seiner Entwicklung phasenspezifische Krisen und Konflikte, welche durch die Konfrontation mit den gegensätzlichen Anforderungen und Bedürfnissen ausgelöst werden. Deren Bewältigung bezeichnet Erikson als Entwicklungsaufgabe.

Jede der acht Stufen stellt einen Konflikt dar, mit dem sich das Individuum mehr oder weniger aktiv auseinandersetzt bzw. auseinandersetzen muss. Dabei ist die Stufenfolge laut Erikson unumkehrbar und universal. Die erfolgreiche Bewältigung einer Entwicklungsstufe ist für die Bewältigung der nächsten zwar nicht unbedingt erforderlich, aber hilfreich. Somit bilden die vorangegangenen Phasen und der Umgang mit ihnen das Fundament für die Bewältigung der kommenden Phasen. Angesammelte Erfahrungen werden verwendet, um neue Identitätskrisen zu verarbeiten. Dabei wird ein Konflikt selten vollständig gelöst, sondern bleibt ein Leben lang aktuell. Für die eigene Entwicklung ist es aber notwendig, dass der Konflikt bzw. die Krise auf einer bestimmten Stufe ausreichend bearbeitet wird, um die nächste Stufe überhaupt erfolgreich bewältigen zu können. Krisen bieten somit die Chance, anstehende Entwicklungsschritte nachzuholen, die bis dahin aufgeschoben wurden.

Arten von Krisen

Psychologen unterscheiden zwischen kritischen Lebensereignissen und individuellen Krisen.

Zu den *kritischen Lebensereignissen* gehören die kollektiven Krisen wie beispielsweise Naturkatastrophen, Wirtschaftskrisen und Kriege, die alle bzw. viele Menschen gemeinsam in einer bestimmten Zeitspanne erleben (vgl. Oerter/Montada, 2002). Erikson dagegen bezieht sich in seinem oben beschriebenen Modell auf normative Krisen, die alle Menschen ähnlich durchlaufen, wie zum Beispiel Geburt, Pubertät, Wechseljahre und Tod. Normative Krisen werden auch *Entwicklungsaufgaben* genannt, die eine Mischung aus biologischen Veränderungen (Pubertät, Menopause, Midlife-Crisis), sozialen Anforderungen (Ehe, Elternschaft) und normativen Verpflichtungen (z. B. zu lernen, die Ausscheidungsfunktion zu kontrollieren, der Schulpflicht nachzukommen) darstellen. Diese Krisen gliedern den Lebenslauf des Einzelnen und sind mehr oder weniger voraussehbar (vgl. Erikson, 1973).

Der neuere Begriff der *„individuellen" Krise* wurde unter anderem von der Psychologin und Psychotherapeutin Verena Kast (1989) geprägt. Danach entstehen individuelle Krisen oft durch kritische Lebensereignisse und sind für den Einzelnen oftmals unvorhersehbar. Von dieser Form von Krisen sind demnach nicht alle Menschen, zur gleichen Zeit und in gleichem Maße betroffen. Auslöser für diese Krisen können Probleme und Verluste wie zum Beispiel Geburt eines Geschwisters, Tod eines Nahestehenden, Arbeitslosigkeit, Scheidung oder ein Verbrechen sein.

Phasen einer Krise

Jeder Mensch geht mit Krisen auf die je eigene Art und Weise um. Allerdings gibt es im Verlauf und in der Bewältigung von Krisen verschiedene Phasen, die hinsichtlich ihrer Merkmale durchaus vergleichbar und damit verallgemeinerbar sind.

Johan Cullberg (1978) unterscheidet folgende Phasen, die den Prozess einer Krise kennzeichnen:

- ***Schockphase** (Fernhalten der Wirklichkeit, Verleugnung der Realität)*
- ***Reaktionsphase** (Stellen der schmerzlichen Tatsachen und Anwendung von Abwehrmechanismen wie Verleugnung, Ausbildung einer Sucht oder Krankheit, Verdrängung oder Regression)*
- ***Bearbeitungsphase** (Ablösung von alten Bedürfnissen)*
- ***Neuorientierungsphase** (Ersetzen des Verlustes durch neue Objekte oder Personen)*

Diese Phasen gehen ineinander über und sind wegen ihrer Überlappung oft nicht klar voneinander abzugrenzen. Es kommt auch vor, dass sich Phasen wiederholen, und zwar in dem Sinne, dass die gleiche Phase auf einem höheren Niveau ein zweites Mal durchlebt wird.

Dabei scheint die Art des Überwindens des Höhepunktes einer Krise (der Übergang zwischen der zweiten und dritten Phase) mit Blick auf eine nachhaltig positive Bewältigung auch von späteren Krisen der entscheidende Punkt zu sein, der viel Kraft erfordert. Doch auch nach diesem und dem Durchlaufen der dritten Phase werden in der vierten Phase Anforderungen an den Betroffenen gestellt, die nicht immer leicht zu erfüllen sind. Viele Menschen haben große Probleme damit, die neu gewonnen Erfahrungen und das Gelernte in die Praxis umzusetzen und den Mut aufzubringen, die dazugehörigen Schritte auch zu leben, selbst nachdem die emotionale Balance wieder hergestellt ist.

Ansatzpunkte für den Umgang und die Bewältigung von Krisen in der Kindertagespflege

Tagespflegepersonen können selbst Wegweiser bei Krisen von Eltern sein. Durch ihre Arbeit mit den Kindern können sie frühzeitig erkennen, ob es Krisensituationen in den Familien gibt. Aufgrund ihrer Qualifikation, ihrer Erfahrungen, aber auch ihrer professionellen Distanz zu den betreuten Kindern und ihren Familien ist sie in der Lage, in solchen schwierigen Situationen eine beratende Rolle einzunehmen und gegebenenfalls auch erste Lösungsansätze gemeinsam mit den Eltern zu entwickeln. Allerdings sollte sie hierbei ihre Rolle und Kompetenzen als Tagespflegeperson nicht überschreiten. Sie ist keine Therapeutin, keine Eheberaterin, keine Familienpsychologin. Sie kann und sollte nur aus ihrem Rollenverständnis als Tagespflegeperson heraus agieren.

Die Tagespflegeperson kann den Eltern darüber hinaus im Sinne einer Lotsin kompetente Berater und „Krisenhelferinnen" vermitteln, etwa Fachkräfte aus den Jugendämtern oder Beratungsstellen.

Hinweis: Datenbank anlegen
Hierfür ist es sinnvoll, eine „Informationsdatenbank" anzulegen, die die wesentlichen Kontaktdaten und Themenbereiche enthält. Das kann in der altbekannten Form des Karteikastens geschehen oder aber computerunterstützt, z. B. mithilfe von Word- oder Exceltabellen.

Auf der anderen Seite ist auch die Tagespflegeperson auf Wegweiser in für sie kritischen und zunächst unlösbaren Situationen angewiesen. Tagespflegepersonen arbeiten relativ isoliert und (ausgenommen in der Großtagespflege) nicht wie in Einrichtungen in einem Team. Deshalb ist es umso entscheidender, in einem Kreis von professionellen Kolleginnen für den fachlichen und kollegialen Austausch zu sorgen. Hierfür eignen sich zum Beispiel Netzwerke und Zusammenschlüsse mit anderen Tagespflegepersonen. Des Weiteren haben Tagespflegepersonen einen Anspruch auf Begleitung und Beratung. Um diese zu gewährleisten, stellen die öffentlichen und freien Träger Fachberaterinnen und Fachdienste zur Verfügung. Schließlich gibt es auch im Internet Diskussions- und Austauschforen für Kindertagespflege.

Krisen-Situationen in der Kindertagespflege

Tagespflegepersonen, Kinder und Eltern können im Rahmen der Kindertagespflege mit unterschiedlichen Krisen konfrontiert und belastet werden:

Krisen in der Kindergruppe

Eine außergewöhnliche Situation in der Kindergruppe ist immer dann gegeben, wenn Kinder überraschend die Gruppe verlassen oder hinzukommen und dadurch das Gruppengefüge erschüttert wird. Dasselbe ist der Fall, wenn ein Kind aufgrund eines gravierenden persönlichen Erlebnisses sein Verhalten deutlich ändert und die anderen Kinder verunsichert reagieren. In dieser Situation sind Sie als Tagespflegeperson gefordert, pädagogisch zu handeln und dafür zu sorgen, dass das Gruppengefüge eine neue, angemessene Struktur erhält und jedes Kind seinen sicheren Platz hat.

Krisen in der Familie des Kindes

Die familiäre Situation von Kindern ist nicht selten durch ungewöhnliche Ereignisse belastet: Eltern trennen sich, es werden Geschwisterkinder geboren, Familienmitglieder werden krank oder sterben, Eltern verlieren ihren Arbeitsplatz und auch ein Umzug kann für ein Kind und die gesamte Familie eine erhebliche Verunsicherung bedeuten und sich krisenhaft auswirken. Diese Belastungen bleiben der Tagespflegeperson nicht verborgen – und sollten es auch nicht. Häufig führen gravierende Belastungen zu (im besten Fall vorübergehenden) Verhaltensänderungen bei den Kindern, evtl. aber auch bei den Erwachsenen. Die pädagogische Arbeit und auch die Zusammenarbeit mit den Eltern kann dadurch erheblich erschwert werden. Einfühlsame Gelassenheit ist zunächst sicherlich die hilfreichste Art für Sie und die beteiligten Personen, solchen Situationen zu begegnen.

Krisen in der Tagespflegefamilie

Die oben genannten Belastungen, die die Familie des Kindes treffen können, können sich auch in der Tagespflegefamilie ereignen. Angehörige der Tagespflegeperson können erkranken oder sterben, die Tagespflegeperson selbst kann erkranken, die Paarbeziehung oder auch die Beziehung zu den eigenen Kindern kann belastet sein (insbesondere, wenn die eigenen Kinder in die Pubertät kommen). Die Tagespflegeperson ist dann emotional besonders gefordert, weil sie mit ihrer eigenen Situation beschäftigt ist, gleichzeitig aber auch weiterhin souverän pädagogisch handeln muss. Das „Haupt-Handwerkszeug" einer Tagespflegeperson ist ihre emotionale Energie, ihre Ausgeglichenheit und Gelassenheit. Wenn Sie sich selbst in einer Krise befinden, fällt es schwer, die erforderliche Kraft aufzubringen. Coaching und Supervision oder vertrauensvolle Gespräche mit der Fachberatung können Ihnen hier weiterhelfen.

Zusammenfassung: Die Tagespflegeperson muss Strategien entwickeln, um ihre emotionale Energie erhalten zu können, die unterschiedlichen Krisen und Belastungen gut zu überstehen und souverän, professionell und pädagogisch handlungsfähig zu bleiben. Eine begleitende Beratung ist dabei hilfreich. Die Träger der öffentlichen Jugendhilfe (Jugendamt) sind in der Pflicht, Beratungsangebote vorzuhalten und ggf. Supervision anzubieten.

(Beitrag von Dr. Eveline Gerszonowicz, Bundesverband für Kindertagespflege e. V.)

Vom Umgang mit Krisen kommen wir nun zum Alltag in der Kindertagespflege. Zu Beginn legen wir den Schwerpunkt auf die Kooperation von Tagesmüttern bzw. Tagesvätern mit den Eltern der Kinder. Dass nicht nur Kinder das Einleben in den neuen Alltag einer Kindertagespflegestelle behutsam lernen müssen, sondern ebenso die Eltern, erfahren Sie gleich zu Beginn. Es folgen Erläuterungen und Anregungen zur Gestaltung des täglichen Ablaufs, zu gesundheitlichen Aspekten sowie zu besonderen Lebensthemen.

D Alltag in der Kindertagespflege

1 Tagespflege und Eltern: So entsteht ein gutes Team

2 Aufnahme und Eingewöhnung des Kindes

3 Gespräche mit Eltern führen

4 Alltag in der Kindertagespflege: strukturiert und lebendig

5 Gesundheit: mehr als die Abwesenheit von Krankheit

6 Besondere Lebensthemen

1 Tagespflege und Eltern: So entsteht ein gutes Team

Von Astrid Kerl-Wienecke

Leider gibt es nicht wenige Tagespflegepersonen, die stöhnen: „Wenn nur die Eltern nicht wären ...“ Zugegeben: Eltern, die sich um das Wohl und Wehe ihrer Kinder sorgen, können anstrengend sein. Die Tagespflege muss – und das gilt seit einigen Jahren für viele pädagogische Berufe – damit zurechtkommen, dass die Erziehung und Bildung der Kinder eine Bedeutung erlangt hat, wie wir sie noch nicht erlebt haben. Dafür verantwortlich sind nicht die Eltern, sondern die Entwicklung moderner Gesellschaften zu Wissensgesellschaften, in denen es nicht mehr reicht, „fleißig, ordentlich, pünktlich, höflich und ein anständiger Mensch“ zu sein. Gleichzeitig leiden die pädagogischen Professionen unter einem Ansehensverlust, wie wir sie insbesondere bei Lehrkräften beobachten können. Und noch eines: Nicht wenige an der Entwicklung ihrer Kinder interessierte Eltern kennen sich tatsächlich auch in pädagogischen Sachfragen manchmal besser aus als Lehrerkräfte, Erzieherinnen oder eben Tagespflegepersonen. Das muss man anerkennen.

Doch ungeachtet dieser Entwicklung: Alle Berufe haben mit spezifischen Herausforderungen zu kämpfen, insbesondere solche, die sich in einem Umbruch befinden. Für pädagogische Fachkräfte gilt jedenfalls, dass sie nicht ohne Rückhalt in den Elternhäusern erfolgreich arbeiten können. Sie sind angewiesen auf ein gemeinsames Verständnis darüber, wohin die Reise für das jeweilige Kind gehen soll.

Diese Basis können Sie als Tagespflegeperson jedoch nicht von den Eltern einfordern oder sich selbst verordnen. Und es gibt auch keine Definition über das Ideal der Kooperation. Gute Zusammenarbeit ist zudem nicht messbar. Sie muss von beiden Seiten als gut, vertrauensvoll und hilfreich erlebt werden. Eine partnerschaftliche Zusammenarbeit zum Wohle des Kindes wird in einem längeren gemeinsamen Prozess entwickelt und ist nicht per se mit dem ausgefüllten Betreuungsvertrag hergestellt. Ein erfolgreiches Gelingen der Kooperation hängt aber sicherlich auch von Faktoren wie Berufserfahrung der Tagespflegeperson, Qualifizierungen und den eigenen Kompetenzen ab. Ebenso ist die Tatsache, dass Eltern keineswegs eine homogene Gruppe sind, sondern abhängig von ihrer Sozialisation, ihren kulturellen, ethnischen, finanziellen Hintergründen sowie ihrer Lebensform und ihren Ressourcen agieren, von grundlegender Bedeutung.

Merksatz
Ziel und Ausgangspunkt aller Bemühungen ist das Kind: Wenn das Kind erlebt, dass seine Eltern und die Kultur seiner Familie respektiert und geachtet werden, hilft ihm das, ein positives Bild von sich und der Welt zu entwickeln.

1.1 Vertrauen entwickeln

In der Kindertagespflege sollen die Tagespflegepersonen mit den Eltern zum Wohle des Kindes zusammenarbeiten und die Eltern an Entscheidungen von wesentlichen Angelegenheiten beteiligen. Transparenz und die gegenseitige Information sind notwendig, um die im Kinder- und Jugendhilfegesetz (§ 22a SGB VIII) (vgl. Wiesner, 2006, S. 333) geforderte

Erziehungspartnerschaft mit Leben zu füllen. Bei der Zusammenarbeit mit den Eltern werden verschiedene Begriffe verwendet wie zum Beispiel „Kooperation mit den Eltern", „Erziehungspartnerschaft" oder „Elternarbeit".

Aufgabe

In den Begriffen spiegeln sich bereits die Art und das Anliegen der angestrebten Zusammenarbeit wider. Überlegen Sie für sich, welcher Begriff Ihr Verständnis von Zusammenarbeit mit Eltern am besten ausdrückt, und machen Sie sich die Konsequenzen klar, die dieses Verständnis für ihre Arbeit hat. Notieren Sie, in welchen Situationen Eltern erkennen können, von welchem Verständnis von Zusammenarbeit Sie sich leiten lassen.

Erst eine gute und tragfähige Kooperation zum Wohle der Kinder ermöglicht zielgerichtete Aktivitäten und Absprachen. Sie berücksichtigt auch neue Wege der Zusammenarbeit, die gerade in der von seinem Charakter her eher individuell gestalteten Betreuungsform Kindertagespflege gegangen werden können. Eine funktionierende Zusammenarbeit hat überdies den großen Vorteil, dass auch dann, wenn mal etwas nicht so gut klappt, das Verhältnis von Tagespflegeperson und Eltern nicht gleich grundsätzlich belastet sein muss.

Merksatz
Kooperation untereinander ist die beste Basis für das Kindertagespflegeverhältnis. Dies wünschen sich beide Seiten: Eltern und Kindertagespflegeperson. Sie ist auch erforderlich, denn nur so kann eine hohe pädagogische Qualität erreicht werden.

Zusammenarbeit bedeutet also, durch gemeinsam erlebte Erfahrungen Vertrauen zu entwickeln. Dieser Prozess kann dann als erfolgreich gesehen werden, wenn sich Eltern und Tagespflegeperson als selbstbewusste Kooperationspartner verstehen und sich geschätzt fühlen. Der in den letzten Jahren in den Fachpublikationen viel zitierte Begriff der *Erziehungspartnerschaft* kann hier für beide Seiten der stimmige Begriff sein, der sich aus einer qualifizierten Zusammenarbeit ableitet und der die Vorstellung von Gleichwertigkeit und Gleichberechtigung einschließt. Dabei sollten die emotionalen Assoziationen des Begriffs wie Fairness, Wertschätzung, Vorurteilsfreiheit und Vertrautheit nicht heißen, dass ein moralischer Druck auf die Partner besteht. Kritisch zu hinterfragen bleibt auch, inwieweit der Begriff der Partnerschaft den Spagat der Tagespflegeperson, nämlich einerseits ebenbürtige Partnerin zu sein und andererseits die Erziehungskompetenz von (einigen) Eltern zu fördern, zulässt.

Ob nun „Zusammenarbeit mit Eltern" oder „Erziehungspartnerschaft" – von Ihnen als Tagespflegeperson wird immer eine positive innere Haltung zum Umgang mit den Eltern erwartet. Es ist zunächst Ihre Aufgabe, mit dieser inneren Haltung auf die Eltern zuzugehen. Das kann auch bedeuten, es auszuhalten, dass die Eltern die eigenen Bemühungen und Erwartungen nicht würdigen. Auch Lehrerkräfte und Erzieherinnen werden eher selten für ihr Engagement gelobt. In Deutschland gilt eher die Devise „Nicht kritisiert ist genug gelobt“. Eine gewisse Frustrationstoleranz zu besitzen und gleichzeitig an der Beziehung zu den Eltern kontinuierlich weiterzuarbeiten, gehört also zu den Herausforderungen in der Tagespflege.

Geradezu zentral ist in diesem Zusammenhang Ihre Bereitschaft und Fähigkeit zur Selbstreflexion hinsichtlich Ihrer eigenen Funktion und Rolle. Wenn Sie versuchen, die nachfolgenden Merkmale einer den Eltern zugewandten Haltung zu verinnerlichen, wirkt sich das zwangsläufig positiv aus (vgl. Schmidt, 2008, S. 19):

- den Eltern gegenüber eine positive Grundhaltung besitzen,
- vor den Erziehungsbemühungen der Eltern Respekt haben,
- die Eltern achten,
- die eigene Erziehungsvorstellung transparent machen,
- sich den Eltern gegenüber öffnen,
- zum Wohle des Kindes kooperieren,
- den Eltern das Recht auf Anderssein zuerkennen,
- sich auseinandersetzen statt abzuwerten,
- bereit und fähig zur Selbstreflexion sein.

1.2 Tagespflegeperson und Eltern: Experten für das Kind

Wie immer, wenn zwei Seiten – oder Partner – zusammenarbeiten (wollen), ist es wichtig, die persönlichen und fachlichen Erwartungen und Kompetenzen zu kommunizieren. Mit einem gegenseitigen und regelmäßigen Austausch von Anfang an wird die Zusammenarbeit mit den Eltern zu einem positiven Qualitätsmerkmal in der Betreuung. Gerade Eltern von kleinen Kindern haben ein großes Bedürfnis nach Austausch mit der Tagespflegeperson, da ihr Kind sich schließlich nur eingeschränkt selbst mitteilen und von seinem Tag und seinen Erlebnissen berichten kann. Hinzu kommt, dass heute viele Eltern ein Interesse an Erziehungsthemen besitzen. Dieses leitet sich nicht zuletzt aus einer allgemein zu beobachtenden Verunsicherung von Eltern her. Auch die „Überschwemmung“ von gut gemeinten Expertenmeinungen, Tipps von anderen Müttern, Freundinnen und Verwandten sowie die unüberschaubare Fülle von Erziehungsratgebern verwirren da eher. Was vielen Eltern heute fehlt, ist die Zuversicht, dass ihr Kind alles in sich trägt, um in der Welt gut zurechtzukommen (vgl. Kap. A, 1). Sie als Tagespflegeperson werden deshalb sicher immer wieder auf Eltern treffen, deren Wissen über die Erziehung von Kindern groß ist, die in ihrem Handeln aber verunsichert sind. Die Folge davon sind zum einen Eltern, die dankbar und bereitwillig Ihre Anregungen aufnehmen, zum anderen aber werden Sie Mütter und Väter kennenlernen, die zunächst eher zurückhaltend oder gar misstrauisch auf Vorschläge reagieren. Eltern tragen gern „zum Wohlergehen und zur Entwicklung ihres Kindes bei, wenn ihre Erziehungsvorstellungen nicht abgewertet, sondern einbezogen werden. Eltern kooperieren, wenn sie eine wichtige Aufgabe erfüllen können“ (Prott/Hautumm, 2004, S. 29).

Eine gegenseitige respektvolle Haltung einzunehmen erfordert, dass sich beide Seiten als Sachverständige (Experten) für das Kind sehen – und zwar für ihren jeweiligen Bereich. Die Eltern sind die Experten für ihr Kind, seine bisherige Entwicklung und seinen soziokulturellen Hintergrund. Ihre Eignung als Eltern steht dabei außer Frage. Eltern kennen ihr Kind vom ersten Lebenstag an. Die Tagespflegeperson dagegen ist die Expertin für das pädagogische Fachwissen in der Kindertagespflege. Sie hat außerdem Erfahrung, wie das Kind in den Alltag der kleinen Kindergruppe eingebunden ist. Die Tagespflegeperson braucht die genaue Kenntnis der individuellen Interessen, Fähigkeiten und Fertigkeiten des Kindes als Voraussetzung für die Förderung des Kindes. Eltern wiederum wissen vieles, was sie gerne der Tagespflegeperson mitteilen würden, wenn sie darüber informiert wären, dass genau dieses Wissen für die Tagespflegeperson die Grundlage ihrer pädagogischen Arbeit ausmacht. Kommunikation gehört damit zum Wesen jeder partnerschaftlichen Zusammenarbeit.

Die folgende Tabelle fasst die unterschiedlichen Zuständigkeitsbereiche und Kompetenzen von Eltern und Tagespflegepersonen zusammen.

Eltern als Experten	Tagespflegeperson als Expertin
Die Eltern sind die primären Bindungspersonen für das Kind.	Die Tagespflegeperson ist die Betreuungsperson für das Kind.
Sie kennen das Kind von Anfang an.	Die Erziehung ist der Beruf der Tagespflegeperson.
Sie begleiten ihr Kind ein Leben lang.	Sie hat Fachkompetenz im pädagogischen Handeln.
Eltern haben das Erziehungs- und Sorgerecht.	Sie besitzt Wissen über Entwicklung von Kindern.
Eltern geben das „Zuhause“.	Sie hat Wissen über die Entwicklung Gleichaltriger.
In der Familie herrschen Rituale und Traditionen.	Sie verfügt über Berufserfahrung mit vielen Kindern.
Eltern haben die Sorge um ihr Kind.	Sie besitzt Wissen über gruppendynamische Prozesse in Kindergruppen.
Sie lieben ihr Kind.	Sie unterbreitet pädagogische Angebote.
Sie haben einen gemeinsamen soziokulturellen Hintergrund mit ihrem Kind.	Sie hat Distanz zum Kind.

„Kinder profitieren von der Zusammenarbeit der Erzieherinnen und Eltern, denn dann werden ihnen keine Loyalitätskonflikte aufgenötigt. Erzieherinnen profitieren vom speziellen Wissen der Eltern, das ihre Basiskenntnisse über die Kinder und deren Lebensumstände erweitert. Sie können auf dieser Grundlage fundiert planen und differenziert reagieren. Das heißt, die Qualität der pädagogischen Arbeit steigt, und in der Folge wächst (auch) die gesellschaftliche Anerkennung der Tätigkeit von Erzieherinnen.“
(Prott/Hautumm, 2004, S. 29)

Zurück zum Stichwort Kommunikation: Der Austausch zwischen Ihnen und den Eltern kann bei Kennenlern- und Aufnahmegesprächen, Elternabenden, Tür- und Angelgesprächen bis hin zu Erziehungs- und Entwicklungsgesprächen stattfinden. Folgende vier Elemente sind Bestandteile einer fruchtbaren Zusammenarbeit:

1. **Austausch und gegenseitige Information über das Kind**
   Die Eltern werden durch den regelmäßigen Austausch sowie durch Absprachen zur Förderung des Kindes in ihrer Erziehungskompetenz gestützt. Gleichzeitig lernt die Tagespflegeperson die Perspektive der Eltern auf ihr Kind und die familiären Hintergründe kennen. Diese tragen zum besseren Verständnis von Interessen, Verhaltensweisen und Bedürfnissen des einzelnen Kindes bei.

2. **Fachlicher Austausch über Bildungs- und Erziehungsfragen**
   Ergänzend und parallel zum individuellen Austausch mit den Eltern des Kindes gilt es, Formen der Zusammenarbeit zu finden, um zu einer gemeinsam verantworteten Weiterentwicklung der pädagogischen Arbeit zu gelangen. Das bedeutet, dass gemeinsame Ziele, Inhalte und Verfahren zur bestmöglichen Förderung des Kindes abgestimmt werden, z. B. für den Bereich der Sprachförderung.

3. **Information über familienunterstützende Angebote**
   Die Tagespflegeperson stellt Informationen über Familienbildungsstätten, Beratungsstellen, Freizeitangebote etc. zur Verfügung. Eine weitergehende Unterstützung durch die Tagespflegeperson kann ggf. mitgedacht werden, indem sie zusätzlich bestimmte Aufgaben übernimmt, z. B. krankengymnastische Übungen mit dem Kind.

4. **Mitwirkung der Eltern durch Mitgestaltung**
   Die Eltern können bei besonderen Aktivitäten oder Projekten, z. B. Vorleseprojekten oder Ausflügen mitarbeiten. So nehmen sie am Geschehen in der Tagespflegestelle teil; gleichzeitig macht die Tagespflegeperson ihre Arbeit transparent.

Tagesmutter Sandra Valo aus Leipzig schreibt zum Thema Kooperation mit Eltern:

„Elternarbeit bei mir heißt: Schon vor Beginn fängt eine ordentliche Zusammenarbeit an (Ziele und Formen werden vorab geklärt) [. . .] Erst kürzlich zeigte sich, dass auch ein Treffen aller Eltern bei mir, zum Zwecke des allgemeinen Erfahrungsaustausches und zur Ankündigung besonderer, bevorstehender Ereignisse sehr gewinnbringend ist. Wir haben daher gemeinsam beschlossen, diese Runde in gemütlicher Atmosphäre, ebenfalls in regelmäßigen Abständen fortzusetzen. Meine Arbeit soll für die Eltern stets transparent sein, ich entwerfe daher jeden Monat, den Interessen und Bedürfnissen der Kinder entsprechend, einen Themenplan, welcher übrigens großen Zuspruch bei ‚meinen' Eltern findet."
(Sandra Valo, abgerufen unter: www.beziehungssache.de, 2011)

Für die Leserinnen und Leser dieses Lehrbuches hat Sandra Valo einen kurzen Text über einen ihrer Elternabende geschrieben.

Der Elternabend als wichtiger Punkt in der Zusammenarbeit mit den Eltern der Tagespflegekinder

„Neben einer gut verlaufenen Eingewöhnungsphase und regelmäßigen Elterneinzelgesprächen zu den Belangen des Tagespflegekindes gehören Elternabende zu den vertrauensbildenden und beziehungsfördernden Ereignissen in der Tagespflege. Nach meiner Erfahrung bietet ein Treffen am Abend ohne die Kinder eine gute Möglichkeit, in Ruhe verschiedene aktuelle Geschehnisse im Tagesablauf der Tagespflegegruppe zu besprechen. Eltern können Erfahrungen austauschen und sich besser kennenlernen. Auch ich profitiere von diesen Abenden, weil ich unter anderem eine Rückmeldung über meine Arbeit mit den Kindern erhalte. Ich möchte nun als Beispiel einen meiner Elternabende kurz beschreiben:

Ungefähr vier Wochen vor dem Treffen erhielten die Eltern von mir eine Einladung (das ist sicher langfristig, aber manchmal notwendig, um eine Betreuung für das Kind organisieren zu können). Ich empfing ‚meine' Eltern wie immer mit Tee und Gebäck und nannte bei gemütlicher Stimmung die Themenpunkte, um die es zunächst von meiner Seite gehen sollte. Gleich im Anschluss fragte ich, was vonseiten der Eltern gern einmal besprochen werden sollte. Dies notierte ich und baute es an entsprechender Stelle in den Verlauf des Abends ein. Der Abend verlief dann wie folgt:

1. Ich stellte die Situation in der Kindergruppe dar (die Beziehungen der einzelnen Kinder zueinander, das Spielverhalten, Veränderungen, die mir in der vergangenen Zeit aufgefallen waren). Dieser Punkt interessiert Eltern meist besonders, denn natürlich liegt ihnen sehr viel daran, dass sich ihr Kind innerhalb der Gruppe richtig wohl fühlt. An diesem Abend hat mich besonders gefreut zu sehen, wie sehr sich die Eltern über den liebevollen Umgang der Kinder untereinander freuten, und so wurde deutlich, dass auch außerhalb der Tagespflegegruppe gemeinsam Dinge unternommen werden.

2. Es wurde über den Entwicklungsstand der Kinder gesprochen (Was gelingt gut? Wo bedarf es noch mehr Hilfe? Was sollte mein Kind können? Wie können wir an bestimmten Stellen zusammenarbeiten, um das Kind in seiner Selbstständigkeit besser zu unterstützen?). Die Eltern müssen übrigens vor dem Elternabend gefragt werden, ob es ihnen recht ist, innerhalb der Gruppe über den Entwicklungsstand ihres Kindes zu sprechen.

3. Ich bat um ein Feedback zum musikalischen Konzept, nach dem ich mit den Kindern arbeite. Jeden Monat erhalten die Eltern Informationen (Noten und besungene CDs für diejenigen, die kein Instrument spielen) über die aktuellen Lieder, Tänze, Bewegungsspiele und Klanggeschichten, um diese auch zu Hause mit ihrem Kind musizieren zu können. Alle Eltern bestätigten mir, dass das gemeinsame Musizieren mit zwei weiteren Tagespflegegruppen den Kindern großen Spaß bereitet.

4. Ich erzählte etwas über unser aktuelles Projekt „Mal mir einen Apfelbaum", bei dem es um das Thema Farben geht. (Farben werden nun von allen Kindern sicher benannt und richtig zugeordnet, verschiedene Zufallstechniken wurden ausprobiert und auch mit Pinsel und kleinen Farbpaletten gearbeitet, wir haben auch schon ‚gezaubert', in dem wir aus Blau und Gelb Grün und aus Rot und Weiß Rosa machten. Auch fragte ich die Eltern, ob ein vermehrtes Interesse am Malen und an Farben auch zu Hause oder beim Spazierengehen beobachtet wird.)

5. Als letzten Punkt gab es einen kleinen Ausblick auf die Vorhaben der nächsten Zeit. Wir besprachen, wie wir uns unseren gemeinsamen Nachmittag im Park vorstellen. (Wann und wo treffen wir uns, was bringt wer zu essen mit?) Außerdem stellte ich unser nächstes Projekt „Kling, Klang, Klong" vor. (Beim Musizieren wollen wir ganz viel mit Klängen und Geräuschen experimentieren, außerdem Instrumente selbst basteln und zum Einsatz bringen.) Das Ergebnis unseres Projektes soll dann zur Freude aller Mamas und Papas ‚aufgeführt' werden. Zum Abschluss wurde noch ein Termin für den gemeinsamen Laternenumzug festgelegt.

Wir waren uns einig, dass der Abend gut verlaufen und angenehm war, an vielen Stellen amüsant, denn so manche Anekdote unserer Kinder ließ uns wieder einmal schmunzeln und auch staunen."
(Sandra Valo, 2011)

Grundsätzlich sollten Sie versuchen, freundlich, entspannt und respektvoll auf Ihre jeweiligen Eltern einzugehen und ein passendes Angebot für Gespräche zu unterbreiten. Beachten Sie, dass je nach Kultur, Temperament oder auch Status nicht jede Form der Zusammenarbeit für alle Eltern gleichermaßen geeignet ist. So gibt es kommunikative Eltern, die gerne im geselligen Kreis die anderen Eltern kennenlernen, anderen ist dies eher lästig. Ihnen liegt vielleicht ein sachlicher Austausch mit Ihnen über bestimmte Anliegen am Herzen. Manche Eltern schätzen regelmäßige Elternabende, für andere – gerade für Mütter und Väter mit mehreren Kindern – ist ein solcher Termin genau einer zu viel. Andere wiederum fühlen sich in diesem etwas formelleren Rahmen unwohl.

Beruflich stark eingespannte Eltern sind froh, wenn in der Tagespflege alles rund läuft und ihr Kind gerne zur Tagesmutter geht. Andere haben mehr Zeit und begleiten die Tagesmutter gerne auf Ausflügen oder unterstützen sie bei anderen Aktivitäten. Wie auch immer: Kommunikation ist unverzichtbar – und sie bietet nicht zuletzt den Raum, die Freude am Kind zu teilen. Dass das Verhältnis zwischen Eltern und Tagesmutter jedoch – gerade, wenn alles gut läuft – belastet sein kann, darum geht es im folgenden Kapitel.

1.3 Mutter und Tagesmutter: zwei Mütter und ein Kind

Auch wenn das Bild des aktiven Vaters, der sich partnerschaftlich um das Kind kümmert, scheinbar eine Selbstverständlichkeit geworden ist, wurden laut einiger aktueller Meinungsbefragungen die traditionellen Tätigkeitsschwerpunkte und althergebrachten Vorstellungen von Mann und Frau betont (vgl. Ahnert, 2010, S. 70 ff.). Deshalb und weil die Präsenz und die Besonderheit der Mutter als primäre Bindungsperson durchaus der Regel entspricht, wird hier von der Person Mutter gesprochen.

Eine emotionale, vertrauensvolle und feinfühlige Bindung zwischen Kind und Mutter ist die Voraussetzung dafür, dass sich das Kind wohl fühlt, sich gesund entwickelt und sich bildet. Diese Bindung ist das Privileg und gleichzeitig die Verantwortung der Mutter. Aus der Sicht des Kindes sind damit seine ureigensten Bedürfnisse erfüllt. Für das Kind gibt es keine Veranlassung, diesen wohligen Zustand zu beenden und nicht mit der Mutter im heimischen Umfeld zusammen zu sein. Seine frühe außerfamiliale Betreuung ist gleichbedeutend mit Trennung – und Trennung ist schmerzlich. Wenn wir uns in die Lage des

Kindes versetzen und seine Bedürfnisse ernst nehmen, wird deutlich, welcher Stellenwert der Tagesmutter zukommt. Sie ist erstens dafür da, den Trennungsschmerz des Kindes zu mildern, und sie wird im Idealfall zweitens zu einer weiteren Bindungsperson, die das kindliche Bindungsbedürfnis befriedigt.

Mutter und Tagesmutter: Damit verbunden sind die differenzierten Lebensentwürfe zweier Frauen im Hinblick auf ihre jeweiligen Berufe. Auf der einen Seite steht die Entscheidung der Mutter, ihre Chancen im Berufsleben zu nutzen und das Kind in der Kindertagespflege betreuen zu lassen. Auf der anderen Seite befindet sich die Entscheidung der Tagesmutter, Kinder als Tageskinder aufzunehmen und – zumeist – ihren „Ursprungsberuf" aufzugeben. Beides sind Entscheidungen, die losgelöst von widersprüchlichen gesellschaftlichen Anforderungen, von emotional aufgeladenen und polarisierenden Debatten (sichtbar in der „Rabenmutter-Diskussion") individuell getroffen wurden. Jeder Lebensentwurf kann Erfüllung und Verzicht in unterschiedlichen Lebensbereichen bedeuten. Die eine Entscheidung ist so gut wie die andere – solange jede Frau hinter ihrer Entscheidung steht.

Diese Entscheidung kann dann schwierig zu treffen sein, wenn zu den „bewussten Erlaubnisgründen" (dazu gehören wirtschaftliche Notwendigkeit, hohes Ausbildungsniveau der Mutter) „unbewusste Verbotsgründe" kommen. Solche „unbewussten Verbotsgründe" speisen sich aus einem inneren Mutterbild, das auf exklusiver Verbundenheit und totaler Verfügbarkeit der Mutter basiert („eine gute Mutter verzichtet auf ihren Beruf und bleibt von morgens bis abends beim Kind"). Dieses innerliche Mutterbild kann im Übrigen – ob bewusst oder unbewusst – genauso auf die Tagesmutter zutreffen. Entweder, weil nach deren Überzeugung eine gute Mutter auf ihre Berufstätigkeit verzichten sollte, oder auch, weil sie selbst zwar als Tagesmutter berufstätig ist, aber „nur", um damit bei den eigenen kleinen Kindern bleiben zu können und etwas „hinzuverdienen" zu können. Sie sehen schon: Die Diskussion darüber, was eine gute Mutter ist, berührt die Tagespflege durchaus in ihrem Selbstverständnis. Zumindest in Deutschland, denn unsere skandinavischen Nachbarinnen kennen dieses Thema so nicht.

> **Beispiel:** *Vibe, 32, aus Aalborg in Dänemark wundert sich: „Ich war nach der Geburt meiner Tochter etwas länger zuhause als üblich, weil unser Umzug nach Aalborg bevorstand. In Dänemark kann man ein Jahr Elternzeit nehmen, ich war zwei Monate länger zuhause. Da musste ich erklären, warum ich nicht wieder arbeite, und wurde eher komisch angeguckt. So ist das bei uns. Wir finden es nicht so gut, wenn Kinder den ganzen Tag nur mit der Mutter zuhause sind. Kinder brauchen doch andere Kinder."*

Aufgabe

Nehmen Sie sich einen Moment Zeit, um innezuhalten und sich Ihr eigenes Verständnis einer „guten Mutter" anzusehen. Arbeiten Sie mit der sogenannten „Kopfstandmethode" und fragen Sie sich: Was ist für mich eine schlechte Mutter? Listen Sie alles auf, was Ihnen einfällt. Erst danach beantworten Sie in Ableitung der Ergebnisse (Gegenüberstellung) die Frage nach der „guten Mutter".

Zum Beispiel: Eine schlechte Mutter schlägt ihr Kind. Ableitung: Eine gute Mutter schlägt ihr Kind nicht.

Zur Erklärung: Die Kopfstandmethode hat den Vorteil, dass man nicht anfängt, in etwas schwülstigen Wunschformulierungen zu schwelgen, sondern direkt konkrete Vorstellungen formuliert. Das fällt vielen Menschen leichter, als positive Merkmale zu beschreiben. In unserem Fall kann dieses Vorgehen dazu beitragen, dass man die häufig sehr umfangreichen Beschreibungen einer guten Mutterschaft reduziert auf einige Kernpunkte. Und dann spielt zum Beispiel die Tatsache, dass eine Mutter erwerbstätig ist, häufig keine Rolle mehr.

Kinder brauchen andere Kinder – das sehen auch in Deutschland immer mehr Eltern so. Dies ändert jedoch nichts daran, dass es den meisten Müttern schwerfällt, ihr Kind in andere Hände zu geben. Diese mütterliche Trennungsangst, auf die im Folgenden eingegangen wird, kann stärker oder schwächer ausgeprägt sein.

Mütterliche Trennungsangst

Das Betreuungsarrangement Kindertagespflege schützt die Mutter keineswegs vor der Entwicklung von mütterlicher Trennungsangst, vor emotionaler Überforderung, vor Neid und Eifersucht gegenüber der Tagesmutter. Dem Wunsch der Mutter, die Tagesmutter möge ihr Kind liebenswert finden, ihm zugeneigt sein, es mütterlich behandeln, ihm Sicherheit bieten und auch körperliche Nähe zeigen, steht eine ängstliche Frage gegenüber: Wird die Tagesmutter eine so intensive Bindung zu meinem Kind eingehen, wie sie doch eigentlich nur mir, der Mutter, zusteht? Nicht selten brechen Eltern Betreuungsarrangements wieder ab, weil sie es nicht aushalten, dass ihr eigenes Kind mit der Tagespflegeperson genauso kuschelt und schmust wie mit ihnen zuhause. Gerade die Anziehungskraft der Kindertagespflege, die Familienähnlichkeit und die Kontinuität der Betreuungsperson, kann den elterlichen Befürchtungen Nahrung geben.

Die Mutter wünscht sich einerseits, „von der Tagesmutter ersetzt zu werden. Sie befürchtet aber zugleich, der Tagesmutter könne dies wirklich gelingen. Die Mutter hält für sich an der exklusiven dyadischen Mutter-Kind-Einheit fest und kann daher dem Kind nicht die Freiheit zugestehen, wirklichen ‚Ersatz' für sie zu finden, das heißt, eine ebenfalls hoch relevante Bindung zur Mutter aufzunehmen. [H]ier entsteht eine Zwickmühle: Die Mutter soll durch die Tagesmutter ‚ersetzt' werden, um Schuldgefühle zurückzudrängen, zugleich darf sie nicht ersetzt werden, weil sie dann befürchtet, aus der ‚neuen Einheit' ausgestoßen zu werden."
(Utermann, 2009, S. 174)

Es stellt sich also die Frage, was Tagespflegepersonen einerseits tun können, um auf die mütterlichen Trennungsängste und Befürchtungen einzugehen, und wie sie andererseits den Trennungsprozess für das Kind am günstigsten gestalten und unterstützen können. In diesem Spannungsverhältnis geht es um Verständnis und Mitgefühl für die Mutter. Befürchtungen und Gefühle der Mutter sollten selbstverständlich kommuniziert werden können, ohne dass Tagespflegepersonen diese bewerten oder gar Schuldzuweisungen wie „das Kind nicht loslassen können" auszusprechen oder „Gluckenhaftigkeit" zu unterstellen. Die Einfühlungsbereitschaft in das Kind bedingt nun einmal, dass die Tagesmutter als „zweite" Mutter diese Rolle einnimmt und ausfüllt. Sie muss von der Mutter akzeptiert werden, damit das Betreuungsverhältnis gelingen kann. Diese Rolle wird in der Tiefenpsychologie als *Verwandlungsobjekt* bezeichnet.

Ein Verwandlungsobjekt ist die Tagesmutter, „die dem Baby und Kleinkind ermöglicht, innere Zustände der [. . .] Verzweiflung und Wut, der hilflosen Angst, Anspannung und Verlorenheit in Zustände der Zufriedenheit und Fülle, der Entspanntheit und Kontaktfreude zu verwandeln [. . .]. Die Tagesmutter übernimmt also damit das, „was eine [. . .] Mutter für ihr Kind tut, das in den ersten Lebensmonaten und -jahren diesen Beziehungsprozess der wechselseitigen Zustands-Regulierung verinnerlicht, bis es selber in der Lage ist, seine Affekte und Bedürfnisspannungen zu regulieren" (Scheerer, 2009, S. 38).

Durch dieses Wechselspiel wird das Kind in seinem Ur-Vertrauen gestützt. Dieses Ur-Vertrauen braucht das Kind, um Krisen – wie die Trennung von der Mutter – zu meistern und eine starke Persönlichkeit zu entwickeln. Damit die Tagesmutter zum Verwandlungsobjekt werden kann, braucht es Zeit sowie „Mütter", die sich auf diesen Prozess einlassen. Dieses Einlassen oder Gelingen wird durch die *triadische Beziehungsfähigkeit* aller Beteiligten genährt.

> Damit ist gemeint, „dass der Übergang zum Dritten, hier zur Tagesmutter, gelingt, wenn die Dritte in positiver Beziehung zur primären Person, also der Mutter, steht. Wird akzeptiert, dass der Säugling oder das Kleinkind neben der Beziehung zur Mutter weitere, emotional hoch bedeutsame Beziehungen aufnehmen kann und jede Bindung ihre eigene Spezifität, Tragfähigkeit, Kontinuität und emotionale Qualität hat, kann der Entwicklungsanreiz weiterer positiver und sicherer zur Verfügung stehender Bezugspersonen zum Tragen kommen. Die Mutter geht nicht verloren, wenn es eine andere Person gibt, die mit bemuttert."
> *(Utermann, 2009, S. 175)*

So kann das Kind die Trennung von der Mutter durch die neue Bindung Tagesmutter–Kind überbrücken. Die Tagesmutter wird zu einer wichtigen Bindungsperson im Leben des Kindes, ohne dabei die besondere Bindungsqualität der Mutter zu übernehmen. Damit dies gelingt, kommt es darauf an, dem Anfang des Betreuungsverhältnisses größte Aufmerksamkeit zu widmen. Wie dies gelingt, lesen Sie auf den folgenden Seiten.

Zusammenfassung

Ein guter, vertrauensvoller Kontakt zwischen Kindertagespflegeperson und Eltern ist unerlässlich, damit sich das Kind in der Tagespflege sicher und geborgen fühlen kann. Sie als Tagesmutter oder Tagesvater können dazu beitragen, in dem Sie

- *verständlich kommunizieren, welches professionelle Verständnis Sie von Ihrer Tätigkeit haben,*
- *deutlich machen, dass Sie die Eltern als Expertin für ihr Kind schätzen,*
- *den Eltern mit einer freundlichen, zugewandten Haltung begegnen,*
- *kontinuierlich an der Beziehung zu den Eltern arbeiten,*
- *regelmäßige Angebote zu Kommunikation machen und dabei die Anliegen und Bedürfnisse der Eltern im Blick behalten,*
- *den Tagesablauf transparent machen,*
- *Mitgefühl für Trennungsängste der Eltern zeigen und äußern,*
- *immer wieder ihre eigene Rolle als Tagesmutter und Tagesvater reflektieren,*
- *akzeptieren, dass Eltern sich für unterschiedliche Lebensentwürfe entscheiden, die ihre jeweils eigenen Vorteile haben,*
- *Eltern Mut machen, dass ihr Kind sich gut entwickeln wird.*

2 Aufnahme und Eingewöhnung des Kindes

Die individuelle Eingewöhnung eines Kindes in die Tagespflegestelle ist die selbstverständliche Voraussetzung für einen guten Übergang von der Familie zur Tagespflegefamilie und stellt einen Qualitätsstandard der pädagogischen und bindungstheoretisch fundierten Konzeption und Arbeit dar. Die Gestaltung der Eingewöhnungsphase wird mittlerweile unumstritten als entscheidend für die weitere Karriere des Kindes in außerfamiliärer Betreuung eingeordnet (vgl. Becker-Stoll u. a., 2009, S. 47). Jede Aufnahme und anschließende Eingewöhnung eines Kindes betrifft jedoch nicht nur das Kind selbst, sondern auch seine Eltern, die Tagespflegeperson und die anderen Kinder in der Tagespflegestelle. Vor jeder Eingewöhnung eines neuen Kindes steht nach den Kennenlerngesprächen der gemeinsame Entschluss von Eltern und Tagespflegeperson, dass das Kind in der Tagespflegestelle aufgenommen werden kann. Bereits zu diesem Zeitpunkt – nämlich im Rahmen des Aufnahmegespräches – sollte die familiäre Gesamtsituation analysiert werden, um genauere Planungen für den Eingewöhnungsprozess besprechen zu können.

Bei dieser Analyse geht es darum, alle Beteiligten und ihre Situation in den Blick zu nehmen. Führen Sie die Analyse anhand folgender Fragen durch:

Analyse der Situation des Kindes

- Wie alt ist das Kind?
- Ist es ein Junge oder ein Mädchen?
- Wie sind der Entwicklungsstand und die bisherige Entwicklung des Kindes?
- Gibt es gesundheitliche Aspekte oder bestimmte Empfindlichkeiten, auf die geachtet werden muss?
- Hat das Kind bestimmte Vorlieben?
- Welche Schlafgewohnheiten und Essensgewohnheiten hat das Kind?
- Hat das Kind schon Erfahrungen in Kindergruppen gemacht (z. B. im Miniclub)?
- Wie ist das Temperament des Kindes?

Analyse der Situation der Eltern

- Wie ist die Familiensituation (z. B. alleinerziehende Mutter)?
- Wie sieht die Lebensplanung der Eltern aus (steht z. B. eine berufliche Veränderung an oder bekommt die Mutter demnächst ein weiteres Kind)?
- Würden die Eltern eine Fremdbetreuung lieber vermeiden; was bedeutet für sie die Abgabe des Kindes?
- Mit welcher Motivation haben die Eltern für das Kind die Betreuungsform Kindertagespflege ausgewählt?
- Wie ist die Beziehung zu dem Kind (z. B. entspannt oder ängstlich)?
- Wie sehen die Werte und Normen der Eltern bezüglich der Erziehung des Kindes aus?
- Welche Betreuungsdauer und Betreuungszeit benötigen die Eltern?

Analyse der Situation der Tagespflegeperson

- Wurden schon öfters Kinder eingewöhnt?
- Wie sehen die Vorstellungen/Erwartungen zur Kooperation mit den Eltern aus?
- Welche Schwerpunkte werden in der Tagespflegestelle gelegt?
- Gibt es bereits eine persönliche Zuneigung zum Kind?
- Sind die Eltern sympathisch?
- Wie wird die Bedeutung der Abgabe des Kindes für die Eltern eingeschätzt (z. B. Überforderung mit der Fremdbetreuung)?

Analyse der Situation der Kindergruppe

- Wie ist die Zusammensetzung der Kindergruppe (z. B. Alter, Geschlecht, Spielpartner und Beziehungen untereinander)?

- Gibt es Konflikte in der Gruppe?
- Hat ein Kind einen besonderen Betreuungsbedarf?
- Wie wird die Auswirkung der Aufnahme des neuen Kindes in die Gruppe eingeschätzt?

Während die Tagespflegeperson die Eingewöhnung eines neuen Kindes je nach Berufserfahrung mit einer gewissen Gelassenheit und Routine vorbereitet und begleitet, kann die Eingewöhnung für die Eltern eine emotionale Belastung und Anspannung sein oder – wie beschrieben – sogar Schuldgefühle hervorrufen. Für das Kind ist das Ziel einer behutsamen Eingewöhnung, dass es die zunächst fremde Umgebung der Tagespflegestelle kennenlernt, zu der Tagesmutter Vertrauen fasst und sie als verlässliche und verfügbare Bezugsperson wahrnimmt. Das Kind muss Familie und Tagespflegefamilie mental miteinander vereinbaren und von beiden profitieren. Eine am Grundbedürfnis nach Bindung orientierte Eingewöhnungspraxis ist eine wichtige Voraussetzung für die gesunde psychische Entwicklung des Kindes. Sie ist zudem auch die Grundlage für altersangemessenes Explorationsverhalten und damit für Lern- und Bildungsprozesse in der Tagesbetreuung (vgl. Hédervári-Heller/Maywald, 2009, S. 44).

Die Eingewöhnung sollte elternbegleitet und abschiedsbetont gestaltet sein. Nach diesen Vorgaben ist das sogenannte „Berliner Modell" konzipiert, das 1990 erstmals veröffentlicht wurde. Dieses bundesweit erprobte Modell ist das bekannteste und wohl auch am weitesten verbreitete Konzept zur Eingewöhnung. Es wurde am Berliner Institut für angewandte Sozialforschung (INFANS) entwickelt und basiert auf der Bindungstheorie (siehe Kap. B, 2) .

Die Eingewöhnung nach dem „Berliner Modell"

Die Grundphase

Die Grundphase der Eingewöhnung eines Kindes in die neue Tagespflegefamilie dauert nach dem Berliner Modell drei Tage. Während dieser Tage sollte die Bindungsperson – im weiteren „Mutter" genannt – den Raum, in dem das Kind betreut wird, nicht ohne das Kind verlassen. Für das Kind ist es wichtig, in der Zeit der ersten Kontaktaufnahme stets sicher sein zu können, bei der Mutter Zuflucht und Unterstützung zu finden und die schwierige Situation nicht allein meistern zu müssen. In diesen ersten drei Tagen verschafft sich das Kind eine gewisse Vertrautheit mit der neuen Umgebung, der bislang noch fremden Tagesmutter und den anderen Kindern in der Tagespflegestelle.

Von großer Bedeutung ist es deshalb, dass von Anfang an eine freundliche Atmosphäre in der Tagespflegestelle und unter allen Beteiligten herrscht. Dazu gehört, dass die Tagespflegeperson jedes Mal Mutter und Kind ausdrücklich begrüßt und willkommen heißt. Damit wird es einerseits dem Kind erleichtert, eine bestimmte Erwartungshaltung bei der Ankunft in der Tagespflegestelle zu entwickeln. Andererseits wird es auch der Mutter leichter gemacht, die Betreuung ihres Kindes in der Tagespflegestelle positiv zu bewerten (vgl. Laewen u. a., 2003, S. 73 ff.).

Die Mutter setzt sich während ihres Aufenthaltes in der Tagespflegestelle in eine stille Ecke des Raumes und verhält sich grundsätzlich passiv. Dabei reagiert sie auf das Kind positiv, insbesondere auf seine Annäherung, Blickkontakte, Anlächeln oder Ähnliches. Die Mutter ergreift jedoch von sich aus keine Initiativen, um mit dem Kind in Kontakt zu treten. Sie verhält sich eher wie eine Beobachterin.

Die aktive Erkundung der neuen Umgebung durch das Kind ist die Grundlage des Eingewöhnungsprozesses. Eigene Aktivitäten der Mutter in Richtung Kind behindern diesen Prozess. Die Mutter sollte ihr Kind in der Eingewöhnungszeit niemals dazu drängen, dass es sich von ihr entfernen und beispielsweise etwas spielen soll. Vor allem dann, wenn das Kind aktiv Körperkontakt sucht, sollte die Mutter es nicht zurückweisen oder den Versuch machen, den Körperkontakt von sich aus zu beenden. Die Rolle der Mutter als sichere Basis verlangt es, die körperliche Annäherung des Kindes zu akzeptieren und es völlig dem Kind zu überlassen, wie lange der Körperkontakt dauert. Wenn sich das Kind sicher fühlt, wird es sich der neuen Umgebung aktiv von selbst wieder zuwenden (vgl. Laewen u. a., 2003, S. 73 ff).

Der erste Tag in der Tagespflegestelle

Am ersten Tag bekommt das Kind Gelegenheit, sich mit der neuen Umgebung vertraut zu machen. Dabei ist es wichtig, dass es seine Spiel- und Erkundungsaktivitäten selbst bestimmt und kein bestimmtes Verhalten von ihm verlangt wird.

Die Tagesmutter reagiert auf die Kontaktversuche (Anlächeln, Blickkontakt), die das Kind früher oder später zeigen wird. Diese Kontaktangebote dürfen auf keinen Fall übersehen werden, damit das Kind nicht zum Rückzug veranlasst wird. Der Aufbau einer Bindungsbeziehung hängt immer mit dem Aufbau eines „persönlichen" Verständigungssystems zusammen, welches individuell vom Kind durch Signale eingeleitet wird.

Der erste Tag dient ebenso dazu, dass die Tagesmutter die ganz persönliche Art der Interaktion zwischen Mutter und Kind beobachtet und kennenlernt. Dieses Kennenlernen und die damit verbundene Akzeptanz der Mutter als Expertin für ihr Kind fördern den Aufbau einer Vertrauensbeziehung zwischen Tagesmutter, Mutter und Kind. Schon am ersten Tag können bereits Anhaltspunkte für die Entscheidung darüber gewonnen werden, ob die Eingewöhnungszeit kürzer oder länger dauern wird.

Exkurs: Das Übergangsobjekt

Bereits vom ersten Tag an ist es für das Kind hilfreich, ein Kuscheltier, einen Schnuller oder ein ähnliches stark mit Gefühlen belegtes Objekt mit in die Tagespflegestelle zu nehmen. Dieses sogenannte „Übergangsobjekt" hilft dem Kind, die Abwesenheit der Mutter zu akzeptieren. Kinder brauchen diese Dinge, um sich einerseits besser von der Mutter zu trennen und andererseits Beziehungen zu ihrer Umwelt aufzubauen. Bei der Wahl des Übergangobjektes zeigen Kinder

mitunter eine große Originalität. Übergangsobjekte zuzulassen, und zwar so lange, „wie das Kind sie braucht, ist hoffentlich schon überall selbstverständlich. Wenn die [. . .] Tagespflegeperson dann noch das Kuscheltier beim Namen nennen kann, für Schmusetuch, Flasche oder Schnuller das gewohnte Wort sagt und ihr vielleicht sogar schon Vorlieben und Abneigungen des Kindes bekannt sind und sie diese respektiert, verschwinden Fremdheitsgefühle beim Kind noch schneller" (Kindergarten heute Spezial, 2006, S. 36). In Konfliktsituationen hilft das Übergangsobjekt zudem, sich zu beruhigen oder geborgen zu fühlen.

Wenn Sie versuchen möchten, von sich aus in Kontakt zum Kind zu treten, lohnt es sich, kleine Angebote zu machen, beispielsweise ein Buch anzuschauen oder etwas zu spielen. Beobachten Sie das Kind und finden Sie heraus, woran es interessiert ist und welche Vorlieben es hat. Das gemeinsame Spiel im Beisein der Mutter lässt das Kind leichter Zutrauen fassen.

***Beispiel:* Der Zauberhut**

Als Mika, 18 Monate, mit seiner Mutter die erste Stunde bei Tagesmutter Ute verbringt, blickt er immer wieder zur offenen Tür. Auch bei seinem zweiten Besuch einen Tag später geht er bereitwillig mit ins Spielzimmer, setzt sich auf den Schoß der Mutter und blickt von dort wieder häufig zur Tür. Tagesmutter Ute vermutet zunächst, dass er darauf wartet, dass die „Besuchsstunde" vorbei sei. Aber dann hat sie eine andere Idee: Sie bittet die Mutter, mit ihr den Platz zu tauschen, und schaut nun wie Mika zur geöffneten Tür hinaus. Von dort sieht sie die Garderobe, behängt mit Jacken und Mänteln, einen Schirmständer, eine Hutablage. Auf der Hutablage liegt – vom Schützenfest im Dorf noch liegen geblieben – der Zylinderhut ihres Mannes mit einer roten Plastiknelke daran. Tagesmutter Ute überlegt und bittet dann die Mutter, mit Mika auf dem Arm zur Garderobe zu gehen. Dort angekommen reckt Mika den Arm und zeigt auf den Zylinderhut. Die Tagesmutter holt ihn herunter und hält ihn Mika hin: „Ssauberer", sagt er und tippt mit dem Finger auf den schwarz glänzenden Hut. Im Spielzimmer legt die Tagesmutter den Hut auf den Teppich. Mika hockt sich vor den Hut, die Tagesmutter setzt sich zu ihm auf den Boden und hilft Mika, den Zylinderhut aufzusetzen. Die anderen Kinder kommen neugierig hinzu, nacheinander darf jedes Kind einmal „Zauberer" spielen und ein Kuscheltier aus dem Hut zaubern. Damit ist auch das „Zauberband" zwischen Mika und Tagesmutter Ute geknüpft.

Der zweite Tag in der Tagespflegestelle

Der zweite Tag ähnelt im Wesentlichen dem ersten Tag. Nach der freundlichen Begrüßung durch die Tagesmutter nähert sie sich im Laufe des Tages behutsam dem Kind, indem sie beispielsweise mit dem Kind spielt. Die Mutter füttert und wickelt das Kind in der Tagespflegestelle. Dadurch macht das Kind die Erfahrung, dass die von zu Hause vertrauten Aktivitäten auch in der Tagespflegestelle durchgeführt werden.

Die Tagesmutter begleitet die Pflegesituationen, indem sie dabei mit der Mutter spricht oder ihr die Windel bzw. Pflegetücher reicht. Damit unterstützt sie die Mutter, ohne allerdings das Wickeln selbst zu übernehmen.

Der dritte Tag in der Tagespflegestelle

Dieser Tag verläuft nahezu identisch mit dem ersten und zweiten Tag. Die Wiederholungen in Inhalt und Abfolge der Situationen (z. B. Spielen, Füttern, Wickeln) zielen darauf ab, dass für das Kind eine gewisse Stabilität und Vorhersehbarkeit erreicht wird. Die ersten drei Tage werden von beiden Seiten auch dafür genutzt, sich auf die Trennungsphase vorzubereiten. Dazu wird das Kind aufmerksam, aber beiläufig beobachtet.

Checkliste

Einige Verhaltensregeln für die Tagesmutter in der Eingewöhnung

- ☑ Niemals Mutter und Kind im Vorbeigehen begrüßen, sondern sich die Zeit für ein kurzes „Hallo" und ein paar freundliche Begrüßungsfragen nehmen.
- ☑ Kein (starkes) Parfüm auflegen.
- ☑ Keinen Frisurenwechsel in den ersten Wochen.
- ☑ Kein Wechsel markanter Merkmale (z. B. Kontaktlinsen statt Brille).
- ☑ Immer auf die Kontaktversuche des Kindes (wie z. B. Blickkontakt, Spielzeug bringen, auf etwas zeigen) eingehen.
- ☑ Zeit nehmen, um auf die Fragen der Mutter einzugehen.
- ☑ Das Kind zu nichts zwingen und es nicht bedrängen.
- ☑ Keinen Körperkontakt mit dem Kind erzwingen.
- ☑ In Pflegesituationen zurückhaltend sein.
- ☑ Sich auf Augenhöhe mit dem Kind bewegen und zusammen mit dem Kind auf dem Boden sitzen.

(vgl. Viernickel/Völkel, 2009, S. 79 f.)

Der vierte Tag: die Trennungsphase

Am vierten Tag verlässt die Mutter nun erstmals den Raum für eine kurze Zeit. Aus der Reaktion des Kindes ergeben sich Anhaltspunkte dafür, ob das Kind eine kürzere oder längere Eingewöhnung benötigt. Auch die Beobachtungen des Kindes und seines Verhaltens während der ersten Tage in der Tagespflegestelle werden dabei berücksichtigt. Die Entscheidung über die Länge der Eingewöhnungszeit treffen Eltern und Tagespflegeperson gemeinsam.

Bei der ersten kurzen Trennung am vierten Tag gibt es zwei mögliche Reaktionen des Kindes:

- Entweder protestiert das Kind bereits beim Gehen der Mutter oder kurze Zeit später. Typische Verhaltensweisen sind: Das Kind folgt der Mutter zur Tür, ruft, weint, klammert. Das Kind hört auf zu spielen, verharrt vielleicht in starrer Körperhaltung. Es lässt sich von der Tagesmutter weder ansprechen noch trösten. In solch einer Situation kehrt die Mutter nach ein paar Minuten zurück, nachdem die Tagespflegeperson versucht hat, das Kind zu beruhigen.
- Oder „das Kind reagiert nicht auf das Gehen der Mutter, es spielt weiter, bleibt scheinbar ungerührt und lässt sich von der Tagesmutter auch gut ansprechen und gegebenenfalls trösten. Die Mutter kann bis zu 30 Minuten fortbleiben und dann erst in den Raum zurückkehren" (Viernickel/Völkel, 2009, S. 84).

Grundsätzlich gelingt die Trennung am besten dann, wenn das Kind entspannt ist. Am Verhalten des Kindes wird in den folgenden Tagen immer wieder überprüft, ob die Entscheidung, dass die Mutter den Raum für eine Trennung verlässt, die richtige ist. In der Trennungssituation ist die Tagespflegeperson mit all ihrer Aufmerksamkeit beim Kind. Wichtig ist es, im Hinterkopf zu behalten, dass am vierten Tag lediglich eine vorläufige Entscheidung über die Dauer der Eingewöhnung getroffen wird. Nur das Verhalten des Kindes kann Aufschluss darüber geben, ob die Entscheidung geändert werden muss.

Checkliste

Wie verhalten sich Kinder, die eine kürzere Eingewöhnungszeit brauchen?

☑ Sie wirken gerade in den ersten Tagen sehr selbstständig.

☑ Sie vermeiden eher den Blickkontakt zu der begleitenden Bindungsperson.

☑ Sie zeigen kaum/keinen Widerstand gegen den Körperkontakt mit der Tagespflegeperson.

- ☑ Sie fügen sich leicht in die neue Umgebung ein.
- ☑ Sie sind deutlich interessiert und freudig angeregt durch die neue Umgebung und das Spielzeug.
- ☑ In Problemsituationen versuchen sie, selbst damit fertig zu werden.
- ☑ Manchmal zeigen sie Widerstand gegenüber Körperkontakt.
- ☑ Die erste Trennung nehmen sie ohne Irritation hin.
- ☑ Bei der Rückkehr der Bindungsperson scheinen sie gleichgültig und desinteressiert, ignorieren sie häufig.
- ☑ Wenn sie sich der Bindungsperson nähern, dann häufig ohne Blickkontakt oder sie brechen die Annäherung plötzlich ab.
- ☑ Sie greifen häufiger zu Gegenständen als zur begleitenden Bindungsperson, um sich scheinbar daran festzuhalten.

Checkliste

Wie verhalten sich Kinder, die eine längere Eingewöhnungszeitbrauchen?

- ☑ Sie sind häufig guter Stimmung.
- ☑ Sie sind zurückhaltend der Tagespflegeperson gegenüber.
- ☑ Sie sind deutlich auf ihre Bindungsperson orientiert.
- ☑ Sie suchen und halten den Blickkontakt zur Bindungsperson.
- ☑ Bei Irritation wenden sie sich sofort an die Bindungsperson.
- ☑ Sie beruhigen sich sehr schnell in der Nähe oder im Körperkontakt mit der Bindungsperson.
- ☑ Bei Erkundung des Raumes vergewissern sie sich häufig, ob ihre Bindungsperson noch da ist (durch Blickkontakt oder Nähe suchen).

- ☑ Sie reagieren deutlich auf die erste Trennung (mit Weinen, Nachfolgen, Rufen).
- ☑ Sie sind deutlich erleichtert, wenn die Bindungsperson wiederkommt.
- ☑ Sie begrüßen die Bindungsperson immer, wenn sie den Raum betritt.

(vgl. Viernickel/Völkel, 2009, S. 84 f.)

Die Stabilisierungsphase

Wenn das Verhalten des Kindes während der ersten vier Tage vermuten lässt, dass es eine kurze Eingewöhnungszeit braucht, macht das Kind von nun an Erfahrungen mit der täglichen zeitweisen Trennung von der Mutter. Sie wird aus dem Raum gehen, wenn das Kind spielt und sich nicht gerade auf die Mutter hin orientiert.

Merksatz
Ganz besonders wichtig ist es, dass sich die Mutter, wenn sie den Raum verlässt, vom Kind verabschiedet, indem sie ein Zeichen gibt oder kurz ein Wort an es richtet und sich nicht „davonschleicht". Deren plötzliches und unerklärliches Fehlen löst nämlich beim Kind Überforderung und massive Ängste aus. Die Mutter kann bei der ersten Trennung ihre Tasche, Jacke oder Ähnliches im Raum lassen, um so dem Kind zu zeigen, dass sie bald zurückkommt. Es empfiehlt sich, dass (von der Trennung am vierten Tag an) die Mutter zusammen mit der Tagesmutter ein kurzes Abschiedsritual einführt, was in Zukunft immer so eingehalten werden sollte.

Die nächsten beiden Tage ähneln sich. Erst nach und nach werden dabei immer mehr Erweiterungen eingeführt. Die Tagesmutter übernimmt sukzessive die gesamte Pflege des Kindes, sie füttert und sie wickelt. Die Mutter bleibt dabei im Blickkontakt des Kindes. Jetzt ist auch die Zeit gekommen, in der die Mutter für einen längeren Zeitraum – ca. eine Stunde – den Raum verlässt. Sie sollte aber in dieser Zeit nicht die Tagespflegestelle verlassen, um das Kind trösten zu können, wenn dies der Tagesmutter noch nicht gelingt.

Ist die spätere tatsächliche Betreuungszeit so umfangreich, dass das Kind in der Tagespflegestelle auch schläft, legt die Mutter das Kind nun auch schlafen. Diese Tätigkeit übernimmt – vielleicht schon am nächsten Tag – ebenfalls die Tagesmutter. Im Vorfeld hat sich die Tagesmutter mit der Mutter darüber ausgetauscht und beobachtet, wie das ganz spezifische „Schlafritual" zwischen Mutter und Kind aussieht, um es später selbst genauso zu machen. Während der Schlafenszeit bleibt die Mutter in der Tagespflegestelle. Wenn das Kind aufwacht, nimmt zuerst die Mutter im Beisein der Tagesmutter das Kind aus dem Bett auf, später übernimmt dies auch die Tagesmutter. Lässt sich das Kind am Ende der ersten Woche von der Tagesmutter wickeln und füttern, ohne sich beunruhigt zu zeigen bzw. lässt es sich von der Tagesmutter beruhigen und spielt danach wieder, kann davon ausgegangen werden, dass das Kind die weitere Eingewöhnungszeit ohne die Mutter verbringen kann. Von nun an wird es für das Kind Normalität, dass die Mutter jeden Tag für einige Zeit die Tagespflegestelle verlässt.

Auch bei der Tagesmutter fühlt sich das Kind wohl

Sollte es sich in den ersten Tagen in der Tagespflegestelle gezeigt haben, dass das Kind eine längere Eingewöhnungszeit braucht, wird während der nächsten Tage versucht, die Beziehung zwischen Kind und Tagesmutter so weit auszubauen, dass das Kind ungefähr am achten Tag zulässt, dass die Tagesmutter im Beisein der Mutter das Wickeln und Füttern übernimmt. Zu dieser Zeit können auch weitere Trennungsversuche probiert werden, indem die Mutter den Raum für kurze Zeit verlässt. Die Tagesmutter setzt ihre Kontakt- und Spielangebote an das Kind fort, jedoch ohne es zu drängen. Sollte das Kind auf die kurzen Trennungen von der Mutter mit Verstörung reagieren und sich auch von der Tagesmutter nicht trösten lassen, braucht das Kind noch eine größere Sicherheit in der neuen Umgebung, bevor ein neuer Trennungsversuch unternommen wird. Erst wenn das Kind sich von der Tagesmutter wickeln, füttern und trösten lässt, kann damit begonnen werden, dass sie das Kind auch schlafen legt.

> ***Merksatz***
> ***Die Abwesenheit der Mutter sollte Schritt für Schritt verlängert werden, ohne Zwang auf das Kind auszuüben. Es gilt, dass sich der Verlauf der Eingewöhnung am Verhalten des Kindes ausrichtet. Auch die kleinen Schritte führen zum Erfolg (vgl. Laewen u. a., 2003, S. 86 ff.).***

Die Schlussphase

Diese Phase steht für den Abschluss der Eingewöhnung und ist von ein bis zwei Wochen Dauer. Jetzt ist das Kind bereits für mehrere Stunden täglich bei der Tagesmutter. Für Sie als Tagespflegeperson ist diese Zeit nicht ganz einfach und häufig anstrengend. Die Beziehung Kind–Tagesmutter hat noch keinen sehr stabilen Rahmen bekommen. Sie müssen erst noch „beweisen", dass Sie das Vertrauen des Kindes auch wirklich verdienen. Aber gleichzeitig muss der Tagespflege-Alltag weiterlaufen. Die anderen Kinder haben ihre Wünsche und Bedürfnisse, müssen ebenfalls gewickelt, gefüttert und getröstet werden oder möchten mit Ihnen gemeinsam spielen. Das Gefühl und der eigene Anspruch, die Eingewöhnungszeit gut zu bewältigen, können viel Energie kosten. Versuchen Sie, im privaten Bereich einen Ausgleich zu finden, denn in der Eingewöhnungszeit gilt: Das Kind und seine Bedürfnisse stehen im Vordergrund.

Merksatz

Auch die Eltern sollten sich auf eine längere Eingewöhnungszeit einstellen. Idealerweise haben Vater oder Mutter ihren Urlaub entsprechend gelegt bzw. den Wiedereinstieg in den Beruf so geplant, dass Zeit und Ruhe auch für eine längere Eingewöhnungsphase bleibt. Diese Zeit lohnt sich, denn nichts ist stressiger für alle Beteiligten, als wenn die Eltern zur Arbeit eilen und ihr Kind unglücklich zurücklassen müssen. Nicht selten weinen dann Eltern und Kinder.

Da die neue Beziehung Kind–Tagespflegeperson in der Schlussphase noch nicht sehr gefestigt ist, sollten Sie mit der Mutter für die nächsten zwei Wochen vereinbaren, dass das Kind im Notfall schnell von der Mutter abgeholt werden kann. Wann aber können Sie ein Kind als „gut eingewöhnt" bezeichnen? Dieser spannenden Frage wird nun nachgegangen.

Wann ist das Kind gut eingewöhnt?

Das Wesen des Kindes spielt bei der Eingewöhnung eine nicht zu unterschätzende Rolle. So wird es vom Temperament her eher schüchternen Kindern schwererer fallen, sich mit Spaß und Freude auf die neue Umgebung einzulassen. Insbesondere für diese Kinder sind *Rituale* eine große Unterstützung. Eine unveränderte Umgebung und immer gleiche Abläufe sorgen nicht nur bei ihnen für Orientierung und Sicherheit. Die wohl wichtigste Frage der Mutter, aber auch der Tagesmutter während der Eingewöhnungsphase ist, ab wann das Kind gut eingewöhnt ist. Eine pauschale Antwort lässt sich darauf nicht geben, da die Kinder unterschiedlich sind und somit auch unterschiedliche individuelle Eingewöhnungen brauchen. Weder die Eltern noch die Tagesmutter bestimmen, wann die Eingewöhnungsphase beendet ist, sondern das Kind. Es wird durch sein Verhalten deutlich zeigen, wann es die Tagesmutter als „sichere Basis" akzeptiert. Trotzdem kann es natürlich vorkommen, dass das Kind bei der Verabschiedung am Morgen von der Mutter in der Tagespflegestelle weint. Wenn es sich in solchen Momenten und Stresssituationen an die Tagesmutter wendet und es ihr gelingt, das Kind zu trösten, ist eine tragfähige Bindungsbeziehung aufgebaut. Bei der Eingewöhnung ist zudem zu bedenken, dass

> „... unregelmäßige Aufenthalte oder eine zu geringe Aufenthaltsdauer (unter drei halben Tagen) nicht nur die Eingewöhnungszeit [verlängern], sondern es dem Kind außerordentlich schwer [machen], sowohl ein Zugehörigkeitsgefühl zur (Klein)Gruppe wie eine tragfähige Beziehung [zur Tagesmutter] aufzubauen. [...] Ferien oder Krankheit des Säuglings/Kleinkinds können ebenfalls sehr verunsichern und eine individuelle Wiedereingewöhnung erforderlich machen."
> *(GAIMH, 2009, S. 22, leicht verändert)*

Es gibt eine Reihe von Anhaltspunkten, die bei der Einschätzung der Eingewöhnung hilfreich sind:

Checkliste

Wenn ein Kind gut eingewöhnt ist,

- ☑ kommt es gern in die Tagespflegestelle,
- ☑ freut es sich und lacht oft,
- ☑ lässt es sich von der Tagesmutter nachhaltig trösten,
- ☑ weint es selten,
- ☑ zeigt es keine stereotypen Bewegungsabläufe,
- ☑ fordert es Aufmerksamkeit,
- ☑ weiß es um Abläufe in der Kleingruppe und im Tagesablauf,
- ☑ fügt es sich in die Kleingruppe ein,
- ☑ testet es Regeln aus,
- ☑ hat es eigene Spielideen,
- ☑ stellt es Kontakt zu anderen Kindern durch Imitation oder Sprache her,
- ☑ Ist es gerne mit anderen Kindern zusammen.

(vgl. Viernickel/Völkel, 2009, S. 92)

Merksatz
Wenn zu Beginn des Kindergartenjahres zwei oder mehrere Kinder die Tagespflegestelle verlassen, ist es ratsam, nicht in möglichst kurzer Zeit eine neue Kindergruppe zu bilden bzw. nicht alle offenen Plätze schnell wieder zu füllen. Aus Sicht der Bindungstheorie dauert es zwischen ein bis drei Monate, bis das Kind eine stabile und tragfähige Bindungsbeziehung aufgebaut hat, auch wenn das Fundament dafür bereits nach zwei bis drei Wochen gelegt ist. Deshalb ist ein größerer Abstand zwischen den einzugewöhnenden Kindern von ca. einem Monat optimal.

Kann die Eingewöhnung abgebrochen werden?

Das Aufnahmegespräch verlief vielversprechend und beide Seiten starteten positiv in die Eingewöhnungsphase. Nichtsdestotrotz kann sich bei den Beteiligten das Gefühl einstellen, dass sie nicht zueinanderpassen. Wichtig ist es dann, sich zu vergegenwärtigen, dass die Eingewöhnung eine Probezeit für alle Beteiligten ist. In dieser Zeit sollen sich die Eltern ein Bild darüber verschaffen, wie der Alltag in der Tagespflegestelle gestaltet ist. Sie bekommen einen Eindruck davon, wie es dem Kind in der noch fremden Umgebung später gehen könnte. Manchmal treten in dieser Zeit aber auch Meinungsverschiedenheiten auf, die sich längerfristig auswirken könnten. Dann sollte man handeln, denn ein Kind kann nicht gut mit dem Gefühl leben, dass es irgendwo abgegeben wird, wo sich die Eltern nicht wohl fühlen. Die Kinder werden den Widerspruch spüren. Jetzt ist es besser, die Eingewöhnung abzubrechen und nach einer anderen Tagesmutter für die Betreuung des Kindes zu suchen, um ihm einen für alle Beteiligten positiven Übergang aus der Familie in die Tagespflegestelle zu ermöglichen.

In der folgenden Grafik werden zum Abschluss dieses Kapitels die einzelnen Stufen der Eingewöhnung noch einmal zusammengefasst.

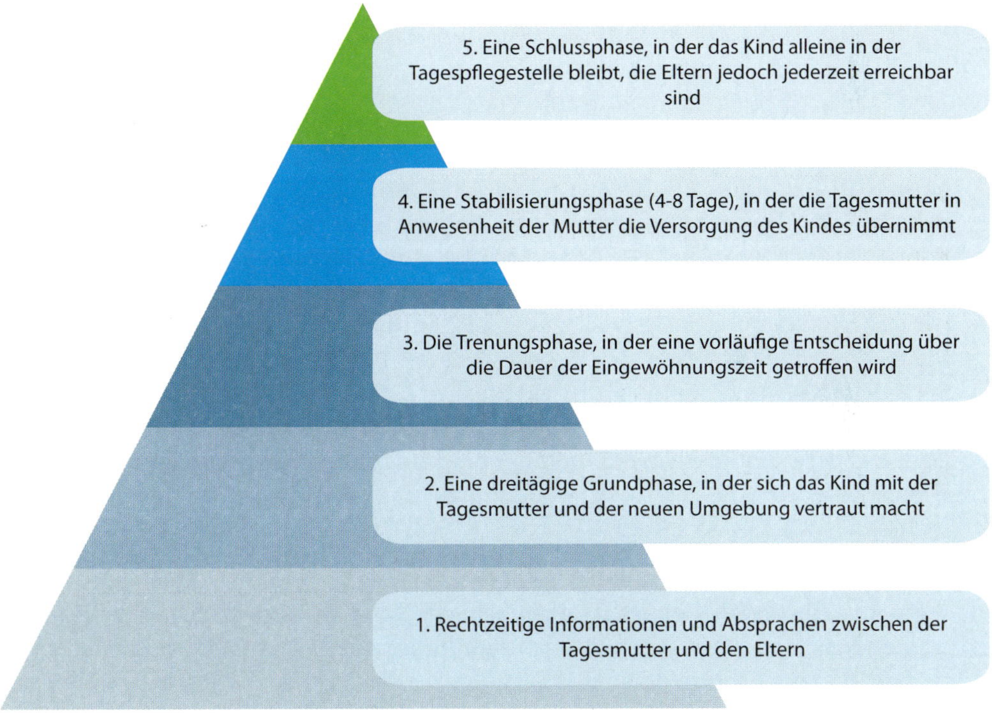

Eingewöhnung: die fünf Stufen des Vorgehens

3 Gespräche mit Eltern führen

Während der Zeit der elternbegleitenden Eingewöhnung ist es (noch) selbstverständlich, dass die Tagespflegeperson und die Mutter im Gespräch sind, sich über das Kind austauschen und ihre Beobachtungen schildern sowie Fragen klären. Spätestens nachdem das Kind eingewöhnt ist und die tägliche Betreuung bei der Tagesmutter zu seinem Alltag gehört, muss der regelmäßige Austausch und die Abstimmung beider Seiten als Element der Zusammenarbeit und als Qualitätsmerkmal gestaltet werden. Dafür gilt es, Gelegenheiten zu schaffen.

Gespräche mit den Eltern zu führen ist eine Aufgabe in der Kindertagespflege, die von den Tagespflegepersonen entweder gern und selbstverständlich übernommen wird, oder aber sie wird als unangenehm empfunden, da sie mit Befürchtungen, Ängsten oder Blockaden verbunden ist. Im Rahmen ihrer Rolle und ihres professionellen Selbstverständnisses sollte die Tagespflegeperson jedoch den Austausch und die Interaktion mit den Eltern auf jeden Fall suchen. Dabei ist es wichtig, Eltern gegenüber eine offene und positive Haltung einzunehmen. Diese Haltung ist entscheidend für die Zusammenarbeit und somit auch für die Gespräche mit den Eltern.

Folgende Hinweise erleichtern und unterstützen das Gesprächsverhalten:

- **Die Vorbereitung auf das Gespräch mit den Eltern:** Bei der Vorbereitung des Elterngesprächs sollten Sie drei Ebenen berücksichtigen: die Ebene der Personen, des Inhalts und des Rahmens. Überlegen Sie im Hinblick auf die beteiligten *Personen*, wie der Kontakt bisher war, in welcher Atmosphäre er stattfand und ob es etwas Besonderes gab. Berücksichtigen Sie dann bei der Vorbereitung des *Inhalts* folgende Fragen: Hat mit den Eltern schon ein Gespräch zum gleichen Thema stattgefunden? Welche Informationen sollen erfragt werden? Welches Ziel soll mit dem Gespräch erreicht werden? Bei der Vorbereitung des Inhalts ist es hilfreich, wenn Sie auf Beobachtungen, schriftliche Notizen etc. zurückgreifen können. Die Festlegung des zeitlichen Rahmens, evtl. auch des Ortes und der Sitzordnung gehören zur Vorbereitung des *Rahmens* für das Gespräch.

- **Der Einstieg in das Gespräch mit den Eltern:** Bereiten Sie den Einstieg in das Gespräch vor, indem sie mit „leichten" Themen zu Beginn („Small Talk") eine entspannte Atmosphäre schaffen. Danach wird der zeitliche Rahmen vereinbart und die Themen werden benannt. Es hat sich bewährt, wenn Tagesmutter und Eltern kurz ihre Erwartungen an das Gespräch abgleichen. Fragen Sie dazu: Welche Wünsche und Vorstellungen verbinden Sie mit unserem Gespräch?

- **Die Durchführung des Gesprächs mit den Eltern:** Es gibt eine Fülle von Literatur zu den Themen Gesprächsführung und Gesprächstechniken. Seminare zum Thema sind inzwischen auch in die meisten Fortbildungsprogramme für Tagespflegepersonen aufgenommen, da die Grundqualifizierung diesem Bereich nur unzureichend gerecht wird. Unabhängig von Methode und Technik der Gesprächsführung gibt es einige wesentliche Punkte, die eingehalten werden sollten:

- Am Anfang des Gesprächs ist zu klären, wer die Gesprächsführung übernimmt. Aus ihrem beruflichen Selbstverständnis heraus übernimmt in dem Elterngespräch die Tagespflegeperson diese Funktion.
- Die Tagespflegeperson (Gesprächsführung) hält den Faden in der Hand, der das Gespräch zum Gesprächsziel führt. Ein solcher Gesprächsfaden kann nützlich sein, damit nicht zu viele Randthemen das Gespräch beherrschen bzw. damit das Thema nicht aus den Augen verloren wird. Hilfreich dafür sind bestimmte Frageformen wie „Können Sie das bitte näher erklären?", „Angenommen, Sie wären in meiner Situation: Wie würden Sie darüber denken?" oder „Was spricht dagegen, dass in der nächsten Zeit ...?"
- Unabhängig davon, ob der Gesprächsverlauf harmonisch oder eher kontrovers abläuft, ist die Grundhaltung zum Gegenüber (Eltern) durch persönliche Wertschätzung geprägt und findet auf gleicher Augenhöhe und erwachsenengerechter Ebene statt. Weder Tagespflegeperson noch Eltern sollten den Anspruch haben, die „bessere" Sichtweise zu haben. Ein guter Kontakt erfordert, sich auf das Gespräch zu konzentrieren und den anderen sensibel wahrzunehmen. Grundsätzlich ist es förderlicher, gemeinsame Lösungen zu suchen statt Unterschiede zu betonen.
- Bei Konfliktgesprächen gilt: Wenn das Gespräch an einen Punkt kommt, wo es nicht mehr weitergeht, sich beide Seiten im Kreis drehen oder keinen Konsens finden, sollten Sie das Gespräch im gegenseitigen Einverständnis abbrechen. Jetzt aufzuhören und einen neuen Termin zu vereinbaren hilft allen Beteiligten, sich zu sortieren und das Gesprächsziel neu zu überdenken. Dadurch kann man sich auch gut in Ruhe auf ein neues Gespräch vorbereiten.

- **Der Abschluss des Gesprächs mit den Eltern:** Der Gesprächsabschluss ist wie der Beginn des Gespräches von hoher Bedeutung. Das Zusammenfassen der wesentlichen Punkte und Ergebnisse, die Formulierung der getroffenen Vereinbarungen sowie das Festlegen des nächsten Gesprächstermins sind wichtig, damit das Gespräch nachhaltig wirkt und nicht im Sand verläuft. Fragen Sie aber auch, ob die Eltern mit dem Gesprächsverlauf zufrieden waren, ob deren Erwartungen erfüllt wurden und ob Sie etwas Neues oder Überraschendes erfahren haben. Eine positive und freundliche Verabschiedung ist wichtig, damit Sie als Tagespflegeperson in kompetenter und freundlicher Erinnerung bleiben.
- **Die Nachbereitung des Gesprächs:** Mit der Nachbereitung des Gesprächs wird gleichzeitig das nächste Gespräch mit den Eltern vorbereitet. Verfassen Sie ein kurzes Gedächtnisprotokoll und notieren Sie dabei, welche wichtigen Punkte besprochen wurden, ob es prägnante Aussagen oder noch offene Fragen gab und wie die Gesprächsdynamik verlief. Diese kleinen Protokolle bzw. Aufzeichnungen müssen keinen besonderen Standard erfüllen. Sie sind aber ein gutes Hilfsmittel für die Qualitätssicherung und -entwicklung Ihrer Tagespflegestelle.

Von regelmäßigen Gesprächen mit den Eltern, ob nun Einzelgespräche, Tür-und-Angel-Gespräche oder Elternabende, profitieren Tagespflegeperson, Eltern und Kind gleichermaßen. Dies umso mehr, wenn sich die Erwachsenen aufeinander einlassen, kompromissbereit sind sowie Humor und Toleranz beweisen. Sie als Tagespflegeperson haben es jedoch stärker als die Eltern in der Hand, die Gespräche zu gestalten und zu lenken.

Aufgabe

Eine kleine Reflexion:

1. *Wie wirke ich auf andere Menschen, wenn ich spreche, argumentiere, diskutiere? Wen kann ich nach meiner Wirkung fragen?*
2. *Welche Situationen oder Gesprächspartner bereiten mir regelmäßig Schwierigkeiten?*
3. *Woran liegt das vermutlich?*
4. *Wovon hängt meiner Meinung nach eine sichere und kompetente Gesprächsführung ab und was kann ich dafür tun?*

3.1 Die Balance zwischen Nähe und Distanz

Nähe und Distanz spielen in jeder Beziehung, ob professionell oder privat, eine wichtige Rolle, demnach auch in der Kooperation von Eltern und Tagespflegeperson. Zu einem gemeinsamen Verständnis von Nähe und Distanz zu gelangen wird häufig dadurch behindert, dass dem Begriff „Nähe“ eher positiv bewertete weibliche/mütterliche Merkmale wie Geborgenheit, Verlässlichkeit, Kindbezogenheit, Menschlichkeit und Unterstützung zugeordnet werden. „Distanz“ hingegen wird mit männlichen Merkmalen wie Sachorientierung, Fachbezogenheit oder Forderung in Verbindung gebracht. Grundsätzlich gilt jedoch, dass Nähe nur gelingt, wenn auch Distanz möglich ist. So eindeutig dieser Sachverhalt auch ist, stellt er doch hohe und komplexe Anforderungen an die Erwachsenen und ist nicht selten ein problematisches Thema in der Kindertagespflege.

Mit den Variablen Nähe und Distanz verbinden wir ein Wortpaar, das sich auf gelingendes oder misslingendes Interaktionsgeschehen bezieht. Damit die Tagespflegeperson zu einem notwendigen Gleichgewicht kommt, sollte sie die Nähe und die Distanz als ein wichtiges Handwerkszeug ihres professionellen Handels verstehen. Die bewusste Wahrnehmung und Steuerung von Nähe und Distanz bildet die Grundlage der Zusammenarbeit. Die Tagespflegeperson muss sich ihrer eigenen und der an sie gestellten Erwartungen und Beziehungsgestaltungen bewusst sein, um den Eltern Nähe und Distanz vermitteln zu können. Nähe darf sich dabei weder aus altruistischen Wertmaßstäben speisen noch aus dem Gefühl heraus, eigene Schwäche oder Hilflosigkeit zu verdecken.

Auch das Verlangen, (unbedingt) von den Eltern gemocht zu werden, ist keine gute Basis für eine funktionierende Nähe. Zu groß können dann Enttäuschung und Selbstzweifel sein, wenn Eltern diese Nähe nicht teilen. Distanz wiederum darf nicht mit Gleichgültigkeit oder „gekonnter“ Freundlichkeit verwechselt werden. Eine produktive Distanz, die auf freundlichem Umgang basiert und sich hauptsächlich auf das Wesentliche für das Betreuungsverhältnis bezieht, kann das richtige Maß sein. Wichtig ist zu bedenken, dass eine

Tagespflegeperson mit mehreren Eltern zu tun hat. Eltern dagegen haben nur diese eine Tagespflegeperson als Ansprechpartnerin. Deshalb wird das Bedürfnis der Eltern nach Nähe zur Tagespflegeperson möglicherweise intensiver sein als umgekehrt.

Als professionelle Tagespflegeperson sollten Sie fähig sein, die Balance zwischen Nähe und Distanz durch Selbstreflexion oder Supervision (siehe Kap. C, 3.1) zu sichern. Das kann beispielsweise auch mithilfe der Fachberatung der Kindertagespflege geschehen. Hier ist übrigens die Distanz der Fachberaterin geradezu unverzichtbar und erforderlich, um bei Problemen oder Konflikten zwischen Tagespflegeperson und Eltern adäquat unterstützen zu können. Nähe und Distanz sind nichts Statisches, nichts Starres, sondern müssen in der Beziehung zueinander ständig neu bestimmt werden. Dabei spricht nichts dagegen, dass sich im Laufe der Zeit die Beziehungen untereinander verändern und enger werden.

3.2 Abschied vom Tageskind

Abschied nehmen fällt schwer – erst recht, wenn der Abschied die Trennung von einer wichtigen Bezugsperson bedeutet. Damit diese Trennung des Kindes von seiner Tagesmutter nicht mit negativen Folgen für seine psychische Entwicklung verbunden ist, muss es eine *Entwöhnung* der Bindung zur Tagesmutter geben. Für das Kind ist der Abschied aus der Tagespflegestelle ähnlich belastend wie die Eingewöhnung zu Beginn.

Die Gefahr, dass der Abschied ein Abbruch ist, besteht immer dann, wenn die Bedeutung der Tagesmutter für das Kind geleugnet wird, da die Mutter diese enge Bindung nur schwer aushält. Die Mutter hat dann ein großes Interesse daran, dass die Tagesmutter in Vergessenheit gerät und in ihrer Bedeutung herabgesetzt wird.

Es ist jedoch selbstverständlich – erst recht, wenn das Kind viele Monate oder sogar Jahre von der Tagesmutter betreut wurde –, dass „[. . .] das Kind eine Bindung zur Tagesmutter [entwickelt], es kann nämlich nicht anders. Das bedeutet: Es entsteht ein selektives, spezifisches, emotional und kognitiv verankertes Band. Das Kind schöpft Sicherheit und Trost aus der Bindungsbeziehung zur Tagesmutter. Sie hat daher auch eine hohe emotionale Bedeutung und ist nicht einfach austauschbar" (Utermann, 2010, S. 171).

Trennungen von heute auf morgen können bei den Kindern je nach Bindungsstärke sehr unterschiedliche Reaktionen hervorrufen. Manche Kinder werden ihr Unglücklichsein mit heftigem Protest oder Weinen zeigen. Andere Kinder zeigen ihren Kummer eher stiller oder verhalten sich zurückhaltender.

Häufig verlassen die Kinder die Tagespflegestelle, wenn der Übergang zum Kindergarten ansteht. Damit ist für das Kind eine doppelte Aufgabe verbunden: Es muss seinen gewohnten Umgang und seine Beziehung zur Tagesmutter und zur Kleingruppe beenden, sich von seiner Umgebung und seinen vertrauten Gewohnheiten verabschieden. Gleichzeitig muss das Kind den Übergang in den Kindergarten bewältigen. Um das Kind nicht zu überfordern, sollte die Entwöhnung bzw. Trennungsphase nicht erst kurz vor Kindergartenbeginn stattfinden, sondern mit der nötigen Langsamkeit geplant werden.

Hilfreich ist es, wenn Tagesmutter und Tageskinder auf ihren Spaziergängen den Kindergarten in ihre „Route" aufnehmen und das Treiben dort eine Weile beobachten. Immer mehr Kindertagesstätten sind auch bereit, in den ruhigeren Zeiten am Nachmittag „Besuch" zuzulassen. Fragen Sie einmal nach, ob dies auch in der Kita in Ihrer Nähe möglich ist.

Die Abschiedsphase wird von der Tagesmutter und den Eltern gemeinsam vorbereitet und auch das Kind wird – individuell nach seinem Entwicklungsstand – darüber aufgeklärt, dass es die Tagespflegestelle verlässt. Die Abschiedsphase beginnt damit, dass das Kind von Mutter oder Vater an ein oder zwei Tagen der Woche zu einem früheren Zeitpunkt abgeholt wird als sonst. Je nachdem, ob das Kind einen ganzen oder einen halben Tag bei der Tagesmutter ist, wird bei Halbtageskindern ein ganzer Tag, bei Ganztageskindern ein halber Tag wegfallen. Nach einer weiteren stufenweisen Reduzierung bietet es sich an, in den folgenden ein bis zwei Wochen eine reine Urlaubs- oder Familienwoche einzuflechten. Nach dieser intensiven Familienphase verringert sich der Besuch bei der Tagesmutter auf nur noch ein- bis zweimal in der Woche.

Ein behutsamer und angemessener Übergang zwischen dem alten Lebensumfeld „Tagespflegestelle" und dem neuen Lebensumfeld sollte nicht ausschließen, den Kontakt weiterhin noch (auch regelmäßig) aufrechtzuerhalten und dem Kind eine bestimmte „Tagesmutterzeit" zu ermöglichen. Manchmal kann es jedoch einige Zeit dauern, bis dieser Wunsch erwacht, weil die neue Lebensphase (z. B. der Kindergarten) so raumgreifend ist.

Tipp

Zum Weiterlesen:
Ahnert, Lieselotte: Wieviel Mutter braucht ein Kind? Bindung – Bildung – Betreuung: öffentlich und privat, Heidelberg, Spektrum Akademischer Verlag, 2010.

Die international renommierte Bindungsforscherin betrachtet das Thema „Muttersein" aus den Blickwinkeln der internationalen Forschung und geht u. a. folgenden Fragen auf den Grund: Was genau braucht ein Kind? Wo sind Mütter unersetzbar und wo müssen sie von anderen unterstützt werden? Wie und ab wann sind Väter für die Entwicklung entscheidend? Welche Entwicklungsimpulse können Personen außerhalb der Familie für ein Kind geben? Wie lassen sich private und öffentliche Betreuung und Bildung erfolgreich und menschlich gestalten?

Bethke, Christian/Schreiner, Sonja Adelheid (Hrsg.): Die Jüngsten kommen. Kinder unter drei in Kindertageseinrichtungen, Weimar/Berlin, Verlag das Netz, 2009.

Das Buch bietet eine umfassende Orientierung zum Stand der Bildung, Betreuung und Erziehung von Kindern in den ersten drei Lebensjahren. So stehen die Bedürfnisse, Potenziale und Lernprozesse von Kleinkindern im Mittelpunkt vieler Beiträge.

Es wird auch darauf eingegangen, was die Herausforderungen und Qualitätskriterien der Förderung von Kindern in den ersten drei Lebensjahren sind.

Weiß, Karin/Stempinski, Susanne/Schumann, Marianne/Keimeker, Lis: DJI-Curriculum: Qualifizierung in der Kindertagespflege. Fortbildung von Tagesmüttern, Loseblattsammlung, 2. Aufl., Seelze, Klett/Kallmayer, 2008

Wer Interesse hat, sich intensiver mit Gesprächsführung zu befassen und dieses Thema im Laufe seiner Berufstätigkeit professionalisieren möchte, dem kann folgendes Buch wertvolle Anregungen geben, auch wenn die Zielgruppe nicht aus dem sozialen Bereich kommt:

Weisbach, Christian-Rainer/Sonne-Neubacher, Petra: Professionelle Gesprächsführung: Ein praxisnahes Lese- und Übungsbuch, 7. Auflage, München, dtv, 2008.

... bekannt wie ein bunter Hund

Inge Michels im Gespräch mit Herbert Renz-Polster, Heidelberg

Herbert Renz-Polster ist Kinderarzt und Wissenschaftler am Mannheimer Institut für Public Health, Uni Heidelberg, mit dem Forschungsschwerpunkt Gesundheitsförderung im Kindesalter und Entwicklung von Kindern aus evolutionsbiologischer Sicht. Der Vater von vier Kindern gehört zu den Autoren des Bestsellers „Gesundheit für Kinder" und erregte 2009 Aufmerksamkeit mit dem Buch „Kinder verstehen. Born to be wild: Wie die Evolution unserer Kinder prägt" (www.kinder-verstehen.de). Darin erklärt er u. a., warum es ganz natürlich ist, dass Kinder kein Gemüse mögen, nicht alleine schlafen wollen und es außerdem nicht gewohnt sind, von morgens bis abends von der eigenen Mutter umsorgt zu werden.

„Frau sitzt mit Kindern in der Höhle, Mann bringt leckere Mammutkeule vorbei." Ungefähr so stellen wir uns die Rollenverteilung in der menschlichen Urzeit vor, schreiben Sie in Ihrem Buch „Kinder verstehen". Dieses Bild verweisen Sie jedoch ganz schnell in das Reich der Mythen und informieren uns stattdessen: „Aus der tieferen Menschheitsgeschichte tritt uns eine moderne Frau entgegen." Welche Lebensumstände sind es, die Sie als modern bezeichnen?
Zu keiner Zeit der menschlichen Geschichte war es für eine Mutter auch nur denkbar, ihre Kinder alleine großzuziehen. Für Kinder zu sorgen hieß immer auch, ein Netzwerk von verlässlichen anderen Menschen zu knüpfen und zu unterhalten. Der Erfolg der Frau als Mutter hing immer schon davon ab, ob sie Helfer motivieren, Interessen ausgleichen, Freundschaften pflegen, Kompromisse schließen und einige Kommunikationsleistungen mehr erbringen konnte. Und natürlich haben Mütter seit grauer Vorzeit gearbeitet. Die Vereinbarkeitsdebatte ist beileibe kein neues Thema. Das ist doch modern, oder?

Das wird manche verblüffen ...

In letzter Zeit hat sich die Einsicht, dass es zum Erziehen von Kindern eines ganzen Dorfes bedarf, wieder etwas mehr Gehör verschafft. Und das ist auch wirklich wichtig. Die Isolation einer Mutter mit ihrem Baby in den eigenen vier Wänden mag für die eine oder andere Frau das Paradies sein. Für die meisten, die so aus ihren Netzwerken und Lebenszusammenhängen gerissen werden, ist es schlicht eine Zumutung. Zumal ja nicht in der Wohnung nebenan die nächste Familie mit Säugling oder Kleinkind wohnt.

Wer sein Kind einer Kindertagespflegeperson anvertraut, wie sie politisch korrekt heißt, tut also etwas, was durchaus sinnvoll ist?

Das lässt sich deshalb nicht eindeutig beantworten, weil es um das Gesamtsystem Familie geht. Familien sind verschieden. Sie haben unterschiedliche Ressourcen und soziale Netze. Aus wissenschaftlicher Sicht können wir heute sagen: In dem Maße, in dem sich die Eltern darum kümmern, dass es ihnen selbst materiell und emotional einigermaßen gut geht, dass sie ihre Freundschaften pflegen und auf ein Netzwerk von unterstützenden Hilfen zurückgreifen können, geht es auch den Kindern gut. Aber ohne Netzwerk geht es tatsächlich nicht, oder nur in Ausnahmen.

Das heißt, die Tagesmutter ist Teil eines Netzwerkes, nicht mehr und nicht weniger?

Ja, das ist aus meiner Sicht eine pragmatische und angemessene Haltung. Und sie löst uns aus dem Dilemma, die ganze Betreuungsdebatte schwarz-weiß zu diskutieren. Zu allen Zeiten war Kindererziehung ein Patchwork-Modell. Auch in der wissenschaftlichen Literatur finden wir keine exakten Hinweise darauf, dass die Vollzeitbetreuung durch die Mutter grundsätzliche Vorteile für das Aufwachsen des Kindes bringt. Vielmehr scheint die Qualität des Aufwachsens der ausschlaggebende Faktor zu sein. Und diese Qualität wiederum setzt sich aus einem Bündel von Bedingungen und Lebensumständen zusammen.

Noch einmal zurück zu Ihrem Blick auf das Aufwachsen von Kindern aus Sicht der Evolution: Standen Kinder schon immer so im Fokus des familiären Interesses wie heute?

Nein, ganz und gar nicht. Die evolutionäre Perspektive schließt die Interessen der Mutter und der ganzen Familie mit ein. Anstatt nach der idealen Betreuung für ein Kind zu fragen, rückt das evolutionäre Denken die Frage nach dem Arrangement in den Mittelpunkt. Oder anders gesagt: Was für die ganze Familie gut war, war auch für das einzelne Kind gut. In diesem Lehrbuch werden die Leserinnen ja sicher auch darüber informiert, dass Kinder sehr früh in der Lage sind, Bindungen zu mehreren Bindungspersonen aufzubauen, wenn diese Menschen ihnen zuverlässig, liebevoll und kompetent begegnen. Aus evolutionärer Sicht ist es genauso: Das Bindungssystem der Kinder ist zunächst offen.

Sie haben selbst vier Kinder, Ihr Buch „Kinder verstehen" hat über 500 Seiten. Gibt es eine Quintessenz, die sich aus Ihren Forschungen und Ihrem Erleben für das Aufwachsen von allen Kindern ableiten lässt?

Geben Sie mir einen Moment zum Nachdenken. – Ja, da komme ich doch noch einmal zurück auf das Bild vom ganzen Dorf. Wir brauchen es tatsächlich, aber es gibt dieses Dorf, den Stamm, die Großfamilie nicht mehr. Wir sollten aus meiner Sicht nicht nur das

Betreuungsthema rauf und runter deklinieren, sondern das ganze soziale Netz, in dem Familien aufwachsen, infrage stellen. Es kann doch nicht sein, dass bei uns jedes Kind unter drei Jahren statistisch von zehn Rentnern umstellt ist, und dann soll es nicht möglich sein, Entlastung im nachbarschaftlichen Umfeld zu organisieren? Und sind unsere Wohnformen nicht der sicherste Weg in die Isolation? Das sind nun leider keine Antworten, aber aus meiner Sicht ganz dringende Fragen.

Trotzdem: Was bedeutet das für Tagesmütter?
Das Beste, was die Tagesmütter, die dieses Lehrbuch studieren, machen können – neben den ganzen anderen schlauen Sachen, die sie sicher lesen werden – ist, mit den Kindern rauszugehen, sich bekannt zu machen mit Nachbarn, Geschäften, Kirchen, Büchereien, Polizei, Gemeindezentren, nahegelegenen Spielplätzen, wo auch immer man Menschen aus der Umgebung trifft. Wenn Leute sehen, „Ah, da kommt wieder Tagesmutter Iris mit den Kleinen", sind sie viel offener und liebenswürdiger und halten auch das eine oder andere Geschrei aus. Und sie springen ein, wenn Klein-Leo beginnt, in den Springbrunnen zu klettern und Klein-Lena Richtung Straße davonspurtet. Also wenn ich Tagesvater wäre, wäre ich bekannt wie ein bunter Hund.

4 Alltag in der Kindertagespflege: strukturiert und lebendig

Von Brigitte Schnock

Täglich lernen Kinder Neues dazu und müssen sich in der Welt zurechtfinden. Dies stellt für die Kleinen eine ganz enorme Herausforderung dar. Um sie zu bewältigen, brauchen Kinder Orientierungshilfen, Eckpunkte im Alltag und Wiederkehr von Vertrautem. Hierbei helfen Rituale und sich wiederholende Abläufe.

Merksatz
Rituale und Gewohnheiten spielen in der Kindertagespflege eine große Rolle. Kinder lieben, was regelmäßig wiederkehrt und nach dem gleichen Schema abläuft. So finden sie sich in der Welt zurecht.

4.1 Rituale und Regelmäßigkeit – unsere Orientierung in der Welt

Der immer gleiche Begrüßungsreim beim Morgenkreis, die stete Ruhepause nach dem Mittagessen – das alles sind Rituale und Regelmäßigkeiten, die dem Tagesablauf eine erkennbare Struktur geben. Sie stellen Verlässlichkeit her und schenken dem Kind Halt und Geborgenheit. Rituale und wiederkehrende Abläufe machen zudem auch für Sie das Leben mit Kindern leichter. So gibt es wohl in jeder Familie und auch in der Tagespflegestelle bestimmte Einschlafrituale. Sie helfen, von den vorangehenden Aktivitäten und Aufregungen Abstand zu nehmen und zur Ruhe zu kommen.

Regeln des Zusammenlebens und tägliche Pflichten lassen sich ritualisieren und werden so zu einer Selbstverständlichkeit. Ein Lied beim gemeinsamen Händewaschen, die Mithilfe aller beim Tischdecken, gemeinsames Aufräumen – schon kann die Pflicht zu einer willkommenen Aktivität werden, bei der alle gerne mitmachen. Jahresrituale wiederum sind Gelegenheiten, um sich gemeinsam auf bestimmte Ereignisse im Jahr zu freuen, auf die Weihnachtsbäckerei in der Adventszeit, die Ostereiersuche, den Laternenumzug und die Geburtstagsfeier der Kinder.

Rituale stärken auch das Ich-Gefühl und den Zusammenhalt in der Gruppe. So zeigt zum Beispiel das Geburtstagsständchen dem Kind, wie wichtig es den anderen Kindern und der Tagespflegeperson ist. Die gemeinsame Osterbastelei wiederum vermittelt den Kindern, zusammen etwas Schönes zu schaffen, um sich gemeinsam daran zu erfreuen. So sind Rituale und Regelmäßigkeiten unschätzbare Erfahrungen und Orientierungshilfen im Tagesablauf wie im Jahreskreis.

4.2 Strukturierung des Tagesablaufs in der Tagespflegestelle

Für das Kind beginnt der Tag in der Tagespflege damit, sich von Mama oder Papa zu verabschieden und zu einer anderen Bezugsperson Beziehung aufzunehmen, die es dann meist auch noch mit anderen Kindern teilen muss. Das tägliche Pendeln zwischen zwei verschiedenen Lebenswelten, dem Elternhaus und der Tagespflegefamilie mit den anderen Tagespflegekindern, ist vor allem für die Kleinsten eine große Herausforderung. Geeignete Begrüßungsrituale erleichtern dem Kind diesen Übergang.

4.2.1 Ankommen

Für die Begrüßung am Morgen sollten Sie sich deshalb bewusst Zeit nehmen und sich auf diesen Moment konzentrieren. Oft reichen schon ein paar Augenblicke. Auch wenn andere Kinder bereits angekommen und beim Spielen sind, sollten jedem Neuankömmling einige Momente ungeteilter Aufmerksamkeit geschenkt werden.

> ***Merksatz***
> ***Begrüßen Sie das Kind und die Eltern persönlich, gerne mit der immer gleichen Redewendung. Die stets gleiche Art, das Kind willkommen zu heißen, ist keineswegs langweilig, sondern schenkt dem Kind ein Gefühl der Vertrautheit und Geborgenheit.***

Ein freundliches „Guten Morgen, Max, wir haben schon auf dich gewartet" kann zum Ritual werden, mit dessen Hilfe sich das Kind orientieren und versichern kann, dass es auch heute – wie immer – bei der Tagesmutter und in der Kindergruppe willkommen ist.

Nutzen Sie das morgendliche Ankommen auch zu einem kurzen Austausch mit dem Elternteil, der das Kind bringt, über die Tagesform des Kindes, über besondere Vorkommnisse und Dinge, die an diesem Tag berücksichtigt werden sollten. Unterstützen Sie auch das Abschiednehmen von Mutter oder Vater, zum Beispiel durch gemeinsames Winken, und begleiten Sie das Kind in die Gruppe, bis es sich dem Spiel zugewandt oder der Gruppe angeschlossen hat.

Wenn alle Kinder angekommen sind, ist Zeit für ein gemeinsames Morgenritual, zum Beispiel für den Morgenkreis. Mit einem akustischen Signal (Klangschale, Triangel, Flöte) können Sie die Kinder in die Runde einladen, die sich auf einem bequemen Teppich versammelt. Oft sind die Kinder bis dahin bereits ins Spiel vertieft, das sie nun unterbrechen müssen. Wenn Sie den Morgenkreis rechtzeitig ankündigen, können sich die Kinder darauf einstellen. Dennoch wird es manchmal vorkommen, dass sich ein Kind nicht vom Spiel lösen kann oder noch Zeit für sich alleine braucht. Es sollte der Runde fernbleiben dürfen. Rituale und Regeln sind ein hilfreiches Gerüst, sollten aber kein einengendes Korsett werden, in dem individuelle Bedürfnisse keinen Platz mehr finden.

Im Morgenkreis kann mit einem gemeinsamen Begrüßungslied jedes Kind persönlich begrüßt werden. Ein einfacher Liedertext, der allmorgendlich wiederholt wird, erzeugt Vertrautheit und kann selbst von den Kleinsten bald schon mitgesungen werden.

Beispiel: *Singen und Klatschen Sie zur Melodie von „Alle meine Entchen":*
Alle meine Kinder,
die sind wieder da,
die sind wieder da.
Guten Morgen, Nele,
heut wird ein schöner Tag.

Es kann auch festlegt werden, dass an jedem Tag ein anderes Kind die Runde durchzählt; so fördert der Morgenkreis das allmähliche Zählenlernen.

Im Morgenkreis kann darüber gesprochen werden, welches Kind heute nicht da ist und warum. Darüber hinaus können die Kinder ermuntert werden, in der Morgenrunde über ihre Erlebnisse, ihre Wünsche für den Tag und ihre Bedürfnisse zu berichten. Die Tagesmutter nutzt ihrerseits die Runde, um den Tagesablauf und wichtige Dinge anzusprechen und den Kindern so Orientierung und Verlässlichkeit zu bieten.

Alles im allem sollte die Morgenrunde nicht länger als zehn Minuten dauern. Dies gilt umso mehr, wenn auch Säuglinge und Krabbelkinder mit dabei sind, die sich nicht so lange still verhalten können. Der Morgenkreis endet am besten mit einem Schlussritual, um das Ende zu signalisieren und zur nächsten Aktivität überzuleiten. Geeignet sind ein lustiges Lied, ein Reim oder ein kurzes Abschlussspiel, mit dem die Kinder der Reihe nach aus der Runde entlassen werden und sich neuen Spielsituationen oder Spielkameraden zuwenden können.

Tipp

Zum Weiterlesen:
Reichhaltige Anregungen zum Thema Rituale finden Sie zum Beispiel in:
Langlotz, Christel/Bingel, Bela: Kinder lieben Rituale. Kinder im Alltag mit Ritualen unterstützen und begleiten, Münster, Ökotopia Verlag, 2008.

4.2.2 Mahlzeiten

Die zeitliche Flexibilität der Kindertagespflege bedingt, dass Tagespflegekinder zu unterschiedlichen Zeiten zur Tagespflegeperson gebracht werden können. Je nach Ankunftszeit am Morgen haben die Kinder im Laufe des Vormittags dann auch zu unterschiedlichen Zeiten Appetit auf ein zweites Frühstück. Unter diesen Umständen bietet es sich an, ein offenes Frühstück bereitzuhalten, sodass die Kinder essen können, wenn sie Hunger haben.

Das Mittagessen dagegen sollte ein regelmäßiger, fester Bezugspunkt für alle Kinder sein und ein zentrales gemeinschaftliches Ereignis im Tagesablauf.

Das Mittagessen ist eine gute Gelegenheit, die Kinder – altersgemäß – an den alltäglichen Handlungen im Haushalt teilnehmen zu lassen. Beim Tischdecken können schon die Kleinsten helfen. Je nach Gericht können etwas größere Kinder auch bei der Zubereitung von Teilen der Mahlzeit mitmachen. Sie können die nötigen Geräte und Zutaten bereitstellen, die Karotten waschen, den Salat zerrupfen und auch mal – unter Ihrer Aufsicht – die Suppe würzen und mit dem Kochlöffel umrühren. So lernen die Kinder die verschiedenen Lebensmittel kennen und schätzen. Manch ein Gemüse mag zum beliebten Bestandteil des kindlichen Speiseplans werden; einfach weil es Spaß macht, bei der Vorbereitung mitzuhelfen. Ein schön gedeckter Tisch, zum Beispiel mit gleichen Bechern und Tellern, mit Tischsets und einer kleinen Dekoration in der Mitte, lädt auch das Auge zum Genießen ein. Dies ist gerade bei Kindern besonders wichtig.

> ***Beispiel:*** *Bei Tagesmutter Manuela aus Bonn wird der Mittagstisch in Herbst und Winter mit einer Kerze geschmückt, in Frühling und Sommer mit einem kleinen Blumenstrauß oder einer einzelnen Blume. Sie erzählt: „In den dunklen Jahreszeiten darf jeden Tag abwechselnd ein Kind die Kerze anzünden. Aus Sicherheitsgründen stelle ich ein Teelicht in einem bunten, von den Kindern selbst beklebten Glas auf. Und das ist tatsächlich jeden Tag ein besonderer Moment, wo auch die Kleinen ganz gebannt zugucken. Im Sommer haben wir nicht selten von jedem Kind ein Sträußchen auf dem Tisch. Die Eltern erzählen, dass auch die kleinste Blume vom Straßenrand gepflückt werden muss. ‚Ela bringen', sagen sie."*

Wie schon beim Morgenkreis sorgt eine rechtzeitige Ankündigung der Mahlzeit dafür, dass die Kinder ihr Spiel bereitwillig unterbrechen und zu Tisch kommen. Aber vorher ist Händewaschen angesagt – eine Frage der Hygiene und ein Signal dafür, dass der Vormittag zu Ende ist und ein neuer Abschnitt im Tagesablauf beginnt. Ein gemeinsames Waschlied oder ein gesprochener Reim unterstreichen das Ritual und machen die Regel zu einer Selbstverständlichkeit, die zudem noch Spaß macht.

Beispiel:
Pitsch, pitsch, patsch.
Meine Hände mach ich nass.
Gleich sind die Finger wieder rein,
beim Essen soll´n sie sauber sein.

Sitzen alle bei Tisch, kann ein Tischspruch den Beginn der Mahlzeit markieren. Ihr gutes Vorbild als Tagespflegeperson in Sachen Tischmanieren wird die Kinder anregen, auch „guten Appetit" zu wünschen, und „bitte" und „danke" zu sagen.

Inwieweit ein gemeinsames Aufstehen vom Tisch erreicht werden kann, hängt vom Alter der Kinder ab. Allzu starre Regeln sind bei den Kleinsten nicht angebracht. Dass ein Kind so lange am Tisch sitzen bleibt, wie es selbst isst, sollte aber eine Selbstverständlichkeit sein.

Die Kinder sollten – mit Ihrer Unterstützung – so eigenständig essen, wie sie es vermögen. Eine abwaschbare Tischoberfläche, bruchsicheres Geschirr, für jedes Kind ein Lätzchen – mit solchen Vorkehrungen dürften Sie die größten Malheure verhindern können.

Ein kurzes Ritual kann das Ende der Mahlzeit signalisieren, und alle helfen so gut als möglich auch beim Tischabräumen mit. Sobald die ersten Milchzähne da sind, sollte Zähneputzen das Mittagsritual abschließen. Dann gehen die Kinder über zu ihrer Nachmittagsbetätigung. Für einige mag die Zeit für einen Mittagsschlaf gekommen sein, andere kehren zum Spiel zurück oder werden um diese Zeit von der Mutter oder dem Vater abgeholt.
Im Laufe des Nachmittags bekommen Kinder oftmals wieder Hunger. Dann eignet sich ein kleiner gesunder Snack mit Obst, Rohkost und Getränken, den die Kinder in gemeinsamer Runde oder in eigener Regie und nach Bedarf genießen (siehe Kap. D, 5.7).

Beispiel: *Tagesmutter Kerstin aus Hannover berichtet:*
„Ich habe fünf Tageskinder, die zwischen 15.30 Uhr und 17 Uhr abgeholt werden. Es hat sich bewährt, dass wir uns gegen 15 Uhr zu einem kleinen Imbiss um den Tisch im Kinderzimmer setzen. Meistens gibt es Obst der Saison und ein Müsli, im Winter stehen aber auch schon einmal Kuchen oder Kekse auf dem Tisch, wenn wir gebacken haben."

4.2.3 Abwechslung: Ruhe und Spiel

Sich erholen, zur Ruhe kommen, schlafen gehören zum Tag in der Kindertagespflege genauso dazu wie spielen, toben und aktiv sein. Bei der Gestaltung des Tagesablaufs sind deshalb beide Bedürfnisse im Blick zu behalten: das Spiel und die Ruhe.

Das Ruhe- und Schlafbedürfnis der Kinder ist altersbedingt und individuell allerdings sehr verschieden. Entsprechend vielfältig sollten die Rückzugsmöglichkeiten für die Kleinen gestaltet sein. Eine gemütliche Ecke mit Matten, Kissen und Decken zum Beispiel, abgeschirmt vom Spielbereich durch einen leichten Vorhang oder Raumteiler, bietet Ruheorte, die von den Kindern selbstständig aufgesucht werden, wenn sie sich zwischendrin einfach mal ausruhen und neue Kraft schöpfen möchten. Sie lernen dabei, auf ihre Bedürfnisse und die Signale ihres Körpers zu achten. In solche Ruhebereiche können sich die Kinder zurückziehen, ohne dazu die Kindergruppe verlassen zu müssen. Aus der Distanz können sie das Spiel der anderen Kinder weiterverfolgen und bald wieder gestärkt mitmachen.

Ein separater Schlafraum ist für solche Kinder vorzusehen, die im Laufe des Tages richtig schlafen. Bei Kindern unter einem Jahr gehört oft noch ein Schläfchen am späteren Vormittag dazu, bei älteren Kindern reicht der Mittagsschlaf nach dem Mittagessen für die notwendige Erholung. Der Schlafraum sollte leicht abgedunkelt und möglichst ruhig sein, mit einer Raumtemperatur um die 18 Grad. Er ist idealerweise in der Nähe des Spielbereichs gelegen, damit ein größeres Kind auch selbstständig aufstehen und zur Kindergruppe zurückkehren kann. Eine schwache Lichtquelle, z. B. eine Lichterkette, sorgt für heimelige Gemütlichkeit und bringt die nötige Helligkeit beim Orientieren und beim Aufstehen. Für die Mittagsruhe muss jedes Kind eine eigene Schlafmöglichkeit zur Verfügung haben. Ebenso braucht jedes Kind ein eigenes Bettzeug, das ihm persönlich zugeordnet ist. Bedenken Sie: Auch wenn Kinder müde sind, gelingt es ihnen nicht immer, den erholsamen Schlaf zu finden. Bleiben Sie geduldig und zwingen Sie ein Kind nicht zu schlafen. Bei vielen Kindern reicht es, wenn sie eine kürzere oder längere Zeit zur Ruhe kommen.

Merksatz
Was die Dauer des Schlafens betrifft, gibt es kein „richtig" oder „falsch". Maßgeblich ist das Schlafbedürfnis des Kindes. Auch sollte kein Kind zum Schlafen gezwungen werden.

Es gibt Kinder, die schon in frühem Alter echten Schlaf über Tag nicht mehr brauchen. Für diese reicht ein ruhiges Spielen oder eine Kuschelphase nach dem Mittagessen aus, um für den Rest des Tages fit zu sein. Anderen Kindern fällt es vielleicht schwer, sich zum Schlafen aus der Kindergruppe zu lösen. Sie könnten sich sorgen, Wichtiges zu verpassen, oder es fällt ihnen nicht so leicht abzuschalten, wenn andere Kinder mit im Schlafraum sind. Hier ist von der Tagespflegeperson Feingefühl und Geschick gefordert. Vermitteln Sie dem Kind die nötige Entspannung – nehmen Sie es in den Arm oder summen Sie ein leises Lied – und erzählen Sie ihm mit einfachen Worten, wie hilfreich eine Schlafpause für den weiteren Verlauf des Tages ist.

Kinder, die keinen Mittagsschlaf mehr halten, können in Ruhe spielen. Um Störungen der schlafenden Kinder zu vermeiden, können Sie eine Mittagspause einlegen, z. B. von 13 bis 14 Uhr, in der es für alle Kinder ruhiger zugeht und in der Zeit fürs Vorlesen und/oder ruhige Musik ist.

Wichtig ist auch die Koordinierung des Schlaf- und Erholungsbedürfnisses der Kinder mit den Abholzeiten. Ein Kind regelmäßig aus dem Schlaf zu reißen, weil es abgeholt wird, ist für keinen der Beteiligten auf Dauer wünschenswert. Deshalb braucht es klare Absprachen mit den Eltern. Natürlich sollte sich die Tagespflegeperson bereits im Vorfeld bei den Eltern über die Schlafgewohnheiten des Kindes informiert haben: über Zeitpunkt und Dauer, Einschlafrituale, Schmusetuch, Schnuller etc.

Kündigen Sie durch Rituale den Wechsel zwischen Spielen und Schlafen deutlich an, zum Beispiel durch Windelwechseln nach dem Mittagessen, durch Anziehen eines Schlafanzuges, durch ein besonderes Schlaflied am Bettchen, das Bereitlegen des Kuschelbären etc. So können die Kinder langsam zur Ruhe kommen und sich auf das Schlafen einstellen.

Nach und nach werden die Kinder wieder wach. Manche sind auf Anhieb munter und aktiv, andere erst noch müde und verschlafen. Sie erhalten die Zeit, die sie brauchen, um sich langsam wieder der Kindergruppe anzuschließen. Gemeinsam geht es dann in den Nachmittag hinein.

Merksatz
Richten Sie separate Orte ein, die von Kindern zum Rückzug genutzt werden können und der Entspannung dienen.
Jedes Kind sollte diesen Ort allein erreichen und nutzen können.
Phasen der Aktivität und des Ruhens sollten in einem vernünftigen Verhältnis zueinander stehen.
Das Ruhebedürfnis der Kinder variiert nach Alter und Konstitution der Kinder.

4.2.4 Der Tag klingt aus

Im Laufe des Nachmittags werden die Kinder wieder abgeholt. Wie das Willkommenheißen kann auch das Abschiednehmen von unterschiedlichen Ritualen begleitet werden. Sie sollen dem Kind verdeutlichen, dass der Tag bei der Tagespflegeperson nun zu Ende geht, es die Kindergruppe für heute verlässt und nach Hause gehen wird. Wichtig ist, dass Sie sich von jedem Kind bewusst verabschieden. Ein möglichst entspanntes „Tür-und-Angel-Gespräch“ mit den Eltern sichert den erforderlichen Informationsaustausch über besondere Vorkommnisse oder Pläne für den nächsten Tag.

Beispiel: *Verabschiedungslied:*
Wir gehn nun auseinander,
wir spielten allerlei.
Von Menschen und von Tieren
und du warst mit dabei.
(Hirler, 1998)

4.3 Feiern muss sein – Geburtstage und andere Anlässe

Der eigene Geburtstag ist das wichtigste Fest für ein Kind im Jahresablauf und wird oft sehnlich erwartet. Er ist verbunden mit einem einzigartigen Hochgefühl: Heute bin ich die Hauptperson. Dieses Gefühl ist umso stärker, je eindrucksvoller das Kind von außen die entsprechende Aufmerksamkeit und Bestätigung bekommt. Dann erlebt das Kind seine Einzigartigkeit, sein Willkommensein in Familie und Umfeld und seine Wertschätzung durch alle, die mit ihm feiern.

Der Kindergeburtstag gehört deshalb auch in der Tagespflegefamilie unbedingt mit dazu. Am Geburtstag eines Kindes sollte im Tagesablauf Platz sein für kleine Feierlichkeiten; sie sollten auch bei den Jüngsten nicht fehlen.

Kosten und Aufwand brauchen gar nicht hoch zu sein, um einen besonderen Tag für das Kind zu gestalten. All die Zuwendung und Aufmerksamkeit darf das Geburtstagskind allerdings nicht überfordern. Der normale Alltag gehört zu einem Geburtstag mit dazu und stellt sicher, dass die Aufregung nicht zu groß wird und sich das Kind sicher und geborgen fühlt.

Ein besonders freundlicher Empfang des Geburtstagskindes mit einem ersten Hinweis auf den heutigen Festtag versichert dem Kind, dass auch in der Tagespflegegruppe an seinen Geburtstag gedacht wird. Wahrscheinlich gab es schon morgens mit den Eltern ein Gratulieren und Singen. Gespannt wird das Kind nun erwarten, was weiter geschieht.

Der Morgenkreis ist eine gute Gelegenheit, um allen Kindern in der Gruppe vom heutigen Festtag zu berichten, sofern Sie es nicht schon am Vortag angekündigt haben, um Vorfreude zu bereiten.

> **Beispiel:** *So ist es bei Anne aus Lüneburg üblich. Sie schildert einen typischen Geburtstag: „Für unser Geburtstagskind wird im Morgenkreis ein Ehrenplatz in der Runde reserviert. Es bekommt ein rotes Kissen auf den Stuhl gelegt, sodass es etwas höher als sonst sitzt. Mein Geschenk ist eine selbst gebastelte Krone, die ich dem Kind ganz feierlich überreiche und ihm gratuliere. Zu den wichtigen Ritualen gehört dann ein Geburtstagslied. ‚Kräht der Hahn früh am Morgen' ist unser liebstes Geburtstagslied. Da können die Kleinen auch szenisch mitspielen. Der eine ist der Hahn, der andere die Torte oder der Hase und so weiter. Danach erzähle ich allen Kindern, wie es war, als das Geburtstagskind zum ersten Mal in die Tagespflege kam: wie sich alle gefreut haben, wie klein es damals noch war und wie groß es inzwischen geworden ist. So zeige ich einmal auf ganz andere Weise meine Wertschätzung für das Kind und stärke natürlich gleichzeitig das Gruppengefühl. Als zweites Frühstück ist an diesem Tag ein Geburtstagkuchen erlaubt, den die Eltern mitbringen."*

Ein Geschenk von Ihnen zum Geburtstag des Kindes ist möglich, aber keineswegs notwendig. Eine Alternative zu etwas Gekauftem kann z. B. ein großes Foto vom Geburtstagskind sein, evtl. in einem Bilderrahmen, auf dem alle Kinder mit Fingerfarbe ihren Fingerabdruck hinterlassen haben. Das Geburtstagskind darf sich für diesen Tag eine besondere Aktivität wünschen (ein besonderes Spiel oder Lied, einen Besuch auf dem Spielplatz, Mithilfe beim Essenzubereiten).

Ein „Festessen" ist ein Ritual, das bei einer Geburtstagsfeier nicht fehlen darf. Sie können es zur lieben Gewohnheit machen, dass sich das Geburtstagskind sein Lieblingsessen wünschen darf, oder es wird ein Gericht zubereitet, das alle gerne mögen und nur zu feierlichen Anlässen auf den Tisch kommt. Eine kleine Süßigkeit zur Nachspeise als große Ausnahme wertet das Mahl noch mehr auf, sofern die Kinder Süßes essen dürfen. Ein besonders schön gedeckter Tisch mit Geburtstagskerzen (empfehlenswert sind bei kleinen Kindern Teelichter oder Schwimmkerzen), einer Geburtstagsgirlande oder einem besonderen Geburtstags-Tischset macht alles noch festlicher. Am Stuhl des Geburtstagskindes können Luftballons befestigt werden, beim Nachhausegehen darf jedes Kind einen davon als Andenken mitnehmen.

Als Extraprogrammpunkt am Nachmittag können Sie ein Kaspertheater vorsehen. Auch Topfschlagen macht schon den Kleinen Spaß. Und vielleicht schließt eine Kissenschlacht im Ruheraum den besonderen Feiertag für alle Beteiligten mit viel Spaß und Aufregung ab.

Ein Geburtstagsfest ist ein persönliches Fest. Aber es gibt noch andere persönliche Feste, die Sie mit den Kindern feiern können, zum Beispiel wenn einem Kind etwas ganz Besonderes gelungen ist, wenn ein Kind nach längerer Krankheit gesund geworden ist und wieder in die Tagespflege kommt, oder wenn ein Kind die Gruppe verlässt, weil es in den Kindergarten kommt oder die Eltern umziehen. Und natürlich kann jede (Tagespflege-) Familie ihre ganz eigenen Feste feiern wie ein Indianerfest oder eine Planschparty zur Eröffnung der Sommersaison, ein Puppen- oder Kuscheltierfest einfach zwischendurch, ein Blätterfest, um den bunten Herbst zu feiern, oder eine Weihnachtsbäckerei, um das Warten auf Weihnachten zu versüßen.

Feste im Jahr

Neben den persönlichen Feiern gibt es Feste, die viele Menschen einer Kultur feiern. Zu ihnen gehören Nikolausabend, Weihnachten, Ostern, Erntedank, St. Martin, Fasching, seit einigen Jahren auch Halloween.

Wiederkehrend im Jahreskreis gliedern diese Feste das Jahr in – auch für Kinder – nachvollziehbare Zeitabschnitte.

> ***Merksatz***
> ***Feste und Feiern sind wertvolle Erfahrungen, in denen Kindern die Kontinuität des Lebens und die Verbundenheit mit der Gemeinschaft erleben.***

Darüber hinaus machen Feste auch einfach Spaß. Sie sind eine wunderbare Gelegenheit, den Alltag zu unterbrechen, durch die Vorfreude auf das Kommende, die Freude beim

Feiern und unvergessene Erinnerungen an das gemeinsame Fest. Als solche sind Feste auch in der Kindertagespflege eine echte Bereicherung des Betreuungsalltags.

Ostern ist das Fest, mit dem das lang ersehnte Ende des Winters und das Kommen des Frühlings gefeiert wird. Ostern kann orientiert an der christlichen Tradition gefeiert werden oder als Fest, zu dem der Osterhase kommt. Es gehört zu den Festen, bei denen bereits die Vorbereitung viel Freude und Anregung bietet. Hierbei ist jede Menge Kreativität möglich. Zu den religiösen Ostermotiven gehören zum Beispiel Osterkerze und Osterfeuer. Ein schönes Ritual ist es, Kerzen mit bunten Wachsblättchen zu bekleben, was auch bereits den Kleinen mit etwas Unterstützung gut gelingt. Die Kinder können die Kerze mit nach Hause nehmen, um am Ostersonntag in der Familie das „Osterlicht" als Zeichen des Lebens anzuzünden.

Auch das Osterfeuer hat religiöse Tradition. Es ist das Symbol für den Sieg des Lichtes über das Dunkel. Aus Transparentpapier können „Flammen" in Rot, Gelb und Orange gerissen und zu einem „Feuer" zusammengeklebt werden – und fertig ist ein ganz besonderer Fensterschmuck für die Osterzeit.

Zu Ostern gehört natürlich das Eierbemalen, das auch den Kleinen mit Wachsmalstiften schon recht gut gelingt. Mit etwas Ostergras in ein Zellophantütchen gesetzt und mit einem Band verziert, wird das selbst bemalte Osterei zu einer Bereicherung des Ostertisches in der Familie, auf die das Kind stolz sein wird. Die Zeit rund um Ostern ist zudem eine ideale Gelegenheit, den Kindern das Werden und Wachsen in der erwachenden Natur nahezubringen.

Lassen Sie die Kinder zwei bis drei Wochen vor Ostern Katzengras oder Kresse in eine mit Erde gefüllte Tonschale aussäen. So wächst ein ideales Osternest heran, das auf süße Füllung wartet. Allerhand Aktivitäten rund um Ostern können Sie auch in eine „Hasen-Party" einbetten, die in der Osterwoche mit den Tageskindern gefeiert werden kann. Hierzu passen auch Eierlauf (mit gekochten Eiern), Hasen-Hupf-Parcours, Hasenfellmassage u.a.m. (vgl. Fehring, 2010).

Fast in Vergessenheit geraten – oder verdrängt von Halloween – ist Erntedank. So wie wir im Frühling das Aufblühen der Natur feiern, feiern wir im Herbst die Ernte und die Schätze der Natur. Ein Fest zum Erntedank kann ein sehr sinnenfrohes Fest auch in der Kindertagespflegefamilie sein. Ein Spaziergang in der Natur lädt ein, bunte Blätter zu sammeln und sich an der Vielfalt der Farben zu freuen. Blätter, Kastanien, Beeren, Steine eignen sich wunderbar, um draußen auf der Wiese ein Mandala zu legen. Zu Hause kann die Farbenpracht dann mit Farbklecksen aus dem Wassermalkasten auf Papier festgehalten werden. Kastanien mit ihrer glatten Oberfläche sind übrigens ein angenehmer Handschmeichler für die kleinen Händchen und ein besonderes Erlebnis für den

Tastsinn. Visuelle Anreize und eine stimmungsvolle Atmosphäre schaffen mit buntem Transparentpapier beklebte Gläser, in die Teelichter gestellt werden und die einen trüben Herbsttag wunderbar erhellen können.

Bei einem Erntefest darf das Kulinarische natürlich nicht zu kurz kommen. Der Duft von Apfelkuchen oder Bratäpfeln im Backofen wird die Kinder begeistern und zum Probieren einladen.

Tipp

Hierzu ein Tipp von Harald, Tagesvater in München, der von den Kleinen liebevoll „Bio-Papa“ gerufen wird:

„Backen ist nicht gerade meine Leidenschaft, aber die gemeinsamen Bratäpfel mit den Kindern zu Erntedank haben schon Kultstatus bei uns. Weil die Kleinen keinen ganzen gefüllten Apfel aufbekommen, machen wir es bei uns so: Wir waschen die Bio-Äpfel gemeinsam, dann halbiere und entkerne ich sie, sodass eine Mulde entsteht. Nun kann jedes Kind sie füllen. Auf dem Tisch stehen dazu Bio-Marmelade, Bio-Marzipanmasse und Bio-Rosinen. Wenn die Äpfel aus dem Ofen kommen, kann sich jedes Kind noch Vanille-Soße oder Marmelade extra dazutun. Schmeckt klasse. Im November machen wir einen solchen Bratapfel-Nachmittag auch mit den Eltern.“

Köstlich und gesund ist auch ein Holunderpunsch. Oder kochen Sie eine Erntesuppe. Jedes Kind kann dazu von zu Hause ein Gemüse mitbringen. Für die Zubereitung wird es genau betrachtet, befühlt und berochen. Dann wird es – von den größeren Kindern in Ihrer Begleitung – fleißig geschnippelt, anschließend gemeinsam gekocht und verspeist.

Eine besonders stimmungsvolle Zeit ist die Advents- und Weihnachtszeit. In der Adventzeit kann man es sich zu Hause einfach so richtig gemütlich machen: Nehmen Sie sich zwischendrin immer mal wieder die Zeit, sich mit den Kindern zusammenzusetzen, Äpfel aufzuschneiden, eine vorweihnachtliche Geschichte vorzulesen oder ein Weihnachtslied einzuüben. Ein Duftlämpchen und eine Kerze auf dem Tisch schenken eine besonders stimmungsvolle Atmosphäre, die auch die Kinder zu schätzen und zu genießen wissen.

Ein Adventskalender für die Tagespflegekinder bereichert den Morgenkreis. Jeden Tag darf eines der Kinder ein Türchen oder Päckchen öffnen, das keineswegs Süßigkeiten enthalten muss. Ein freier Wunsch für ein Lied oder ein Spiel sind mindestens genauso große Überraschungen. Sie könnten die Kinder auch täglich einen Stern aus Glitzerpapier ans Fenster kleben lassen. Je näher Weihnachten heranrückt, desto mehr Sterne strahlen vom Fenster her. Sicher werden die Kinder auch begeistert sein, wenn am Nikolausmorgen eine kleine Aufmerksamkeit vom „Tagespflegenikolaus“ in den Hausschuhen steckt, die die Kinder am Vortag an Ihre Tür gestellt haben. Besonders stimmungsvoll wird es, wenn die Kinder zum Dank ein Nikolauslied oder -gedicht präsentieren können. Sie sehen, auch in der Kindertagespflege ist Platz, Traditionen zu pflegen und weiterzugeben.

Feste und Kulturen

Sollten in der Kindergruppe auch Kinder aus anderen Ländern und Kulturen sein, sollten Sie Ihr Fest-Repertoire um deren Feste und Bräuche bereichern und erweitern. Was in den Kulturen der Kinder üblich ist, können Sie erfragen, indem Sie gemeinsam mit den Kindern zusammentragen, welche Rituale, Sitten, Gebräuche und Feste es in den unterschiedlichen Herkunftsfamilien gibt. Sind die Kinder noch klein, fragen Sie die Eltern danach. Diese werden sich freuen, Ihnen darüber erzählen zu können und so am Alltag in der Tagespflegestelle teilzuhaben. Die Unterschiede der Kinder und ihrer Herkunftsfamilien werden so zu einem positiven Element. Akzeptanz und Toleranz üben die Kinder so gleichsam nebenbei und mit guten Gefühlen.

Einige Beispiele, wie andere Kulturen ihre religiösen Feste feiern

Das wichtigste Fest im Islam ist das Opferfest. Die Tradition sieht vor, an diesem Tag ein Tier zu schlachten und das Fleisch mit Verwandten, Freunden und Armen zu teilen. Von hoher Bedeutung ist auch der Fastenmonat Ramadan, in dem viele muslimische Erwachsene von Sonnenaufgang bis Sonnenuntergang fasten. An den Ramadan schließt sich das Ramadanfest an, auf Türkisch „Ramazan Bayramı", auf Arabisch „Id saghir" genannt. Zu diesem Fest werden in der gesamten islamischen Welt Glückwünsche und Grußbotschaften ausgetauscht. Es ist ein Anlass, gegenseitige Besuche vorzunehmen und gemeinsam zu feiern. Kinder bekommen zum Fest Süßigkeiten geschenkt, deshalb spricht man auch vom Zuckerfest.

Zur jüdischen Religion zählt das Laubhüttenfest. Gefeiert wird mit der Familie und Freunden bei gutem Essen. Symbole des Festes sind der Feststrauß und die Laubhütte aus Brettern, Ästen und Laub, die oft im Garten oder auf dem Balkon steht. Sie erinnert an die vierzigtägige Wanderung der Israeliten durch die Wüste. Beim Chanukka- oder Lichterfest wird, ähnlich dem Adventskranz der christlichen Religionen, Tag um Tag eine weitere Kerze des achtarmigen Leuchters angezündet. Das älteste jüdische Fest ist das Passah-Fest, mit dem sich die jüdischen Familien an den Auszug des Volkes Israel aus Ägypten erinnern. Es wird ein großes Festmahl gefeiert. Man isst zu dieser Zeit nur ungesäuertes Brot, sogenannte Mazzen.

Ein hinduistisches Fest ist neben vielen anderen Diwali, das Lichterfest. Es wird in ganz Indien gefeiert. Lichterketten werden hergestellt, alte Lampen werden weggeworfen und durch neue ersetzt.

Das chinesische Neujahr ist mit einer Vielzahl von Ritualen verknüpft. In der Vorbereitung des Festes werden die Häuser geschmückt, es werden rote Lampen und Bänder mit Neujahrssprüchen aufgehängt. Am letzten Tag des alten Jahres trifft sich die Familie zu einem gemeinsamen Essen. Kinder bekommen Geldgeschenke, die in roten Tütchen aufbewahrt werden. Das chinesische Neujahr endet mit dem Laternenfest.

Hinweis: Andere Feste
Wenn Sie unsicher sind, wie Sie ein für Sie fremdes Fest im Rahmen der Tagespflege feiern können, dann bitten Sie ein Elternteil um Tipps oder um die Teilnahme an dem kleinen „Festakt". Einen Überblick über die Feste einer Vielzahl von Kulturen gibt www.feste-der-religionen.de. Unter www.kandil.de finden Sie Informationen über Feste im Islam.

4.4 Raum und Umgebung: vorbereiten und entdecken

Wenn Sie Kinder in Kindertagespflege betreuen, wird Ihre Privatwohnung zum Betreuungsort und damit fast zu einer Art öffentlichem Raum. Es ist ein typisches Merkmal von Kindertagespflege, familiennah zu sein. Und das heißt eben auch: Sie findet nicht in speziell für Kinderbetreuung geschaffenen Räumlichkeiten, sondern in einem „Zuhause" statt, in dem die Kinder eine Umgebung vorfinden, wie sie für einen Familienhaushalt typisch ist. Dennoch werden Sie vermutlich einige raumgestalterische Maßnahmen ergreifen wollen, um Ihre Wohnung den besonderen Bedürfnissen der Kindertagespflege anzupassen.

Merksatz
Grundsätzlich gilt: Maßstab für eine kindgerechte Raumgestaltung in der Kindertagespflege ist der Anspruch, dass sich die Kinder wohl und geborgen fühlen, ihre Aktivitäten entwickeln, sich gefahrlos bewegen und auf eine klar strukturierte Ordnung vertrauen können.

Für den Hauptaufenthaltsraum der Tageskinder bietet es sich an, sogenannte Funktionsbereiche zu schaffen, die zum Spielen einladen. Typische Spielinseln sind die Puppenecke, der Bauteppich, der Mal- und Basteltisch, die Kinderküche u.a.m., die Sie je nach Platzsituation als feste Spielecken einrichten oder als mobile Stationen vorsehen können. Diese können in einem bestimmten Zeitrhythmus (z. B. vierzehntägig) ausgetauscht werden. Auf keinen Fall aber sollte der Raum mit Spielangeboten überfrachtet werden: Ausschlaggebend ist nicht die Menge, sondern die Qualität. Es geht darum, ein Angebot zu schaffen, das den tatsächlichen Spielinteressen der Kinder entspricht, für die Kinder frei zugänglich ist und durch Überschaubarkeit und Ordnung seinen Aufforderungscharakter entfalten kann.

Wichtig ist auch, dass neben der Ausstattung mit Spielmöglichkeiten ausreichend unverstellte Fläche zum Laufen, Krabbeln, Toben zur Verfügung steht. Falls Sie die Erneuerung des Fußbodens in Erwägung ziehen, bietet sich Kork an. Er ist ein strapazierfähiges, wärmendes Naturmaterial, das sich für die Kleinen, die sich viel und gerne am Boden aufhalten, sehr gut eignet. Korkböden gibt es in verschiedenen Farbtönen und Maserungen, sodass Sie auch unter ästhetischem Aspekt etwas finden können, was Ihnen für Ihre Wohnung gefällt. Tische und Stühle in altersgerechter Höhe (die Füße der Kinder müssen beim Sitzen auf dem Boden stehen können) werden für die gemeinsamen

Mahlzeiten und für bestimmte Spiel- und Bastelaktivitäten gebraucht. Ansonsten aber werden die Kleinen eher selten Lust verspüren, am Tisch zu sitzen. Stattdessen wollen sie krabbeln, rennen, auf dem Boden sitzen oder liegen, auf Matratzen kuscheln. Tische und Stühle sind deshalb idealerweise mobil einsetzbar. Bei Bedarf werden sie aufgestellt, aber wenn sie nicht genutzt werden, können die Tische an die Wand geschoben und stapelbare Stühle sicher (!) zur Seite gestellt werden, sodass keine Fläche für Bewegungen verloren geht.

Neben Spiel- und Bewegungsmöglichkeiten lieben die Kinder Höhlen und Kuschelecken: zum Ausruhen, zum gemeinsamen Rückzug, zum Versteckspielen. Sie lassen sich auch in Ihrer Wohnung ohne großen Aufwand einrichten. Hierzu eignen sich zum Beispiel große Pappkartons (in Möbelläden oder Elektrofachgeschäften kostenlos erhältlich), die sich, mit Fenster- und Türausschnitten versehen, schnell in Häuser und Burgen verwandeln lassen. Sie können auch ein Kissen- und Matratzenlager einrichten, das mit Tüchern verhängt ist.

> ***Beispiel:*** *Gernot aus Köln beschreibt die „Räuberhöhle" seiner Tageskinder: „Unsere Räuberhöhle, die bei Bedarf auch ein Ritterschloss für unsere Prinzessinnen ist, entsteht denkbar einfach. Wir haben zwei richtig große Tagesdecken, eine in Lila – die wird bevorzugt von den Mädchen verwendet – und eine in Braun. Die werden über den Küchentisch gehängt, ein paar Kissen darunter und fertig. Wenn der Tisch ein Märchenschloss werden soll, legen die Kinder noch echte Efeuranken von draußen auf das Tuch. Die machen wir mit Sicherheitsnadeln fest."*

Ein bewährtes Raumelement sind auch Regale, in die die Kinder Sachen ein- und ausräumen können und die sich schnell auch mal in einen Kaufladen oder in ein Puppenheim verwandeln lassen. In Regalen ist auch Platz für bunte Kisten, in denen, thematisch geordnet, Spielmaterialien aufbewahrt und bei Bedarf herausgeholt werden: Musikinstrumente, Bälle, Autos, Bauklötze, Tücher etc. Sicher an der Wand befestigt, können Regale auch als Raumteiler dienen; bleibt das untere Fach leer, entsteht sogar ein kurzer Tunnel zum Hindurchkriechen. Nicht vergessen werden darf natürlich die Leseecke. Ein Sofa kann dafür „reserviert" werden, die Bücherkiste nebendran, ein paar Decken zum Einkuscheln, eine Lampe, die warmes Licht gibt, und die Märchenstunde kann beginnen.

Alles in allem genügen oft schon einige wenige, bewusst gesetzte Maßnahmen, um die Wohnung zu einem bedarfsgerechten und entwicklungsfördernden Raum für die Tageskinder zu machen. Über Fragen der Ausstattung hinaus sind Maßnahmen zur Dämpfung des Schalls und Sorge für eine angemessene Beleuchtung weitere wichtige Kriterien. Den Schall dämpfen können Sie durch den Einsatz von porösen Materialien – das sind zum Beispiel Teppiche, Stoffe und naturbelassene Hölzer. Wo gespielt und gewerkelt wird, brauchen Sie eine angenehme Helligkeit (zum Beispiel durch Halogenlampen). Warmlichtlampen gehören dahin, wo es gemütlich sein soll und entspannend. Ideal ist natürlich die weitgehende Nutzung von Tageslicht. Maßgeblich für die Raumatmosphäre sind schließlich eine angenehme Farbgebung der Wände und aufeinander abgestimmte Ausstattungsgegenstände.

Merksatz
Die kindliche Umgebung muss nicht vielfarbig und grellbunt sein. Auch Kinder lieben ruhige, harmonische Farben und die Orientierung an den warmen Farben in der Natur.

Draußen in der Natur

Kinder wollen draußen sein. Das gilt bereits für unsere Kleinsten. Rennen, klettern, balancieren, bauen, matschen, in die Pfütze springen, sich verstecken, die Sonne auf der Haut spüren und die Ameisen, Käfer und Würmer beobachten – dies alles sind wichtige kindliche Erfahrungen, die auch in der Kindertagespflege ihren Raum haben sollten. Neben dem gesundheitlichen Aspekt sind die Erfahrungen, die Kinder in der Natur machen, von nicht zu überschätzender Bedeutung für die Wahrnehmungs- und Bewegungsentwicklung, für die Entwicklung von Selbstvertrauen, eigenverantwortlichem Handeln und sozialer Kompetenz. Die Natur bietet starke sinnliche Eindrücke, sie ermöglicht, den eigenen Körper in einer anderen Weise einzusetzen als in Räumen, sie hält ganz besondere Möglichkeiten bereit, um Kreativität zu entfalten und den eigenen Mut zu erproben, sie lädt ein zum Rollenspiel ganz ohne Spielzeug und weckt das Bewusstsein, wie schön und schützenswert unsere Umwelt ist.

Beengte Wohnraumverhältnisse, zunehmender Straßenverkehr, abnehmende Grünflächen in Siedlungsbereichen – all diese Entwicklungen erschweren es zunehmend, Kindern den unmittelbaren Zugang zu ihrer natürlichen Umwelt zu bewahren. Umso kostbarer sind die verbleibenden Erfahrungsräume im Freien.

Rund ums Haus

Vielleicht haben Sie das Glück, Ihren Tagespflegekindern den Aufenthalt im eigenen Garten zu ermöglichen. Der Garten ums Haus hat den Vorteil, schnell und unaufwendig erreichbar, überschaubar und sicher zu sein. Die Nutzung des eigenen Gartens im Rahmen der Kindertagespflege muss nicht bedeuten, die bisherige Gartengestaltung verändern zu müssen. Grundsätzlich bietet jeder Garten spannende Erfahrungs- und Erlebnismöglichkeiten für Kinder: eine Wiese zum Toben, ein Blumenbeet zum Bestaunen, einen Kräutergarten zum Riechen, Insekten zum Beobachten. Jeder Garten ist ein Biotop, in dem die Kinder auf Entdeckungsreise gehen können.

Reizvoll ist natürlich auch ein Plätzchen, das den Kindern zum Gärtnern zur Verfügung steht. In einem eigenen kleinen Beet, in das die Kinder im Frühjahr säen oder pflanzen, können sie beobachten, wie Blumen und Kräuter, Salat, Möhren oder Erdbeeren wachsen und gedeihen und am Ende gepflückt und geerntet werden können. Für die Kinder ist es ein besonderes Erlebnis, wenn sie Tee mit hauseigenen Kräutern zubereiten, den Tisch mit Blumen aus dem Garten schmücken oder zur Zwischenmahlzeit gartenfrische Karotten und Erdbeeren auftischen können. Steht nicht allzu viel Platz zur Verfügung, bringt sogar schon ein Blumenkasten mit Pflücksalat oder ein Kübel mit einer Tomatenpflanze reiche Ernte für die kleinen Gärtner (vgl. Mayer/Strauß, 2010).

Beispiel: *So hat es auch Carla aus Köln für ihre Tageskinder gemacht: „Wir wohnen mitten in der Stadt und haben nur einen kleinen Balkon, aber im Frühjahr habe ich mit den Kindern einen Ausflug zum Gartencenter gemacht. Dort gab es Tomaten- und Erdbeerpflanzen in Töpfen. Die Kinder haben regelmäßig gegossen, und im Sommer wurde jede reife Frucht mit Jubel begrüßt. Weil ich drei Tageskinder haben, haben wir gewartet, bis immer drei Früchte reif waren, dann konnte jeder eine pflücken und verspeisen."*

Von ganz besonderem Interesse sind für die Kinder auch die Tiere, die in einer Vielzahl von Arten selbst im kleinsten Garten entdeckt und erforscht werden können. Regenwürmer, Käfer, Spinnentiere und Schnecken finden sich fast überall und können selbst die Kleinsten in ihren Bann ziehen. Ein Käfer darf auch mal über die Hand krabbeln und eine Schnecke behutsam aufgenommen werden. Wichtig ist dabei, den Kindern Sorgfalt und Respekt im Umgang mit der Natur zu vermitteln und sie dazu anzuregen, Verantwortung für die Natur zu übernehmen: Keine Pflanze und kein Insekt darf achtlos zertreten werden, keine Schnecke in der Sonne verdorren, keine Ameise in der Becherlupe vergessen werden.

Ein ganz besonderes Erlebnis ist es, im Frühjahr die Vögel beim Nestbau, Brüten und der Aufzucht der Jungen zu beobachten. Ein Nistkasten, in mindestens zwei Metern Höhe angebracht, das Flugloch nach Südosten ausgerichtet, lädt Rotschwänzchen und Mauersegler zur Familiengründung in Ihren Garten ein und beschert den Kindern unvergessene Naturbeobachtungen. Mit einem Ausflug in den Garten eignen sich so bereits die Kleinsten ganz praktisches Wissen über die Eigenart und die Bedürfnisse von Pflanzen und Tiere an und lernen die Natur als etwas Wertvolles und Schützenswertes kennen.

Wenn Sie Ihren Garten stärker auf die Bedürfnisse der Tagespflegekinder hin ausrichten möchten, ist dies auch schon mit geringem Aufwand möglich. Kleine Kinder brauchen noch keine aufwendigen Spielgeräte. Es genügen ein beschatteter Sandkasten mit Sandspielzeug zum Graben, Bauen, Matschen, ein Stückchen Rasen zum Krabbeln und Laufen und im Sommer ein Planschbecken. Wenn Wasser und Sand zusammenkommen, ist das Kind als Künstler und als Forscher gefragt. Oft reicht es schon, in einer kleinen Plastikwanne Wasser und Sand zu mischen, um die Experimentierfreude der Kleinen anzuregen.

Beispiel: *Tagesvater Michael aus Koblenz hat einen wirkungsvollen Tipp fürs Matschen mit Wasser und Sand: „Wenn die Kinder im Sandkasten eine Kuhle gebuddelt haben, lasse ich sie eine große aufgeschnittene Mülltüte wie eine Plane in die Grube legen. Die Kinder beschweren die Seiten der Plane mit Sand und gießen mit einer Kanne Wasser hinein. So ein See hält den ganzen Tag, denn das Wasser versickert nicht. Weil mir das Spielen mit Sand und Wasser selber Spaß macht, habe ich zwei Sandkästen nebeneinander gestellt. So haben wir alle ausreichend Platz. Den Sand spendieren übrigens abwechselnd die Eltern."*

Spannend ist auch ein Fühlpfad, der aus verschiedenen Materialien (Sand, Kies, Laub, Tannenzapfen, Zweige) einfach vorzubereiten ist und von den Kindern mit Händen und nackten Füßen ertastet, aber auch – auf dem Boden liegend – „errochen", werden kann.

Trotz aller Freude am Draußensein darf allerdings nicht vergessen werden, alles zu tun, um Unfallgefahren für die Kinder zu beseitigen. Ein Zaun (ohne Spitzen), der den Spielbereich der Kleinen einfasst, verhindert das „Ausbüchsen" und erleichtert Ihnen, alle im Blick zu behalten. Die Regentonne muss unbedingt abgedeckt sein, Außensteckdosen mit Kindersicherung versehen sein und auch das Planschbecken darf bei kleinen Kindern höchstens kinderknöcheltief gefüllt sein. Halten sich Kinder im Planschbecken auf, brauchen sie zudem ständige Aufsicht, denn wenn sie ausrutschen und mit dem Kopf unter Wasser geraten, besteht trotz sehr geringer Wasserhöhe die Gefahr, dass sie ertrinken. Giftige Pflanzen (Maiglöckchen, Efeu, Goldregen, Trompetenblumen, Ilex, Seidelbast und andere mehr) sind aus dem Spielbereich zu verbannen, das „Naschgärtchen" für die Kinder liegt idealerweise abgetrennt vom übrigen Garten.

Ein Wort zur Kleidung: Im Sommer ist eine Kopfbedeckung und (in Rücksprache mit den Eltern) Sonnencreme unverzichtbar. Bei Regenwetter braucht es wasserdichte Schuhe, wind- und wasserdichte Jacken mit Kapuze und wetterfeste Matschhosen, dann macht der Regen gar nichts aus. Im Gegenteil: Gerade bei Wind und Wetter kann es besonders viel Spaß machen, draußen zu sein und zu beobachten, wie die Blätter aufgewirbelt werden oder das Wasser durch die Regenrinne braust. Auch Pfützen springen gehört zum Kinderleben dazu – und Regenpfützen sind wunderbar geeignet, um Boote aus Rinde und Blättern darin schwimmen zu lassen oder Steinchen platschen zu lassen.

Tipp

Zum Weiterlesen:
Schöne Anregungen zu einem Beet für kleine Gärtner finden sich in:
Widmayr, Christiane/Kompatscher, Anneliese: Kinder und Gärten. Spielen, Toben, Staunen und Entdecken, München, Blv Buchverlag, 2003

ZeT, Zeitschrift für Tagesmütter und -väter, widmet fast ein ganzes Heft dem Thema „Wasser und Sand", 3/2009 Friedrich Verlag

In Wald und Wiese

Ein ganz besonderes Erlebnis ist ein Ausflug in die freie Natur: in den Wald, auf die Wiese, an den Bach. Ideal ist es, wenn Sie ein Stück ursprüngliche Natur mit den Kindern zu Fuß erreichen können. Ein Bollerwagen ist ein hilfreicher Begleiter für einen solchen Ausflug. Beladen Sie ihn mit allen wichtigen Utensilien wie Decken, Getränken, einem kleinen Imbiss, Tütchen für die Fundstücke, Wickeltasche, Ersatzkleidung und Erste-Hilfe-Set. Der Bollerwagen leistet zudem gute Dienste als Taxi für die Kleinsten, wenn sie müde sind.

Den Wald können Sie Kindern als eindrucksvolles sinnliches Erlebnis ohne viel Aufwand nahebringen. Lassen Sie die Kinder ganz bewusst den Duft einatmen, dem geheimnisvollen Knacken der Äste und dem Pochen des Spechtes lauschen, nach einem Ameisenhügel Ausschau halten, durchs raschelnde Laub laufen, die raue oder glatte Rinde eines Baumstamms befühlen. Auch das Spielen im Wald ist ein Fest der Sinne: Naturmaterialien in allen Farben und Formen können gesammelt werden, Steine, Tannenzapfen und Zweige sind Baumaterialien für Wichtelhäuser und Höhlen, ein gefällter Baum ist Klettergerüst, Klangkörper und Versteck zugleich.

Ein Ausflug in die Natur sollte gut geplant sein (vgl. Langhammer, 2009). Wichtig ist es, die Eltern der Kinder über das Vorhaben zu informieren und ihr Einverständnis einzuholen. Machen Sie dabei auch die Tetanusimpfung und die Zeckengefahr zum Thema. Den Bereich des Waldes, den Sie für den Ausflug vorgesehen haben, sollten Sie vorher erkunden, um Gefahrenquellen zu vermeiden und eine gute örtliche Orientierung zu haben. Die Wegstrecke zum und im Wald sollte für die Kleinen nicht zu weit sein, und auch zu einem Waldausflug gehören ausreichend Ruhepausen. Die können auf einem Baumstumpf, auf einem Blätterbett oder auf der mitgebrachten Isomatte abgehalten werden. Sprechen Sie mit den Kindern vor dem Start die Verhaltensregeln durch. Betonen Sie, dass nichts, was im Wald gefunden wird, in den Mund genommen werden darf, und jedes Kind stets in Sichtweite bleiben muss. Und vergessen Sie das Handy für den Notfall nicht.

> ***Beispiel:*** *Tagesmutter Claudia aus dem Sauerland ist ein großer Natur-Fan: „Die Eltern, die ihre Kinder bei mir anmelden, wissen, dass wir jeden Tag rausgehen. Außer bei Gewitter, Sturm oder Wolkenbrüchen sind wir jeden Tag mindestens eineinhalb Stunden draußen. Wir haben das Glück, sowohl einen Spielplatz als auch einen Park und einen Bach zu Fuß erreichen zu können. Den Bollerwagen packe ich schon früh morgens. Echte Höhepunkte sind im Sommer die Picknicks am Bach statt Mittagessen und im Winter die Spaziergänge zu den Stellen, wo wir Futter für die Vögel ausgelegt haben. Bei uns im Kreis gibt es Naturpädagogen, die viele Angebote für Kinder machen. Einmal im Jahr geben die Eltern 7 € extra, davon bezahle ich dann, dass eine Pädagogin mit uns und einer anderen Tagespflegefamilie zusammen in den Wald fährt. Letztes Jahr hieß das Projekt „Elfentanz und Zwergenzauber". Da sind wir auf Spurensuche nach Elfen und Zwergen gegangen – und haben tatsächlich ihre Wohnungen entdeckt."*

> ***Hinweis: Giftpflanzen***
> *Einen Überblick über Giftpflanzen in Haus und Garten finden Sie in Widmayr, Christiane/Kompatscher, Anneliese: Kinder und Gärten. Spielen, Toben, Staunen und Entdecken, München, Blv Buchverlag, 2003.*
>
> *Unter www.giftnotruf.de können Sie eine Beratungsstelle in Ihrer Nähe finden, die Sie im Notfall anrufen können.*

Kinder entdecken ihre Umgebung

Kindertagespflege versteht sich als familiennahe Betreuungsform, bei der die Kinder unmittelbar an den Vorgängen und Unternehmungen teilhaben, die das Alltagsleben ausmachen. Hierzu gehört auch, sich in der weiteren Wohnumgebung zu bewegen, um Einkäufe zu erledigen, an einem kulturellen Ereignis teilzunehmen oder Besuche zu machen.

Die Kontaktaufnahme mit dem weiteren sozialen und örtlichen Umfeld der Umgebung, des Dorfes oder des Stadtteils ist ein wichtiger Schritt für die Kinder bei der Eroberung der Welt.

Gibt es andere Tagespflegefamilien in Ihrer Nähe, kann es eine schöne Abwechslung sein, diese ab und an zu besuchen und im Gegenzug zu einem Besuch einzuladen. Wichtig sind natürlich die Absprache mit der anderen Tagespflegeperson und ausreichend Platz. Auch eine Verabredung mit einer anderen Tageskindergruppe auf dem Spielplatz oder im Park erweitert den Kreis der Spielkameraden und vermittelt neue soziale Erfahrungen.

Warum auch nicht einmal mit den Kleinen – nach Voranmeldung – eine Vorlesestunde in der örtlichen Bibliothek oder eine offene Bastelstunde im Mütterzentrum um die Ecke besuchen. In einem anderen als dem gewohnten Umfeld etwas Neues kennenzulernen hinterlässt oft einen besonders starken Eindruck und erzeugt besondere Faszination.

Doch auch Alltagsdinge schlagen die Kinder schnell in den Bann. Ein Besuch in der duftenden Bäckerei, aus der die Semmeln stammen, ein Blick in die Metzgerei, die die beliebte Bratwurst herstellt – dies alles vermittelt den Kindern Einblick in das „Geschäftsleben" und macht die eigene Lebenswelt verständlicher. Erfahrungsgemäß sind die Familien, die noch den einen oder anderen Betrieb selbst leiten, gar nicht abgeneigt, einer aufgeweckten Kinderschar zu zeigen, wie ihr Handwerk funktioniert. Ganz besondere Gelegenheiten sind auch der Besuch eines Bauernhofs, bei dem die Kleinen vielleicht zum ersten Mal erleben, woher die Milch nun wirklich kommt, oder der Besuch bei einem Schuster oder einer Schneiderin vor Ort, bei denen ein Blick hinter die Kulissen gewagt werden darf.

Wichtig ist natürlich, solche Besuche vorab mit den Betrieben abzusprechen. Ideal sind solche Ausflugsziele, wenn sie fußläufig zu erreichen sind. Von der Altersstruktur und Zahl der Kinder hängt es ab, ob Sie auch öffentliche Verkehrsmittel dazu nutzen können. Vielleicht machen Sie den Ausflug zusammen mit einer anderen Tagespflegefamilie; damit erhöht sich zwar die Anzahl der Kinder, aber als Betreuerin haben Sie Unterstützung durch die Kollegin bzw. den Kollegen. Das Interesse der Kinder an der Exkursion wird umso stärker, je besser sie das Erlebte einordnen können. Warum also nicht bereits im Vorfeld ein Bilderbuch über das Handwerk anschauen oder ein passendes Lied über die Bauernhoftiere singen.

Kleine Aktionen sind bei Kindern stets sehr willkommen. Im Sommer ein kleiner Ausflug zur Eisdiele, in der sich jedes Kind ein Eis aussuchen darf, ein Bummel über den Wochenmarkt, bei dem gleich Obst und Gemüse für die nächste Mahlzeit eingekauft wird, ein kleiner Spaziergang zur Baustelle in der Nähe, wo man endlich einmal endlos lange den Baggern und Kränen bei ihrer Arbeit zusehen darf – auch solche Unternehmungen sind eine echte Bereicherung im Kinderalltag.

Hinweis

Wenn Sie während des Ausflugs Fotos machen, ist das Betrachten der Bilder eine gute Gelegenheit, sich später gemeinsam an die Unternehmung zu erinnern und Beobachtungen und Erfahrungen noch einmal aufzugreifen und zu besprechen. Ihren Eltern können die Kinder anhand der Fotos zeigen und berichten, was sie erlebt haben. Erfahrungsgemäß sind auch die Eltern höchst interessiert an solchen Fotos. Entweder bieten Sie den Eltern an, Fotos nachzumachen und stellen für den Service ein kleines Sparschwein auf, dessen Inhalt auf die eine oder andere Weise den Kinder zugute kommt. Oder sie legen für jedes Kind ein Album an, das Ihr Abschiedsgeschenk an die Kinder ist, wenn sie die Tagesfamilie verlassen.

Tipp

Zum Weiterlesen:

ZeT, Zeitschrift für Tagesmütter und -väter, 1/2009, „Mobilität und Verkehr", Friedrich Verlag. In dieser Ausgabe sind verschiedene Aspekte zu „Tagespflegefamilien unterwegs" aufgegriffen.

4.5 So viel Spielzeug braucht das Kind

Spielend entdecken die Kinder die Welt. Im Spiel lernen Kinder ihre Möglichkeiten kennen, sammeln Erfahrungen über Gegenstände und erproben das soziale Miteinander. Spielen ist die Art der Kinder, Neues auszuprobieren und zugleich die Wünsche und Ängste, die damit verbunden sind, zu verarbeiten. Spielen hat eine wichtige motorische, kognitive, soziale und emotionale Komponente, die für die gesamte Persönlichkeitsentwicklung des Kindes unverzichtbar ist (siehe Kap. B, 1.6).

Die Palette des Angebots an Spielzeug, das für Kinder aller Altersklassen zur Verfügung steht, wird immer größer, und geradezu übervoll sind so manche Spielkisten und Regale in den Kinderzimmern. Meist ist es die gute Absicht der Erwachsenen, die Kinder mit möglichst viel Spielzeug anregen und fördern zu wollen. Doch die Lust der Kinder am Spielen geht nicht selten dabei verloren: Sie sind überfordert von der Vielfalt, lernen nicht, sich ausgiebig mit einem Spielzeug zu beschäftigen, und greifen stattdessen ungeduldig von einem Spielzeug zum nächsten. Viele der industriell vorgefertigten Spielsachen, die eine bestimmte Verwendungsweise festlegen, lassen Kindern kaum Spielraum für eigene Ideen und machen bereits die Kleinsten zu passiven Konsumenten, die unterhalten werden wollen.

Hier kann die Kindertagespflege ihre eigenen Akzente setzen. Nach dem Prinzip „weniger ist mehr" können Sie mit einer bewussten und begrenzten Auswahl an Spielmaterial den Kindern Raum geben für Kreativität und Fantasie, für die Entdeckung der Welt und die Entwicklung sozialer Kompetenzen.

In der Tagespflege können Sie die Spielfreude der Kinder auf unterschiedliche Weise unterstützen:

- Wird Spielzeug für die Tagespflege gekauft, empfiehlt es sich, mit Bedacht auszuwählen. Das Spielzeug sollte vielfältige und variable Spielmöglichkeiten bieten und in der Verarbeitung langlebig, sicher und schadstofffrei sein.
- Bewährt haben sich – je nach Altersstufe der Kinder – Steckringe, Pyramiden, Musikinstrumente (Orff-Instrumente), Holzklötze, Puzzles, Modelliermasse, Bilderbücher, Zugspielzeuge, Fahrzeuge, Stifte, Formsortierer, Puppen, Konstruktionsspielzeug (Duplo etc.), Memo-Spiele, Bastelmaterial, Geschicklichkeitsspiele, erste einfache Gesellschaftsspiele.
- Vorhandenes Spielzeug sollte im Lauf der Zeit eher ergänzt werden, anstatt immer neuartiges Spielzeug hinzuzufügen. So können die Kinder an ihrem Tagespflegeplatz stets eine vertraute Spielumgebung antreffen und ihr Spiel fortsetzen. Zu viele Spielsachen auf einmal verunsichern Kinder. Also lieber einen Teil des Spielzeugs wegräumen und nach einiger Zeit etwas anderes dagegen austauschen.
- Weniger, aber qualitativ hochwertigeres Spielzeug kommt auch der Umwelt zugute: Es ist langlebiger und verringert Müll.

Kinder sind auch nicht unbedingt angewiesen auf Spielzeug aus dem Spielwarenladen. Im Gegenteil – gerade die Kleinen machen sich im Spiel besonders gerne Alltagsgegenstände zu eigen, die entweder zur Nachahmung von Vorgängen in der Erwachsenenwelt dienen oder mit großem Eifer zweckentfremdet eingesetzt werden. Kinder spielen mit – fast – allem: Küchenutensilien werden zu Musikinstrumenten, Kartons zu Kuschelhöhlen, Rohre zur Murmelbahn etc. Der Einfallsreichtum der Kleinen kennt keine Grenzen.

Tipp

Bewahren Sie alte Telefonbücher auf. Kleine Kinder haben diebischen Spaß daran, die dünnen Seiten herauszureißen, und sind voller Konzentration bei der anstrengenden Arbeit.

Viele Materialien aus dem Alltag können von Erwachsenen mit geringem Aufwand und geringen Kosten zu wertvollem Spielmaterial verwandelt werden:

- Ein Schuhkarton mit verschieden großen Schlitzen und Öffnungen wird im Nu zum Steckgerät für Wäscheklammern, Knöpfe und Kugeln.
- Gardinenringe und Schnürsenkel lassen sich zum Auffädelspiel verwandeln.
- Leere Plastikflaschen mit verschiedenen Materialien gefüllt (Erbsen, Sand, Kies, Wasser o. Ä.) machen unterschiedliche Geräusche, sind unterschiedlich schwer und laden ein zum ersten physikalischen Experimentieren.

Tipp

Sammeln Sie das ganze Jahr über Dinge, die Kinder mit Begeisterung verwerten können: Eierkartons, Schachteln und Becher, Stoff- und Wollreste, Küchenrollen und Toilettenpapierrollen, Knöpfe, Wäscheklammern, Glöckchen von Schokohasen bzw. Nikoläusen etc.

An den Alltagsdingen setzt auch die Montessori-Pädagogik an, wenn es um die Arbeit mit „Sinnesmaterialien" oder die „Übungen des täglichen Lebens" geht. Hier werden Maiskörner oder Sand auf einem Löffel von einem in ein anderes Gefäß transportiert, Stoffpaare unterschiedlicher Qualität mit verbundenen Augen ertastet, Reiskörner mit der Pinzette aufgesammelt. Mit einfachsten Dingen aus dem Haushalt können Wahrnehmung, Tastsinn und Feinmotorik der Kinder geschult werden.

Bei einer Vielzahl von Spielideen ist kein oder nur ganz wenig Spielmaterial nötig. Dies trifft zu auf Körper- und Bewegungsspiele, die der Körper- und Raumerfahrung dienen, auf Finger- und Reimspiele, die die Sprachentwicklung fördern, auf Ballspiele und Verstecken, auf Verkleidungsspiele, das Vorlesen, das Malen und vieles mehr.

Obwohl Spielen und Lernen eng miteinander verknüpft sind: Lernspiele, die die Förderung ganz bestimmter Kompetenzen zum Ziel haben, brauchen Kinder nicht unbedingt. Im freien Spiel suchen und finden Kinder ausreichend Anregungen zur Entfaltung ihrer geistigen, körperlichen und emotionalen Kräfte.

Überdenkenswert sind stattdessen eher spielzeugfreie Zeiten, in denen alles Spielzeug für einige Tage oder Wochen „in Urlaub geht" und Raum geschaffen wird für selbstbestimmtes und fantasievolles Miteinanderspielen. Entstanden ist dieses Konzept in den 1990er Jahren mit Blick auf Suchtprävention bei Kindern. Statt Konsumgewohnheiten zu verstärken will die spielzeugfreie Zeit Selbstbewusstsein, Sozialverhalten und Lebenskompetenz bei den Kindern fördern. Gruppen, die spielzeugfreie Zeit einrichten, machen durchweg positive Erfahrungen: Haben sich die Kinder einmal darauf eingestellt, ist von Langeweile keine Spur. Die Kinder reden mehr miteinander, zeigen mehr Rücksichtnahme, streiten weniger – und haben einfach „Zeit zum Spielen".

Exkurs: Einige Anmerkungen zum Alter des Kindes und Spielverhalten (siehe Kap. B, 1.6 und 3.3.2):

*Bis zu **einem Jahr** lieben Kinder Fühlbücher, Rasseln, Fühlbälle, Stoff-Leporellos, Plastikbecher, Quietschtiere.*

*Mit **12 bis 18 Monaten** beschäftigen sie sich mit ersten Puzzles und mit Bällen, fahren mit Holzautos, verstehen die ersten Bilderbücher, ziehen gerne etwas hinter sich her.*

*Mit **18 bis 24 Monaten** werden Puzzles und Bilderbücher anspruchsvoller. Die Kinder können etwas mit Sortierkästen anfangen, mit großen Lego-Steinen (Duplo), mit Knetmasse, einer Klopfbank, Puppen. Manche Kinder fangen mit ersten Memo-Spielen an, auch das Xylophon wird beliebt.*

*Im Alter von **zwei bis drei Jahren** entdecken Kinder die Lust am Verkleiden, konzentrieren sich auf Steckspiele und Bausteine. Beim Vorlesen dürfen die Geschichten jetzt etwas länger sein, dicke Buntstifte und Kinderwerkzeug werden geschickt benutzt. Während Gruppen- und Kreisspiele bis dahin eher abgelehnt wurden, haben die Kinder jetzt Freude daran.*

*Von **drei bis vier Jahren** lassen sich erste, einfache Gesellschaftsspiele mit Kindern spielen. Spielküche, Kaufmannsladen und Holzeisenbahn sind sehr beliebt. Rollenspiele sowie Verkleidungsspiele werden immer fantasievoller.*

Hinweis: Prüfsiegel
Wichtige Prüfsiegel zu Kinderspielzeug im Überblick finden Sie z. B. auf: www.kindergesundheit-info.de/pruefsiegel1.0.html

Hinweise und Informationen zu ausgezeichnetem Spielzeug bietet die Seite: www.spielgut.de/idee.shtml

Tipp

Zum Weiterlesen:
Weitere Anregungen zur Arbeit nach Montessori finden sich z. B. in:

Holstiege, Hildegard: Montessori-Pädagogik für 0–4 Jahre. Ganzheitliche Bildung in Familie, Kita und Kindergarten, Freiburg, Herder, 2009.

Bläsius, Jutta: „Das kann ich schon selber!“: Übungen des praktischen Lebens nach Maria Montessori, Freiburg, Herder, 2008.

Greine, Rita: Wohlfühloasen in Kindertagesstätten. Ein Werkstattbuch. Weinheim/ Basel, Beltz, 2007.

Das Buch „Vermeiden, Verringern, Verwerten“ enthält 30 Anleitungen, wie man zukunftsfähige Mal- und Bastelmaterialien selbst und auf dem Küchentisch herstellen kann. Zu beziehen bei www. labbe.de.

Winner, Anna: „Der spielzeugfreie Kindergarten“ – ein Projekt zur Förderung von Lebenskompetenzen bei Kindern? Eine Begleitstudie zur Suchtprävention im Kindergarten, hrsg. von Aktion Jugendschutz, Arbeitsstelle Bayern e.V., 1998, www. bayern.jugendschutz.de

4.6 Bücher: eintauchen in eine andere Welt

Erziehung, Bildung und Betreuung sind die drei großen Aufgaben der Kindertagespflege. Die Förderung der Sprache ist ein wesentlicher Bestandteil ihres Bildungsauftrags. Inzwischen weiß man, dass Kinder schon als Baby, und damit lange bevor sie selbst sprechen können, über Kompetenzen zur Wahrnehmung von Sprache verfügen und sprachliche Merkmale lernen. Damit dies geschieht, sind sie auf sprachliche Anregungen durch uns Erwachsene angewiesen, indem wir viel mit ihnen sprechen, erzählen, alltägliche Abläufe oder gemeinsame Beobachtungen benennen und ihnen aus Büchern vorlesen. Erzählen und Vorlesen unterstützen das Sprechenlernen von Anfang an. Aus der Forschung ist bekannt, dass Kinder, denen viel erzählt und vorgelesen wurde, später in der Schule besser zurechtkommen.

Das Angebot an Büchern für Kinder ist fast unüberschaubar. Mit etwas geübtem Blick aber lässt sich das Richtige finden, das dem Alter des Kindes und seinem Entwicklungsbedürfnis entspricht. Bücher gibt es bereits für Säuglinge: Kleine Pappbücher, Holzbücher oder Leporellos aus Stoff sind eher noch zum Begreifen und Anknabbern da (deshalb auf Kunststoff verzichten). Fühlbilderbücher oder solche, die beim Anfassen Geräusche erzeugen, kommen diesem Bedürfnis ganz direkt entgegen. Diese Elementarbilderbücher für Babys ab etwa drei Monaten sind eher noch Spielzeug oder Kuscheltier. Sie enthalten idealerweise pro Seite ganz einfache, auf das Wesentliche beschränkte Abbildungen von Alltagsgegenständen, die das Kind auch dann schon, wenn es noch gar keine Benennung dafür hat, wiedererkennt.

Spätestens mit dem Sprechenlernen wird das gemeinsame Betrachten von Bilderbüchern wichtig. Zeigen und benennen Sie, was es im Bilderbuch zu sehen gibt, und sprechen sie mit den Kindern darüber. Für das Kind ist dies der Beginn, sich und die Welt auch über Bücher zu entdecken.

Ab etwa 18 Monaten ist die Zeit für die ersten erzählenden Bilderbücher gekommen, in denen etwas komplexere Bilder von kurzen Sätzen begleitet werden. Das Lieblingsbuch kann gar nicht oft genug hervorgeholt werden. Aber auch das freie Erzählen der abgebildeten Szenen hat seinen Reiz, indem gezielt auf die Informationsbedürfnisse, Gefühle und Reaktionen des Kindes eingegangen wird. Auch textlose Bilderbücher wie Wimmelbücher, in denen das Kind eine Vielzahl ihm bekannter Alltagssituationen entdecken kann, sind ein äußerst beliebter Seh- und Suchspaß und fördern die visuelle Wahrnehmungsfähigkeit und Beobachtungsgabe. Sie sind zudem ein wunderbarer Anknüpfungspunkt, um mit dem Kind – durch die Bilder angeregt – ins Gespräch zu kommen. Denn wichtig ist beim Bilderbuchbetrachten, beim Erzählen und beim Vorlesen immer auch der Austausch zwischen Kind und Bezugsperson. Ziel sollte es sein, das Kind zum Dialog anzuregen. Es ist der aktive Austausch, der die Sprachentwicklung der Kinder fördert, nicht das bloß passive Wahrnehmen von Sprache wie beim reinen Zuhören oder Fernsehen (siehe Kap. B, 1.7.2).

Ab zwei Jahren können die Kleinen bereits kleinen Geschichten folgen, die in einfachen Worten erzählt werden, und die Abbildungen dürfen zunehmend detailreicher werden. Spannend werden in diesem Alter auch Sachbilderbücher, die sich bestimmten Themen widmen und erste „Sachinformationen" liefern. Das Vorlesen und gemeinsame Betrachten von Bilderbüchern ist in diesem Alter ein wichtiger Motor der kognitiven und emotionalen Entwicklung des Kindes. Es fördert die Konzentrationsfähigkeit, macht mit neuen Wörtern, Satzmustern und Sprachstilen vertraut, regt die Fantasie an und die Entstehung der sogenannten „inneren Bilder" und fördert abstraktes Vorstellungsvermögen sowie die Fähigkeit, sich in andere hineinzuversetzen (s. Gespräch mit der Spielpädagogin Susanne Stöcklin-Meier am Ende von Kap. B, 1.7.2).

Merksatz
Vorlesen sollte von Anfang an ein selbstverständlicher Bestandteil des kindlichen Alltags in der Tagesfamilie sein.

In der Kindertagespflege haben Sie verschiedene Möglichkeiten, das Vorlesen und Erzählen in den Alltag einzubeziehen. Sie können zum Beispiel bei schlechtem Wetter eine Vorlesewoche einlegen, während der häufiger als sonst vorgelesen wird. Die Geschichte kann dann Anknüpfungspunkt sein für ein neues Lied, eine Bastelaktion oder ein neues Spiel. Natürlich können Sie auch grundsätzlich an jedem Tag eine kleine Vorlesezeit vorsehen, als Entspannungsritual vor dem Schlafengehen zum Beispiel, oder am späteren Nachmittag, wenn der Tagespflegetag langsam ausklingt. Die Freude am Vorlesen ist umso größer, je angenehmer die Atmosphäre dabei ist: Machen Sie es sich mit den Kindern bequem und behaglich, störende Nebengeräusche sollten so weit als möglich abgeschaltet werden. So wird das Vorlesen zu einer nachhaltigen positiven Erfahrung, die die Lust am Lesen fördert.

Bei der Themenauswahl der Bücher können Sie Bezug nehmen auf die Jahreszeit, auf Erlebnisse in der Kindergruppe oder auf das Thema eines geplanten Ausfluges. Förderlich ist es, wenn auch Geschichten und Sachthemen mit aufgegriffen werden, die die Jungen besonders interessieren. Wie man weiß, sind es gerade die Jungen, die im Schulkind- und Jugendlichenalter eher wenig lesen, was auch darauf zurückzuführen ist, dass Bücher thematisch vielfach stärker an der Lebenswelt von Mädchen anknüpfen. Durch ausgewogene Themenauswahl können Sie vermitteln, dass Bücher auch etwas für Jungs sind. Die Mädchen wiederum erweitern ihren Horizont um Geschichten und Themen, die nicht unbedingt einer typischen Mädchenwelt angehören.

Merksatz
Vorlesen ist mehr als lesen. Es geht dabei immer auch um den Dialog zwischen Kind und Erwachsenem, um die Lust der Kinder an Worten, Geschichten und dem eigenen Formulieren. Vorlesen fördert Konzentration und Kommunikation, es sollte in einer behaglichen Atmosphäre stattfinden.

Tipp

Zum Weiterlesen:
ZeT, Zeitschrift für Tagesmütter und -väter, 4/2009, Friedrich Verlag. In dieser Ausgabe sind verschiedene Aspekte zur Sprachentwicklung aufgegriffen.

Der Vorleseratgeber informiert unter http://images.stiftunglesen.de/Lesestart/PDF/Lesestart_National_Ratgeber.pdf mit vielen weiterführenden Links weiter über das Thema (Vor-)Lesen.

Buchtipps und jede Menge Informationen rund ums Thema Lesen finden Sie auch unter: www.stiftunglesen.de

4.7 Der richtige Umgang mit Medien

Nun sind Bücher keineswegs das einzige Medium, das im Umfeld der meisten Kinder gegenwärtig ist. Ein Haushalt ohne mindestens ein Fernsehgerät ist inzwischen die ganz große Ausnahme. In fast jeder Familie gibt es einen Computer mit Internetzugang, in sehr vielen Familien werden Spielkonsolen genutzt.

Über das Für und Wider elektronischer Medien, insbesondere auch über ihre Wirkung auf Kinder und Jugendliche, wird viel und kontrovers diskutiert. Manche Medienwissenschaftler vertreten die Ansicht, dass Kinder schon von Anfang an Medien nutzen sollten, um mit ihnen vertraut zu werden, weil sie aus unserem Leben und aus unserer Arbeit nicht mehr wegzudenken sind. Andere Pädagogen dagegen warnen vor zu viel Medienkonsum von Kindern. Erhebungen in Deutschland zeigen, dass bereits ein nennenswerter Teil der Einjährigen und nahezu alle Dreijährigen regelmäßig Fernsehen schauen. Zugleich zeigen Studien auf, dass Schulkinder, die von Kleinkind an regelmäßig Fernsehen schauen durften, schlechter in der Schule sind, sich weniger bewegen und zu Übergewicht neigen. Man erklärt diesen Zusammenhang damit, dass die frühe Kindheit eine entscheidende Zeit für die Entwicklung des Gehirns und die Verfestigung von Verhaltensweisen ist. Häufiges Fernsehen im Kleinkindalter schade deshalb, weil die kleinen Kinder, wenn sie gebannt auf den Bildschirm starren, in dieser Zeit nichts von dem tun, was ihrer Entwicklung förderlich wäre. Stillsitzen etwa ist völlig untypisch für kleine Kinder.

Hinzu kommt, dass Kinder unter drei Jahren ein bewegtes Bild noch gar nicht in seiner Gänze erfassen können. Sie nehmen lediglich Bildausschnitte wahr, erkennen einzelne Wörter oder Sätze, können dem Geschehen am Bildschirm demnach gar nicht wirklich folgen.

Merksatz
Für die Kindertagespflege sollte dies bedeuten: kein Fernsehen und keine Computernutzung während der Betreuungszeit.

Stehen Sie zu Ihrem Anspruch, Ihren Tagespflegekindern mehr und anderes zu bieten als Medienkonsum. Sie werden damit im Sinne vieler Eltern handeln. Hier kann die Kindertagespflege eine wichtige Multiplikatorenrolle in Bezug auf den kritischen Umgang mit Medien in der Familie übernehmen.

Nicht zu unterschätzen ist übrigens auch die Nutzung sogenannter Hörmedien wie Radio, Kassetten und CDs. Sie sollten in der Tagespflege nicht über Stunden als Geräuschkulisse laufen. Nichts einzuwenden ist gegen ein gezieltes und zeitlich begrenztes gemeinsames Anhören eines Tonträgers, um in ein neues Lied einzustimmen oder eine kleine Geschichte anzuhören. 20 Minuten sind hierfür das zeitliche Maximum. Nicht zu vergessen: Eine Hörspielkassette ersetzt das Vorlesen nicht.

Tipp

Spaß macht den Kindern der aktive Umgang mit dem Kassettenrekorder. Nehmen Sie mit den Kindern Geräusche auf oder die Stimmen der Kinder. Das kommt auch bei den Kleinen sehr gut an.

4.8 Bastelstunde

Ab einem Alter von 18 Monaten ist es für die Kinder eine besondere Erfahrung, sich gestalterisch mit verschiedenen Materialien auseinanderzusetzen. Stifte, Farben, Papier und Knetmasse sind erste wichtige „Künstlerutensilien". Kritzeln mit Stiften gelingt schon den ganz Kleinen. Spezielle Wachsmalstifte für die kleine Faust und große Bögen Papier sollten deshalb stets verfügbar sein. Ideal ist es, wenn Sie einen niedrigen Extratisch als Malecke einrichten können, zu dem die Kinder nach Lust und Laune freien Zugang haben. Spaß macht es aber auch, wenn alle Kinder gemeinsam am Tisch sind und malen. Abgesehen vom Experimentieren mit Farben und Formen ist eine solche Malstunde auch eine kleine Übung dazu, Ordnung zu halten und die Arbeit der anderen Kinder zu respektieren. Eine gebräuchliche Regel lautet: Ein Stift darf der gemeinsamen Stiftekiste in der Mitte des Tisches entnommen werden und ist nach Gebrauch im Austausch gegen einen anderen wieder zurückzulegen. Zudem malt jedes Kind auf seinem Blatt und lässt das Bild des Nachbarkindes unberührt.

Wichtig ist es, das Tun der Kinder zu begleiten und den Resultaten Aufmerksamkeit und Anerkennung zu schenken. So gewinnt das Kind Vertrauen in seine Gestaltungskraft und erlebt Stolz und Freude über sein Tun. Die Freude ist umso größer, wenn die Bilder, mit Datum und Namen versehen, an eine Pinnwand oder Holzleiste geheftet und aufgehängt werden. Sollen die Bilder dann später von dort abgenommen werden, können sie in einer Mappe aufbewahrt werden. Erhält jedes Kind eine eigene Mappe, ist diese später eine schöne Erinnerung an die Zeit in der Kindertagespflege.

Neben dicken Wachs- und Holzmalstiften ist das Malen mit Fingerfarben für die Kleinen ein großer Spaß und gelingt zudem auch den Kleinsten. Zu bedenken ist allerdings, dass es Kinder gibt, die die klebrige Farbe an den Fingern als unangenehm empfinden und nicht mit Fingerfarben malen möchten. Dies ist natürlich zu respektieren. Bei der Benutzung von Fingerfarben sind Vorkehrungen wichtig, um Farbflecken auf Kleidern und Malumgebung zu vermeiden. Wichtige Helfer sind Malkittel (z. B. aus alten Herrenhemden vom Papa oder große T-Shirts), ein Wachstischtuch und eine Plastikfolie oder ein Stück Linoleum auf dem Fußboden unter dem Maltisch. Dem Malen mit Fingerfarben sind keine Grenzen gesetzt. Die Kinder lieben es, großflächig mit den verschiedenen Farben zu experimentieren. Viele Kinder malen am liebsten zunächst nur mit einer Farbe, bevor sie dann weitere Farben hinzunehmen. Schön mit Fingerfarbe herzustellen sind auch Handabdrücke oder Pünktchenbilder, bei denen die Farbe mit der Fingerspitze aufs Papier gedruckt wird.

Neben dem Malen gehört das Kneten zu den beliebten „künstlerischen Aktivitäten" der Kleinsten. Über das schöpferische Moment ist der Umgang mit Knetmasse auch eine sehr sinnliche, taktile Erfahrung.

Tipp

Knete muss nicht gekauft werden, sondern ist schnell selbst hergestellt, zum Beispiel aus je zwei Tassen Mehl, Salz, Wasser, 2 Esslöffeln Speiseöl, 2 Teelöffeln Weinsteinsäure und nach Wunsch etwas Lebensmittelfarbe. Alle Zutaten werden im Topf erwärmt und gut durchgerührt. Nach dem Abkühlen haben Sie eine sehr geschmeidige und ungiftige Knetmasse, die Sie kühl und in einem luftdichten Behälter lange Zeit aufbewahren können.

Über die Mal- und Knetaktivitäten hinaus können Sie sich auch mit den Kleinen schon an erste Bastelarbeiten heranwagen. Die Bastelmaterialien müssen überhaupt nicht aufwendig sein: Neben Kinderscheren, Papier und lösungsmittelfreiem Klebstoff braucht es oft nur ganz einfache Materialien, die sich im Haushalt finden oder recycelt werden können. Von Filtertütenbatik über beklebte Marmeladengläser bis zu Druck von Geschenkpapier mit selbst hergestellten Stempeln aus Kartoffeln lässt sich auch schon mit den Kleinsten Vieles umsetzen.

Hinweis: Basteltipps

Der Buchhandel bzw. die nahe gelegene Bücherei bietet eine Fülle von Anregungen zum Basteln mit den Kleinsten. Aber auch im Internet tauschen Tagespflegepersonen ihre Ideen und Erfahrungen nicht nur zum Basteln aus.

Die Basteleien können der Jahreszeit oder den Festen im Jahreskreis (Ostern, Weihnachten etc.) entsprechend ausgewählt werden, oder orientiert sein an eine Spielidee (z. B. Perlenrassel aus Toilettenpapierrollen, um das gemeinsame Singen rhythmisch zu begleiten). Sie können als Elterngeschenk gedacht sein (z. B. ein Handabdruck des Kindes in Ton), oder eingebettet sein in die Lektüre von Bilderbüchern, in denen Farben und Formen eine Rolle spielen.

Wichtig bei der kreativen Beschäftigung ist es, den Kindern, wenn nötig, zur Seite zu stehen, ihnen aber so weit als möglich Raum fürs Selbertun zu geben. Stets sollten Sie sich auch vor Augen halten: Das Ergebnis der Mal- und Bastelarbeiten muss (und kann) nicht perfekt sein. Das Wichtigste ist, dass die Betätigung an sich – das Tun – den Kindern Freude macht und sie selbst auf das Ergebnis stolz sind.

Tipp

Zum Weiterlesen:
Ein sehr empfehlenswertes Buch mit ansprechenden und gut umsetzbaren Anregungen und Hintergrundwissen zum Malen, Kneten und Basteln mit den Kleinsten ist:

Mühlenberg, Gisela: Kritzeln – Schnipseln – Klecksen. Erste Erfahrungen mit Farbe, Schere und Papier und lustige Ideen zum Basteln mit Kindern ab 2 Jahren, Münster, Ökotopia Verlag, 2000.

Weitere Bastelanregungen finden sich zum Beispiel auch unter www.kleinkind-online.de oder unter www.creadoo.com.

Bauer, Jutta: Die Königin der Farben, Weinheim/Basel, Beltz, 2001.

Singen: Man sollte es einfach wagen!

Inge Michels im Gespräch mit Reinhard Horn, Lippstadt

Reinhard Horn, Kinderliedermacher, hat seine Leidenschaft zum Beruf gemacht. Bereits als Lehrer war er davon überzeugt, dass Kinder über das gemeinschaftliche Singen für den Unterricht begeistert werden können. Heute komponiert er Melodien für kleine und große Kinder, tourt mit Kinder-Mitmachkonzerten durch Deutschland und gibt sein Wissen und seine Begeisterung in Seminaren weiter. Mehr Infos unter www.kontakte-musikverlag.de.

Gut gelaunte Kinder erkennt man am fröhlichen Singen und auch wir Erwachsenen trällern gerne vor uns hin, wenn wir gut aufgelegt sind. Wird uns Singen in die Wiege gelegt?
Ganz eindeutig: Ja. Im Laufe der Evolution wurde vieles ausgemerzt, was keinen Nutzen bringt. Für das Singen bedeutet dies folglich, dass Singen nicht nur schön, sondern für uns Menschen insgesamt von großem Nutzen ist. Der Ursprung der Wiegenlieder etwa liegt darin, dass sich die Mutter so, also singend, vom Baby entfernen konnte, ohne dass sich das Kind verlassen fühlte. Das Singen geht übrigens auch dem Sprechen voraus. Babys verinnerlichen die Sprache ihrer Eltern schon im Mutterleib und „schreien" nach ihrer Geburt bereits im Takt ihrer Muttersprache. Sie erkennen die Sprachmelodie der Eltern. Singen ist daher die Basis aller Muttersprache der Menschen – so hat es der israelische Geiger Yehudi Menuhin ausgedrückt. Und wenn Eltern nicht singen, dann sprechen sie doch in einer besonderen Weise mit ihrem Baby: Sie sprechen in einer höheren Tonlage, in einem individuellen Rhythmus und Klang. Man kann also sagen, wir können sprechen, weil wir geborene Sängerinnen und Sänger sind.

Es gibt nicht wenige Menschen, die sich scheuen, zu singen. Müssen zum Beispiel Tagesmütter unbedingt mit ihren Tageskindern singen?
Es wird Sie nicht wundern, wenn ich der Überzeugung bin, dass jeder Mensch singen kann. Und ebenso sicher weiß ich, dass Kinder es lieben, zu singen. Aber wer seine eigene Singstimme so gar nicht mag, der kann auch summen. Gerade das tröstende Summen, wenn sich ein Kind wehgetan hat oder in den Schlaf finden soll wirkt beruhigend. Sie können aber auch in den sogenannten Singsang verfallen und einfach beruhigende Worte in einer einfachen Sprachmelodie sprechen. Aber lassen Sie mich noch ein kurzes Plädoyer für das Singen halten: Das Entscheidende beim Singen mit Kindern ist die Freude und der Spaß daran. Alles andere – an Fertigkeiten und Möglichkeiten – kann sich entwickeln. Man sollte es einfach wagen! Jede Melodie beginnt mit der ersten Note, gesungen oder gesummt. Singen kann ich nur durch Singen erlernen. Und je häufiger ich es tue, umso gewohnter und vertrauter wird mir meine eigene Stimme.

Noch einmal zur Kindertagespflege: Wie können Tagesmütter regelmäßiges Singen in den Alltag integrieren?
Kinder brauchen keinen Anlass, um zu singen. Das Singen geschieht ganz natürlich, fließend. So beginnt das Kind mit einem bekannten Lied, wechselt dann nahtlos in ein anderes und wenn es nicht mehr weiter weiß, improvisiert es fantasievoll mit eigenen Worten das Lied zu Ende. So kann es gleichermaßen lustvoll „Leise rieselt der Schnee" bei 40 Grad im Sommer singen wie ein Sommerlied zu Weihnachten. Kinder lieben aber auch Rituale. Ein Lied zu Beginn der Morgenrunde, Lieder, die den Alltag strukturieren, etwa vor dem Essen – das können Anlässe sein, Lieder in den Tagesablauf einzubinden. Gerade das Singen in der Gruppe ist wichtig für die Beziehungen untereinander und stiftet Gemeinschaft.

Das gemeinsame Anhören einer Lieder-CD reicht dazu sicher nicht, oder?
Ja, das sehe ich genauso. Kinder erleben heutzutage leider immer häufiger, dass Musik nur passiv konsumiert werden kann, womöglich noch mit Stöpsel im Ohr. Dabei ist der Effekt des aktiven Musizierens, des Singens, des Spielens eines Instrumentes gemein-

sam mit anderen ungleich wichtiger und bedeutender. Dass Singen Gemeinschaft stiftet, erleben wir Erwachsenen zum Beispiel in Fußballstadien, bei Gottesdiensten oder bei Feiern. Wir brauchen meiner Meinung nach dringend Erlebnisräume, in denen wir Musik mit Kindern machen, und da ist das Singen das Einfachste und noch dazu jedem unbegrenzt und jederzeit Zugängliche. „Wer sprechen kann, kann singen, wer laufen kann, kann tanzen!" – vielleicht kann uns dieses afrikanische Sprichwort ermutigen, künftig häufiger ein Lied anzustimmen.

„Wo man singt, da lass dich ruhig nieder. Böse Menschen haben keine Lieder." Diese Zeile eines Gedichtes kennen viele. Können Sie uns beschreiben, wie Singen auf den einzelnen Menschen wirkt – oder anders gefragt: Warum haben böse Menschen keine Lieder?
Singen wirkt sehr vielfältig. Singen macht glücklich und gesund. Wer singt, atmet unwillkürlich tiefer und intensiver. Deshalb verbessert Singen die Atmung, und das bringt auch gesundheitliche Vorteile. Singen stärkt das Immunsystem und beeinflusst das Herz-Kreislauf-System positiv. Sängerinnen und Sänger z. B. bekommen erwiesenermaßen weniger Erkältungskrankheiten, da das Immunsystem zusätzlich gestärkt ist. Ganz allgemein hilft Singen bei Stress und Schmerz. Und zum Glücksfaktor: Bereits nach 15 Minuten wird ein regelrechter Glückscocktail aus Serotonin und Noradrenalin produziert und ausgeschüttet. Das wiederum liegt daran, dass Singen und Musik unser Belohnungszentrum im Gehirn stimuliert, sodass Glücksgefühle ausgelöst werden. Deshalb also haben böse Menschen keine Lieder.

5 Gesundheit: mehr als die Abwesenheit von Krankheit

Von Marion von zur Gathen

Ob Kinder gesund bleiben oder krank werden, entscheidet sich unter anderem dort, wo sie leben, lernen, wohnen und mit anderen Menschen zusammen sind. Kinder haben meist schon in ihren ersten Lebensjahren mehr als nur einen oder zwei Orte, an denen sie mit anderen Menschen regelmäßig zusammentreffen. Hierzu zählt auch die Kindertagespflege. Die Kindertagespflege sollte so ausgestattet und organisiert sein, dass sie der Förderung der Gesundheit und dem Schutz von Kindern und Fachkräften gleichermaßen dienlich ist. Denn nicht nur Kinder, sondern auch Tagespflegepersonen stehen beim Thema Gesundheit im Zentrum der Betrachtung.

Gesundheit, gesundheitsbezogene Prävention (Vorbeugung) und Gesundheitsförderung sind bereits seit längerer Zeit zentrale Themenfelder in der Kinder- und Jugendhilfe. Dass das Thema aber gegenwärtig intensiver und systematischer diskutiert wird, ist unter anderem auch ein Verdienst des 13. Kinder- und Jugendberichts. Unter dessen Titel „Mehr Chancen für gesundes Aufwachsen – Gesundheitsbezogene Prävention und Gesundheitsförderung in der Kinder- und Jugendhilfe" wurde die gesundheitliche Situation von Kindern und Jugendlichen in Deutschland ausführlich beleuchtet.

Auf die Frage „Wie geht es dir?" geben Menschen, die unter annährend gleichen Bedingungen leben, ganz unterschiedliche Antworten. Diese Frage ist vergleichbar mit der, ob das Glas Wasser halb voll oder halb leer ist. Das liegt daran, dass die Antworten auf diese Fragen nicht nur davon abhängen, ob sich Menschen körperlich wohl fühlen, sondern auch davon, wie sie z. B. ihre familiäre oder berufliche Situation erleben. Gesundheit ist also immer auch eine subjektiv erlebte Befindlichkeit. Sie ist mehr als nur die Abwesenheit von Krankheit. Sie umfasst unsere körperliche, geistige und soziale Verfassung.

> ***Merksatz***
> ***Die Gesundheit des Menschen ist laut Weltgesundheitsorganisation „ein Zustand des vollständigen körperlichen, geistigen und sozialen Wohlergehens und nicht nur das Fehlen von Krankheit oder Gebrechen" (WHO 1948, zit. nach BZgA, 2010).***

Unsere Gesundheit bewegt sich demnach kontinuierlich in einem Spannungsfeld zwischen den vorhandenen Ressourcen und den Belastungen. Dabei ist es das Ziel, eine Balance zwischen Gesundheit und Krankheit herzustellen und zu halten. Damit wird deutlich, dass Gesundheit und Krankheit nicht statisch sind, sondern ein dynamischer Prozess mit fließenden Übergängen.

Vor dem Hintergrund dieses umfassenden Verständnisses von Gesundheit gewinnt die Frage nach ihrer Entstehung, Sicherung und Förderung insbesondere für die Arbeit mit Kindern an Bedeutung. Fragen wir uns also: Welche Maßnahmen dienen dazu, dass sich Kinder gesund fühlen und gesund bleiben, ganz unabhängig davon, ob sie unter optimalen oder schwierigen Bedingungen aufwachsen? Ebenso stellt sich die Frage: Wie können sich Tagespflegepersonen selbst – trotz hoher Belastungen durch ihre Tätigkeit – gesund fühlen und gesund bleiben?

5.1 Gesundheitsbezogene Prävention

Unter gesundheitsbezogener Prävention werden vorbeugende Maßnahmen verstanden, die darauf abzielen, gesundheitliche Belastungen zu reduzieren und Krankheiten zu verhindern. Die wohl älteste und bekannteste Unterteilung von Prävention wird entlang des Zeitpunkts der Intervention (Maßnahme) vorgenommen. Diese Unterscheidung geht auf den Psychiater Gerald Caplan aus dem Jahre 1964 zurück. Unterschieden werden

- primäre Prävention,
- sekundäre Prävention und
- tertiäre Prävention.

Während sich die *primäre Prävention* auf Maßnahmen richtet, die das Auftreten und die Entstehung von Krankheiten verhindern soll, dient die *sekundäre Prävention* der spezifischen Intervention, wenn erste Symptomatiken aufgetreten sind oder konkrete Risiken sichtbar werden. Mit entsprechenden Maßnahmen soll bei dieser Art der Prävention nicht nur die Heilung unterstützt und gefördert, sondern die gesundheitliche Belastung gemildert bzw. ganz verhindert werden. Bei der *tertiären Prävention* sollen mithilfe von gezielten Maßnahmen Folgeprobleme von Krankheiten und Störungen verhindert bzw. eingeschränkt werden.

Beispiel: *Die Pflege der Zähne ist fester Bestandteil in Karins Kindertagespflege. Tagespflegeperson Karin hat mit ihren Kindern hierfür ein Ritual eingeübt. Um die Bedeutung der Zahnpflege zu unterstreichen, hat Karin entsprechende Kinderbücher angeschafft, die sich mit gesunder Ernährung und Zahnpflege beschäftigen. Bei Jan fiel eine Verfärbung der Zähne auf. Jan war beim Zahnarzt. Obwohl der Zahn bald ausfällt, wurde er mit einer Füllung versehen, damit die kommenden Zähne gerade wachsen können.*

Eine andere Unterteilung der Prävention geht auf Robert S. Gordon aus dem Jahr 1983 zurück. Hierbei wird zwischen universeller, selektiver und indizierter Prävention unterschieden. Während unter der universellen Prävention Maßnahmen verstanden werden, die sich an die Gesamtbevölkerung richten, wie Reihenimpfungen, Kampagnen für mehr Bewegung, bessere Ernährung etc., sollen bei der selektiven Prävention spezifische Risikogruppen angesprochen und erreicht werden. Als ein Beispiel hierfür stehen die sogenannten Frühen Hilfen, deren Maßnahmen und Angebote explizit auf die Zielgruppe der Kinder bis zu drei Jahren gerichtet sind. Die indizierte Prävention nimmt hingegen Personengruppen in den Blick, bei denen bereits bestimmte problematische Verhaltensweisen vorliegen und Folgeerkrankungen verhindert werden sollen. Ein Beispiel, das in diesem Zusammenhang angeführt wird, ist die Raucherentwöhnung bei Jugendlichen (vgl. 13. Kinder- und Jugendbericht, 2009).

Was bedeutet dies nun für die Kindertagespflege? Gesundheitsbezogene Prävention umfasst das Handeln der Tagespflegeperson, das auf die Vermeidung oder frühzeitige Linderung gesundheitlicher Belastungen und Krankheiten abzielt. Ein in diesem Sinne zielgerichtetes Handeln setzt voraus, dass die Tagespflegeperson in der Lage ist, Folgeentwicklungen richtig einzuschätzen und vorherzusagen sowie Maßnahmen zu erkennen und zu ergreifen, um negative Auswirkungen im Vorfeld zu verhindern oder abzuschwächen.

Während es also bei der gesundheitsbezogenen Prävention um eine Reduzierung von Belastungen geht, richtet sich die Gesundheitsförderung, die im Folgenden beschrieben wird, auf eine Verbesserung und Stärkung der individuellen Ressourcen zur Gesunderhaltung.

5.2 Aktive Gesundheitsförderung

Anders als bei der Prävention wird unter Gesundheitsförderung ein Prozess verstanden, der Menschen dazu in die Lage versetzen soll, mehr Einfluss auf ihren Gesundheitszustand zu nehmen und ihre Gesundheit aktiv zu verbessern. Bei der theoretischen Trennung zwischen Prävention und Gesundheitsförderung muss allerdings beachtet werden, dass gesundheitsfördernde Maßnahmen immer auch präventiv wirksam werden können. Die Weltgesundheitsorganisation (WHO) hat 1986 ein Konzept zur Gesundheitsförderung entwickelt. Es basiert auf der Annahme, dass grundlegende Lebensbedingungen (Frieden, Nahrung, stabiles Ökosystem etc.) für Menschen vorliegen müssen:

„Gesundheitsförderung zielt auf einen Prozess, allen Menschen ein höheres Maß an Selbstbestimmung über ihre Gesundheit zu ermöglichen und sie damit zur Stärkung ihrer Gesundheit zu befähigen. Um ein umfassendes körperliches, seelisches und soziales Wohlbefinden zu erlangen, ist es notwendig, dass sowohl Einzelne als auch Gruppen ihre Bedürfnisse befriedigen, ihre Wünsche und Hoffnungen wahrnehmen und verwirklichen sowie ihre Umwelt meistern bzw. verändern können. In diesem Sinne ist die Gesundheit als ein wesentlicher Bestandteil des alltäglichen Lebens zu verstehen und nicht als vorrangiges Lebensziel. Gesundheit steht für ein positives Konzept, das in gleicher Weise die Bedeutung sozialer und individueller Ressourcen für die Gesundheit betont wie die körperlichen Fähigkeiten."
(WHO, 1986)

Gesundheitsförderung und Prävention: Strategien und Methoden

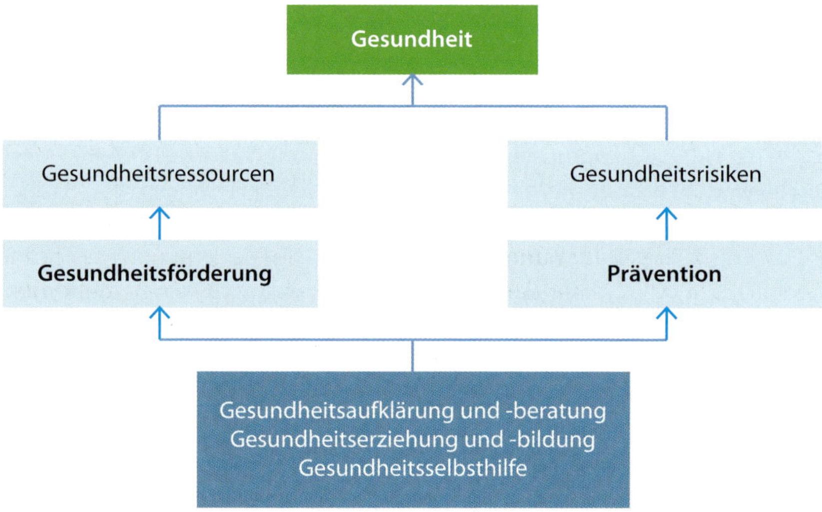

(Waller, 2002, S. 19)

Bei der Suche nach den Quellen für Gesundheit stößt man auf ein Denkmodell in der Gesundheitsforschung, welches sich auf die individuellen Fähigkeiten (Ressourcen) des Menschen zur Gesunderhaltung bezieht. Dieses Modell wird als „Salutogenese" bezeichnet und geht auf Prof. Dr. Aaron Antonovsky (1923–1994) zurück. Der Begriff Salutogenese setzt sich aus den Wörtern „Salus" (lat. Unverletzbarkeit, Heil oder Glück) und dem Wort „Genese" (griech. Entstehung) zusammen (vgl. BZgA, 1999). Übersetzen könnte man den Begriff als „Glücks- oder Heilsentstehung" oder „Unverletzbarkeitsentstehung".

Gesundheit ist aber nicht als Zustand, sondern – wie bereits eingangs ausgeführt – als Prozess zu verstehen, der von unterschiedlichen Faktoren und Bedingungen beeinflusst wird. Gesundheit und Krankheit sind nach diesem Verständnis kein Gegensatzpaar, sondern zwei Extrempole. Im Kern geht es damit um die Frage, was den Menschen befähigt, die Balance zwischen diesen Polen zu halten.

Merksatz
Salutogenese ist ein Denkmodell, das sich auf die Entstehung und Erhaltung von Gesundheit konzentriert. Es formuliert eine Alternative zur Pathogenese, die sich mit der Entstehung von Krankheiten beschäftigt. Gefragt wird demnach nicht, was uns krank macht, sondern wie es Menschen schaffen, trotz unterschiedlicher Belastungen gesund zu bleiben. Von besonderer gesundheitsfördernder Bedeutung sind dabei die Widerstandsressourcen oder auch Schutzfaktoren, über die eine Person verfügen kann.

Dr. Aaron Antonovsky führt als Quellen der Gesunderhaltung verschiedene Schutzfaktoren an, die den Menschen widerstandsfähig machen. Neben den personalen (Gene und Anlagen) und den sozialen (Familie, Freunde, Kolleginnen etc.) werden die ökonomischen/kulturellen und gesellschaftlichen (Umfeld) Schutzfaktoren benannt. Insbesondere die beiden letztgenannten Faktoren spielen in der Tagespflege eine Rolle.

Unter den personalen Schutzfaktoren werden die Schutzfaktoren verstanden, die im Wesen eines Menschen begründet liegen und damit seine innere Verfasstheit spiegeln. Hierzu gehört die Intelligenz ebenso wie die emotionale Beschaffenheit eines Menschen, seine Bildung, sein Selbstvertrauen und damit seine Ich-Stärke.

Der Mensch lebt bekanntlich nicht allein. Die *sozialen Schutzfaktoren* ergeben sich demzufolge aus den sozialen Beziehungen innerhalb der Familie, aber auch zu Freunden und Bekannten. Hierbei geht es um das wichtige Gefühl, dazuzugehören, geborgen zu sein und sich auf andere verlassen zu können.

Widerstandsressourcen oder Schutzfaktoren, die sich aus dem ökonomischen, kulturellen und gesellschaftlichen Umfeld ergeben, werden ebenso durch die Erfahrungen mit der Umwelt, der Verfügbarkeit über Arbeit, Geld, Wohnung etc. gebildet. Hinzu kommen die Möglichkeiten der Werteorientierung, die über den Zugang zu religiösen, politischen, philosophischen und ästhetischen Quellen erreicht werden.

Bei dem Modell der Salutogenese ist es wichtig, dass der Mensch in seiner Gesamtheit und mit seiner Biografie im Mittelpunkt der Betrachtung steht. Allerdings sind die vorhandenen Ressourcen des Menschen für die Bewältigung von Herausforderungen nicht allein ausschlaggebend, sondern auch die Fähigkeit, sie zu erkennen, sinnvoll einzusetzen und zu nutzen. Erst wenn das gelingt, hat der Mensch das Gefühl, sein Leben sprichwörtlich im „Griff zu haben". Letzteres wird in diesem Denkmodell mit Kohärenzgefühl oder Kohärenzsinn benannt und ist ein zentraler Baustein im Modell der Salutogenese.

Definition
Das Kohärenzgefühl oder der Kohärenzsinn umschreibt die Haltung eines Menschen, die davon ausgeht, dass es einen Sinn im Leben gibt und dass das Leben nicht einem unbeeinflussbaren Schicksal unterworfen ist. Die drei wesentlichen Komponenten für diese Haltung heißen Verstehbarkeit, Handhabbarkeit und Bedeutsamkeit.
Verstehbarkeit meint: Die Anforderungen an mein Leben sind für mich verständlich, vorhersehbar und erklärbar.

***Handhabbarkeit* meint: Ich kann die Anforderungen meines Lebens meistern, ich besitze die notwendigen Ressourcen oder Mittel dazu.**
***Bedeutsamkeit* meint: Es lohnt sich, die Anforderungen als Herausforderungen anzunehmen und sie zu bewältigen.**

In der Übersetzung auf den Alltag in Kindertageseinrichtungen und damit ebenso für die Kindertagespflege lassen sich folgende Maßnahmen ableiten:

Zusammenfassung

***Verstehbarkeit** entsteht, wenn Kinder Konsistenz und Kontinuität im Verhalten ihrer Bezugspersonen erleben, wenn sie emotionale Zuwendung erfahren und sichere Bindungen aufbauen können.*

***Handhabbarkeit** entsteht, wenn die Anforderungen entwicklungsgerecht sind und die Kinder lernen, auf ihre eigenen Ressourcen zu vertrauen. Die richtige Balance zu finden zwischen Belastung und Bewältigung, zwischen Anforderung und Können, zwischen Erwartung an das Kind und seinen Möglichkeiten – das gehört zur Kunst des Erziehens und zum pädagogischen Können.*

***Bedeutsamkeit** entsteht, wenn Kinder in Entscheidungen einbezogen werden. So erfahren sie Aufmerksamkeit und Akzeptanz, ihre Meinung wird geachtet und anerkannt; sie gewinnen die Überzeugung, dass die Bewältigung der Anforderungen einen Sinn hat und ihr Handeln bedeutsam ist.*
(vgl. Krause, 2009, S. 7)

In der Kindertagespflege werden präventive und gesundheitsfördernde Maßnahmen bereits in vielfältiger Form angewandt und umgesetzt. Gesunde Ernährung, Bewegungsförderung, Förderung der Sprachentwicklung sowie Hygiene sind fester Bestandteil im Alltag der Kindertagespflege. Auch ist die mit dem salutogenetischen Modell verbundene Sicht auf gesundheitsfördernde Faktoren eine Erkenntnis, die sich in der allgemeinen Pädagogik in der einen oder anderen Weise wiederfindet. Unabhängig davon kann die gesundheitsbezogene Perspektive von Bildungs- und Erziehungsprozessen in der Kindertagespflege den eigenen Erkenntnishorizont und damit das fachliche Handeln von Tagespflegepersonen erweitern.

Tipp

Zum Weiterlesen:
13. Kinder- und Jugendbericht, Bericht über die Lebenssituation junger Menschen und die Leistungen der Kinder- und Jugendhilfe in Deutschland, 2009 Bundesdrucksache 16/12860

Im Mittelpunkt des 13. Kinder- und Jugendberichtes der Bundesregierung stehen die Angebote und Maßnahmen der Kinder- und Jugendhilfe im Bereich gesundheitsbezogener Prävention und Gesundheitsförderung.

5.3 Prävention und Gesundheitsförderung in der Kindertagespflege

Wenn es um die Frage von Gesundheit im Zusammenhang mit der Kindertagespflege geht, wird nur selten an die Tagespflegepersonen selbst gedacht. Vielmehr richtet sich das Augenmerk auf die zu betreuenden Kinder. Daran ist erst einmal auch nichts auszusetzen, zählen doch die gesundheitsbezogene Prävention und die Gesundheitsförderung zu den wichtigen Aufgaben im fachlichen Handeln der Tagespflegepersonen. Ungeachtet dessen ist die Erhaltung und Förderung der eigenen Gesundheit ein zentrales Thema für die Tagespflegeperson selbst.

Denn wer die Arbeit mit Kindern zu seinem Beruf macht, möchte diese Tätigkeit in der Regel auch längere Zeit ausüben und Freude daran haben, ohne gesundheitliche Einschränkungen hinnehmen zu müssen. Damit diese Freude erhalten bleibt, sollte sich jede Tagespflegeperson mit den Bedingungen am eigenen Arbeitsplatz auseinandersetzen. Sie sollte dabei der Frage nachgehen, welche Maßnahmen unternommen werden können, um die eigene körperliche, geistige und seelische Gesundheit zu erhalten. Es steht sicher außer Zweifel, dass die eigene Verfassung eine wichtige Voraussetzung für die erfolgreiche Arbeit mit Kindern ist.

5.3.1 Arbeitsplatz Kindertagespflege

Gegenwärtig findet die Kindertagespflege überwiegend im Haushalt der Tagespflegeperson statt. Damit wird die eigene Wohnung, der Ort des Rückzugs und des Privaten zum Arbeitsplatz und damit zumindest zum Teil und für einen festgelegten Zeitraum zum öffentlichen Raum. Öffentlicher Raum auch in dem Sinne, dass neben der Erziehung, Bildung und Betreuung der Kinder dort oft der fachliche Austausch mit anderen Tagespflegepersonen stattfindet, Elterngespräche und Elternabende ebenso abgehalten werden wie der Austausch mit Kolleginnen der Fachberatung gepflegt wird. Zudem ist von der Tagespflege im eigenen Haushalt die ganze Familie betroffen, denn in der Regel gibt es Räume, die gemeinsam genutzt werden.

Vor diesem Hintergrund empfiehlt es sich, eine klare Trennung zwischen solchen Räumen vorzunehmen, die für die Kindertagespflege und solchen, die für die private Nutzung vorgesehen sind.

Beispiel: Frau S. hat den Bereich der Kindertagespflege für die fünf Tageskinder in der unteren Etage ihres Hauses einrichtet. Die privaten Räume befinden sich im ersten Stock und sind über eine Treppe zu erreichen. Der Treppenaufgang ist mit einem kleinen Schutzgitter und einem Schild mit der Aufschrift „Privat" versehen.

Beispiel: Frau F. bietet die Tagespflege für drei Kinder in ihrer geräumigen Dreizimmerwohnung an. Dazu hat sie den Flur für die Hol- und Bring-Situationen neu und einladend gestaltet. Im Schlafzimmer wurde der Bereich für die beiden Kinderbettchen mit einer „spanischen Wand" optisch getrennt. Das Wohnzimmer ist für die kleinen Gäste „tabu". Die Tür dorthin ist abgeschlossen, jedoch wird die Türfläche zum Flur hin als Bildergalerie genutzt. Der als Kinderzimmer der Wohnung vorgesehene Raum ist das eigentliche „Tagespflegezimmer".

Die Tätigkeit der Kindertagespflege ist mit verschiedenen Belastungen verbunden. Um die eigene körperliche, geistige und seelische Gesundheit zu erhalten und zu fördern, müssen diese Belastungen erkannt, behoben oder reduziert werden. Das bedeutet für Sie als Tagespflegeperson, sich klar zu machen, welche Dinge im Arbeitsablauf als schwierig erlebt werden und wie Sie damit umgehen können. Dazu gehören körperliche Beschwerden wie Rückenschmerzen ebenso wie psychisch bedingte Belastungsfaktoren, wie sie beispielsweise durch Probleme in der eigenen Familie oder in der Zusammenarbeit mit den Eltern entstehen können.

Wichtig ist: Schauen Sie genau hin, spüren Sie auch kaum wahrnehmbaren Beschwerden nach, erkennen Sie Ihre Belastungen und sorgen Sie für die notwendige Entlastung. Geeignet sind Entspannungstechniken wie autogenes Training, Gymnastik, Supervision, der fachliche Austausch mit anderen Tagespflegepersonen oder das klärende Gespräch mit den Eltern. Belastungen beeinträchtigen erst dann die Gesundheit, wenn sie als dauerhafte Beeinträchtigung für das körperliche, geistige und seelische Wohlbefinden erlebt werden.

Einige Belastungen, die im Zusammenhang mit der Tätigkeit in der Kindertagespflege stehen, können mit gezielten Maßnahmen reduziert bzw. vermieden werden, wie sie im Folgenden beschrieben werden.

Infektionsschutz

Dass kleine Kinder schnell krank werden und oft insbesondere dann, wenn sie neu in eine Kindertagesbetreuung kommen, gehört zu den leidvollen Erfahrungen vieler Eltern. Wer aber mit Kindern arbeitet, muss sich entsprechend schützen, um nicht selbst krank zu werden. Nun ist es sicher nicht ratsam, wenn eine Tagespflegeperson mit Mundschutz und Handschuhen ihre Arbeit verrichtet. Sie kann und muss aber die notwendigen Maßnahmen treffen, um das eigene Infektionsrisiko zu minimieren. Das gründliche Händewaschen nach dem Wickeln oder Naseputzen gehört ohne Zweifel zu den wichtigsten und einfachsten Maßnahmen. Bei speziellen Darmerkrankungen kann es zudem angezeigt sein, nach dem Wickeln und Entsorgen der benutzten Utensilien die Flächen sowie die Hände mit einem hierfür vorgesehenen Desinfektionsmittel zu reinigen.

Viele Infektionskrankheiten, an denen Kinder erkranken, können Erwachsene ebenfalls bekommen. Während Kinder diese Erkrankungen oft ohne Komplikationen durchlaufen, können sie bei Erwachsenen zu größeren Problemen führen. Deshalb empfiehlt es sich, mit einem Hausarzt oder einer Kinderärztin den eigenen Impfstatus zu klären. Besprechen Sie mit Ihrem Arzt auch, welche Impfungen für Menschen empfohlen werden, die mit kleinen Kindern arbeiten, und wägen Sie Vorteile und Risiken für sich ab.

Hinweis
Tagespflegepersonen können sich bei Fragen zum Infektionsschutz Unterstützung und Beratung durch die zuständigen Gesundheitsämter holen.

Das Infektionsschutzgesetz finden Sie unter: www.gesetze-im-internet.de

Heben, Bücken und Lärm

Anna will auf den Arm, Tim will auf dem Boden sein Auto repariert bekommen und Christoph weint lauthals seiner Mutter nach. Heben, bücken und Lärm gehören zu den „normalen" Belastungen, die in der Arbeit mit kleinen Kindern entstehen. Die Beschäftigung mit Kindern auf gleicher Augenhöhe erfordert, entweder die Kinder zu heben oder sich selbst nach unten auf die Ebene der Kinder zu begeben. Dabei bedeutet das wiederholte Heben der Kinder eine besondere Belastung für den eigenen Bewegungsapparat, insbesondere den Rücken. Auch das Bücken, in die Hocke gehen oder auf zu niedrigen Stühlen sitzen kann die Gelenke und den Rücken stark beanspruchen. Entlastungen bieten hier abwechslungsreiche und den Bedürfnissen von Kindern und Tagespflegeperson angepasste Raumkonzepte. Wie wichtig solche Überlegungen zur Raumgestaltung sind, soll an zwei Beispielen erläutert werden.

In vielen Tagespflegestellen werden Kinder für die gemeinsamen Mahlzeiten in Hochstühle an einen gewöhnlichen Esstisch gesetzt. Die Kinder sitzen damit in einer Höhe am Tisch, die ihnen erlaubt, in guter Haltung das Essen einzunehmen und das Geschehen am Tisch im Blick zu behalten. Auch die Tagespflegeperson kann auf diese Weise, in einer ihr angenehmen Sitzhöhe, am Tisch Platz nehmen. Das Sitzen in Hochstühlen schränkt die Kinder jedoch in ihrer Bewegungsfreiheit ein. Oft können sie weder von allein in den Stuhl klettern, noch ihn wieder verlassen. In der Regel gibt es deshalb kindgerechte Sitzmöbel für Spielaktivitäten wie malen, basteln oder bauen. Diese sind allerdings in einer Höhe, die für erwachsene Menschen ungeeignet sind.

Eine Abhilfe kann hier ein Podest bieten, auf dem Tisch und Stühle der Kinder stehen, und das von einer Seite mit einem normal großen Stuhl genutzt werden kann. Diese einfache Lösung schont Rücken und Gelenke der Tagespflegeperson und erlaubt es weiterhin, mit den Kindern auf Augenhöhe in Kontakt zu bleiben. Wird das Podest mit Rampen versehen, reduziert sich zudem die Gefahr, dass die Kinder herunterfallen. Alternativ bieten sich auch weiche Matten oder Matratzen an, um das Podest abzusichern.

Eine andere Möglichkeit, Kinder weniger zu heben, bieten Stufen oder ebenfalls Podeste. Mit ihrer Hilfe können die Kinder ab einem bestimmten Alter selbst auf den Wickeltisch oder das Waschbecken steigen. Die Stufen oder Treppen können fest installiert werden oder transportabel sein. Wichtig ist allerdings, dass Kinder diese Hilfen nicht unbeaufsichtigt nutzen können.

Der Vorteil dieser Variante liegt auf der Hand. Wenn Kleinkinder noch gewickelt werden, aber schon laufen können, sind sie oft bereits so schwer, dass das wiederholte Heben anstrengt. In der Regel können sie aber bereits allein oder mithilfe von ein oder zwei Stufen klettern und damit den Wickeltisch oder das Waschbecken selbst erreichen.

Tipp

Stärken Sie Ihren Bewegungsapparat durch spezielle Trainings oder Rückenschulen. Ihre Krankenkasse hilft Ihnen, das passende Angebot zu finden.

Und nun zum Thema Lärm: Wenn Kinder spielen, singen oder toben, kann es oft recht laut zugehen. Dieses normale Verhalten von Kindern kann in einer Gruppe schon mal belastende Ausmaße erreichen. Kinder sollen und dürfen laut sein. Aber ein hoher und lang anhaltender Lärmpegel kann zu gesundheitlichen Beeinträchtigungen führen. Mit Inseln der Ruhe und Stille oder bewussten Phasen des ruhigen Spielens kann ein Ausgleich geschaffen werden, der Kindern und Tagespflegepersonen gleichermaßen dient. Mit etwas Fantasie lassen sich durch einfache Mittel und auf begrenztem Raum „Inseln der Ruhe" schaffen.

> ***Beispiel:*** *Kerstin M. hat eine Matratze in einer Ecke des Raumes mit einem Mückenschutznetz überspannt, eine Lichterkette angebracht und somit einen gemütlichen Ort für den Rückzug und zur Entspannung geschaffen.*

Tipp

Zum Weiterlesen:
von der Beek, Angelika/ Buck, Matthias/ Rufenach, Annelie: Kinderräume bilden – Ein Ideenbuch für die Raumgestaltung in Kitas, Berlin, Cornelsen Scriptor, 2006.

Die Autorin möchte Räume so gestalten und anbieten, dass sie dem Kind Themen vorschlagen und Materialien bereitstellen, die kindliche Tätigkeiten geradezu herausfordern. Obwohl für Kitas konzipiert, kann die Tagespflege von den Ideen und Vorschlägen profitieren, insbesondere von den Podestlandschaften. Allerdings wird es für die einzelne Tagesmutter ausreichen, das Buch auszuleihen und sich machbare Anregungen zu kopieren.

5.3.2 Vorsorge für den Notfall

Nicht alle Ereignisse lassen sich immer exakt vorhersagen, aber mit einem Notfallplan können Sie sich auf verschiedene Situationen einstellen und vorbereiten. Notieren Sie Notfallnummern gut sichtbar, damit sie schnell und leicht zugänglich sind. Zu den allgemeinen Rufnummern zählen der Notruf der Feuerwehr, der Polizei, des Notarztes und der Giftzentrale. Für notwendige Erste-Hilfe-Maßnahmen müssen entsprechende Materialien (Verbandskasten, Pflaster etc.) zur Verfügung stehen.

Ersetzen Sie umgehend verbrauchtes oder abgelaufenes Material. Bewahren Sie es so auf, dass es im Notfall schnell und ohne viel „Herumkramen" zur Hand ist. Unterschätzen Sie dabei nicht die Aufregung, die für Sie mit einem Notfall verbunden sein kann. Bewährt hat sich ein eindeutig gekennzeichneter Erste-Hilfe-Karton in Küche oder Bad, der für Kinder in jedem Fall unerreichbar ist.

Tipp

Zusätzlich sollte bei kürzeren und längeren Ausflügen eine stets fertig gepackte kleine „Erste-Hilfe-Tasche" zur Standardausrüstung gehören.

Darüber hinaus sollten für jedes Kind Rufnummern existieren, unter denen die Eltern oder andere Betreuungspersonen im Notfall erreicht werden können. Auch diese Nummern sollten Sie schnell zur Hand haben, zum Beispiel als Liste neben dem Telefonanschluss oder in Ihrem Handy eingespeichert.

Beispiel: *Frau Sander macht mit ihren Tageskindern einen Ausflug auf den Spielplatz. Der vierjährige Lion spielt mit seinem Freund Max auf dem Klettergerüst. Er will gerade weiter nach oben klettern, als er von Max geschubst wird. Lion fällt vom Klettergerüst und stößt mit dem Kinn so hart auf, dass es zu bluten beginnt. Frau Sander reagiert schnell und besonnen. Sie hat auf Ausflügen immer etwas Verbandsmaterial dabei. Sie versorgt zunächst die Wunde und ruft anschließend über ihr Handy Lions Eltern an.*

5.4 Wenn die Kindertagespflegeperson krank wird

Was ist zu tun, wenn Sie selbst krank werden? Sorgen Sie rechtzeitig vor und besprechen Sie auch mit den Eltern, wie der Alltag weitergehen kann, wenn Sie selbst arbeitsunfähig sind. Bedenken Sie dabei: Eine Erkrankung und damit der Ausfall der Tagespflegeperson führen für die Kinder nicht nur zu einem Verlust der gewohnten Bezugsperson, sondern auch der gewohnten Umgebung. Insbesondere kleine Kinder reagieren sensibel auf Veränderung in ihrem Betreuungssetting.

Zwar ist nach § 23 Abs. 4 Sozialgesetzbuch VIII der öffentliche Träger der Jugendhilfe für eine Vertretung der Tagespflegeperson im Krankheitsfall zuständig, aber aus fachlichen Gründen sollte die Tagespflegeperson selbst Vorsorge für ihre Vertretung im Krankheitsfall treffen. Wünschenswert ist, dass die Vertretungsperson in der Nähe wohnt und Kinder sowie Eltern sie bereits kennen. In der Praxis hat es sich deshalb als vorteilhaft erwiesen, wenn mehrere Tagespflegepersonen eng zusammenarbeiten und sich gegenseitig vertreten. Damit sich Kinder und Tagespflegepersonen kennenlernen, miteinander vertraut werden und auch die jeweils anderen Räumlichkeiten besucht werden, hat es sich bewährt, hin und wieder gemeinsame Ausflüge, Spielstunden oder Ähnliches zu veranstalten.

Im Falle einer Vertretung ist es wichtig, dass alle relevanten Informationen über die Kinder schnell und unkompliziert weitergegeben werden. Als praktisch hat sich ein *Übergabeheft* erwiesen, das die Tagespflegeperson regelmäßig führt, um Besonderheiten für die Betreuung der Kinder zu notieren. So kann dort zum Beispiel notiert werden, dass ein Kind zurzeit nicht baden darf, weil ein Impftest durchgeführt wird, oder dass es Veränderungen in der Betreuungszeit geben wird.

Tipp

Achten Sie darauf, dass dieses Heft nicht für Unbefugte zugänglich ist, denn Eltern und Kinder haben ein Recht auf Schutz ihrer Daten.

Darüber hinaus sollten die Eltern möglichst zeitnah über den Ausfall der Tagespflegeperson informiert werden, damit sie selbst entscheiden können, ob sie die angebotene Vertretung nutzen oder auf eigene Betreuungsmöglichkeiten zurückgreifen wollen. Bei längerer Erkrankung empfiehlt es sich, in Kontakt mit den Eltern zu bleiben und sie regelmäßig über den Stand der Krankheit zu informieren.

5.5 Wenn ein Kind krank wird

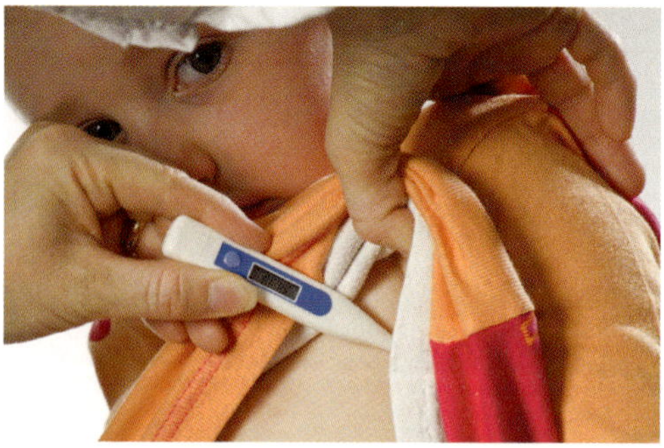

Nur bei den wenigsten Kindern kündigt sich eine Erkrankung weit im Vorfeld an. In der Regel werden Kinder wie aus heiterem Himmel krank. Noch am Vormittag haben sie mit Freunden gespielt, doch bereits am Nachmittag liegen sie mit hohem Fieber im Bett. Für die Tagespflegeperson bedeutet die Erkrankung eines Kindes eine zusätzliche Belastung. Sie muss sich um das erkrankte Kind besonders kümmern, ohne die anderen Kinder dabei zu vernachlässigen. Ferner muss sie die Situation richtig einschätzen und gegebenenfalls entsprechende Maßnahmen (beispielsweise Wadenwickel) ergreifen. In jedem Fall aber sind die Eltern über die Erkrankung des Kindes zu informieren und, wenn nötig, Absprachen über das weitere Vorgehen zu treffen. Es empfiehlt sich, bereits bei der Aufnahme eines Kindes mit den Eltern eine schriftliche Vereinbarung zum Vorgehen im Krankheitsfall des Kindes zu treffen.

Beachten Sie: Tagespflegepersonen dürfen dem Kind von sich aus keine Medikamente geben – weder zur Senkung des Fiebers noch zur Bekämpfung von Schmerzen. Die Entscheidung, ob und welche Medikamente das Kind erhält, treffen allein die Eltern. Selbst ein Arzt wird dem Kind nur dann ohne Rücksprache mit den Eltern ein Medikament verabreichen, wenn das Leben des Kindes gefährdet ist.

Bei besonderen Erkrankungen (beispielsweise Infektionserkrankungen oder Kopfläusen) muss vor der Rückkehr des Kindes in die Tagespflege eine Bescheinigung des Arztes darüber vorgelegt werden, dass das Kind wieder gesund ist. Im Betreuungsvertrag ist geregelt, wem diese Bescheinigung vorzulegen ist.

Bei allen ansteckenden oder leicht übertragbaren Erkrankungen sind die Eltern zu informieren. Zudem empfiehlt es sich, mit entsprechenden Hinweisen bereits an der Eingangstür auf die bestehenden Erkrankungen aufmerksam zu machen.

Hinweis

Es gibt in Deutschland eine ganze Reihe von meldepflichtigen Erkrankungen und Vorschriften zur Verhütung und Bekämpfung von Infektionskrankheiten. Die Vorschriften sind im Infektionsschutzgesetz verankert.

Nähere Informationen finden Sie unter: http://bundesrecht.juris.de/fsg/index.html

Zusammenfassung

Sichern Sie sich ab, indem sie mit den Eltern eine schriftliche Vereinbarung schließen, in der ausgeführt wird, was im Krankheitsfall des Kindes von Ihnen unternommen werden kann.

Informieren Sie bei Erkrankung des Kindes umgehend die Eltern.

Lassen Sie sich gegebenenfalls die Bescheinigung vom Arzt vorlegen, dass das Kind wieder gesund ist, oder fragen Sie nach, ob eine entsprechende Bescheinigung beim Jugendamt vorliegt.

Informieren Sie die Eltern, wenn in der Gruppe ansteckende oder leicht übertragbare Erkrankungen aufgetreten sind.

Ein krankes Kind in der Gruppe

Nicht jede Erkrankung eines Kindes erfordert eine häusliche Betreuung. In einzelnen Fällen kann die Betreuung in der gewohnten Gruppe den Heilungsprozess und damit die Genesung des Kindes sogar fördern, wenn die Kinderärztin dazu rät.

__Beispiel:__ Martin hat sich den Unterarm gebrochen und einen Gipsverband bekommen. Da es ihm ansonsten gut geht, hat der Arzt nach einer Woche dazu geraten, Martin wieder in die Kindertagespflege zu geben. Er langweilt sich zu Hause und vermist seine Freunde.

Zudem gibt es chronische Erkrankungen, die behandelt und gelindert, aber oft nicht geheilt werden können, zum Beispiel Neurodermitis.

Kann ein Kind trotz Erkrankung weiter in der Tagespflege betreut werden, sind in der Regel konkrete Absprachen mit den Eltern etwa zur Gabe von Medikamenten oder dem Wechsel von Verbänden notwendig. Auch bei diesen Absprachen ist eine schriftliche Vereinbarung ratsam.

Tipp

Informieren Sie auch die anderen Eltern über diese Vereinbarung bzw. besprechen Sie mit den Eltern des erkrankten Kindes, dass sie alle Eltern davon in Kenntnis setzen möchten. Gerade bei chronischen Erkrankungen wie Diabetes oder Neurodermitis ist es ratsam, dass Eltern und Kinder informiert sind, damit ein entspanntes Miteinander möglich ist und Missverständnisse oder Ängste etwa über eine Ansteckungsgefahr vermieden oder geklärt werden können.

Kinder mit einer Erkrankung müssen mit ihren besonderen Bedürfnissen in den Tagesablauf integriert werden. Oft zeigen auch die übrigen Kinder Interesse an der Erkrankung eines Kindes. Es empfiehlt sich, ohne Scheu, aber in Absprache mit den Eltern des erkrankten Kindes über dessen Situation in der Gruppe zu sprechen. Kinder lernen dabei, andere Menschen mit ihren besonderen Bedürfnissen wahrzunehmen und üben sich in Rücksichtnahme.

__Beispiel:__ Die dreijährige Lisa ist an Diabetes („Zuckerkrankheit") erkrankt. Lisa braucht eine spezielle Diät und ist auf Medikamente angewiesen. Frau Konrad hat Lisas besondere Ernährung in der Gruppe zum Thema gemacht. Die Kinder haben Lisa viele Fragen gestellt und wissen nun, auf was Lisa achten muss.

5.6 Gefahrenquellen für Kinder erkennen und beheben

In jedem Haushalt gibt es verschiedene Gefahrenquellen für Kinder. Nicht nur die Steckdosen, der Herd oder erreichbare Elektrogeräte gehören hierzu, sondern auch scharfe Kanten oder Treppen im Haus. Die Gefahrenquellen müssen erkannt und entsprechend behoben bzw. gesichert werden.

Die Sicherung der Steckdosen gehört für jeden Haushalt, in dem sich Kinder aufhalten, zum Standard. In der Regel werden Einsätze für die Steckdosen verwandt, die in jeden

Elektrofachmarkt erhältlich sind. Achten Sie aber darauf, dass die Einsätze fest sitzen und nicht bereits bei geringer Manipulation entfernt werden können. Lassen Sie sich hierzu gegebenenfalls in einem Fachgeschäft beraten.

Eine weitere Gefahrenquelle sind Putzmittel, die in der einen oder anderen Form ebenfalls in jedem Haushalt vorhanden sind. Um diese Mittel sicher vor dem Zugriff von Kindern aufzubewahren, können die Schränke mit Riegel gesichert oder die Putzmittel außerhalb der Reichweite von Kindern aufbewahrt werden.

Tipp

Um vorhandene Gefahrenquellen besser erkennen zu können, empfiehlt es sich, den Blickwinkel zu ändern. Nehmen Sie die Perspektive eines Kindes ein und schauen Sie sich aufmerksam im Raum um. Sollten Sie auf diese Weise mehrere Räume betrachten wollen, kann hierfür auch ein Skateboard hilfreich sein, auf dem Sie sitzend durch die Räume fahren können.

Spielgeräte und Außenanlage

Spielgeräte können bei schlechtem Zustand oder unsachgemäßer Nutzung zur Gefahrenquelle für Kinder werden. So muss zum Beispiel eine Schaukel standfest montiert sein und darf keine schadhaften Stellen aufweisen. Eine Rutsche sollte keine scharfen Kanten oder rissige Stellen an Holzteilen haben.

Hinweis: Metall-Rutschen werden oft zu heiß
Beachten Sie, dass bei starkem Sonnenschein Rutschen aus Metall glühend heiß werden. Nicht selten verbrennen sich Kinder die Haut an den Beinen, wenn sie im Sommer ohne lange Hosen rutschen. Prüfen Sie unbedingt, ob das Metall zu heiß zum gefahrlosen Rutschen ist.

Während die Wartung von öffentlichen Spielplätzen in die Zuständigkeit von Behörden fällt, sind Tagespflegepersonen im Falle der Nutzung von eigenen Spielgeräten für deren Zustand selbst verantwortlich. Achten Sie deshalb beim Erwerb von Spielgeräten auf entsprechende Prüfzeichen, lassen Sie sie fachgerecht montieren und die Sicherheit in regelmäßigen Abständen überprüfen. Dies dient der Sicherheit der Kinder sowie Ihrer eigen Absicherung.

In diesem Zusammenhang ist ebenfalls auf die Kleidung von Kindern und dadurch bedingte Verletzungsgefahr hinzuweisen. Kapuzen und Kordeln oder Bänder an Jacken oder Pullis können zu ernsthaften

Gefahren für Kinder bei der Benutzung von Spielgeräten werden. Sprechen Sie diese Gefahren auf Elternabenden an. Bitten Sie die Eltern, auf diese Dinge bei der Kleidung ihrer Kinder zu verzichten.

Haben Tagespflegepersonen auf dem Gelände, das von den Kindern mitgenutzt wird, besondere Anlagen (z. B. Gartenteiche) oder Hindernisse, so sind diese entsprechend abzusichern. Gerade Gartenteiche und Kellertreppen sind so zu sichern, dass sie für kleine Kinder unzugänglich sind bzw. keine Gefahr darstellen. Beachten Sie, dass auch eine sehr geringe Wasserhöhe (Kniehöhe des Kindes) für kleine Kinder zu einer tödlichen Gefahr werden kann, wie die Unglücksfälle vor allem in Frühjahr und Sommer in privaten Gärten leider zeigen. Ärzte sprechen hier von einer Schockreaktion des Kindes, sobald es mit dem Kopf unter Wasser gerät.

5.7 Essen und Trinken

Essen und Trinken gehören für den Menschen zu den wichtigsten Dingen für das eigene Wohlbefinden. Schon Säuglinge zeigen während des Fütterns deutlich, ob sie sich wohl fühlen und die angebotene Mahlzeit genießen. Eine ausgewogene Ernährung dient der Gesundheit ebenso, wie sie im Sinne der gesundheitsbezogenen Prävention zum Beispiel zur Vermeidung von Übergewicht wirkt. Für Kinder ab dem zweiten Lebensjahr und für Erwachsene empfiehlt sich eine ausgewogene bzw. optimierte Mischkost. Grundsätzlich gilt, dass es keine „guten" und „schlechten" Nahrungsmittel gibt, sondern dass es auf die Zusammensetzung und Abwechslung der Nahrungsmittel ankommt. Wichtig ist aber nicht nur die Wahl der Lebensmittel, sondern auch deren schonende Zubereitung. Und ebenfalls nicht zu vernachlässigen ist folgender Zusammenhang: Je entspannter und besser gelaunt die gemeinsamen Mahlzeiten eingenommen werden, umso bekömmlicher und damit auch gesünder sind sie.

Das Modell der optimierten Mischkost wurde vom Forschungsinstitut für Kinderernährung Dortmund (www.fke-do.de) Anfang der 1990er Jahre entwickelt und ist seither immer wieder an die neusten Erkenntnisse aus Wissenschaft und Forschung angepasst worden. Über das Forschungsinstitut können zahlreiche Informationen für eine abwechslungsreiche und ausgewogene Ernährung von Kindern bezogen werden. Danach gilt, dass sich der größte Anteil des täglichen Nahrungsbedarfs eines Kindes aus pflanzlichen Lebensmitteln und Getränken und wenig aus tierischen sowie nur in geringen Mengen aus fett- und zuckerreichen Lebensmitteln zusammensetzen sollte.

Drei Regeln für die optimierte Mischkost

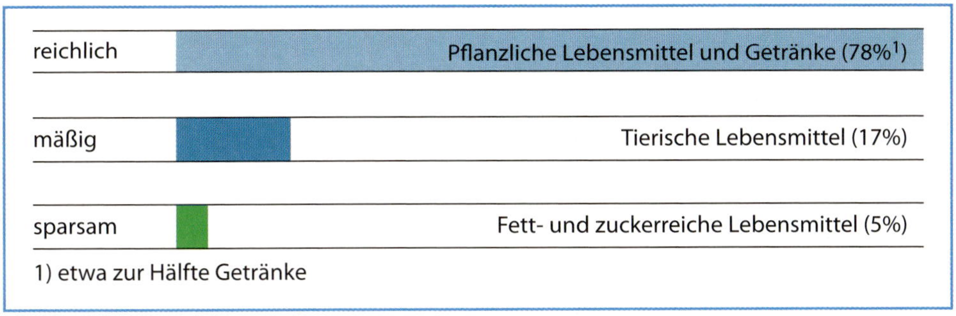

(Ernährungsumschau 03/2008, S. 171)

Essen soll Freude machen. Die Einnahme der Mahlzeiten ist ein kommunikativer Prozess, der die Bindung zwischen Tagespflegeperson und Kind sowie das Verhalten in der Gruppe fördern kann. Schon kleine Kinder beteiligen sich gerne an der Vorbreitung der Mahlzeiten und reden bei Tisch über ihre vielfältigen Erlebnisse. Bei der Zubereitung der Mahlzeiten können Kinder vieles über die verwendeten Lebensmittel lernen. Mit der Beteiligung der Kinder bei der Auswahl der Speisen erfahren sie zudem, dass sie und ihre Entscheidungen geschätzt und respektiert werden. Kommen Kinder aus einem anderen Kulturkreis, wünschen die Eltern oftmals eine besondere Ernährung. Bestehen Lebensmittelunverträglichkeiten oder Allergien, können diese Besonderheiten mit den Eltern und den Kindern besprochen werden. Kinder erfahren damit Wertschätzung, gerade auch in ihrer Unterschiedlichkeit.

***Beispiel:* Fischstäbchen einmal anders**

Bereits beim Frühstück hat Sabine S. mit ihren Tagespflegekindern das Mittagessen besprochen. Heute wollen die Kinder das Essen auf dem Markt einkaufen und gemeinsam zubereiten. Erik und Timo wollen Fischstäbchen mit Kartoffelbrei und Möhren essen. Gemeinsam gehen alle auf den Markt und kaufen ein. Sabine S. kauft ein Seelachsfilet. Die Kinder wundern sich darüber, dass die Fischstäbchen nicht wie gewohnt aussehen und aus der Packung kommen. Bei den Möhren und Kartoffeln ist die Auswahl groß. Die Kinder lassen sich von der Marktfrau die Unterschiede der verschiedenen Kartoffelsorten erklären. Erik setzt sich bei der Auswahl der Möhren durch und Timo wählte die Kartoffeln. Mit Erstaunen beobachten sie die Zubereitung der „Fischstäbchen" aus dem Fischfilet. Sie sehen, dass der Fisch nicht in Stäbchenform aus dem Meer kommt. Das Essen schmeckt allen gut. Jedes Kind ist stolz auf die ausgesuchten Lebensmittel. Am Nachmittag wollen die Kinder mehr über das Leben von Fischen im Meer wissen. Gemeinsam mit Sabine S. suchen sie dazu alle möglichen Materialien zusammen. Das Thema „Meeresbewohner" wird die Kinder noch einige Zeit beschäftigen.

***Beispiel:* Bunte Woche**

In manchen Kindertagespflegestellen hat es sich eingebürgert, die Speisen nach „farbigen Tagen" zu planen. So kann Montag der „Rot-Tag" sein, an dem nur rote Lebensmittel gegessen werden: Tomaten(-Soße), rote Paprika, rote Marmelade, rote Grütze, rote Früchte etc.

Dienstag ist „Grün-Tag". Auf den Tisch kommen zum Beispiel Spinatnudeln, Frankfurter „grüne Soße", Spinat, Lauchgemüse, Kräuter, Broccoli, Gurkensalat, grüne Äpfel, Trauben oder Kiwi.

Mittwoch kann der „Gelb-Tag" sein, an dem ein Maisauflauf, Rührei, Käsewürfel, gelbe Paprika, Bananen, gelbe Äpfel, Mirabellen gereicht werden.

Dann gibt es noch den „Blau-Tag" (blaue Trauben, Pflaumen, Auberginen) und den „Weiß-Tag" mit Kohlrabi, Eiern, weißem Reis, hellen Saucen, Spargel, Joghurt und Quark, Milchreis. Am „Bunt-Tag" kann alles miteinander kombiniert werden. Der Fantasie und dem Spaß sind hier keine Grenzen gesetzt.

Ein schön gedeckter Tisch ist für eine gute Essenssituation ebenso sinnvoll, wie ausreichend Zeit für die Mahlzeiten einzuplanen. Genuss und Wonne brauchen Vorbereitung und Zeit. Bereits kleine Kinder entwickeln Vorlieben oder Abneigungen für bestimmte Lebensmittel. Auf keinen Fall sollten Kinder zum Essen gezwungen werden. Isst ein Kind wenig, sollte gemeinsam mit den Eltern über die Ursachen beraten werden. Oft reicht das Weglassen kleiner Zwischenmahlzeiten, verbunden mit ausreichender Bewegung, um den Appetit der Kleinen wieder anzuregen. Bedenken Sie aber auch, dass das Einnehmen von Mahlzeiten und deren Zubereitung seit Generationen ein „Zankapfel" ist. Was ist gesund? Was ist erlaubt, was kann noch toleriert werden? Wie viel soll gegessen werden? Muss man Kinder immer wieder zum Essen und Trinken anhalten? Über solche Fragen sind sich Eltern und Kinder uneins, darüber diskutieren Eltern untereinander, und auch in der Tagespflegestelle kann die Zusammensetzung der Mahlzeiten für Gesprächsstoff sorgen.

Tipp

Zum Weiterlesen:
Es gibt inzwischen eine Fülle von Literatur über die gesunde, schmackhafte und abwechslungsreiche Küche für kleine Kinder. Investieren Sie in ein solches Kochbuch oder holen Sie sich Anregungen aus dem Internet. Empfehlenswert sind u. a.:

Gätjen, Edith: Essensspaß für kleine Kinder, Stuttgart, Trias Verlag, 2008.

ZeT, Zeitschrift für Tagesmütter und -väter, Friedrich Verlag, Ausgabe 4/2010.

In diesem Heft wurde das Thema Ernährung zu einem Schwerpunkt gemacht.

„Esstypen – fast alles ist ‚normal'

So unterschiedlich sich Kinder entwickeln . . ., so verschieden sind sie auch beim Thema Essen. Der aid infodienst unterscheidet folgende verschiedene Esstypen:

- Der Vorsichtige – Isst alles mit Begeisterung, aber Neues lehnt er ab.
- Der Trennköstler – Isst gerne alles solo und fein nebeneinander auf dem Teller. Nudeln ohne Soße, Brot ohne Belag, Quark ohne Obst. Aufläufe sind ihm ein Gräuel.
- Der Gemüse- und Obstmuffel – Mag kein ‚Grünzeug'. Lehnt kategorisch alles Frische ab und pickt aus Soßen und zusammengestellten Gerichten alles heraus.
- „Wie ein Spatz" – Isst langsam und nur winzige Mengen. Pickt ein bisschen im Essen herum.
- Der Vielesser – Isst gerne und die ersten Happen besonders schnell. Sieht er Essbares, ist er sofort zur Stelle, und nimmt man ihm den Teller weg, gibt es Geschrei.

Wenn ein Kind einem dieser Esstypen entspricht, ist das kein Grund zur Panik. Das ist nämlich völlig normal. Schwierig wird es erst, wenn sich ein Kind nicht mehr normal, also altersentsprechend entwickelt. Das sollte man in jedem Fall vom Kinderarzt in regelmäßigen Abständen bestätigen lassen [. . .] Denn die Grenzen zwischen einem normalen und einem gestörten Essverhalten sind fließend [. . .]

Tipps für die Praxis

Ist das Kind gerade in dem Alter, in dem es die erste Beikost bekommt, ist das oberste Gebot, sich Zeit für die ersten Breimahlzeiten zu nehmen [. . .] Das Baby darf nicht müde und auch noch nicht zu hungrig sein. Kleine Mengen auf einer Löffelspitze sind zu Beginn das Mittel der Wahl. Und natürlich müssen Babys die Zeit haben, die neue Mahlzeit ausgiebig mit Lippen, Zunge, Gaumen und vielleicht auch mit den Fingern zu erkunden. Geduld ist dabei in jedem Fall gefragt. Auch eine gerade Sitzposition ist wichtig, um ein Verschlucken zu verhindern, und ebenso das Abwarten, bis der Essanfänger die Löffelportion wirklich runtergeschluckt hat, bevor man weiterfüttert [. . .]

Kleine Anregungen für ‚schwierige' kleine Esser

Lassen Sie das Kind nicht zu lange vor dem vollen Teller sitzen, sondern decken Sie ab, wenn es nicht mehr essen möchte. Loben Sie es, wenn es gegessen oder etwas Neues ausprobiert hat, auch wenn es nur kleine Mengen waren [. . .]

Manchmal kommt es nur auf die richtige ‚Verpackung' bzw. das richtige ‚Versteck' an: Gemüse lässt sich z. B. gut in Suppen, Soßen oder auf der Pizza verstecken. Obst lieben die meisten Kinder im Milchshake, als Obstsalat mit Joghurt oder Sahne, als Obstschaschlik oder auf dem Pfannkuchen. Lassen Sie Ihre Fantasie spielen."
(Seitz, 2010, S. 12 f.)

Im Zusammenhang mit der Aufbewahrung und Zubereitung von Lebensmitteln sollten die Grundsätze des Hygieneschutzes beachtet werden. Der Hygieneschutz wird über Verordnungen in den einzelnen Bundesländern geregelt. Nähere Informationen erhalten Sie über Ihr zuständiges Gesundheitsamt.

Zusammenfassung
Die Mahlzeiten sollten in einer entspannten und angenehmen Atmosphäre stattfinden.

Erwachsene sind Vorbilder beim Essen, insbesondere beim Ausprobieren unbekannter Lebensmittel.

Dass Kinder Lebensmittel, die sie nicht kennen, ablehnen, ist normal – oft lassen sie sich aber zum Kosten anregen.

Kinder brauchen keine Geschmacksverstärker, sie sollten früh an den natürlichen Geschmack von Lebensmitteln gewöhnt werden.

Kindern sollte täglich eine Vielfalt von Lebensmitteln mit geringer Energiedichte wie Obst und Gemüse angeboten werden.

Ein Verbot bestimmter Lebensmittel, wie Süßigkeiten, erhöht deren Attraktivität.

Süßigkeiten sollten nicht als Belohung eingesetzt werden.

Kinder sollten nicht zum Essen gezwungen werden.

Kinder sollten selbst entscheiden, was und wie viel sie essen, denn sie verfügen in der Regel über ein normales Hunger- und Sättigungsgefühl. Dieses kann von Kind zu Kind sehr unterschiedlich sein.

5.8 Bewegung kommt gut an

Kinder verfügen über einen natürlichen Drang, sich zu bewegen und damit ihre Umwelt Stück für Stück zu erkunden. In den ersten Lebensjahren eines Kindes ist Bewegung ein wichtiges Mittel, um Erfahrungen über die eigene Person ebenso zu machen wie über die soziale, räumliche und dingliche Umwelt. Dass Kinder sich bewegen, ist eigentlich eine Selbstverständlichkeit. Trotzdem schlagen Kinderärzte seit einigen Jahren Alarm, weil Übergewicht, Unruhe und Nervosität, Schlafstörungen, unzureichendes Essverhalten und motorische Defizite gravierend zunehmen. Auch die steigenden sprachlichen Entwicklungsverzögerungen resultieren laut Kinderärzten wie etwa dem bekannten Buchautor und Gesprächspartner Herbert Renz-Polster aus dem eingeschränkten Bewegungsverhalten bereits der Kleinkinder.

Diese Bewegungsspiele machen gute Laune:

- **Kuhfladenhüpfen**: Verteilen Sie Kissen (Kuhfladen) in der ganzen Wohnung auf dem Fußboden. Zur Musik laufen die Kinder um die Kissen herum, vorwärts, rückwärts, springen mit beiden Beinen oder auf einem Bein. Wer dabei ein Kissen berührt, ruft laut „Igittigitt".
- **Regenschirm**: Halten Sie eine Decke wie einen Regenschirm gespannt. Auf den Zuruf „Es regnet!" retten sich alle Kinder schnell unter die Decke.

- **Windmaschine**: Ein Kind legt sich unter eine Decke und schließt die Augen. Die anderen Kinder spannen eine Decke über das Kind und bewegen diese auf und ab. So erzeugen sie Wind in verschiedenen Stärken.
- **Taschentuchspiel (oder Halstuch) mit verschiedenen Varianten:** Die Kinder gehen durch den Raum und winken mit ihrem Tuch. Jedes Kind wirft sein Tuch und fängt es wieder auf. Mit dem Tuch zwischen den Zehen winken sich die Kinder zu. Sie fangen das Tuch mit dem Kopf. Sie klemmen sich das Tuch zwischen die Zehen und versuchen es hochzuwerfen.

Weil Bewegung so wichtig ist, im kindlichen Alltag gleichwohl zu kurz kommt, hat sich auch der Kinder- und Jugendgesundheitssurvey (KiGGS) mit einem eigenen Modul des Themas angenommen und begründet dies wie folgt:

„Bewegungsmangel hingegen erhöht die Auftretenswahrscheinlichkeit von motorischen Defiziten, Übergewicht, Haltungsschäden, psychosozialen Störungen und Verhaltensauffälligkeiten sowie eines verminderten Selbstwertgefühls. Diese enge Verbindung von Gesundheitsparametern, motorischer Leistungsfähigkeit und körperlich-sportlicher Aktivität prägt in hohem Maß die Diskussion um die gesundheitliche Lage von Kindern und Jugendlichen."
(Opper, in: Bundesgesundheitsblattt, 5/6, 2007)

Über Bewegung gewinnen Kinder Selbstvertrauen. Sie erleben, dass sie etwas bewirken können: Sie können den Ball kullern, das Auto rollen oder sich von der Rücken- in die Bauchlage drehen. Bewegung ermöglicht die Erfahrung, Erfolg zu haben, Herausforderungen zu meistern und damit kompetent zu sein. Der Stolz über eine vollbrachte Leistung macht glücklich und stärkt das Selbstvertrauen für weitere Aufgaben (vgl. Zimmer, 2010, S. 2 ff.).

Ob und was sich das Kind zutraut, hängt davon ab, welches Bild das Kind von sich selbst gewonnen hat bzw. im Laufe der Jahre von sich gewinnen wird. Kinder reagieren höchst unterschiedlich auf neue Herausforderungen. Während das eine Kind unverdrossen das neue Podest ersteigt und die Welt interessiert aus der neuen Perspektive beobachtet, braucht ein anderes Zuspruch und Ermunterung durch die Tagespflegeperson, um das Podest zu erklimmen. In jedem Fall gilt: Erfolg macht Mut, Mut spornt an.

> ***Beispiel:*** *Tagesmutter Lotte aus Wuppertal hat sich dazu Folgendes überlegt: „Meine kleine Digitalkamera habe ich eigentlich immer bei mir. Ich fotografiere zum Beispiel, wenn sich eines meiner Kinder etwas Neues getraut hat, zum Beispiel auf einer Mauer zu balancieren oder von einer Mauer herunterzuspringen. Wir haben eine schöne Bilderfolge aufgehängt, da sieht man Jonas, wie er eine Mauer entlangkrabbelt, einige Zeit später balanciert er an meiner Hand und zum Schluss balanciert er ganz alleine. Ich habe aber auch fotografiert, als Mette sich zum ersten Mal getraut hat, den Hund der Nachbarin zu streicheln. Die Bilder kommen ins Portfolio, aber man könnte daraus auch für jedes Kind ‚Mutmach-Alben' zusammenstellen."*

Das heißt aber nicht, dass Kinder keine Niederlagen erleben oder etwas nicht schaffen dürfen. Es ist die Ausgewogenheit von Erfolg und Misserfolg, an der Kinder wachsen. Sie lernen durch Ausprobieren und Erkunden; auch dann, wenn etwas nicht beim ersten Anlauf klappt. Etwas noch nicht zu können bedeutet ja nicht, es nie zu können. Kinder lernen miteinander und voneinander. Bei Bewegungsspielen – wie beispielsweise beim Fangen – werden nicht nur Ausdauer und Bewegungsabläufe trainiert, sondern auch soziale Fähigkeiten eingeübt, indem Regeln aufgestellt und eingehalten werden.

Mit gezielten Maßnahmen für die Bewegung können Anreize für ein gesundes Wachstum und eine altersgemäße Entwicklung des Kindes ebenso gesetzt werden wie die sozialen und motorischen Fähigkeiten gefördert. Heinz Krombholz vom Staatsinstitut für Frühpädagogik in München fasst die Ziele der Bewegungsförderung wie folgt zusammen:

„Grundsätzlich können durch Maßnahmen zur Bewegungsförderung Verbesserungen vor allem hinsichtlich folgender Aspekte erreicht werden:

gesundheitliche Aspekte: Setzen von altersgemäßen Wachstums- und Entwicklungsreizen, Ausgleich von Bewegungsmangel.

motorische Aspekte: Sammeln von vielfältigen Bewegungserfahrungen, Erweiterung der motorischen Fähigkeiten und Fertigkeiten, wobei auch feinmotorische Fertigkeiten wie Schneiden, Sägen, Basteln, Umgang mit Schreib- und Malgeräten, Stiften und Pinseln nicht vernachlässigt werden sollten.

soziale Aspekte: Bewegungsspiele als Möglichkeit, soziale Verhaltensweisen zu fördern, z. B. Anpassen an einen Partner, Kooperation, Respektieren von Regeln."
(Krombholz, 1998, S. 2)

Geben Sie deshalb, wo immer es Ihnen möglich ist, Anregungen zur Bewegung. Für draußen geeignet sind Roller und Dreirad, Rutsche-Auto und Laufrad, Trampolin (nur unter Aufsicht), Rutsche und Schaukel. Abgesehen davon eignet sich jeder Spaziergang zum Balancieren, Hüpfen, Rückwärtsgehen etc. Für ältere Kinder kaum zu „toppen" ist ein Kletterbaum im Garten, Park oder Wald.

Hinweis
Bewegungstherapeuten warnen vor Lauflerngeräten und vor Dreirädern mit Schiebegriff. Das Kind verliere so das eigene Gefühl für Schwerkraft und Motorik. Es bleibe passiv und spüre nicht den Zusammenhang von eigener Anstrengung, Bewegung und Fortkommen. Solche Geräte machen Kinder träge, klagen Therapeuten. Erläutern Sie gegebenenfalls auch den Eltern, dass jede Bewegungsphase erst abgeschlossen sein muss, damit aus eigener Kraft der nächste Lernvorgang in Angriff genommen werden kann.

Beispiel: *Tagesmutter Renate aus Augsburg erzählt: „Im Zimmer meines großen Sohnes, der inzwischen ausgezogen ist, haben wir die Sprossenwand so gelassen. Dieses Zimmer ist jetzt auch das Spielzimmer für meine Tageskinder. Man kann eine Rutsche in die Sprossen hängen und zwei Seile. Das ist natürlich toll! Wenn ich nicht mit im Zimmer sein kann, werden die Matten davor hochkant gestellt und an die Sprossenwand gelehnt. Das heißt ‚Kletterverbot'. Ich selbst bin zwar nicht so ängstlich, dass den Kindern etwas passieren kann, aber ich habe mit den Eltern vereinbart, dass nur dann geklettert werden darf, wenn ich mit im Zimmer bin.*

Abgesehen von dieser attraktiven Möglichkeit bei Tagesmutter Renate freuen sich kleine und große Kinder über Gymnastikbälle, Matratzen und dicke Kissen in der Wohnung. Auch Spiele wie „Nicht-den-Boden-berühren" oder Balancieren über ein auf dem Boden ausgebreitetes Seil schulen die motorischen Geschicklichkeiten. Mithilfe kleiner und großer Bälle aus Schaumstoff oder mit Noppen üben die Kinder Greifen, Werfen, Rollen und Fangen.

Tipp
Einen Ball zu fangen erfordert große Geschicklichkeit, die sich erst im Laufe der Jahre einstellt. Selbst manches gerade eingeschulte Kind hat damit noch Schwierigkeiten. Leichter ist es, Zeitungspapier fest zusammenzuknüllen und als Ballersatz für die Kleinen anzubieten. Auch Luftballons lassen sich noch lange Zeit leichter halten und bewegen als Bälle.

Kinder haben ihr eigenes Tempo, Bewegungsabläufe zu lernen. Sie entwickeln sich aus eigenem Antrieb und ohne Eingriffe von Erwachsenen. Das gilt insbesondere für die ersten Lebensmonate. Es ist nicht Ihre Aufgabe, sie zu trainieren, damit sie sich entsprechend einem vorgefertigten Plan entwickeln. Vielmehr ist es die Aufgabe der Tagespflegeperson, dem

Kind eine bewegungsanregende Umgebung und damit Raum für die eigene Entwicklung zu bieten.

Merksatz
Hinweise für eine bewegungsanregende Umgebung in der Kindertagespflege:
- ***Stangen, Geländer (auch Taue) zum Hochziehen und Festhalten,***
- ***Möglichkeiten zum Schaukeln, Hangeln und Wippen,***
- ***Podeste zum Klettern und Springen,***
- ***Matten, Matratzen und Kissen zum Toben, Springen und Purzelbaum schlagen,***
- ***Rampen, Treppen und Leitern zum Klettern,***
- ***Kriechtunnel und Höhlen/Zelte (gekauft oder aus zusammengestellten Stühlen selbst hergestellt) zum Kriechen und Verstecken.***

Nicht zuletzt verweisen auch die Gehirnforscher auf den Zusammenhang zwischen Bewegung und Gehirnentwicklung. Danach reift das kindliche Gehirn vor allem durch Bewegungen und die damit verknüpften Sinneswahrnehmungen. Kleine Kinder „errobben", „errollen", „erkrabbeln" und ertasten sich ihre Umwelt. Durch das motorisch-handelnde Erschließen der Welt werden im Gehirn wichtige Strukturen angelegt. So ist zum Beispiel die Reifung des Stirnhirns – welches unter anderem für vorausschauende Planung, Motivation und die Kombination von neuem Wissen mit dem bestehenden Erfahrungsschatz verantwortlich ist – abhängig von der Bildung spezieller Nervenfasern. Diese Fasern werden als Dopaminfasern bezeichnet und entwickeln sich unter anderem in Abhängigkeit von körperlicher Bewegung.

Tipp

Zum Weiterlesen:
Pikler, Emmi: Laßt mir Zeit. Die selbständige Bewegungsentwicklung des Kindes bis zum freien Gehen. München, Pflaum, 1997.

Die renommierte ungarische Kinderärztin Dr. Emmi Pikler zählt zu den klassischen Autorinnen der Frühpädagogik. In diesem Buch macht sie Mut, auf die natürlichen „Bewegungspläne" kleiner Kinder und ihrer angeborenen Fähigkeiten zu vertrauen.

Schneider, Sylvia: Bewegung macht Kinder schlau: Spiele für Körper, Geist und Seele. Freiburg im Breisgau, Christophorus, 2004.

Ein anregendes Buch für alle, die Kinder (und sich selbst) in Bewegung bringen wollen. Viele Bewegungsspiele mit witzigen Namen, Zeichnungen und Fotos.

Zimmer, Renate: Handbuch der Bewegungserziehung. Freiburg, Herder, 2005.

Die Professorin für Sportwissenschaft und Sportpädagogik Dr. Renate Zimmer stellt ihr Konzept einer kindorientierten Bewegungserziehung vor und erläutert es an zahlreichen praktischen Beispielen. Wer sich dem Thema etwas wissenschaftlicher nähern möchte, ist mit diesem Buch gut beraten.

5.9 Stress im Alltag

Ein kurzes Wort zu einem allgegenwärtigen Thema: Jeder Mensch erlebt Stress. Stress ist eine natürliche Reaktion des Körpers auf Druck, Spannung, Belastung oder auch Veränderung. Eine gewisse Dosis an Stress kann das Leben interessanter und anregender machen (Eustress). Zu viel Stress jedoch kann schädlich sein und Krankheiten oder Unfälle verursachen. Es ist wichtig, Stresssymptome erkennen zu können, um nötige Schritte gegen schädlichen Stress (Disstress) unternehmen zu können. Stress ist demnach ein Thema für Eltern, Tagespflegepersonen – aber auch schon für Kinder.

Seitdem das Thema „Frühkindliche Bildung" weit oben auf der Liste der öffentlich diskutierten Themen steht, ist zu beobachten, dass Eltern – in der Absicht, ihrem Kind die beste Förderung zuteil werden zu lassen – zahlreiche Aktivitäten für ihre Kinder planen. Immer mehr Kinder verbringen ihre Freizeit nicht mit freiem und spontanem Spielen, sondern mit den Besuchen von Kursen, beispielsweise Yoga, Sprach- oder Malkursen. Da geht es dann bereits im Hausflur zu Hause darum, rechtzeitig fertig angezogen zu sein und alle Utensilien parat zu haben. Auf dem Weg dorthin heißt es „wir wollen pünktlich ankommen" und im Kurs soll eifrig mitgemacht werden. Dass dies Stress erzeugt, ist leicht vorstellbar.

Kleine Kinder reagieren höchst unterschiedlich auf Stress. Während die einen über unspezifische Bauch- oder Kopfschmerzen klagen, kauen andere ihre Nägel ab oder kratzen sich die Haut, bis sie wund ist. Zeigen Kinder diese Symptome, sollte immer erst eine Abklärung über den Kinderarzt erfolgen. Lassen sich dabei keine organischen Uraschen finden, kann durchaus Stress der Auslöser für die Symptome sein.

Aber Kinder können auch „vermittelten" Stress erleben. Die zunehmende Mobilität und Flexibilität, die von den Eltern in ihren beruflichen Kontexten verlangt wird, führt nicht selten zu Stress, der sich auf die Kinder übertragen kann. Das Bemühen, Erwerbstätigkeit und Familie unter einen Hut zu bringen, kann Stress erzeugen, der nicht spurlos an den Kindern vorbeigeht. Um Stress abzubauen, gibt es verschiedene Methoden und zahlreiche Angebote an einschlägiger Literatur. Wichtig ist, die Kinder regelmäßig und behutsam in eine Situation der Ruhe zu führen. Hierzu eignen sich Entspannungsübungen, Traumreisen oder entsprechende Musik.

Auch Tagespflegepersonen können diversen Stressfaktoren ausgesetzt sein. Sie müssen oft alles selbst organisieren, haben keine professionelle Einrichtung im Hintergrund und sehen sich den hohen Ansprüchen von Eltern und Jugendamt gegenüber. Die Pflicht zur Fortbildung, die Ansprüche der eigenen Familie – das alles kann Stress erzeugen, der sich auf die Tagespflegeperson und die Kinder negativ auswirken kann.

> **Beispiel:** *Ina K. aus Berlin berichtet über ihre Erfahrungen: „Vor ein paar Wochen habe ich in einer alltäglichen Situation völlig überreagiert. Paul hatte seine Milchtasse umgeworfen. Die Milch lief mir über das Kleid. Ich war völlig aufgelöst, mir liefen die Tränen über die Wangen. Am Abend habe ich mit einer befreundeten Kollegin gesprochen und ihr von meinem Erlebnis erzählt. Ich war noch immer ganz verstört über meine eigene Reaktion. Sabine hat mich nach meinem Alltag gefragt. In unserem Gespräch ist*

mir sehr schnell deutlich geworden, dass ich zu viel am Bein habe und mich total gestresst fühle. Ich habe eine Liste aufgestellt mit den Belastungen und bin mit Sabine und meiner Familie die verschiedenen Positionen durchgegangen. Einige Belastungen konnten anders verteilt werden, für andere habe ich mir einen Ausgleich geschaffen. Sabine und ich haben inzwischen einen Tagesmütterstammtisch gegründet und treffen uns einmal im Monat mit anderen Tagesmüttern. Es tat so gut, zu sehen, dass ich mit meinen Problemen nicht allein bin, und von den Lösungen anderer konnte ich einiges für mich abschauen. Letzten Monat war auch der erste Tagesvater bei unserem Stammtisch – wenn das kein Erfolg ist."

Unterschätzen Sie permanenten Stress nicht in seinen Auswirkungen auf Ihr Immunsystem. Die Mediziner sind sich noch nicht in allen Konsequenzen einig, doch stimmt man überein, dass ein durch Stress beeinträchtigtes Immunsystem anfällig für eine Vielzahl von Krankheiten ist, angefangen bei häufigen Erkältungen oder Kopfschmerzen, Rückenschmerzen und Hauterkrankungen bis hin zu Bluthochdruck, Magen- und Darmproblemen oder Herzerkrankungen und Depressionen, um nur einige aufzuzählen.

Hilfreich und leicht zu erlernen sind Entspannungsübungen und Meditationen wie Autogenes Training, Qigong oder Progressive Muskelentspannung. Einmal unter fachlicher Anleitung gelernt, können einfache Übungen jederzeit in den Alltag eingebaut werden. Immer mehr Menschen gönnen sich die eine oder andere solcher Trainingseinheiten und kommen im Alltag gut damit zurecht. Allerdings gibt es ebenso viele, die bei Sport und Bewegung noch besser abschalten und auftanken können. Probieren Sie deshalb aus, was Ihnen liegt bzw. was sich mit geringem Aufwand in Ihren Alltag integrieren lässt.

Tipp

Zum Weiterlesen:
Geisselhart, Roland R./Hofmann-Burkart, Christiane: Stress ade. Die besten Entspannungstechniken. München, Verlag Haufe, 2009.

Kurz und knapp werden hier die wesentlichen Auslöser von Stress und geeignete Methoden zum Abschalten und Regenerieren auf den Punkt gebracht. Ein kompakter und anschaulicher Ratgeber, leicht zu verstehen. Um das regelmäßige Üben der Techniken kommt man trotzdem nicht herum.

Müller, Else: Inseln der Ruhe. Ein neuer Weg zum autogenen Training für Kinder und Erwachsene, München, Kösel-Verlag, 2001.

Müller, Else/Sauer, Helmer: Sternenfahrt: Musik zum Träumen und Entspannen, München, Kösel-Verlag, 2006.

Die Bücher von Else Müller sind seit vielen Jahren eine Fundgrube für „Traumreisen", gerade für kleine Kinder. Ohne belehrenden Zeigefinger wird dabei die wohltuende Wirkung des Autogenen Trainings in Märchen und Musik integriert.

6 Besondere Lebensthemen

Von Marion von zur Gathen

6.1 Wenn Eltern sich trennen

Eine Trennung und Scheidung ist für alle Familienmitglieder mit gravierenden Veränderungen verbunden. Unabhängig davon, welcher Elternteil den Haushalt verlässt, bei wem das Kind zukünftig lebt oder welche neuen Konstellationen mit der Auflösung der Partnerschaft verbunden sind: Die Auflösung des vertrauten Familienverbandes stellt für Kinder ein Entwicklungsrisiko dar. Ob es den Eltern gelingt, die Bedürfnisse ihres Kindes wahrzunehmen und darauf trotz der eigenen Anspannung angemessen zu reagieren, davon hängt es ab, ob den Kindern die Anpassung an die neue Situation gelingt.

In Deutschland wurden 2008 rund 192.000 Ehen geschieden. In jeder zweiten dieser Ehen lebten zum Zeitpunkt der Scheidung minderjährige Kinder (vgl. Statistisches Bundesamt Deutschland, 2008). Bei diesen Zahlen bleiben die Kinder unberücksichtigt, deren Eltern sich trennen, aber nicht miteinander verheiratet waren. Die Zeit von Trennung und Scheidung ist für alle Beteiligten eine konflikt- und spannungsreiche, eine schmerzhafte und angstbesetzte Phase. Das Scheitern der Beziehung wird nicht selten als persönliches Versagen erlebt, denn kaum ein Elternteil beginnt Beziehung und Elternschaft mit Blick auf ein mögliches Scheitern.

Eltern sind in dieser Zeit oft sehr mit sich selbst beschäftigt, sodass das Kind vorübergehend aus dem Blick geraten kann. In dieser Situation gewinnen Sie als Tagespflegeperson an Bedeutung. Sie können dem Kind im Rahmen der Tagespflege ein stabiles und verlässliches Umfeld bieten und ihm damit Sicherheit und Geborgenheit vermitteln. Kinder können sehr unterschiedlich auf die häusliche Situation reagieren. Während sich das eine Kind zurückzieht, traurig und verschlossen wirkt, ist das andere aufgedreht und aggressiv. Wichtig ist, dass das Verhalten des Kindes richtig eingeordnet wird und darauf entsprechend reagiert werden kann.

Hierzu ist es unerlässlich, dass Sie über die Situation der Familie informiert sind. Im Zweifelsfall sollten Sie die Eltern oder Elternteile darauf ansprechen. Das gilt vor allem, wenn sich durch die Trennung oder Scheidung die rechtlichen Befugnisse für das Kind verändert haben. Das ist in der Regel dann der Fall, wenn das Sorgerecht oder Teile des Sorgerechts (z. B. das Aufenthaltsbestimmungsrecht) bei einem Elternteil liegen bzw. auf einen übertragen wurden. Hat nur ein Elternteil das Sorgerecht, entscheidet nur er oder sie in allen wichtigen Dingen für das Kind.

Diese Entscheidungen betreffen die Fragen:

- der Gesundheit,
- des Aufenthalts,
- der Schulbildung,
- der Pass- und Meldeangelegenheiten und
- des Vermögens.

Alle anderen Entscheidungen trifft immer der Elternteil, bei dem das Kind sich gerade aufhält. Oft sind es aber gerade diese Entscheidungen, die zwischen den Eltern zu Konflikten führen, etwa wenn es darum geht, den Fernsehkonsum des Kindes zu regeln.

Immer wieder einigen sich Eltern nach Trennung und Scheidung darauf, das Kind abwechselnd zu betreuen. Das bedeutet, das Kind wechselt in festen Abständen von einem zum anderen Elternteil. Diese Form wird als Wechselmodell oder duales Residenzmodell bezeichnet. Bei Kindern unter drei Jahren wird es allerdings nur selten praktiziert.

Sehr viel häufiger lebt das Kind nach der Trennung der Eltern überwiegend bei einem Elternteil und besucht nach Absprache den anderen Elternteil. Für Kinder und Eltern sind diese Umgangskontakte sehr wichtig, auch wenn sie mit Belastungen auf allen Seiten verbunden sind. Schließlich muss es allen Beteiligten darum gehen, den Kontakt zwischen Eltern und Kind aufrechtzuerhalten. Außer in hoch konflikthaften Familien gelingt dies Eltern und Kindern – nach einer mehr oder weniger langen Übergangszeit – recht gut. Nicht zuletzt sei noch angemerkt, dass Studien ergeben haben, dass Auffälligkeiten der Kinder aus dem Stress in der Beziehung *vor* der Trennung resultieren.

Wird später eine neue Familie gegründet, entsteht eine sogenannte Patchworkfamilie. Diese Familienform stellt an alle Familienmitglieder hohe Anforderungen. Da alle Familienmitglieder ihre eigene (Familien-)Geschichte mit in die neue Konstellation einbringen, sind Aushandlungsprozesse an der Tagesordnung (Wer fährt mit wem zu welchem Geburtstag? Wer feiert wo mit wem Weihnachten? Wie können alle Urlaubsansprüche unter einem Hut gebracht werden?). Gerade Patchworkfamilien haben aufgrund der hohen Ansprüche, die alle Beteiligten an diese Familienform stellen, ein hohes Risiko, zu scheitern. Beruhigend ist aber, dass es die meisten Eltern sehr wohl schaffen, sich auch nach Trennung und Scheidung gemeinsam über die wichtigsten Dinge zu verständigen und für ihre Kinder da zu sein.

Allerdings steht diesen Eltern ein kleiner Teil gegenüber, dem es nicht gelingt, sich aus ihren konflikthaften Beziehungsmustern zu lösen. Nicht selten werden hierbei die Kinder in Mitleidenschaft gezogen. Bei diesen sogenannten „hoch konflikthaften Familien" können verschiedene Regelungen gerichtlich getroffen werden, die dazu dienen sollen, die Situation des Kindes zu verbessern. So kann beispielsweise das Familiengericht anordnen, dass ein sogenannter Umgangspfleger bestellt wird, der die Umgangskontakte zwischen dem Kind und dem Elternteil herstellt und der für diese Zeit über den Aufenthaltsort des Kindes bestimmen darf. Auf der anderen Seite kann der Umgang zwischen Elternteilen auch ausgeschlossen werden, etwa wenn das Elternteil Gewalt gegen das Kind ausgeübt hat.

Hinweis: Worüber Sie informiert sein sollten
Für Sie ist wichtig, dass Sie über entsprechende gerichtliche Anordnungen und Maßnahmen informiert werden. Auch sollte nach einer Trennung und Scheidung klar sein, wer sich um das Kind kümmert und wer Ansprechpartner für die Tagespflegeperson ist, sofern sich nicht beide Elternteile nach wie vor um das Kind kümmern. In jedem Fall sollten Sie alles vermeiden, was das Kind in einen (zusätzlichen) Loyalitätskonflikt bringen kann. Eine entsprechende Gefahr besteht, wenn die Tagespflegeperson sich mit einem Elternteil ersichtlich solidarisiert.

Beispiel: *Frau S. spricht die Mutter von Paul auf die beobachteten Veränderungen an. In letzter Zeit ist Paul oft in sich gekehrt und sehr still. Pauls Mutter beginnt zu weinen und berichtet von der familiären Situation. Pauls Vater hat die Familie für eine andere Beziehung verlassen. Frau S. nimmt die Erklärung zur Kenntnis und bietet Pauls Mutter Unterstützung an. Obwohl sie sehr viel Sympathie und Verständnis für Pauls Mutter empfindet, behält sie ihre professionelle Distanz und äußert sich nicht zu dem Konflikt. Sie berät sich mit beiden Eltern, wie die Anpassung für Paul an die neue Situation erleichtert werden kann. In einer Beratungsstelle erfährt sie, wie sie selbst Paul am besten unterstützen kann.*

In den meisten Kommunen gibt es ein ausgebautes Beratungssystem rund um Trennung und Scheidung. Es ist gut, wenn Sie Eltern eine Beratungsstelle empfehlen können. Einige Hinweise aus der Vielfalt der Literatur, mit denen Sie „Scheidungskinder" unterstützen können:

- Bewerten Sie Entscheidungen und Verhalten der Eltern nicht, erst recht nicht vor dem Kind.
- Seien Sie der ruhende Pol. Achten Sie auf Normalität, Verlässlichkeit und unbeschwertes Spielen mit anderen Kindern.
- Drängen Sie sich nicht auf, aber machen Sie dem Kind beiläufige, unaufdringliche Gesprächsangebote.
- Geben Sie dem Kind häufiger als sonst die Gelegenheit zu Körperkontakt (kuscheln, an die Hand nehmen, getragen werden), wenn das Kind dies zulassen kann. Körperkontakt spendet Trost und Sicherheit.
- Aggressive Kinder können gerade jetzt kein Schimpfen vertragen. Ein klares Wort, eine tröstende Umarmung helfen ihm besser, mit den widerstreitenden Gefühlen zurechtzukommen.
- Sprechen Sie mit dem Kind – in Absprache mit den Eltern – immer wieder einmal darüber, was bleibt und was sich ändert. So findet es sich nach und nach zurecht.
- Bestärken Sie das Kind darin, dass beide Eltern es lieb haben, und vermitteln Sie Zuversicht.

Tipp

Zum Weiterlesen:
Largo, Remo/Czernin, Monika: Glückliche Scheidungskinder, München, Piper Verlag, 2010.

Die erfahrenen Autoren gehen Fragen nach, die sich ganz an den Bedürfnissen der Kinder orientieren. Unbedingt empfehlenswert, zum Selberlesen ebenso wie zum Verschenken.

6.2 Verdacht auf Kindeswohlgefährdung

Von Norbert Struck

In den letzten Jahren sind sehr intensive Debatten über das beste Vorgehen zum Schutz von Kindern vor Kindeswohlgefährdungen geführt worden. Auslöser waren vor allem Todesfälle von Kindern, die eigentlich von Mitarbeitern der Kinder- und Jugendhilfe eng begleitet wurden – aber offenbar nicht so, dass ihr Tod verhindert worden wäre. Aktuell sind aber auch bekannt gewordene Fälle von sexuellem Missbrauch in Einrichtungen ein Anlass für vielfältige Überlegungen dazu, wie man Kinder besser schützen kann.

Die Verpflichtung der Jugendhilfe, „Kinder und Jugendliche vor Gefahren für ihr Wohl zu schützen" (§ 1 Abs. 3 Nr. 3 SGB VIII) war schon immer Aufgabe der Kinder- und Jugendhilfe. 2005 wurde diese Verpflichtung im SGB VIII weiter konkretisiert, indem die §§ 8a und 72a ins Gesetz eingeführt wurden. Hierzu einige Erläuterungen:

- § 72a SGB VIII verlangt im Kern, dass alle Personen, die im Rahmen der Kinder- und Jugendhilfe entgeltlich mit jungen Menschen arbeiten, ein erweitertes polizeiliches Führungszeugnis nach § 30a Bundeszentralregistergesetz vorlegen müssen. Dadurch soll ausgeschlossen werden, dass Menschen, die schon einmal wegen einer Straftat gegen die sexuelle Selbstbestimmung verurteilt wurden, Kontakt zu jungen Menschen bekommen. Ein solches erweitertes Führungszeugnis muss mit einem Schreiben der vermittelnden Stelle bei der zuständigen Meldebehörde beantragt werden.
- § 8a SGB VIII gilt nicht unmittelbar für Tagespflegepersonen, denn er wendet sich direkt nur an das Jugendamt und lediglich indirekt an die Träger von Einrichtungen und Diensten, die Leistungen der Kinder- und Jugendhilfe erbringen. Es entspricht aber wohl der Intention dieser Regelung, dass auch Tagespflegepersonen sich an diesen Abläufen und Themen in ihrer Arbeit orientieren. Derzeit (Herbst 2010) ist ohnehin in der Diskussion, ob nicht die Inhalte des § 8a SGB VIII auch auf andere Gruppen, die mit Kindern und Jugendlichen arbeiten, im Rahmen eines neuen Kinderschutzgesetzes ausgeweitet werden sollen.

Der Ausgangspunkt im Gesetz ist die Wahrnehmung von „gewichtigen Anhaltspunkten für die Gefährdung des Wohls eines Kindes". Dies sollte auch in der Arbeit der Tagespflegepersonen den Ausgangspunkt bilden.

Was ist das Kindeswohl?

Definition
Der Begriff Kindeswohl bezeichnet einen unbestimmten Rechtsbegriff aus dem Familienrecht (insbesondere § 1666 BGB) und ist als solcher nicht eindeutig definiert, sondern auslegungsbedürftig. Er ist Entscheidungsmaßstab bei allen Sorge- und Umgangsrechtsentscheidungen. Das Bürgerliche Gesetzbuch (BGB) bezeichnet es als Kindeswohlgefährdung, wenn das geistige, körperliche oder seelische Wohl eines Kindes gefährdet ist und die Erziehungsberechtigten nicht bereit oder in der Lage sind, die Gefahr abzuwenden. Wenn diese Voraussetzungen erfüllt sind – und nur dann –, ist der Staat berechtigt, in das Recht der elterlichen Sorge einzugreifen, um das Wohl des Kindes sicherzustellen.

Diese sogenannte Eingriffsschwelle des Staates für Eingriffe in das Elternrecht ist eine hohe Hürde. Und sie ist dies zu Recht, denn das Elternrecht auf Erziehung ihrer Kinder ist ein Grundrecht unserer Rechtsordnung. Diese hohe Hürde ist bei Weitem noch nicht erreicht, wenn Eltern Erziehungsvorstellungen haben, die denen von Erzieherinnen oder Tagespflegepersonen überhaupt nicht entsprechen. Deshalb ist es wichtig, sich von vorneherein sehr klar zu machen, dass es bei den Problemen, die mit Kindeswohlgefährdungen angesprochen sind, um dermaßen schwerwiegende Gefahren für Kinder handelt, dass sie gegebenenfalls staatliche Eingriffe ins Elternrecht legitimieren.

Natürlich kann es auch jede Menge anderer Probleme im Erziehungsprozess geben. Dass bei einem von Ihnen als Tagespflegeperson wahrgenommenen Problem nicht die Voraussetzungen für eine Kindeswohlgefährdung vorliegen, heißt nicht, dass es dieses Problem nicht gibt und dass nichts zu tun ist. Aber zum einen muss dabei respektvoll mit dem Elternrecht auf Erziehung umgegangen werden und zum anderen muss dies im allgemeinen pädagogischen Rahmen von Elternarbeit und Fachberatung thematisiert werden.

Als Kindeswohl gefährdende Erscheinungsformen lassen sich grundsätzlich unterscheiden in

- körperliche und seelische Vernachlässigung,
- seelische und körperliche Misshandlung und
- sexuelle Gewalt.

Anhaltspunkte von Gefährdungssituationen sind gegebenenfalls im Erleben und Handeln des Kindes zu finden und können sich zeigen in

- der äußeren Erscheinung des Kindes,
- dem Verhalten des Kindes,
- dem Verhalten der Erziehungspersonen der häuslichen Gemeinschaft,
- der familiären Situation,
- der persönlichen Situation der Erziehungspersonen der häuslichen Gemeinschaft sowie
- der Wohnsituation.

Form und Ausmaß von Gefährdungslagen können sehr unterschiedlich sein. Auf akute Gefährdungssituationen mit unmittelbarer Bedrohung der körperlichen Unversehrtheit muss anders reagiert werden als auf chronische Defizite oder Störungen in der Beziehung oder Pflege.

Die Einschätzung von Gefährdungssituationen muss immer auf den Einzelfall bezogen sein und insbesondere das Alter des Kindes sowie Entwicklungsstand und -bedarfe berücksichtigen. Unzureichende Nahrungsversorgung oder blaue Flecken sind z. B. bei einem Säugling anders zu bewerten als bei einem sechsjährigen Kind. Auch die Situation (chronisch) kranker und behinderter Kinder ist gesondert zu berücksichtigen.

Merksatz

Bedenken Sie daher immer: Es gibt keine wissenschaftlich gesicherten Anzeichen, aus denen sich Kindeswohlgefährdung mit eindeutiger Sicherheit ablesen ließe. Somit kann immer nur der qualifizierte Einschätzungsprozess im Einzelfall, der sowohl die erkennbaren Gefährdungsrisiken als auch die vorhandenen Ressourcen sowie die Bereitschaft und Fähigkeit der Eltern zur Verantwortungsübernahme berücksichtigt, ein angemessenes Bild ergeben.

Deshalb sehen die Regelungen in § 8a auch vor, dass die Befürchtung, es könnten gewichtige Anhaltspunkte für eine Kindeswohlgefährdung vorliegen, zunächst mit mehreren Fachkräften beraten und sichergestellt wird, dass dabei eine Fachkraft mit besonderer Erfahrung in Fällen von Kindeswohlgefährdungen einbezogen ist. Tagespflegepersonen sollten sich also mit der Frage, ob das, was sie als sehr besorgniserregend wahrnehmen, eine Kindeswohlgefährdung sein könnte, zunächst einmal an ihre Fachberatung wenden. Mit ihr zusammen sollte dann überlegt werden, welche besonders erfahrene Fachkraft man hinzuziehen kann. Das können Mitarbeiterinnen einer Erziehungsberatungsstelle oder einer Beratungsstelle bei sexuellem Missbrauch sein oder aber auch geeignete Mitarbeiter des Jugendamtes, zu denen man Vertrauen hat.

Fachlich ist gefordert, dass die Eltern und das Kind in diese Abklärung einbezogen werden – aber nur, wenn dadurch ein wirksamer Schutz des Kindes nicht infrage gestellt wird. Ob und wie das erfolgen kann, müssen die Fachkräfte, die eine Tagespflegeperson beraten, verantwortlich entscheiden und dann auch umsetzen. Für deren Urteil müssen Gefühle und Bedenken, die die Tagespflegeperson in Bezug auf die Situation oder die Eltern evtl. hat, mit maßgeblich sein.

Tipp

Das Nationale Zentrum Frühe Hilfen (NZF), welches die Bundeszentrale für gesundheitliche Aufklärung (BZgA) und das Deutsche Jugendinstitut (DJI) gemeinsam betreiben, bietet auf seiner Website www.fruehehilfen.de umfassende Informationen und Adressen.

Das Institut für soziale Arbeit e. V. (ISA) in Münster bietet zum Thema Kindeswohlgefährdung ebenfalls Fortbildungen und Materialien an unter: www.isa-muenster.de. Zwei Beispiele für Publikationen, die dort als Download zur Verfügung gestellt werden:

- *Handlungskompetenz bei Kindeswohlgefährdung im Kontext der Kindertagespflege. Fortbildungsmodul für Tagespflegepersonen, 2008.*
- *Kindesvernachlässigung. Erkennen. Beurteilen. Handeln, 2007.*

Wenn sich so geklärt hat, dass eine Kindeswohlgefährdung vorliegt, muss überlegt werden, wie diese Gefährdungssituation schnell beendet werden kann und ob man selbst etwas zu einer solchen Lösung beitragen kann. Wenn es nicht möglich ist, die Gefährdungssituation auf diese Weise zu beenden, dann muss das Jugendamt informiert werden. Sicher ist es für viele Eltern ein völliger Vertrauensbruch, wenn eine Tagespflegeperson sich an das Jugendamt wendet und ihm mitteilt, dass sie das Wohl des Kindes für gefährdet hält. Auch deshalb darf man mit solchen Wahrnehmungen und Bewertungen nicht leichtfertig umgehen. Aber wenn man sich bestmöglich – im Austausch mit Fachkräften und ggf. auch im Austausch mit den Eltern oder einem Elternteil – persönliche Gewissheit über eine Gefährdungssituation verschafft hat, dann gibt es zu diesem Schritt keine wirkliche Alternative mehr.

> ***Beispiel:*** *Ein Elternteil will sein Kind aus der Tagespflege abholen und wirkt auf sie stark alkoholisiert. Ist das eine Kindeswohlgefährdung? Was ist zu tun? Zunächst einmal sollten Sie für sich klären, ob das von Ihnen beobachtete Verhalten tatsächlich auf Alkohol oder eine andere Erkrankung zurückzuführen ist und ob Hilfe gebraucht und angenommen werden kann (ausruhen, Arzt rufen etc.). Wenn Sie den Eindruck haben, dass der Zustand des Elternteils es nicht verantwortbar erscheinen lässt, das Kind in seine Obhut zu geben, können Sie eine der anderen Bezugspersonen des Kindes anrufen und sie bitten, das Kind abzuholen. Eine Alkoholabhängigkeit eines Elternteils ist nicht per se eine Kindeswohlgefährdung, die einen staatlichen Eingriff in die Familie erlaubt. Sicher ist sie immer eine Belastung für ein Kind und oft auch ein Indiz dafür, dass es weitere unterstützende Hilfen braucht, aber es gibt sehr unterschiedliche Formen von Alkoholabhängigkeit, die sich auf Kinder wiederum unterschiedlich auswirken. Wenn sich die Alkoholabhängigkeit allerdings mit körperlicher, seelischer oder sexueller Gewalt paart, dann besteht Handlungsbedarf im Sinne des Kinderschutzes.*

6.3 Auffälliges Verhalten

Die Frage, ob ein Kind auffälliges Verhalten zeigt, hängt von der Bewertung und Einschätzung des Beobachtenden ab. Danach gibt es keine objektiven Maßstäbe zur Beurteilung von auffälligem Verhalten. Die Einschätzung erfolgt immer entlang gesellschaftlich festgelegter Normen und Werte und damit einem Verständnis davon, was richtig und falsch ist. Mit anderen Worten: Welches Verhalten gesellschaftlich als angemessen und erwünscht gilt, ist auch eine Frage des Zeitgeistes (vgl. Trappmann, 2004). So wendete sich etwa eine Mutter in einer Elternzeitschrift mit der Frage an die Redaktion, ob ihr Kind wohl verhaltensauffällig sei, weil es weder Spaß an der musikalischen Früherziehung noch am Ballettunterricht und am Reiten habe. Es wolle immer „nur spielen". Wie Sie sich denken können, konnte man die Mutter beruhigen.

Ungeachtet dessen wird heute in verschiedenen Untersuchungen davon ausgegangen, dass etwa 20 und 25 % aller Kindergartenkinder als verhaltensauffällig oder psychisch gestört einzustufen sind. Mindestens 5%

davon werden als behandlungsbedürftig angesehen (vgl. Textor, 2006). Diese Zahlen sind erschreckend. Immer häufiger berichten Tagespflegepersonen zudem über ihre – nicht selten leidvollen – Erfahrungen mit verhaltensauffälligen Kindern.

Deshalb soll an dieser Stelle erst einmal der Frage nachgegangen werden, was Verhaltensauffälligkeiten bei Kindern sein können. Verhaltensauffälligkeiten können sich in vielfältiger Form bemerkbar machen. Die Auffälligkeiten können sich auf der körperlichen Ebene zeigen, etwa durch Nägelkauen, Wundkratzen oder Ähnliches oder auf der psychischen Ebene beispielsweise durch große Ängstlichkeit, Konzentrationsstörungen etc. sowie auf der sozialen Ebene durch aggressives oder zurückgezogenes Verhalten. Dabei wird unterschieden zwischen externalisierenden Formen und internalisierenden Formen von Verhaltensauffälligkeiten.

Zu den *externalisierenden Formen* gehören hyperkinetische Verhaltensweisen (wie Zappeligkeit, hohe Ablenkbarkeit, Impulsivität) und aggressives Verhalten (wie Schlagen, Treten von Personen, Beschädigen von Gegenständen). Zu den *internalisierenden Formen* werden Trennungsängste, Kontaktvermeidung, Überängstlichkeit und ängstlich-depressives Verhalten gerechnet (vgl. Textor, 2006).

Nicht selten wird bei diesen Kindern schnell die Diagnose Aufmerksamkeits-Defizit-(Hyperaktivitäts-)Störung AD(H)S gestellt und eine medikamentöse Therapie verordnet. „80 Millionen Kinder werden weltweit, so aktuelle Schätzungen, mit Amphetaminen behandelt, weil sie an ADHS leiden, 400.000 davon in Deutschland“ (Leuzinger-Bohleber, 2006, S. 11). Oft bleibt bei diesen Kindern die Frage unbeantwortet, was hinter ihrem auffälligen Verhalten steht und wie ihnen unter Umständen anders geholfen werden kann. Die Vergabe von Amphetaminen (bekannt ist „Ritalin“) wird in der Fachwelt kontrovers diskutiert.

Merksatz
Wenn Sie unsicher sind, ob das Verhalten des Kindes als auffällig einzustufen ist, suchen sie sich Rat und Hilfe bei Ihrer Fachberatung. Beobachten Sie das Kind in verschiedenen Situationen – Gruppen und Einzelaktivitäten – und notieren Sie Ihre Beobachtungen. Sprechen Sie mit den Eltern über Ihre Eindrücke und beraten Sie gemeinsam, wie dem Kind geholfen werden kann. Ein frühzeitiges Erkennen eines problematischen Verhaltens kann dem Kind und Ihnen helfen. Denken Sie aber auch immer daran, Ihr eigenes Verhalten kritisch zu betrachten.

Wo Menschen miteinander umgehen, entwickeln sich nach einer bestimmte Zeit Regeln. Das trifft für die Familie genauso zu wie für die Tagespflege, Schule, den Freundeskreis etc. Diese Regeln müssen ständig an veränderte Bedingungen etwa durch die altersgemäße Entwicklung des Kindes angepasst werden. Wenn ein Kind keine Windeln mehr braucht, wird es in der ersten Zeit von der Tagespflegeperson und den Eltern sicher oft an den Toilettengang erinnert. Wenn es aber geübt und sicher ist, passt diese Regel nicht mehr.

Kinder können aber Belastungen und Veränderungen ausgesetzt sein, die unter Regeln stattfinden, die von dem Kind (noch) nicht verstanden werden oder nicht entwicklungsgemäß sind. Dadurch kann sich ein Verhalten entwickeln, das von anderen Interaktionspartnern – Familie, Kinder, Tagespflegeperson u. a. – als auffällig erlebt und eingeordnet wird. Problematisch ist, wenn dieses Verhalten als Eigenschaft des Kindes gedeutet wird. Also etwa: „Du bist ein unartiges Kind. Du bist ein zappliges Mädchen. Du bist ein tollpatschiger Junge." Damit wird der Eindruck erweckt, dass das Kind eben so sei und sein Verhalten nur noch schwer oder gar nicht mehr zu ändern ist. Werden dem Kind die negativen Eigenschaften häufig zugeschrieben, wird es bald selbst davon überzeugt sein und sich genau so verhalten. Es ist dann ungleich schwerer, das Kind zu einem anderen Verhalten zu bewegen (vgl. Rotthaus, 2005).

Verhält sich ein Kind auffällig – also anders als erwartet oder erwünscht –, besteht bei Erwachsenen die Neigung, nach monokausalen Ursachen für das Verhalten zu suchen. Grundsätzlich ist an der Suche nach den Ursachen erst einmal nichts auszusetzen, weil es den Erwachsenen zwingt, hinzuschauen und sich mit dem Kind zu beschäftigen. Allerdings darf die Suche nach den Ursachen nicht allein dazu gedacht sein, sich selbst zu entlasten. Vielmehr geht es darum, gemeinsam mit den Eltern und gegebenenfalls Therapeuten nach Hilfen und Entlastung für das Kind und sein soziales Umfeld zu suchen.

Das menschliche Verhalten ist sehr komplex. Die Einflüsse, denen selbst kleine Kinder täglich ausgesetzt sind, sind vielfältig, umfassend und bedingen sich auch wechselseitig in ihren positiven und negativen Auswirkungen. Die Frage, die sich auch in der Kindertagespflege stellt, lautet deshalb: Wie kann ein auffälliges Verhalten beeinflusst und verändert werden? An dieser Stelle muss darauf hingewiesen werden, dass erzieherische Maßnahmen immer nur Impulse für Änderungen und Lösungen geben können. Eine wichtige Voraussetzung ist, dass die Tagespflegeperson dem Kind eindeutig, angemessen und mit Respekt begegnet. Dabei darf nicht übersehen werden, dass ein Kind sein Verhalten unter Umständen erst ändern kann, wenn sich wesentliche Bedingungen zum Beispiel in der Familie verändert haben – wenn es zum Beispiel keine Gewalt mehr (mit)erlebt. Unser Verhalten ist immer situationsabhängig. Das heißt: Auch ein Kind mit problematischen Verhalten reagiert nicht in allen Situationen gleich. Ungeachtet dessen steht aber außer Frage, dass Sie auf ein unangemessenes Verhalten deutlich reagieren und eine Verhaltensänderung einfordern sollten (vgl. Rotthaus, 2005).

Beispiel:* *Vera ist ein lebhaftes Kind

Vera ist ein Kind, das am liebsten hüpft und läuft, gerne lauthals singt und schreit und eher draußen als drinnen in seinem Element ist. Stillsitzen beim Basteln oder Malen mag sie gar nicht. Sie läuft um den Tisch herum, spielt mit dem Kleber, stört die anderen und quengelt herum. Vera hört aber aufmerksam und konzentriert zu, wenn es Zeit für die tägliche Vorlesegeschichte ist. Mit großen Augen sitzt sie dann auf dem Sitzsack und lauscht.

Tagesmutter Eva D. ging das Gezappel von Vera häufig und bereits seit einigen Monaten auf die Nerven. Auf Ermahnungen reagierte Vera kaum, sondern schaute ihre Tagesmutter nur stumm an. Diese beobachtete Vera an mehreren Tagen hintereinander etwas genauer und stellte fest, dass die Kleine – anders als bisher wahrgenommen – durchaus nicht den ganzen Tag herumhampelt. Beim Vorlesen etwa, aber auch bei kleinen Aufgaben draußen im Park zeigte sie sich aufmerksam und konzentriert. Eva D. las nun beim Basteln und Malen kleine Geschichten vor. Und tatsächlich: Vera gelang es immer besser, sich am Mal- und Basteltisch zu konzentrieren. Weil die Tagesmutter nicht nur die Konzentration lobte, sondern auch wieder mehr Freude an der Lebhaftigkeit des Mädchens zeigte, wurde Vera insgesamt ausgeglichener. Bei einer Fortbildung schloss Eva D. ihre Beschreibung mit den Worten ab: „Das Ganze hat vielleicht 6 Wochen gedauert – und ich bin Vera heute noch dankbar dafür, dass sie mich gezwungen hat, mir das Kind genauer anzusehen."

Wenn es der Tagespflegeperson gelingt, Situationen zu identifizieren, in denen das problematische Verhalten verstärkt wird, können diese Situationen vermieden, eingeschränkt oder beeinflusst werden. Bei einer gezielten Bebachtung können auch Regelmäßigkeiten innerhalb der Interaktionsgruppe (Kindergruppe) erkannt werden, die ein bestimmtes Verhalten erzeugen bzw. beeinflussen.

Eine weitere Überlegung kann nach dem Sinn und Zeck eines bestimmten Verhaltens fragen. Welches Bedürfnis soll mit dem Verhalten befriedigt werden? Will das Kind beispielsweise allgemein mehr beachtet oder getröstet werden? Sind die Wünsche und Bedürfnisse erkannt, die hinter einem problematischen oder auffälligen Verhalten stecken, kann auch gemeinsam mit dem Kind überlegt werden, was das Kind anstelle des bisherigen Verhaltens tun kann. Sie können also gemeinsam mit dem Kind auf die Suche nach alternativen Verhaltensmöglichkeiten gehen. Das Erreichen des Ziels kann dabei durchaus mit einer Belohnung verstärkt werden.

Tipp

Zum Weiterlesen:
Leuzinger-Bohleber, Marianne/Brandl, Yvonne/Hüther, Gerald (Hrsg.): ADHS – Frühprävention statt Medikalisierung. Theorie, Forschung, Kontroverse, in: Schriften des Sigmund-Freud-Instituts, Band 4, Göttingen, Vandenhoeck & Ruprecht, 2006.

Für alle, die sich mit der Medikalisierung von ADHS nicht abfinden wollen: Die Autoren plädieren für eine sorgfältige Diagnostik sowie für eine professionelle Zusammenarbeit aller beteiligten Experten bei der Therapie der betroffenen Kinder.

Textor, Martin R.: Kindergartenpädagogik – Online-Handbuch, Stichwort Auffälliges Verhalten, www.kindergartenpaedagogik.de/1719.html, 2006

Herausgeber Martin R. Textor hat einmal mehr ein umfangreiches und verständliches Online-Handbuch zusammengestellt, in welchem er an der einen oder anderen Stelle politische Entwicklungen bewertet.

Trapmann, Hilde/Rotthaus, Wilhelm: Auffälliges Verhalten im Kindesalter. Handbuch für Eltern und Erzieher, Band 1, 11. Auflage, Dortmund, verlag modernes lernen, 2004.

In 37 Kapiteln werden in alphabetischer Reihenfolge wichtige Auffälligkeiten im Kindesalter beschrieben. Die Palette reicht von Aggressivität und Angst bis hin zu Stehlen, Stottern und Tic-Störungen.

Literaturverzeichnis

Acredolo, Linda P./Goodwyn, Susan W.: The longterm impact of symbolic gesturing during infancy on IQ at age 8. Paper presented at International Conference on Infant Studies, Brighton, UK, 2000.

Adorno, Theodor W.: Erziehung zur Mündigkeit: Vorträge und Gespräche mit Hellmut Becker 1959-1969, hrsg. v. Gerd Kadelbach, Frankfurt am Main, Suhrkamp, 1970.

Ahnert, Lieselotte: Wieviel Mutter braucht ein Kind? Bindung – Bildung – Betreuung: öffentlich und privat, Heidelberg, Spektrum Akademischer Verlag, 2010.

Ainsworth, Mary D.S.: Skalen zur Erfassung mütterlichen Verhaltens von Mary D.S. Ainsworth: Feinfühligkeit versus Unempfindlichkeit gegenüber den Signalen des Babys, in: Entwicklung der Lernfähigkeit in der sozialen Umwelt, hrsg. v. Klaus E. Grossmann, München, Kindler, 1977, S. 98–107.

Ainsworth, Mary D.S./Blehar, Mary C./ Waters, Everett/Wall, Sally : Patterns of attachment: A psychological study of the strange situation, Hillsdale, New Jersey, Erlbaum Associates, 1978.

Andere Zeiten e. V. (Hrsg.): Typisch! Kleine Geschichten für andere Zeiten, Hamburg, 2005.

Andres, Beate: Und woran würde ich merken, dass…?, in: Forscher, Künstler, Konstrukteure. Bausteine zum Bildungsauftrag von Kindertageseinrichtungen, hrsg. v. Hans-Joachim Laewen/ Beate Andres, Weinheim/Basel/Berlin, Beltz, 2002, S. 341–433.

Ansari, Salman: Die Alete-Elite wird später auch nicht schlauer sein, in: FOCUS-SCHULE, 01.06.2010, abgerufen unter: www.focus.de/schule/magazin/archiv/interview-die-alete-elite-wird-spaeter-auch-nicht-schlauer-sein_aid_549147.html [15.12.2010].

Arnold, Rolf/Schüßler, Elisabeth: Wandel der Lernkulturen. Ideen und Bausteine für ein lebendiges Lernen, Darmstadt, WBG, 1998.

Banich, Marie T.: Integration of information between the cerebral hemispheres, in: Current Directions in Psychological Science, 7, 1998, S. 32–37.

Banich, Marie T./Heller, Wendy: Evolving perspectives on lateralization of function, in: Current Directions in Psychological Science, 7, 1998, S. 1–2.

Barr, Ronald G.: Excessive crying, in: Developmental psychopathology, 2. Auflage, hrsg. v. Arnold J. Sameroff/Michael Lewis/ Suzanne M. Miller, New York, Springer, 2000, S. 327–350.

Bauer, Jutta: Die Königin der Farben, Weinheim/Basel, Beltz, 2001.

Bauman, Zygmunt: Life in Fragments, Essays in Postmodern Morality, Oxford, Blackwell, 1995.

Baumert, Jürgen u. a.: Pisa 2000. Basiskompetenzen von Schülerinnen und Schülern im internationalen Vergleich, Deutsche Pisa-Konsortium, Opladen, Leske und Budrich 2001.

Becker, Nicole: Hirnentwicklung und Lernen in der frühen Kindheit – Möglichkeiten und Grenzen neurowissenschaftlicher Forschung, in: Forschung und Praxis der Frühpädagogik. Profiwissen für die Arbeit mit Kindern von 0–3 Jahren, hrsg. v. Hans Rudolf Leu/Anna von Behr, München, Ernst Reinhard Verlag, 2010, S. 26–38.

Becker-Stoll, Fabienne/Textor, Martin R.: Die Erzieherin-Kind-Beziehung, Berlin, Cornelsen, 2007.

Becker-Stoll, Fabienne/Niesel, Renate/Wertfein, Monika: Handbuch Kinder in den ersten Lebensjahren: Theorie und Praxis für die Tagesbetreuung, Freiburg im Breisgau, Herder Verlag, 2009.

Beek, Angelika von der/Buck, Matthias/Rufenach, Annelie: Kinderräume bilden. Ein Ideenbuch für die Raumgestaltung in Kitas, Weinheim/Basel/Berlin, Beltz, 2001.

Bensel, Joachim/Haug-Schnabel, Gabriele: Alltag, Bildung und Förderung in der Krippe, in: Krippen: Wie frühe Betreuung gelingt. Fundierter Rat zu einem umstrittenen Thema, hrsg. v. Jörg Maywald/Bernhard Schön, Weinheim/Basel, Beltz, 2008, S. 103–142.

Berk, Laura E.: Entwicklungspsychologie, 3. aktualisierte Auflage, übersetzt von Eva Aralikatti, München, Pearson Studium, 2005.

Bethke, Christian/Schreiner, Sonja Adelheid (Hrsg.): Die Jüngsten kommen. Kinder unter drei in Kindertageseinrichtungen, Weimar/Berlin, Verlag das Netz, 2009.

Bien, Walter/Rauschenbach, Thomas/Riedel, Birgit (Hrsg.): Wer betreut Deutschlands Kinder?: DJI-Kinderbetreuungsstudie, Weinheim/Basel, Beltz, 2006.

Bläsius, Jutta: "Das kann ich schon selber!": Übungen des praktischen Lebens nach Maria Montessori, Freiburg/Basel/Wien, Herder Verlag, 2008.

Bowlby, John: Bindung. Eine Analyse der Mutter-Kind-Beziehung, München, Kindler, 1969.

Bowlby, John: Verlust, Trauer und Depression, Frankfurt am Main, Fischer Verlag, 1980.

Brazelton, Thomas Berry/Greenspan, Stanley I.: Die sieben Grundbedürfnisse von Kindern, Weinheim/Basel, Beltz, 2002.

Brisch, Karl H.: Bindungsstörungen: Von der Theorie zur Therapie, Stuttgart, Klett-Cotta 1999, S. 281–286.

Brüll, Matthias: Akademisches Selbstkonzept und Bezugsgruppenwechsel: Einfluss spezieller Förderklassen bei hochbegabten Schülern, Göttingen, Hogrefe, 2010.

Brunner, Brigitta: Das Kind in der Krippe. Untersuchung der frühen institutionellen und außerfamiliären Betreuung und Erziehung von Säuglingen und Kleinkindern bis zum Alter von drei Jahren (Diplomarbeit), Katholische Stiftungsfachhochschule München Abt. Benediktbeuren, München, 2007.

Bundesministerium für Familien, Senioren, Frauen und Jugend (BMFSFJ): 12. Kinder- und Jugendbericht: Bericht über die Lebenssituation junger Menschen und die Leistungen der Kinder- und Jugendhilfe in Deutschland, Berlin, 2005.

Bundesministerium für Familie, Senioren, Frauen und Jugend (BMFSFJ): 7. Familienbericht: Familie zwischen Flexibilität und Verlässlichkeit. Perspektiven für eine lebenslaufbezogene Familienpolitik, Berlin, 2006.

Bundesministerium für Familien, Senioren, Frauen und Jugend (BMFSFJ): Kompetenzzentrum für familienbezogene Leistungen, Dossier: Armutsrisiken von Kindern und Jugendlichen in Deutschland, Berlin, 2008.

Bundesministerium für Familien, Senioren, Frauen und Jugend (BMFSFJ): 13. Kinder- und Jugendbericht: Bericht über die Lebenssituation junger Menschen und die Leistungen der Kinder- und Jugendhilfe in Deutschland, Berlin, 2009.

Bundesministerium für Familien, Senioren, Frauen und Jugend (BMFSFJ): Bericht der Bundesregierung 2010: Erster Zwischenbericht zur Evaluation des Kinderförderungsgesetzes, Berlin, 2010.

Bundeszentrale für gesundheitliche Aufklärung (BZgA) (Hrsg.): Was erhält den Menschen gesund? Antonovskys Modell der Salutogenese. Diskussionsstand und Stellenwert, Band 6, Köln, 1999.

Bundeszentrale für gesundheitliche Aufklärung (BZgA): Leitbegriffe der Gesundheitsförderung, abgerufen unter: www.leitbegriffe.bzga.de/?id=angebote&idx=22 [11.09.2010].

Bundeszentrale für gesundheitliche Aufklärung (BZgA): Ein schmerzliches Thema: Der Plötzliche Säuglingstod (SIDS), abgerufen unter: www.kindergesundheit-info.de/fuer-eltern/gesundheitsrisikenvb/sids/ein-schmerzliches-thema-der-ploetzliche-saeuglingstod-sids [16.10.2010].

Caplan, Gerrald: Principles of Preventive Psychiatry, New York, Basic Books, 1964.

Corsaro, William A.: The Sociology of Childhood. Thousand Oaks, Californien: Pine Forge Press, 1997.

Cullberg, Johan: Krisen und Krisentherapie, in: Psychiatrische Praxis, 5. Jg., Stuttgart, Thieme,1978, S. 25–34.

Demaree, Heath A./Everhart, D. Erik/Youngstrom, Eric A./Harrison, David W.: Brain lateralization of emotional processing: Historical roots and a future incorporating „dominance", in: Behavioral and Cognitive Neuroscience Reviews, 4, 2005, S. 3–20.

Deutsches Jugendinstitut e. V. (DJI): Eignung von Tagespflegepersonen in der Kindertagespflege. Praxismaterialien für die Jugendämter, Nr. 2, München, Oktober 2009, abgerufen unter: www.dji.de/aktionsprogramm-kindertagespflege/Handreichung_Eignung_Datenschutzzusatz_2_.pdf [30.09.2010].

Deutsches Jugendinstitut e.V. (DJI): Droht ein Personalnotstand? Der U3-Ausbau und seine personellen Folgen, München, Weiterbildungsinitiative Frühpädagogische Fachkräfte WiFF, 2010.

Dewe, Bernd/Otto, Hans-Uwe: Profession, in: Handbuch Sozialarbeit/Sozialpädagogik, hrsg. v. Hans-Uwe Otto, Hans Thiersch, Neuwied/Kriftel, 2. völlig überarb. Auflage, Luchterhand, 2001, S. 1399-1423.

Dimpker, Henning/Gathen, Marion von zur/Maywald, Jörg: Wegweiser für den Umgang nach Trennung und Scheidung, Wie Eltern den Umgang am Wohl des Kindes orientieren können, hrsg. v. Deutsche Liga für das Kind in Familie und Gesellschaft e.V./Deutscher Kinderschutzbund Bundesverband e.V./Verband alleinerziehender Mütter und Väter Bundesverband e.V., 3. Aufl., Berlin, 2009.

Dollase, Rainer: Wieviel Bildung steckt im Alltag?, in: Kompetente Erziehung – Zwischen Anleitung und Selbstbildung, hrsg. v. Eva Hammes-Di Bernardo, Weimar/Berlin, Verlag das Netz, 2007, S. 54 –60.

Dornes, Martin: Der kompetente Säugling: Die präverbale Entwicklung des Menschen, 12. Aufl., Frankfurt am Main, Fischer Taschenbuch, 1994.

Dweck, Carol: Selbstbild: Wie unser Denken Erfolge oder Niederlagen bewirkt, übersetzt von Jürgen Neubauer, Frankfurt am Main, Campus, 2007.

Eisenberg,Nancy/Sadovsky, Adrienne/Spinrad, Tracy L.: Associations of emotion-related regulation with language skills, emotion knowledge, and academic outcomes, in: New Directions for Child and Adolescent Development, 109, 2005, S. 109 – 118.

Engler, Dr. Ulla/Hesse, Werner: Praxisratgeber gemeinnützige GmbH, 2. aktualisierte Auflage, Regensburg, Wallhalla, 2010.

Erikson, Eric Homburger: Identität und Lebenszyklus, Frankfurt am Main, Suhrkamp Verlag, 1973.

Ernährungs-Umschau: Die Mahlzeitenpyramide des FKE für Kinder, abgerufen unter: www.ernaehrungs-umschau.de/suche/?id=3438 [05.06.2010].

Erning, Günter/Neumann, Karl/Reyer, Jürgen (Hrsg.): Geschichte des Kindergartens. Entstehung und Entwicklung der öffentlichen Kleinkindererziehung in Deutschland von den Anfängen bis zur Gegenwart, Band 1, Freiburg, Lambertus Verlag, 1987.

Fagard, Jacqueline/Pezé, Anna: Age changes in interlimb coupling and the development of bimanual coordination, in: Journal of Motor Behavior, 29, 1997, S. 199–208.

Fasig, Lauren G.: Toddlers' understanding of ownership: Implications for self-concept development, in: Social Development, 9, 2000, S. 370–382.

Fehring, Melanie: Die Hasenparty. Ostern einmal anders, in: Klein und Gross, abgerufen unter www.oldenbourg-klick.de/zeitschriften/kleingross/archiv-downloads/view/artikel/download/artikelnummer/kug20100240/ [17.09.2010].

Fischer-Epe, Maren/ Epe, Claus: Coaching. Miteinander Ziele erreichen, Reinbek, Rowohlt, 2004.

Fischer-Epe, Maren /Epe, Claus: Selbstcoaching: Hintergrundwissen, Anregungen und Übungen zur persönlichen Entwicklung, Reinbek, Rowohlt, 2007.

Flavell, John H.: Cognitive development: Children's knowledge about the mind, in: Annual Review of Psychology, 50, 1999, S. 21–45.

Flehming, Inge/Rauterberg, Kay: Normale Entwicklung des Säuglings und ihre Abweichungen, 7. Auflage, Stuttgart, Thieme, 2007.

Frankenstein, Yvonne/Kleeberger, Fabian/Leu, Hans Rudolf/Wolff, Steffi: Bildungs- und Lerngeschichten in der Kindertagespflege, hrsg. v. Deutsches Jugendinstitut e.V., Weimar/Berlin, Verlag das Netz, 2009.

Freie und Hansestadt Hamburg, Behörde für Soziales, Familie, Gesundheit und Verbraucherschutz (Hrsg.): Hamburger Bildungsempfehlungen, 2005, abgerufen unter: www.hamburg.de/contentblob/118066/data/bildungsempfehlungen.pdf [01.05.2011].

Fried, Lilian/Dippelhofer-Stiem, Barbara/Honig, Michael-Sebastian/Liegle, Ludwig (Hrsg.): Einführung in die Pädagogik der frühen Kindheit, Weinheim/Basel/Berlin, Beltz, 2003.

Fthenakis, Wassilios E./Daut, Marike/Eitel, Andreas/Schmitt, Annette/Wendell, Astrid: Frühe mathematische Bildung, hrsg. v. Wassilios E. Fthenakis, Troisdorf, Bildungsverlag EINS, 2008.

Fthenakis, Wassilios E./Daut, Marike/Eitel, Andreas/Schmitt, Annette/Wendell, Astrid: Frühe naturwissenschaftliche Bildung, hrsg. v. Wassilios E. Fthenakis, Troisdorf, Bildungsverlag EINS, 2008.

Fthenakis, Wassilios E./Daut, Marike/Eitel, Andreas/Schmitt, Annette/Wendell, Astrid: Frühe Medienbildung, hrsg. v. Wassilios E. Fthenakis, Troisdorf, Bildungsverlag EINS, 2008.

Fthenakis, Wassilios E./Daut, Marike/Eitel, Andreas/Schmitt, Annette/Wendell, Astrid: Frühe technische Bildung, hrsg. v. Wassilios E. Fthenakis, Troisdorf, Bildungsverlag EINS, 2008.

Gätjen, Edith: Essensspaß für kleine Kinder, Stuttgart, Trias Verlag, 2008.

Gesellschaft für Seelische Gesundheit in der frühen Kindheit (GAIMH) (Hrsg.): Verantwortung für Kinder unter drei Jahren. Empfehlungen der Gesellschaft für Seelische Gesundheit in der Frühen Kindheit (GAIMH) zur Betreuung und Erziehung von Säuglingen und Kleinkindern in Krippen, erarb. im Rahmen des Intensivarbeitstages am 12.04.2008, Zürich, 2009, abgerufen unter: www.gaimh.org/files/downloads/ 9ba95420453df8831b493fe754f19a02/GAIMHFertig2409.pdf [25.03.2010].

Geisselhart, Roland R./Hofmann, Christiane: Stress ade. Die besten Entspannungstechniken, München, Verlag Haufe, 2009.

Gerszonowicz, Eveline: Die andere Tagesbetreuung – Hilfe zur Erziehung in Tagespflege, in: Frühe Kindheit, Jahrgang 5, Heft 2, 2002, S. 25–27.

Gerszonowicz, Eveline: Kindertagespflege als geeignete Tagesbetreuung für kleine Kinder, in: Kindertagesbetreuung für unter Dreijährige zwischen Ausbau und Bildungsauftrag, hrsg. v. Maria-Theresia Münch/Martin R. Textor, Berlin, Eigenverlag des Deutschen Vereins für öffentliche und private Fürsorge e. V., 2009, S. 121–132.

Gerwig, Kurt: Bildungs- und Lerngeschichten / Grundlagen – Praxiserfahrungen – Anregungen, Berlin, Verlag das netz, 2009.

GEW Gewerkschaft Erziehung und Wissenschaft (Hrsg.): Bildung sichtbar machen. Von der Dokumentation zum Bildungsbuch, Weimar/Berlin, Verlag das Netz, 2006.

Gisbert, Kristin: Wie Kinder das Lernen lernen. Vermittlung lernmethodischer Kompetenz, in: Elementarpädagogik nach Pisa: Wie aus Kindertagesstätten Bildungseinrichtungen werden können, hrsg. v. Wassilios E. Fthenakis, Freiburg im Breisgau, Herder, 2003, S. 78–105.

Goodwyn, Susan W./Acredolo, Linda P./Brown, Catherine A.: Impact of symbolic gesturing on early language development, in: Journal of Nonverbal Behavior, 24, 2000, S. 81–103.

Gopnik, Alison/Meltzoff, Andrew/Kuhl, Patricia: Forschergeist in Windeln. Wie Ihr Kind die Welt begreift. 6. Auflage, München: Hugendubel, 2000.

Gordon, Robert S.: Operational classification of disease prevention, Public Health Reports, 98, 1983.

Greine, Rita, 2003: Wohlfühloasen in Kindertagesstätten: Ein Werkstattbuch, Weinheim/Basel, Berlin, Beltz, 2007.

Grimm, Hannelore: Sprachentwicklung – allgemeintheoretisch und differentiell betrachtet, in: Entwicklungspsychologie, 4. korr. Auflage, hrsg. v. Rolf Oerter/Leo Montada: Weinheim, Beltz, 1998, S. 705–534.

Grossmann, Karl E./Grossmann, Karin: Fünfzig Jahre Bindungstheorie: Der lange Weg der Bindungsforschung zu neuem Wissen über klinische praktische Anwendungen, in: Wege zu sicheren Bindungen in Familie und Gesellschaft, hrsg. v. Karl Heinz Brisch und Theodor Hellbrügge, Stuttgart, Klett-Cotta, 2009, S. 12–51.

Hammes-Di Bernardo, Eva (Hrsg.): Kompetente Erziehung. Zwischen Anleitung und Selbstbildung, Weimar/Berlin, Verlag das Netz, 2007.

Harter, Susan: The self, in: Handbook of child psychology, Volume 3: Social, emotional, and personality development, 6. Auflage, hrsg. v. Nancy Eisenberg/William Damon/Richard M. Lerner, New York, John Wiley & Sons, 2006, S. 505–570.

Hartup, Willard W./Moore, Shirley G.: Early peer relations: Developmental significance and prognostic implications, in: Early Childhood Research Quarterly, 5, 1990, S. 1–17.

Hartup, Willard W./Stevens, Nan: Friendships and adaptation across the life span, in: Current Directions in Psychological Science, 8, 1999, S. 76–79.

Hatton, Deborah D./Bailey, Donald B. Jr./Burchinal, Margaret R./Ferrell, Kay Alicyn: Developmental growth curves of preschool children with vision, in: Child Development, 68, 1997, S. 788–806.

Hédervári-Heller, Éva: Tagesbetreuung in der frühen Kindheit: Bindungs- und Eingewöhnungsprozesse, in: Frühe Beziehungserfahrungen, hrsg. v. Annelinde Eggert-Schmid Noerr/Urte Finger-Trescher/Ursula Pforr, Gießen, Psychosozial, 2007, S. 94–117.

Hédervári-Heller, Éva: Eingewöhnung, in: Die Jüngsten in der Kita: Ein Handbuch zur Krippenpädagogik, hrsg. v. Waltraud Weegmann und Carola Kammerlander, Stuttgart, Kohlhammer, 2010, S. 237–250.

Hédervári-Heller, Éva/Maywald, Jörg: Von der Eingewöhnung zur Erziehungspartnerschaft, in: Frühe Kindheit, hrsg. v. Deutsche Liga für das Kind, Berlin, 2009, S. 42–49.

Hédervári-Heller, Éva: Emotionen und Bindung bei Kleinkindern. Entwicklung verstehen und Störungen behandeln, Weinheim/Basel, Beltz, 2011.

Herrnberger, Grit/Karkow, Christine/Pinnow, Carola: Respektvoller Umgang mit Kindern: Erziehungsmittel unter der Lupe. Eine Handreichung für die pädagogische Praxis, im Auftrag des Landesjugendamtes Brandenburg, Bernau, 2009.

Hessisches Ministerium für Arbeit, Familie und Gesundheit/Hessisches Kultusministerium (Hrsg.): Bildung von Anfang an. Bildungs- und Erziehungsplan für Kinder von 0 bis 10 Jahren in Hessen, 2. Auflage, Wiesbaden, Stand: Dezember 2007, abgerufen unter: www.bep.hessen.de [01.07.2010].

Hillmann, Karl-Heinz: Wörterbuch der Soziologie, Stuttgart, Alfred Körner Verlag, 1994.

Hinke-Ruhnau, Jutta: Bildung unter drei in der Kindertagespflege, Seelze, Klett/Kallmeyer, 2009.

Hirler, Sabine: Kinder brauchen Musik. Spiel und Tanz, 3. Auflage, Münster, Ökotopia, 1998.

Hollingsworth, Heidi L./Buysse, Virginia: Establishing friendships in early childhood inclusive settings: What roles do parents and teachers play?, in: Journal of Early Intervention, 31, 2009, S. 287–307.

Holstiege, Hildegard: Montessori-Pädagogik für 0–4 Jahre: Ganzheitliche Bildung in Familie, Kita und Kindergarten, Freiburg, Herder, 2009.

Howes, Carollee/Matheson, Catherine C.: Sequences in the development of competent play with peers: social and social pretend play, in: Developmental Psychology, 28, 1992, S. 961–974.

Huebner, Colleen E.: Promoting toddlers' language development through community-based intervention, in: Journal of Applied Developmental Psychology, 21, 2000, S. 513–535.

Hüther, Gerald: Das Geheimnis der ersten neun Monate. Unsere frühesten Prägungen, Düsseldorf, Walter Verlag, 2005.

Hüther, Gerald/Michels, Inge: Gehirnforschung für Kinder. Felix und Feline entdecken das Gehirn, Kösel, 2009.

Huinink, Johannes: Gegenstand der Familiensoziologie, in: Lehrbuch Moderne Familiensoziologie, hrsg. v. Norbert F. Schneider, Opladen, Verlag Barbara Budrich, 2008, S. 23–40.

Hurrelmann, Klaus: Einführung in die Sozialisationstheorie, 8. vollst. überarb. Aufl., Weinheim/Basel, Beltz, 2006.

James, William: The principles of psychology, 1890, abgerufen unter: http://psychclassics.yorku.ca/James/Principles/index.htm [07.03.2010].

Johnston, J. Cyne/Durieux-Smith, Andrée/Bloom, Kathleen: Teaching gestural signs to infants to advance child development. A review of the evidence, in: First Language, 25, 2005, S. 235–251.

Jurczyk, Karin/Rauschenbach, Thomas/Tietze, Wolfgang u. a.: Von der Tagespflege zur Familientagesbetreuung: Zur Zukunft öffentlich regulierter Kinderbetreuung in Privathaushalten, Weinheim/Basel, Beltz, 2004.

Kast, Verena: Der schöpferische Sprung: Vom therapeutischen Umgang mit Krisen, München, Deutscher Taschenbuch Verlag, 1989.

Kasten, Hartmut: Soziale Kompetenzen. Entwicklungspsychologische Grundlagen und frühpädagogische Konsequenzen, 1. Auflage, Berlin, Cornelsen, 2008.

Keller, Heidi/Lohaus, Arnold/Voelker, Susanne/Cappenberg, Martina/Chasiotis, Athanasios: Temporal contingency as a independent component of parenting behavior, in: Child Development, 70, 1999, S. 474–485.

Kerl-Wienecke, Astrid/Brüll, Matthias: Tätigkeitsbegleitende Fortbildung für Tagespflegepersonen. Qualifizierungsmodul: „Sprachentwicklung – Sprechen – Sprachverständnis in der Kindertagespflege", hrsg. v. DJI Deutsches Jugendinstitut im Kontext des „Aktionsprogramms Kindertagespflege", im Auftrag des Bundesministeriums für Familie, Senioren, Frauen und Jugend (BMFSFJ)

Kerl-Wienecke, Astrid: Qualifizierungsmodul: Beobachten und Dokumentation – die Bildungs- und Lerngeschichten in der Kindertagespflege, abzurufen unter: www.vorteil-kinderbetreuung.de/

files/pdf/application/pdf/qualifizierungsmodul_beobachten_bf.pdf, Deutsches Jugendinstitut, München, 2010.

Kindergarten heute Spezial: Kinder unter 3 – Bildung, Erziehung und Betreuung von Kleinstkindern, 2. Aufl., Freiburg, 2006.

Kißgen, Rüdiger: Diagnostik der Bindungsqualität in der frühen Kindheit – Die Gremden Situation, in: Bindung im Kindesalter: Diagnostik und Intervention, hrsg. v. Henri Julius/Barbara Gasteiger-Klicpera/Rüdiger Kißgen, Göttingen, Hogrefe, 2009, S. 91–106.

Klein, Gerhard: Frühförderung für Kinder mit psychosozialen Risiken, Stuttgart, Kohlhammer Verlag, 2002.

Kluge, Friedrich: Etymologisches Wörterbuch der deutschen Sprache, bearbeitet von Elmar Seibold, 24. durchgesehene und erweiterte Auflage, New York/Berlin, Verlag de Gruyter, 2002.

Kögler, Michael: Warum wir fühlen und denken können wie die Anderen. Die Bedeutung der frühen Kindheit für die seelische Gesundheit, soziale Kompetenz, emotionale Sicherheit, abgerufen unter: www.psychoanalyse.hannover.de/werkstatt/Originalarbeiten/WA-FUE.rtf [26.03.2010].

Koivisto Hursti, Ulla-Kaisa: Factors influencing children's food choice, in: Annals of Medicine, 31, 1999, S. 26–32.

Kraus, Karoline: Dialogisches Lesen – neue Wege der Sprachförderung in Kindergarten und Familie, in: Kindergartenpädagogik – Online Handbuch –, hrsg. v. Martin R. Textor, abgerufen unter: www.kindergartenpaedagogik.de/1892.html [27.02.2010].

Krause, Christina: Was uns gesund erhält, in: TPS Leben, Lernen und Arbeiten in der Kita, 9, 2009, S. 7.

Krings, Tamara: Kindertagespflege als Beruf: Eine Bestandsaufnahme mit Ausblick, Marburg, Tectum Verlag, 2009.

Krombholz, Heinz: Modellversuch: Prävention durch Bewegungsförderung in Kindertageseinrichtungen, in: Kinderzeit 4/1998, Zeitschrift für Pädagogik und Bildung, S. 19–22.

Kuhl, Patricia K./Meltzoff, Andrew N.: The bimodal perception of speech in infancy, in: Science, 218, 1982, S. 1138–1141.

Laewen, Hans-Joachim: Nichtlineare Effekte einer Beteiligung von Eltern am Eingewöhnungsprozess von Krippenkindern, in: Psychologie in Erziehung und Unterricht, 2, 1989, S. 102–108.

Laewen, Hans-Joachim: Bildung und Erziehung in Kindertageseinrichtung, in: Forscher, Künstler, Konstrukteure. Bausteine zum Bildungsauftrag von Kindertageseinrichtungen, hrsg. v. Hans-Joachim Laewen/Beate Andres, Weinheim/Basel, Berlin, Beltz, 2002a, S. 16–102.

Laewen, Hans-Joachim: Was Bildung und Erziehung in Kindertageseinrichtungen bedeuten können, in: Forscher, Künstler, Konstrukteure. Werkstattbuch zum Bildungsauftrag von Kindertageseinrichtungen, hrsg. v. Hans-Joachim Laewen/Beate Andres, Berlin/Düsseldorf/Mannheim, Cornelsen, 2002b, S. 33–69.

Laewen, Hans-Joachim: Funktionen der institutionellen Früherziehung: Bildung, Erziehung, Betreuung, Prävention, in: Pädagogik der frühen Kindheit, hrsg. v. Lilian Fried/Susanna Roux, Berlin/Weinheim, Beltz, 2006, S. 96–107.

Laewen, Hans-Joachim/Andres, Beate/Hédervári, Éva: Ohne Eltern geht es nicht: Die Eingewöhnung von Kindern in Krippen und Tagespflegestellen, 4. Aufl., Neuwied/Berlin, Luchterhand, 2000.

Laewen, Hans-Joachim/Andres, Beate/Hédervári, Éva: Die ersten Tage: Ein Modell zur Eingewöhnung in Krippe und Tagespflegestelle, Berlin, Cornelsen, 2003.

Langhammer, Ute: Draußen-Raum. Mit Kleinstkindern im Wald unterwegs, in: Kleinstkinder, 2, 2009, S.14–15.

Langlotz, Christel/Bingel, Bela: Kinder lieben Rituale. Kinder im Alltag mit Ritualen unterstützen und begleiten, Münster, Ökotopia Verlag, 2008.

Largo, Remo: Babyjahre: Entwicklung und Erziehung in den ersten vier Jahren, 4. Aufl., München, Piper Verlag, 2009.

Largo, Remo/Czernin, Monika: Glückliche Scheidungskinder, München, Piper Verlag, 2010.

Leger, Daniel W./Thompson, Ross A./Merritt, Jacquelyn A./Benz, Joseph J.: Adult perception of emotion intensity in human infant cries: Effects of infant age and cry acoustics, in: Child Development, 67, 1996, S. 3238–3249.

Leu, Hans Rudolf: Früher, schneller, besser? Grenzen der Instrumentalisierung frühkindlichen Lernens, in: Die Jüngsten kommen. Kinder unter drei in Kindertageseinrichtungen, hrsg. v. Christian Bethke/Sonja Adelheid Schreiner, Berlin/Weimar, Verlag das Netz, 2009, S. 74–82.

Leuzinger-Bohleber, Marianne/ Brandl, Yvonne/ Hüther, Gerald (Hrsg.): ADHS – Frühprävention statt Medikalisierung. Theorie, Forschung, Kontroverse, in: Schriften des Sigmund-Freud-Instituts, Band 4, Göttingen, Vandenhoeck & Ruprecht, 2006.

Liegle, Ludwig: Kind und Kindheit, in: Einführung in die Pädagogik der frühen Kindheit, hrsg. v. Lilian Fried u. a., Weinheim/Basel, Berlin, Beltz, 2003, S. 14–53.

Liegle, Ludwig: Bildung und Erziehung in früher Kindheit, Stuttgart, Kohlhammer, 2006.

Liegle, Ludwig: Erziehung als Aufforderung zur Bildung, in: Bildung und Kindheit. Pädagogik der Kindheit in Wissenschaft und Lehre, hrsg. v. Werner Thole u. a.: Opladen, Verlag Barbara Budrich, 2008, S. 85–113.

Lill, Gerlinde/ Sporleder, Waltraud: Von Abflugrampe bis Zwischenlandung – Ein Qualitätslexikon für Krippenprofis, Neuwied, Luchterhand Verlag, 2000.

Lode, Maren: Die soziale Absicherung von Tagespflegepersonen, Reihe Jugend und Familie, Berlin, Eigenverlag des Deutschen Vereins für öffentliche und private Fürsorge e.V., 2010.

Main, Mary: Vermeiden im Dienst von Nähe: ein Arbeitspapier, in: Verhaltensentwicklung bei Mensch und Tier, hrsg. v. Klaus Immelmann, George W. Barlow, Lewis Petrinowich, Berlin, Prey, 1982, S. 751–793.

Main, Mary/Solomon, Judith: Discovery of an insecure-disorganized/disoriented attachment pattern. Affective development in infancy, hrsg. v. T. Berry Brazelton, Michael Yogman, New York City, Ablex Publ., 1986, S. 95–124.

Mayer, Joachim/Strauß, Friedrich: Leckeres vom Balkon, München, Gräfe und Unzer Verlag (GU), 2010.

Mayr, Toni: Beobachten und Dokumentieren – Neue Perspektiven, Welt des Kindes, 5, 2005, S. 8–12.

Maywald, Jörg /Schön, Bernhard (Hrsg.): Krippen: Wie frühe Betreuung gelingt. Fundierter Rat zu einem umstrittenen Thema, Weinheim, Beltz, 2008.

Mehler, Jacques/Bertoncini, Josiane/Barriere, Michèle/Jassik-Gerschenfeld, Dora: Infant recognition of mother's voice, in: Perception, 7, 1978, S. 491–497.

Mehler, Jacques/Jusczyk, Peter/Lambertz, Ghislaine/Halsted, Nilofar/Bertoncini, Josiane/Amiel-Tison Claudine: A precursor of language acquisition in young infants, in: Cognition, 29, 1988, S. 143–178.

Messinger, Daniel/Fogel, Alan: The interactive development of social smiling, in: Advances in Child Development and Behavior, 35, 2007, S. 328–358.

Michels, Inge: Mein Beruf Tagesmutter. Wissen und Anregungen für einen alten und neuen Beruf, Seelze, Klett Kallmeyer, 2008.

Mielczarek, Jörg: So erstellen Tageseltern einen Businessplan, Bonn, Verlag interna, 2009.

Montessori, Maria: Kinder sind anders, Stuttgart, Klett, 1952.

Moses, Louis J./Baldwin, Dare A./Rosicky, Julie/Tidball, Glynnis: Evidence for referential understanding in the emotions domain at 12 and 18 months, in: Child Development, 3, 2001, S. 718–735.

Mühlenberg, Gisela: Kritzeln – Schnipseln – Klecksen. Erste Erfahrungen mit Farbe, Schere und Papier und lustige Ideen zum Basteln mit Kindern ab 2 Jahren, Münster, Ökotopia, 2000.

Müller, Else: Inseln der Ruhe. Ein neuer Weg zum autogenen Training für Kinder und Erwachsene, München, Kösel, 2001.

Müller, Else/Sauer, Helmer: Sternenfahrt: Musik zum Träumen und Entspannen, München, Kösel, 2006.

Nave-Herz, Rosemarie: Handbuch der Familienforschung und Jugendforschung, in 2 Bdn., Bd. 1, Familienforschung, Neuwied, Luchterhand, 1989.

NICHD Early Child Care Network: The relation of child care to cognitive and language development, in: Child Development, 71, 2000, S. 958–978.

Oerter, Rolf/Montada, Leo (Hrsg.): Entwicklungspsychologie, Weinheim, Beltz, 2002.

Opper, Elke: Motorik-Modul (MoMo) im Rahmen des Kinder- und Jugendgesundheitssurveys (KiGGS). Motorische Leistungsfähigkeit und körperlich-sportliche Aktivität von Kindern und Jugendlichen in Deutschland, in: Bundesgesundheitsblatt. Gesundheitsforschung-Gesundheitsschutz, Band 50, Heft 5/6 2007, S. 879–888, Heidelberg, Springer Medizin Verlag, 2007.

Papousek, Mechthild/Schieche, Michael/Wurmser, Harald (Hrsg.): Regulationsstörungen der frühen Kindheit: Frühe Risiken und Hilfen im Entwicklungskontext der Eltern-Kind-Beziehungen, 1. Aufl., Bern, Huber, 2004.

Pauen, Sabina: Überlebt der Animismus? Kritische Evaluation einer Hypothese zum präkausalen Denken, in: Zeitschrift für Entwicklungspsychologie und Pädagogische Psychologie, 29, 1997, S. 97–118.

Pauen, Sabina/Vonderlin, Eva: Entwicklungsdiagnostik in den ersten drei Lebensjahren. Empfehlungen zum Ausbau des Erhebungsinstrumentariums über Kinder im sozio-ökonomischen Panel (SOEP), Research Notes 21, Berlin, Deutsches Institut für Wirtschaftsforschung, 2007.

Peukert, Ursula: Der demokratische Gesellschaftsvertrag und das Verhältnis zur nächsten Generation. Zur kulturellen Neubestimmung und zur gesellschaftlichen Sicherung frühkindlicher Bildungsprozesse, in: Neue Sammlung, Bd. 37, 2, Seelze-Velber, Friedrich Verlag, 1997, S. 277–293.

Pikler, Emmi: Laßt mir Zeit. Die selbständige Bewegungsentwicklung des Kindes bis zum freien Gehen, München, Pflaum, 1997.

Pikler, Emmi: Friedliche Babys – zufriedene Mütter. Pädagogische Ratschläge einer Kinderärztin, Freiburg, Herder Verlag, 2007.

Pramling Samuelsson, Ingrid/Asplund Carlsson, Maj: Spielend lernen, hrsg. v. Wassilios E. Fthenakis und Pamela Oberhuemer, Troisdorf, Bildungsverlag Eins, 2007.

Pramling Samuelsson, Ingrid/Asplund Carlsson, Maj: Spielend lernen, hrsg. v. Wassilios E. Fthenakis und Pamela Oberhuemer, Troisdorf, Bildungsverlag EINS, 2007.

Preckel, Franzis/Brüll, Matthias: Intelligenztests, München, Ernst Reinhardt, 2008.

Prott, Roger/ Hautumm, Annette: 12 Prinzipien für eine erfolgreiche Zusammenarbeit von Erzieherinnen und Eltern, Berlin, Verlag das Netz, 2004.

Rauh, Hellgard: Vorgeburtliche Entwicklung und frühe Kindheit, in: Entwicklungspsychologie, hrsg. v. Rolf Oerter/Leo Montada, 6. Aufl., Weinheim, Beltz PVU, 2008, S. 149–224.

Renz-Polster, Herbert: Kinder verstehen. Born to be wild: Wie die Evolution unsere Kinder prägt, München, Kösel, 2009.

Renz-Polster, Herbert/Menche, Nicole/Schäffler, Arne: Gesundheit für Kinder: Kinderkrankheiten verhüten, erkennen, behandeln, 3. Aufl., München, Kösel, 2008.

Rhein, Isgard: Wie Sie als Tagesmutter in einer Großtagespflegestelle tätig sind, Bonn, Verlag interna, 2010.

Robins, Richard W./Trzesniewski, Kali H.: Self-esteem development across the lifespan, in: Current Directions in Psychological Science, 14, 2005, S. 158–162.

Rotthaus, Wilhelm: Auffälliges Verhalten von Kindern erkennen, verstehen und beeinflussen; Eltern-Schule Hamm; Beitrag im Rahmen des Fachtages "Rund um (un)auffällig?!", Hamm, 2005, abgerufen unter: www.hamm.de/pdf/vortragrotthaus.pdf [01.10.2010].

Saffran, Jenny R./Werker, Janet F./Werner, Lynne A.: The infant's auditory world: Hearing, speech, and the beginning of language, in: Handbook Of Child Psychology, Volume 2: Cognition, perception, and language, 6. Aufl., hrsg. v. Deanna Kuhn/Robert S. Siegler, Hoboken, New Jersey, John Wiley & Sons, Inc., 2006.

Schäfer, Gerd (Hrsg): Bildung beginnt mit der Geburt. Ein offener Bildungsplan für Kindertageseinrichtungen in Nordrhein-Westfalen, 2. erweiterte Aufl., Weinheim/Basel, Beltz, 2005.

Schäfer, Gerd: Der Bildungsbegriff in der Pädagogik der frühen Kindheit, in: Pädagogik der frühen Kindheit, hrsg. v. Lilian Fried/Susanna Roux, Berlin/Weinheim, Beltz, 2006, S. 33–44.

Schäfer, Gerd: Zutrauen statt zumuten, in: Kompetente Erziehung. Zwischen Anleitung und Selbstbildung, hrsg. v. Eva Hammes-Di Bernardo, Weimar/Berlin, Verlag das Netz, 2007, S. 184–188.

Schäfer, Gerd: Bildung in der frühen Kindheit, in: Bildung und Kindheit. Pädagogik der Kindheit in Wissenschaft und Lehre, hrsg. v. Werner Thole u. a., Opladen, Verlag Barbara Budrich, 2008, S. 125–139.

Schäfer, Gerd: Lernen im Lebenslauf. Formale, non-formale und informelle Bildung in früher und mittlerer Kindheit. Lernen im Lebenslauf. Expertise für die Enquetekommission „Chancen für Kinder" des Landtags Nordrhein-Westfalen, Düsseldorf, 2008, abgerufen unter: www.landtag.nrw.de/portal/WWW/GBI/I.1/EK/14_EK2/Gutachten/Studie Schaefer2008.pdf [15.06.2010].

Scheerer, Ann Kathrin: Tagesbetreuung aus Sicht des Kindes, in: frühe Kindheit 6/2009, hrsg. v. Deutsche Liga für das Kind, Berlin, 2009. S. 36–41.

Schmidt, Else: Elternarbeit als Aspekt pädagogischer Konzepte in der Kindertagesstätte, Berlin, Selbstverlag, 2008.

Schneider, Sylvia: Bewegung macht Kinder schlau: Spiele für Körper, Geist und Seele, Freiburg im Breisgau, Christophorus, 2004.

Schweinhart, Lawrence J./Weikart, David P.: Education for Young Children Living in Poverty: Child-initiated Learning or Teacher-directed Instruction?, in: The Elementary School Journal, Bd. 89, 2, 1988, S. 213–225.

Schweinhart, Lawrence J./Weikart, David P.: The High/Scope Preschool Curriculum Comparison Study Through Age 23, in: Early Childhood Research Quarterly, Bd. 12, 2, 1997, S. 117–143.

Seitz, Harald: Essstörungen bei Kleinkindern. Erkennen und Gegensteuern, in: ZeT Zeitschrift für Tagesmütter und -väter, Ausgabe 4/2010, Seelze-Velber, Friedrich Verlag, 2010.

Shoda, Yuichi/Mischel, Walter/Peake, Philip K.: Predicting adolescent cognitive and social competence from preschool delay of gratification: Identifying diagnostic conditions, in: Developmental Psychology, 26, 1990, S. 978–986.

Singer, Wolf: Was kann ein Mensch lernen? Ein Beitrag aus Sicht der Hirnforschung, in: Elementarpädagogik nach Pisa: Wie aus Kindertagesstätten Bildungseinrichtungen werden können, hrsg. v. Wassilios E. Fthenakis, Freiburg im Breisgau, Herder Verlag, 2003, S. 67–75.

Smith, Linda B.: Movement matters: The contributions of Esther Thelen, in: Biological Theory, 1, 2006, S. 87–89.

Sodian, Beate: Entwicklung des Denkens, in: Entwicklungspsychologie, hrsg. v. Rolf Oerter/Leo Montada, 6. Aufl., Weinheim, Beltz PVU, 2008, S. 436–479.

Sozialgesetzbuch SGB: hrsg. v. Verband der Ersatzkassen e. V. (vdek), Essen, Verlag CW Haarfeld, 2011.

Spitzer, Manfred: Vorsicht Bildschirm! Elektronische Medien, Gehirnentwicklung, Gesundheit und Gesellschaft, München, dtv, 2006.

Spitzer, Manfred: Aufklärung 2.0: Gehirnforschung als Selbsterkenntnis, Stuttgart, Schattauer, 2009.

Sprenger, Reinhard K.: Die Entscheidung liegt bei dir: Wege aus der alltäglichen Unzufriedenheit, Frankfurt am Main, Campus, 2004.

Stöcklin-Meier, Susanne: Was im Leben wirklich zählt. Mit Kindern Werte entdecken, 11. Aufl., München, Kösel, 2008.

Stöcklin-Meier, Susanne: Von der Weisheit der Märchen. Kinder entdecken Werte mit Märchen und Geschichten, 2. Aufl., München, Kösel, 2009.

Ständige Konferenz der Kultusminister der Länder der Bundesrepublik Deutschland: Gemeinsamer Rahmen der Länder für die frühe Bildung in Kindertageseinrichtungen, Beschluss der Jugendministerkonferenz vom 13./14.5.2004, Beschluss der Kultusministerkonferenz vom 3./4.6.2004, abgerufen unter: www.kmk.org/fileadmin/veroeffentlichungen_beschluesse/2004/2004_06_04-Fruehe-Bildung-Kitas.pdf [03.10.2010].

Statistisches Bundesamt: Ehescheidungen 2008, abgerufen unter: www.destatis.de/jetspeed/portal/cms/Sites/destatis/Internet/DE/Content/Publikationen/Querschnittsveroeffentlichungen/WirtschaftStatistik/Bevoelkerung/Ehescheidungen2008.psml [16.05.2010].

Statistisches Bundesamt: Mikrozensus 2007, abgerufen unter: www.boeckler-boxen.de/3620.htm [16.05.2010].

Stadt Leipzig (Hrsg.): Sprachförderung in der Kindertagesstätte. Handbuch mit großem Spieleteil, Leipzig, 2006, abgerufen unter: www.leipzig.de/imperia/md/content/53_gesundheitsamt/handbuch_sprachf__rderung.pdf [16.10.2010].

Stettler, Nicolas/Zemel, Babette S./Kumanyika, Shiriki/Stallings, Virginia A.: Infant weight gain and childhood overweight status in a multicenter, cohort study, in: Pediatrics, 109, 2002, S. 194–199.

Suess, G./Burat-Hiemer, E.: Erziehung in Krippe, Kindergarten, Kinderzimmer, Stuttgart, Klett-Cotta, 2009.

Sylva, Kathy u. a.: The Effective Provision of Pre-School Education Project – Zu den Auswirkungen vorschulischer Einrichtungen in England, in: Anschlussfähige Bildungsprozesse im Elementar- und Primarbereich, hrsg. v. Gabriele Faust u. a., Bad Heilbrunn, Klinkhardt Verlag, 2004, S. 154–167.

Szagun, Giesela: Sprachentwicklung beim Kind. Unveränderter Nachdruck der 6., vollständig überarbeiteten Auflage 1996, Weinheim, Beltz, 2000.

Textor, Martin R.: Lew Wygotski – entdeckt für die Kindergartenpädagogik, 1999, abgerufen unter: www.kindergartenpaedagogik.de/19.html [08.12.2010].

Textor, Martin R.: Freispiel, Beschäftigung, Projekt – drei Wege zur Umsetzung der Bildungspläne der Bundesländer, in: Frühe Kindheit gestalten, hrsg. v. Helen Knauf, Stuttgart, Kohlhammer, 2009, S. 17–30.

Textor, Martin R.: Kindergartenpädagogik – Online-Handbuch –, Stichwort Auffälliges Verhalten, 2006, abgerufen unter: www.kindergartenpaedagogik.de/1486.html [19.09.2010].

Textor, Martin R.: Kindergartenpädagogik – Online-Handbuch –, Literacy-Erziehung im Kindergarten, abgerufen unter: www.kindergartenpaedagogik.de/1719.html [16.12.2010].

Thalange, N. K. S./Foster, P. J./Gill, M. S./Price, D. A./Clayton, P. E.: Model of normal prepubertal growth, in: Archives of Disease in Childhood, 75, 1996, S. 427–431.

Thelen, Esther: Dynamic mechanisms of change in early perceptual-motor development, in: Mechanisms of cognitive development: behavioral and neural perspectives, hrsg. v. James L. McClelland/Robert S. Siegler/Mahwah, New Jersey, Erlbaum, 2001, S. 161–184.

Thelen, Esther/Bates, Elizabeth: Connectionism and dynamic systems: are they really different?, in: Developmental Science, 6, 2003, S. 378–391.

Thompson, Paul M./Giedd, Jay N./Woods, Roger P./MacDonald, David/Evans, Alan C./Toga, Arthur W.: Growth patterns in the developing brain detected by using continuummechanical tensor maps, in: Nature, 404, 2000, S. 190–193.

Thompson, Ross A./Limber, Susan P.: "Social Anxiety" in infancy. Stranger and separation reactions, in: Handbook of social and evaluation anxiety, hrsg. v. Harold Leitenberg, New York, Plenum Press, 1990, S. 85–137.

Thompson, Ross A.: Socioemotional development: Enduring issues and new challenges, in: Developmental Review, 13, 1993, 372–402.

Thüringer Ministerium für Bildung, Wissenschaft und Kultur (Hrsg.): Thüringer Bildungsplan für Kinder bis 10 Jahre, Weimar/Berlin, Verlag das Netz, 2010, abgerufen unter: www.thueringer-bildungsplan.de [01.05.2011].

Tietze, Wolfgang (Hrsg.): Wie gut sind unsere Kindergärten? Eine Untersuchung zur pädagogischen Qualität in deutschen Kindergärten, Weinheim, Beltz, 1998.

Tietze, Wolfgang/Viernickel, Susanne (Hrsg.): Pädagogische Qualität in Tageseinrichtungen für Kinder. Ein internationaler Kriterienkatalog, Weinheim, Beltz, 2002.

Tomasello, Michael: Having intentions, understanding intentions, and understanding communicative intentions, in: Developing theories of intention, hrsg. v. Philip D. Zelazo/Janet W. Astington/David R. Olson, Mahwah, New Jersey, Erlbaum, 1999, S. 63–75.

Trapmann, Hilde/Rotthaus, Wilhelm: Auffälliges Verhalten im Kindesalter. Handbuch für Eltern und Erzieher, Bd. 1, 11. Aufl., Dortmund, verlag modernes lernen, 2004.

Trautmann-Voigt, Susanne/Voigt, Bernd: Grammatik der Körpersprache. Körpersignale in Psychotherapie und Coaching entschlüsseln und nutzen, Stuttgart, Schattauer, 2009.

Unicef Deutschland: Der Unicef-Bericht zur Lage von Kindern in Deutschland, Zusammenfassung, Mai 2008, abgerufen unter: www.unicef.de/presse/pm/2008/080526-wachsende-kluft-zwischen-kindern/080526-der-unicef-bericht-zur-lage-der-kinder-in-deutschland/ [16.12.2010]

Utermann, Angela: Kindertagespflege – ein Betreuungsangebot mit Risiken: Unbewusste Beziehungsdynamik zwischen Müttern und Tagesmüttern, in: Die Jüngsten kommen. Kinder unter drei in Kindertageseinrichtungen, hrsg. v. Christian Bethke/Sonja Adelheid Schreiner, Berlin, Verlag das Netz, S. 166–179, 2009.

Viernickel, Susanne/Völkel, Petra (Hrsg.): Bindung und Eingewöhnung von Kleinkindern, Troisdorf, Bildungsverlag Eins, 2009.

Viernickel, Susanne/Schwarz, Stefanie: Schlüssel zu guter Bildung, Erziehung und Betreuung – Wissenschaftliche Parameter zur Bestimmung der pädagogischen Fachkraft-Kind-Relation, hrsg. v. Paritätischer Gesamtverband, Diakonie, GEW, 1. Auflage, Berlin, 2009.

Völkl, Petra: Geteilte Bedeutung – Soziale Konstruktion, in: Forscher, Künstler, Konstrukteure. Bausteine zum Bildungsauftrag von Kindertageseinrichtungen hrsg. v. Hans-Joachim Laewen/ Beate Andres, Weinheim/Basel/Berlin, Beltz, 2002, S. 159–207.

von der Beek, Angelika/ Buck, Matthias/ Rufenach, Annelie: Kinderräume bilden – Ein Ideenbuch für die Raumgestaltung in Kitas, Berlin, Cornelsen Scriptor, 2006.

Waller, Heiko: Sozialmedizin. Grundlagen und Praxis, Stuttgart, Kohlhammer, 2002.

Watzke-Otte, Susanne: Selbstmanagement. Erfolgsfaktoren beachten und systematisch nutzen. Reihe Pocket Business, 3. Aufl., Berlin, Cornelsen Scriptor, 2008.

Weinert, Sabine/Grimm, Hannelore: Sprachentwicklung, in: Entwicklungspsychologie, 6., vollständig überarbeitete Aufl., hrsg. v. Rolf Oerter/Leo Montada, Weinheim, Beltz PVU, 2008, S. 502–534.

Weisbach, Christian-Rainer/Sonne-Neubacher, Petra: Professionelle Gesprächsführung: Ein praxisnahes Lese- und Übungsbuch, 7. Auflage, München, dtv, 2008.

Weiß, Karin/Stempinski, Susanne/Schumann, Marianne/Keimeleder, Lis (im Auftrag des Deutschen Jugendinstituts): Qualifizierung in der Kindertagespflege. Das DJI-Curriculum „Fortbildung von Tagespflegepersonen", 2. überarbeitete und erweiterte Aufl., Seelze, Klett/Kallmeyer, 2008.

Weltgesundheitsorganisation (WHO): Ottawa Charta. Zur Gesundheitsförderung „Gesundheit für alle bis zum Jahr 2000", 1986, abgerufen unter: www.apug.de/apug/geschichte/gesundheit21.htm [01.09.2010]

Weltgesundheitsorganisation (WHO): Gesundheit 21: Rahmenkonzept "Gesundheit für alle" für die Europäische Region der WHO. Europäische Schriftreihe „ Gesundheit für alle", Nr. 6, 1998.

Wendlandt, Wolfgang: Sprachstörungen im Kindesalter, 5. vollständig überarbeitete Aufl., Stuttgart, Thieme, 2006.

Whitehurst, G. J./Falco, F. L./Lonigan, C. J./Fischel, J. E./DeBaryshe, B. D./Valdez-Menchaca, M. C./Caulfield, M: Accelerating language development through picture book reading, in: Developmental Psychology, 24, 1988, S. 552–558.

Whithead, Marian R.: Sprache und Literacy von 0 bis 8 Jahren , hrsg. v. Wassilios E. Fthenakis und Pamela Oberhuemer, Troisdorf, Bildungsverlag EINS, 2007.

Widmayr, Christiane/Kompatscher, Anneliese: Kinder und Gärten, Spielen, Toben, Staunen und Entdecken, München, Blv Buchverlag, 2003.

Wiesner, Reinhard : SGB VIII Kinder- und Jugendhilfe Kommentar, München, Beck, 2006.

Wilkening, Friedrich/Krist, Horst: Entwicklung der Wahrnehmung und Psychomotorik, in: Entwicklungspsychologie, 6., vollständig überarbeitete Aufl., hrsg. v. Rolf Oerter/Leo Montada, Weinheim, Beltz PVU, 2008, S. 413–435.

Wimmer, Heinz/Perner, Josef: Beliefs about beliefs: representation and constraining function of wrong beliefs in young children's understanding of deception, in: Cognition, 13, 1983, S. 103–128.

Winner, Anna: „Der spielzeugfreie Kindergarten" - ein Projekt zur Förderung von Lebenskompetenzen bei Kindern? Eine Begleitstudie zur Suchtprävention im Kindergarten, München, Aktion Jugendschutz Bayern, 1996.

Winner, Anna: Kleinkinder ergreifen das Wort – Sprachförderung mit Kindern von 0 bis 4 Jahren, Berlin, Cornelsen, 2007.

Woolfolk, Anita: Pädagogische Psychologie, 10. Aufl., bearbeitet und übersetzt von Ute Schönpflug, München, Pearson Studium, 2008.

Youniss, James: Soziale Konstruktion und psychische Entwicklung, hrsg. v. Lothar Krappmann/Hans Oswald, Frankfurt am Main, Suhrkamp, 1994.

Zahn-Waxler, Carolyn/Radke-Yarrow, Marian/Wagner, Elizabeth/Chapman, Michael: Development of concern for others, in: Developmental Psychology, 28, 1992, S. 126–136.

Zeanah Jr., Charles H./Boris, Neil W.: Disturbances and Disorders of Attachment in: Early Childhood, in Handbook of Infant Mental Health, hrsg. v. Charles H. Zeanah Jr., New York, The Guilford Press, 2005, S. 353–368.

ZeT, Zeitschrift für Tagesmütter und -väter, Schwerpunkt Beobachtung und Dokumentation, 6, Seelze, Friedrich-Verlag, 2010.

Ziegenhain, Ute: Bindungsstörungen. in: Marggraf, Jürgen/Schneider, Silvia (Hrsg.): Verhaltenstherapie. Band 3: Störungen des Kindes- und Jugendalters, Berlin, Springer, 2009, S. 313–330.

Ziegenhain, Ute/Wolff, Ulrike: Der Umgang mit Unvertrautem, Bindungsbeziehung und Krippeneintritt, in: Psychologie in Erziehung und Unterricht, 47, 2000, S. 176–188.

Zimmer, Renate: Bewegung als Motor der Entwicklung, in: ZeT, Zeitschrift für Tagesmütter und –väter, Friedrich-Verlag, 2, 2010.

Zimmer, Renate: Handbuch der Bewegungserziehung, Freiburg, Herder, 2005.

Zollinger, Barbara: Die Entdeckung der Sprache, 7. Aufl., Bern, Haupt, 2007.

Zwiener, Karl (Hrsg.): Materialien zum 5. Familienbericht, Kinderkrippen in der DDR: Bd. 5, München, Deutsches Jugendinstitut, 1994, S. 15.

Bildquellenverzeichnis

- Dr. Bodo Rödel, Köln: Umschlag, S. 128 (2x)
- picture-alliance/KEYSTONE: S. 11, 228, 236
- picture-alliance/dpa: S. 13 (links), 277
- Wikimedia Commons: S. 13 (rechts)
- SINA® Spielzeug GmbH, Neuhausen, www.sina-spielzeug.de: S. 14 (alle)
- Bildungsverlag Eins, Köln/Christian Schlüter, Essen: S. 24, 30, 44, 79, 80, 85, 102, 105, 113, 117, 139 (oben), 197, 242, 248, 256, 263, 283, 291, 297, 304
- picture-alliance/Bildagentur-online/Begsteiger: S. 39
- Bildungsverlag Eins, Köln/Nadine Dilly, Oberhausen: S. 40, 71, 205, 252, 280, 285
- Fotolia.com:
  Brebca S. 42/Herbie S. 47, 310/Pavel Losevsky S. 54, 266/iofoto S. 84 (oben)/OOZ S. 84 (unten)/Roman Minarov S. 92/Coprid S. 94/Galina Barskaya S. 122/Adam Borkowski S. 130/verybigalex S. 139 (unten)/Kobold-knopf81 S. 158 (alle)/Marcin Sadlowski S. 163 (alle)/Artyom Yefimov S. 190/Phrysphotos S. 218/Sergei Mohhovik S. 263/Xaver Klaußner S. 268/Mammut Vision S. 287 (oben)/elisabetta figus S. 295/pictonaut S. 299/areafoto S. 300/Nicole Effinger S. 302/Ramona Heim S. 303/ChantalS S. 306/fotolia.com: S. 316
- Bildungsverlag Eins, Köln/Inge Eismann-Nolte, Amoeneburg: S. 112
- Bildungsverlg Eins, Köln/Elisabeth Galas, Bad Breisig: S. 121
- Random House/Matthias Tunger: S. 134
- Sabine Trautmann-Voigt, Bonn: S. 144
- picture alliance/Antoine Juliette/Oredia: S. 167
- Franziska Hüther/Gerald Hüther: S. 181
- Bildungsverlag Eins, Köln: S. 203
- picture-alliance/ZB: S. 230, 261
- picture alliance/Antoine Juliette/Oredia: S. 245
- Herbert Renz-Polster, Vogt: S. 257
- Reinhard Horn, Lippstadt: S. 287 (unten)
- Marion von zur Gathen, Berlin: S. 298, 311
- ullstein bild - CARO/Kaiser: S. 321

Sachwortverzeichnis

3-R-Faustregel 83

A
Abschied 255
Abschiednehmen 265
Abschiedsritual 247
Abschlussprüfung 209
Absichtslosigkeit 185
Achtes Sozialgesetzbuch (SGB VIII) 18
Adaptation 93, 95
AD(H)S 109
Adventskalender 269
Advents- und Weihnachtszeit 269
Ahnert, Liselotte 98
Akkommodation 94
Aktionsprogramm Kindertagespflege 210
Aktivierungszirkel 115
Alleinstellungsmerkmal 50
Alltag 172
Als-ob-Spiel 97, 113 f.
Ammen 12
Angst 101 f., 104
Anpassung 93
antiautoritäre Erziehung 28
Antonovsky , Aaron 292
Antwortbereitschaft 184
Apgar-Wert 87
Äquilibration 95
Äquilibrium 93
Arbeitslosengeld 67
Arbeitsteilung 15
Ärger 101
Armut 193
Assimilation 94 f.
Assistenz 173
Aufgabenschwerpunkte 208
Aufmerksamkeit 86, 93, 98, 106 f., 109 f.
Aufmerksamkeitsfokus 127
Aufnahme 239
Aufräumen 136
Ausflug 91, 275, 277
Außenanlage 303
Autonomie 101

B
Baby Signing 129
bagatellisieren 109
Balken 85
Bastelarbeiten 286
Begrüßung 260 ff.
Begrüßungsrituale 260
Beikost 307
Belastungen 296
Beobachten 195
Beobachtungsinstrumente 199
Beobachtungsverfahren 198f.
Beratungsstelle 317
Beratungssystem 317
Berk, Laura E. 101
Berliner Modell 241
Berufszufriedenheit 206
besonderer Förderbedarf 185
Betreuungsvertrag 57
Betriebsausgaben 60
Betriebsausgabenpauschale 60
Bewegung 308
bewegungsanregende Umgebung 312
Bewegungserfahrungen 310
Bewegungserziehung 312
Bewegungsförderung 310
Bewegungsspiele 308
Bewegungstherapeuten 311
Beziehung 172
Beziehungsfähigkeit 104
beziehungsvolle Pflege 176
Bezugsperson 102
Bilderbücher 129, 282
Bilder 92
Bildung 147–148
Bildungsbereiche 192
Bildungsbücher 200
Bildungsexpansion 34
Bildungsprogramme 190
Bildungsraum 177
Bildungs- und Lerngeschichten 200
Bindung 110, 138
Bindungsaufbau 140
Bindungsbeziehung 138
Bindungshierarchie 141
Bindungsmuster 142
Bindungssicherheit 141
Bindungsstörung 144
Bindungstheorie 139
Bindungsverhalten 140
Bindungsverhaltenssystem 140
Blickwinkel 198
Bologna-Prozess 17
Brazelton, Thomas Berry 41
Buch des Kindes 200
Bücher 282
Bürgertum 13
Businessplan 48

C
Caplan, Gerald 290
Chanukka- oder Lichterfest 270
chinesisches Neujahr 270
Coaching 220
Computernutzung 284
Cullberg, Johan 225

D
Dahrendorf, Ralf 34
dezentrieren 97
Dezentrierung 111
Dialog 174
Dimensionen von Qualität 212
Disstress 313

Distanz 254
Diwali 270
DJI-Curriculum 17, 207
Dokumentation 195, 198
dynamische Systemtheorie 91

E
Egozentrismus 97
Eigentätigkeit 152
Eingewöhnung 239, 249
Eingewöhnungsphase 239
Eingewöhnungszeit 245
Einkommensteuer 59
Einkommensteuerpflicht 18
Einkommensteuererklärung 60
Einwilligungsbereitschaft 106
Einzigartigkeit 42
Elementarbilderbücher 282
Eltern 229, 252
Elternabend 234
Elternrecht 319
Emotionen 101 f., 109
Empathie 105
Entspannungsübungen 313, 314
Entwicklungsaufgabe 224
Entwicklungsfenster 170
Entwicklungsrisiken 185
Erfahrungswissen 206
Erikson, Erik H. 100, 223
erlebter Alltag 155
Ermöglichung 185
Ernährung 304
Erntedank 268
Erwerbstätigkeit 34
Erzählen 282
erzählende Bilderbücher 282
Erziehung 147 f., 169
Erziehungsleitbild 28
Erziehungspartnerschaft 193, 230
Erziehungsstil 117
Erziehungsverhalten 174
Esstypen 307
Eustress 313
Evolution 258
Existenzgründungsberatungsstellen 51
Existenzgründungszuschuss 48
Experten 232
Exploration 173

F
Fachberatung 51, 255, 320
Familie 31
Familienangehörige 24
Familienformen 31
Familienstrukturen 32
Familienversicherung 61
Feiern 266
Feinfühligkeit 140
Feinmotorik 89 f., 121
Fernsehen 284
Feste 267 ff.
Fiktionsspiel 113
Finanzamt 59
Förderauftrag 19
Fortbildungen 206
Fragen 175
fragende Haltung 174
Freiberuflichkeit 48
freie Träger 54
Freiräume 28
Fremdeln 141
Fremdenangst 101
Fremde-Situation-Test 143
Freundschaft 115
Friedrich Fröbel 13
Frontallappen 85
frühkindliche Bildung 147, 154
frühkindliche Erziehung 170
Frühstück 262
Führungszeugnis 318
Fünf-Komponenten-Modell 173
Funktionsspiel 112
Furcht 101
Fürsorge 185

G
Garten 273
Gartenteiche 304
Geburtstag 266 f.
gedeckter Tisch 306
Gefährdungslagen 319
Gefahrenquellen 302
Gefühle 97, 109 f., 112, 127, 130, 136
Gefühlsausdruck 102
Gehirnentwicklung 312
Gelassenheit 185
Gesellschaft bürgerlichen Rechts (GbR) 55
gesetzlicher Förderauftrag 195
Gespräch 251
Gespräche mit Eltern 251 f.
Gesprächsverhalten 252
Gesundheit 289
Gesundheitsförderung 291, 295
Gesundheitsfürsorge 41
gewaltfreie Erziehung 38
Giftnotruf 276
Giftpflanzen 276
Gleichaltrige 44, 115
Gleichgewicht 85
Gordon, Robert S. 291
Grammatik 125
Greenspan, Stanley I. 41
Greifen 91ff.
Greifentwicklung 91
Greifreflex 91
Greifschema 93
Grenzsetzung 43
Grobmotorik 89 f.
Großhirnrinde 84
Großtagespflege 19, 54
Grundbedürfnisse 41
Grundphase 241
Gründungsprofil 50
Gruppe 159
Gütesiegel 210 f.

H

Haftpflichtversicherung 66
Haltung 183, 230
Härtefallregelung 62
Hauptbindungspersonen 141
Heitkötter, Martina 217
Hemisphären 86
Hirnareale 84
Hirnforschung 154
Hirnfunktionsstörung 82
Hirnschaden 87
Horn, Reinhard 287
Hörsinn 81
Hörspiel 285
Huinink, Johannes 31
Humanvermögen 33
Humboldt, Wilhelm von 149
Hüther, Gerald 28

I

„Ich" und „Mich" 104
Immunsystem 314
„individuellen" Krise 224
Industrialisierung 12
Infektionsschutz 296
Informationsspiel 113
Informations- und des Konstruktionsspiel 114
Interaktion 171 f.
Interaktionsgeschehen 254

J

James, William 104
Jugendamt 51
Jugendhilfe 57, 318

K

Kast, Verena 224
Kasten, Hartmut 111
Kernwissen 148
KICK (Kinder- und Jugendhilfeweiterentwicklungsgesetz) 17
KiföG (Kinderförderungsgesetz) 17
Kinderarmut 30
Kinderbetreuung 16
Kinderförderungsgesetz 67
Kindergarten 14, 16
Kinderkultur 157
Kindertagespflege 19
Kinder- und Jugendgesundheitssurvey (KiGGS) 309
Kinder- und Jugendhilfegesetz 229
Kinder- und Jugendhilfegesetzes (KJHG) 16
Kindeswohl 319
Kindheitserfahrungen 187
kindliches Spiel 162
Kleidung 275
Kleinhirn 85
Knete 286
kognitive Entwicklung 93
Kohärenzgefühl 293
Kohärenzsinn 293
Ko-Konstruktion 157–158
Kolloquium 210
Kommunikation 232
kompetentes Kind 148, 196
Kompetenzen 232
Konflikte 159
Konstruktionsleistung 150
Konstruktionsspiel 113
Kooperationspartner 230
Kopffüßler 90
Körpererfahrungen 144
Körpersignale 145
Körpersprache 146
Kortex 84
Krankengeldanspruch 62
Krankenversicherung 60
Kredit 52
Kreisreaktionen 96
Krisen 222
kritische Lebensereignisse 224
Krombholz, Heinz 310
Kulturen 270
Kulturraum 178

L

Lächeln 101
Lärm 298
Lateralisierung 86
Laternenfest 270
Laubhüttenfest 270
Lauflerngeräte 311
Lebensentwurf 236
Leistungsnachweis 210
Lernbegleitung 171
Lerngeschichten 201
Literacy 133
Lob 100, 107

M

Mahlzeiten 262
malen 285
Märchen 134
Marketingkonzept 50
Marshmallow-Experiment 107
Medien 284
Meditationen 314
Mindesteinkommensgrenze 61
Mischkost 304
Mittagessen 262 ff.
Mittagspause 265
Modellprojekt „Tagesmütter" 20
Montessori , Maria 164, 280, 281
Morgenkreis 261
Motivation 25
Motorik 87, 89, 95, 121
Musik 289
Mütter 235
Mutterbild 236
mütterliche Trennungsangst 237
Mütterlichkeit 13
Muttermilch 88–89
Myelinisierung 84

N

Nachbarschaftshilfe 15

Nähe 254
Nationalsozialismus 15
Natur 273
Nave-Herz, Rosemarie 31
Neid 102
Nervenzellen 82, 85
Netzwerkes 258
Notfallnummern 299

O
Objekt- und Personenpermanenz 96
Operationen 97
Opferfest 270
Ordnung 76
Organisation 93
Orientierung 259
Orientierungshilfen 260
Orientierungsqualität 212
örtlichesn Umfeld 276
Ostern 268

P
Parallelspiel 113
Patchworkfamilie 316
Pausen 78
Peers 115ff.
Perner, Josef 111
Persönlichkeit 25
Perspektivenübernahme 111 f.
Pestalozzi, Johann Heinrich 13
Pflege 175
Pflegeerlaubnis 66
Pflegeverhalten 140
Pflegeversicherung 63
Piaget, Jean 93
Picht,Georg 34
Pinzettengriff 91
PISA-Studie 17, 188
Planungshilfen 70
plötzlicher Kindstod 82
Podest 297
Portfolio 200, 203
Pragmatik 125
Prävention 290, 295
Primärgruppe 32
private Krankenversicherung 62
Professionalisierung 206
Professionelles Handeln 139
Prozessqualität 212

Q
Qualifikation 67
Qualifizierung 206 f.
Qualität 210
Qualitätsbausteine 217
Qualitätsempfehlungen 215
Qualitätssicherung 206

R
Rabelais, François 170
Rahmenbedingungen 212
Rahmenplan 191
Ramadan 270
Raum 176
Raumatmosphäre 272
Raumelement 272
Raumgestaltung 271 f.
Rechtsform 55
Reflexe 87
Regelmäßigkeit 259
Regelspiele 114
Reggio-Pädagogik 165
Regulationsstörung 145
Rentenversicherung 63
Renz-Polster, Herbert 257
reversibles Denken 97
Rituale 259 ff.
Rollenspiele 113
Rücken 297
Rückenschulen 298
Rückzugsmöglichkeiten 264
Ruhe- und Schlafbedürfnis 264

S
Sachbilderbücher 282
Sach- und Fachkompetenz 26
Salutogenese 292
Säuglingsambulanzen 145
Schäfer, Gerd E. 156
Scham 102
Scheidung 315
Scheidungskinder 317
Schema 93 ff.
Schlafraum 264
Schlussphase 248
Schockreaktion 304
Schrader-Breymann, Henriette 13
Schreien 122
Schreikinder 122
Schreisprechstunde 122
Schriftspracherwerb 127
Schüchternheit 105
Schuld 102
Schutzfaktoren 293
Schwerhörigkeit 123
Sehsinn 81
Sehstörungen 81
Selbst 104 f., 108
Selbstaufmerksamkeit 105f.
Selbstbestimmung 152
Selbstbildung 153
Selbstgespräche 104
Selbstkontrolle 106 ff.
Selbstorganisation 70
Selbstreflexion 152
Selbstregulation 103
Selbstständig 48
Selbstverpflichtung 216
Selbstverständnis 29
Selbstwertgefühl 108
Semjonowitsch, Lew 99
sensumotorisches Spiel 112
sensumotorische Stufe 95
SGB-II-Leistungsanspruch 68
Sicherheit 173
Singen 287
Sinnkonstruktionen 155
Snack 263
Sorgerecht 315
soziale Entwicklung 110

soziale Kontakte 44
soziale Lächeln 101
Soziales Lernen 110
Sozialgesetzbuches VIII (KJHG) 17
Sozialisationsstufen 33
Sozialklausel 65
Sozialspiele 113 f.
Sozialversicherungspflicht 60
soziokulturelle Theorie 99
Spät-Sprecher 126
Spiegeltest 105
Spiel 112, 115, 128
Spielen 162, 278
Spielformen 112, 114
Spielgeräte 303
Spielsachen 166
Spielverhalten 112, 166, 280
Spielzeug 278
spielzeugfreie Zeit 280
Sprachbaum 121
Sprache 84, 86, 93, 103
Sprachentwicklung 85, 107, 110, 117 f. 121, 123ff., 130
Sprachentwicklungsstörung 123
Spracherwerb 118
Sprachfähigkeit 105
Sprachfördertechniken 130 f.
Sprachförderung 118, 127 f. 133, 136
Sprachverständnis 124
Sprachvorbilder 119
Sprechapparat 121
Sprechfreude 124
Stabilisierungsphase 247
States 145
Stillen 89
Stöcklin-Meier, Susanne 133
Stolz 102
Stress 313
Stressreduktion 173
Strukturqualität 212
Strukturierung 260
Stundensätzen 58
Supervision 218
Symbolspiel 113

T

Tagesablauf 178, 260
Tagesbetreuungsausbaugesetz 188
Tagesmutter 16
Tagesmüttervereine 16
Tagespflege-Skala 213
Tagespflegestelle 243
TAG (Tagesbetreuungsausbaugesetz) 17
textlose Bilderbücher 282
Theory of Mind 111
Trautmann-Voigt, Sabine 144
Trennung 235, 245
Trennungsangst 139
Trennungsphase 244
Trennungsversuche 248
triadische Beziehungsfähigkeit 238

U

Übergabeheft 300
Übergang 239
Übergangsobjekt 242
Umgangskontakte 316
Umgebung 176
Umwelt 171 f., 177
unbewusste Verbotsgründe 236
Unfallgefahren 274
Unfallversicherung 65
Unternehmerin 48
Urvertrauen 100

V

vereinfachte Prüfung 61
Vergütungsregelungen 57
Verhaltensauffälligkeiten 322
Verlegenheit 102, 105
Verpflegungspauschalen 58
Vertrauen 229
Vertretung 300
Verwandlungsobjekt 238
Verwöhnung 43
Vorlesen 282, 283

W

Wachstumstempo 88
Wald 275
Wald- und Wiesen-Tagesmutter 178
Weltaneignung 153
Weltgesundheitsorganisation (WHO) 291
Wendlandt, Wolfgang 121
Werte 134
Wertvorstellungen 41
Wettkampfspiele 114
Wimmer, Heinz 111
Winner, Anna 128
Winnicott, Donald Woods 100
Wohlbefinden 296
Wohnraums 177
Woolfolk, Anita 96
Wortschatz 125, 133, 136
Wortschatzexplosion 126
Wut 104

Z

Zeichnungen 92
Zeigegeste 110
Zeit 70
Zeitmanagement 73
Zeitschrift Brigitte 16
Zollinger, Barbara 119
Zone nächster Entwicklung 99, 100
Zuckerfest 270
Zusammenarbeit 230
Zuwendung 173, 184, 197
Zwergensprache 129